KB041658

중앙은행과 화폐의 헌법적 문제

신상준

박영사

머리말

이 책은 저의 법학박사 학위논문인 '중앙은행으로서의 한국은행에 대한 헌법적 연구'를 일부 수정하여 단행본으로 출간한 것입니다. 다소 복잡해 보이는 논문의 제목에는 복합적 의미가 담겨 있습니다. 여기서 '중앙은행'은 보편적 기능을 지닌 일반적 제도를 의미하고 '한국은행'은 역사적 산물로서의 특수한 기관을 의미합니다. '헌법적 연구'는 사실적 연구가 아닌 규범적 연구를 의미하고, 은행법, 행정법과 같은 분과 학문의 부분적 연구가 아닌 국가법적인 통합적 연구를 의미합니다. 하지만 이 책에서는 부연설명이 필요 없고 보다 직관적인 '중앙은행과 화폐의 헌법적 문제'로 제목을 바꾸게 되었습니다.

중앙은행(Zentralbank)은 한 나라의 통화, 금융, 경제 여건에 중대한 영향을 미치는 기관임에도 불구하고 한 마디로 정의하기가 매우 어렵습니다. 따라서 국가마다 그 명칭도 매우 다양합니다. 미국은 중앙은행을 연방준비제도(Federal Reserve System)라 부르고, 유럽은 유럽중앙은행(European Central Bank)이라고 지칭하고, 스위스는 스위스국민(또는 국립)은행(Swiss National Bank)이라는 이름을 사용하고, 영국은 영국은행(Bank of England)이라는 명칭을 부여하고 있습니다. 이같은 명칭의 차이는 중앙은행에 대한 강조점의 차이에서 비롯됩니다. 역사적 연혁을 강조하면 준비(Reserve)라는 말이 들어가고, 국민에 대한 책임을 강조하면 국민(National)이라는 말이 들어가며, 기능을 강조하면 중앙(Central)이 들어가고, 국가(왕실)와의 관계를 강조하면 국가명칭(England)이 들어갑니다.

본문에서도 살펴보겠지만 1997년 외환위기, 2007년 글로벌 금융위기, 그리고 현재 진행중인 코로나 바이러스로 인한 경제위기의 수습과정을 살펴보면, 중앙은행과 화폐 그리고 통화정책은 복잡한 헌법적 문제를 불러일으킵니다. 현대국가에서 '중앙은행'은 국민경제 전체뿐 아니라 개인들의 일상생활에도 매우 중요한 영향을 미치기 때문입니다. 중앙은행은 일상적 거래수단인 '화폐'를 발행하고, 대출의 가격에 해당하는 '금리'를 조정합니다. 중앙은행의 화폐발행과 금리조정은 국민경제 전체의 총수요에 영향을 미치고 결국 '물가'와 '고용'수준에까지 영향을 미칩니다. 결국 중앙은행이 얼마나 돈을 풀고 얼마나 돈을 회수하느냐에 따라 은퇴자의 실질 연금수령액이 달라지고, 가계의 저축 여력이 달라지며, 기업의 고용형태와 고용수준이 달라집니다.

이 책에는 법학을 전공하고 중앙은행에 근무하면서 품었던 수많은 공법적 의문에 대한 제 나름의 서투른 답변이 담겨 있습니다. 처음에는 헌법학(Staatsrechtslehre)과 경제학(Economics)의 결합이라는 거대담론을 의도했으나, 개인적 역량의 부족과 현실적 제약 등으로 용두사미에 그친 면이 없지 않습니다. 다만, 이러한 새로운 문제 제기가 우리가 사는 세상을 이해하고 개선하는 데 조금이라도 도움이 되었으면 하는 바람입니다. 중앙은행의 헌법적 위상과 기능에 대한 헌법적 해명 없이는 중앙은행에 대한 입법적 문제도 해결할 수 없고, 우리 헌법 전문이 밝히고 있는 "정치·경제·사회·문화의 모든 영역에 있어서 각인의 기회를 균등히 하고, 국민생활의 균등한 향상"을 기하고자 하는 우리 헌법의 기본 이념과 이를 실천하기 위한 국가적 과제도 실천하기 어렵기 때문입니다.

끝으로 지도교수로서 자상하면서 엄한 가르침을 주신 서울시립대 장영철 교수님, 자신감을 잃을 때마다 길을 제시해주신 서울시립대 박한철 교수님, 정기적으로 책과 글을 보내어 면학을 독려해주신 서울대 김화진 교수님, 평생의 사형 중앙대 김상용 교수님께 진심으로 감사드립니다.

그리고 나의 오랜 동료이자 조언자인 최준환, 김정호, 윤오현, 고은주에게 감사드리며, 질그릇처럼 투박한 원고를 백자처럼 빚어주신 박영사에 감사드립니다.

2021년 5월
신 상 준

추천의 글

저는 2017년 1월 31일 제5대 헌법재판소장의 임기를 마친 이후, 서울대학교를 거쳐 현재 서울시립대학교에서 헌법을 가르치며 후학양성에 힘쓰고 있습니다. 과거 헌법재판소에서 보낸 시간이 우리 사회 각 분야에서 발생하는 헌법적 분쟁 사건과 관련하여 헌법과 헌법재판의 진정한 의미와 역할이 무엇인지 끊임없이 고뇌하고 성찰하던 시간이었다면, 현재 대학에서 보내고 있는 시간은 젊은 세대들과 우리 사회의 현안과 국가적 이슈를 함께 고민하고 이에 대한 새로운 헌법적 해법을 모색하는 매우 보람있는 시간입니다.

우리 헌법의 가장 중요한 가치를 꼽으라면 민주주의와 법치주의를 들 수 있습니다. 민주주의는 헌법 조항만으로 완성되는 것이 아니라, 국민 모두가 계속적으로 가꾸고 정성들여 키워나가야 할 인류사회의 지고한 가치입니다. 민주주의의 성공을 위해서는 권력에 대한 견제와 균형이 실질화되고, 법의 지배를 통하여 시민의 자유와 평등, 그리고 기본적 인권이 보장되어야 합니다. 더 나은 민주주의와 헌법과 법률의 확고한 지배를 통해서만이 우리 사회가 한 단계 더 성숙하고 예측 가능해지며, 모두의 삶이 행복한 나라로 발전해 나갈 수 있습니다. 민주주의와 법치주의의 관점에서 볼 때 이번에 새로이 발간된 신상준 박사의 책 「중앙은행과 화폐의 헌법적 문제」는 그 의미가 아주 큽니다. 왜냐하면 이 책은 중앙은행에 대한 민주적 정당성의 확보와 통화정책에 대한 법치주의적 통제가능성을 입체적으로 모색하고 있기 때문입니다.

인간의 모든 활동은 제도(institution)와 행태(behavior)를 통해 이루어집니다. 여기서 '제도'는 무형의 규칙을 의미하고, '행태'는 유형의 활동을 의미합니다. 예를 들어 '축구'라는 스포츠는 '경기규칙'이라는 '제도'와 '경기활동'이라는 '행태'를 통해 구체화됩니다. 인간의 경제활동도 이와 마찬가지로 제도와 행태를 통해 이루어집니다. 그리고 이러한 제도의 가장 중요한 구성요소는 법률이고, 법률적 위계질서의 근본을 이루는 것은 헌법입니다. 그동안 우리나라에서 중앙은행에 대한 헌법적 연구가 등한시되었던 것은 헌법에 중앙은행에 대한 근거조항이 없어서라 기보다는, 우리나라의 중앙은행제도가 미군정에 의해 영미법계로부터 이식되었기 때문입니다. 더욱이 영미에서는 중앙은행을 법학이 아닌 경제학의 연구대상으로 삼는 전통이 강합니다. 우리나라에서도 중앙은행에 대한 연구는 대부분 경제학자들에 의해 이루어져 왔습니다. 따라서 이 책은 거의 국내 최초의 중앙은행에 대한 헌법적 연구라는 점에서 학술적 의미와 가치가 크다고 생각합니다.

중앙은행은 특정 국가 내의 통화정책을 수립, 집행할 책임을 지고, 금융기관 대출이나 공개시장조작 등 통화정책수단을 동원하여 자신의 부채를 관리함으로써 이자율 수준을 조정하고 경제 전체의 통화총량과 신용총량을 통제합니다. 현대적 중앙은행은 물가를 안정시킴으로써 화폐의 구매력을 유지하고 경기변동을 완화하는 등 중요한 거시경제적 역할을 담당합니다. 중앙은행이 수행하는 통화정책은 평상시보다는 위기 시에 그 중요성이 부각됩니다. 비정상적인 수준의 인플레이션이 발생하거나 은행제도의 안정성이 손상되는 위기가 발생한 경우 국민경제 전반에 걸쳐 매우 큰 충격을 받게 되기 때문입니다. 통화정책은 이러한 위기를 방지하거나 수습하는 데 도움을 줄 수도 있지만 이러한 위기의 주범이 될 수도 있습니다. 1990~2000년대 중앙은행의 안일한 통화정책이 2007년 글로벌 금융위기 발생에 일조했다는 경제학계 내부의 유력한 비판과 함께 최근 영미권을 중심으로 중앙은행에 대한 민주적 감시와 통제의 필요성에 대한 논의가 증가하고 있습니다.

사실 중앙은행은 하이퍼인플레이션이 기승을 부리던 1980년대 이후 오랫동안 독립성을 누려왔습니다. 하지만 일반적으로 법의 세계에서는 '독립성'이라는 개념이 비교적 낯선 개념입니다. 민주주의 국가에서는 국민으로부터 완전히 독립적인 행정기관이 존재할 수 없기 때문입니다. 중앙은행의 독립적인 통화정책 운용에는 책임성이 뒤따라야 합니다. 행정기관의 책임성과 투명성은 민주주의의 당연한 귀결이기 때문입니다. 현대적 공법체계 내에서는 행정부의 계약행위에도 행정사법의 원리를 도입하여 공법적 기속을 강화하고 있습니다. 종래 공법적 영역에서 방치되어왔던 중앙은행에 대한 공법적 통제, 특히 헌법적 통제가 필요한 이유입니다. 그런 의미에서 비교적 최근인 2020년 5월 5일 독일연방헌법재판소가 유럽중앙은행(ECB)의 통화정책운용(PSPP)과 관련하여 내린 헌법소원판결(BVerfGE 2 BvR 859/15)은 우리에게도 시사하는 바가 큽니다.

중앙은행은 자본주의 경제질서 내에서 필요불가결한 공법적 제도이고, 중앙은행의 통화정책은 국민의 기본권, 특히 재산권, 계약의 자유, 인격의 자유로운 발현권, 근로의 권리 등과 필연적으로 충돌하게 됩니다. 이 책은 중앙은행과 통화정책의 헌법적 특성을 밝히고 이에 대한 헌법적 통제가능성을 모색하고 있다는 점에서 그 실천적 의미가 큽니다. 이 책「중앙은행과 화폐의 헌법적 문제」는 전문서적인 만큼 경제학과 헌법학의 전문용어를 많이 사용합니다. 하지만 문장이 명료하고 문단구분이 논리적인 만큼 헌법과 경제에 대해 관심이 많은 일반인들의 접근도 가능하리라고 생각됩니다. 책 전체가 중앙은행의 헌법적 문제라는 하나의 주제를 관통하고 있음에도 불구하고, 전체를 구성하는 각각의 챕터들이 의미적 완결성을 구현하고 있기 때문에 관심있는 주제별로 발췌하여 읽기도 수월합니다.

우리 헌법학계에서 상대적으로 연구성과나 실적이 미흡한 경제헌법(Wirtschaftverfassung) 분야에서 귀중한 자료가 새로이 탄생한 것을 축하하며, 헌법학과 경제학의 입체적 이해를 원하는 법학도와 경제학도들에게 이 책의 일독을 권합니다.

2021년 봄

박 한 철 제5대 헌법재판소장
서울시립대 석좌연구위원 교수

목 차

서 장

제1장 서 론

제2장 한국은행의 임무, 기능, 법적 형태

제3장 중앙은행의 발전과정과 주요국의 중앙은행

제4장   경제질서와 한국은행

제5장 권력분립과 중앙은행

제6장　결　론

서 장

중앙은행과 화폐의 헌법적 문제

중앙은행(Zentralbank)은 한 나라의 통화, 금융, 경제 여건에 중대한 영향을 미치는 기관임에도 불구하고 한 마디로 정의하기가 매우 어렵다. 국가와 명칭의 차이에도 불구하고 중앙은행이 하는 일은 유사하다. 대부분의 중앙은행은 공법에 근거하여 법인의 형태로 설립된다. 중앙은행은 해당 통화권역(보통 하나의 국가) 내의 통화정책을 수립, 집행할 책임을 진다. 중앙은행은 금융기관대출이나 공개시장조작 등 통화정책수단을 동원하여 자신의 부채를 관리함으로써 이자율 수준을 조정하고 경제 전체의 통화총량과 신용총량을 통제한다. 현대적 중앙은행은 물가를 안정시킴으로써 화폐의 구매력을 유지하고 경기변동을 완화하는 등 중요한 거시경제적 역할을 담당한다. 통화정책의 중요성은 평상시보다는 위기시에 보다 두드러진다. 비정상적인 수준의 인플레이션이 발생하거나 은행제도의 안정성이 손상되는 위기가 발생한 경우 국민경제 전반에 걸쳐 매우 큰 충격을 받게 된다. 통화정책은 이러한 위기를 방지하거나 수습하는 데 도움을 줄 수도 있지만 이러한 위기의 주범이 될 수도 있다. 이러한 중앙은행의 영향력은 특정한 국가 내에서 공식적으로 인정받은 화폐, 즉 통화에 대한 독점적 발권력(Ausbagemonopol für eine Währung)에서 나온다.

중앙은행에 대한 헌법적 근거는 국가마다 상이하다. 독일의 경우 기본법에서 중앙은행에 대한 근거규정을 마련하고 있다. 즉, 기본법 제88조에서 "독일연방은 통화-발권은행으로 연방은행을 설치한다."[1]고 규정하고 있다. 이러한 기본법 제88조는 독일기본법 제8장 '연방법률의 집행과 연방행정'[2]에 속해 있다. 하지만 독일기본법에서는 독일연방은행(Bundesbank)이 직접적 연방행정에 속하는지, 간접

---

1) Grundgesetz für die Bundesrepublik Deutschland(이하 "GG") Art. 88. Der Bund errichtet eine Währungs-und Notenbank als Bundesbank.

2) GG. Ⅷ. Die Ausführung der Bundesgesetze und die Bundesverwaltung

적 연방행정에 속하는지에 대해 전혀 규정한 바가 없다. 따라서 독일연방은행이 독립된 헌법기관인지, 연방행정관청인지, 제3의 기관인지 등에 대해 다양한 논쟁이 존재한다. 미국 연방헌법에서는 화폐에 대한 규제권한을 연방의회에게 부여하고 있다. 즉 미국연방헌법 제1조 제8항 제5호에서는 "연방의회는 화폐를 주조하고, 미국화폐 및 외국화폐의 가치를 규정할 권한을 갖는다."[3]고 규정하고 있다. 그리고 이 조항이 미국헌법상 중앙은행의 설립근거에 해당한다. 미국은 중앙은행의 제도적 설계에 있어서 미국헌법의 기본원리인 연방주의 원리 및 견제와 균형의 원리를 철저히 적용하고 있다. 미국의 중앙은행인 연방준비제도(Federal Reserve System)는 미국의 헌법원리에 따라 설계되었다. 독일기본법과 달리 우리 헌법에는 중앙은행의 설치에 관한 명시적 근거 규정이 없다. 다만, 우리 헌법은 독일기본법과 달리 제9장에서 경제에 관한 별도의 장을 마련하고 있다. 우리나라의 중앙은행인 한국은행은 우리 헌법상 경제에 대한 기본조항인 제119조 제2항[4]에 근거하여 설립되었다. 따라서 한국은행의 헌법적 지위를 이해하기 위해서는 우리 헌법 제119조를 포함한 경제헌법(Wirtschaftsverfassung) 전체에 대한 이해가 선행되어야 한다.

우리 헌법은 제119조 제1항에서 "대한민국의 경제질서는 개인과 기업의 경제상의 자유와 창의를 존중함을 기본으로 한다."고 규정하고 있고, 제2항에서 "국가는 균형있는 국민경제의 성장 및 안정과 적정한 소득의 분배를 유지하고, 시장의 지배와 경제력의 남용을 방지하며, 경제주체 간의 조화를 통한 경제의 민주화를 위하여 경제에 관한 규제와 조정을 할 수 있다."고 규정하고 있다. 헌법 제119조의 제1항과 제2항의 관계를 '경제적 자유'가 원칙이고 '국가의 간섭'이 예외라는 '원칙과 예외의 관계'로 설명하는 것이 국내 다수학자들의 견해이지만 본조를 이렇게 해석하기에는 곤란한 문제들이 있다. 관념적으로는 헌법 제119조 제1항과 제2항의 관계를 원칙과 예외의 관계로 이해할 수도 있지만, 실제적으로는 원칙과 예외의 명확한 경계선을 획정할 수가 없다. 따라서 국가정책의 위헌성을 판단할 수 있는 헌법적 기준을 도출해낼 수가 없다. 왜냐하면 헌법 제119조 제1항은 자유시장경제원리를 규정하고 있고 제2항은 자유시장경제의 모순을 시정하기 위한

---

3) U.S. Constitution Art. I Sec. 8 [5]. The Congress shall have Power To coin Money, regulate the Value thereof, and of foreign Coin, and fix the Standard of Weights and Measures.
4) 대한민국헌법 제119조. ① 대한민국의 경제질서는 개인과 기업의 경제상의 자유와 창의를 존중함을 기본으로 한다.
② 국가는 균형있는 국민경제의 성장 및 안정과 적정한 소득의 분배를 유지하고, 시장의 지배와 경제력의 남용을 방지하며, 경제주체간의 조화를 통한 경제의 민주화를 위하여 경제에 관한 규제와 조정을 할 수 있다.

국가적 규제와 간섭을 허용한 규정이라고 볼 경우, 제2항에 따른 국가적 규제와 간섭의 한계는 다시 제1항의 자유시장경제원리에서 찾아야 한다. 무한반복의 순환 논법에 빠질 뿐이다. 이러한 원칙과 예외의 관계는 지극히 모호하고 추상적이며 경제상황에 따라 유동적이기 때문에 명확한 규범적 기준을 도출해낼 수 없다.

헌법 제119조는 제1항 및 제2항을 분리하여 제1항에서 '시장경제질서', 제2항에서 '사회적'이라는 명제를 각각 도출해내기보다는, 헌법 제119조 제1항과 제2항은 서로 내적 연관관계를 맺으면서 개인의 경제적 자유를 보장하는 동시에 사회정의를 실현하는 경제질서라는 경제헌법의 지도원리로 이해할 필요가 있다. 헌법 제119조는 경제헌법의 지도원리로서, 국가와 사회의 관계, 국가와 경제의 관계, 개인의 자유와 국가의 책임의 관계를 제시하고 있다. 우리 헌법이 자유와 사회적 기속이라는 두 개의 기본원리에 기초하고 있듯이, 경제헌법도 이러한 두 가지 기본적 결단에 의하여 형성되어야 한다. 한국 헌법상의 경제질서는 경제영역의 형성을 사회와 국가 양자로부터 동시에 기대하는 자유적 경제질서이자 사회적 경제질서이다.

독일연방은행의 근거 규정인 기본법 제88조는 제도적 보장(institutionelle Garantie)의 성격을 지닌다. 제2차 세계대전의 패전 이후 독일 사회는 중앙은행이 군국주의의 도구로 악용되고 그로 인한 악성 인플레이션을 경험하면서 중앙은행제도를 국가로부터 보호할 필요가 있었다. 독일헌법 제88조에서는 "연방은 통화·발권은행으로서 연방은행을 설립한다."고 규정되어 있다. 여기서 '연방'은 연방의회를 의미하고, '통화·발권은행'은 중앙은행제도의 최소한의 보장내용을 의미하며, '연방은행'은 특정한 행정기관으로서의 중앙은행을 의미한다. 미국의 경우 건국 이후 200년 동안 중앙은행제도에 대해 고민한 끝에 연방주의 헌법원리에 따라 '연방준비제도(Federal Reserve System)'를 만들었다. 미국은 헌법개정이 매우 어려운 국가이다.[5] 따라서 헌법개정보다는 헌법적 관행의 형성을 통해서 정치적, 경제적 환경변화에 대응해왔다. 미국 중앙은행은 연방준비법에 의해 설립되었지

---

5) U.S. Const. Art. 5. The Congress, whenever two thirds of both Houses shall deem it neces-
sary, shall propose Amendments to this Constitution, or, on the Application of the
Legislatures of two thirds of the several States, shall call a Convention for proposing
Amendments, which, in either Case, shall be valid to all Intents and Purposes, as part of this
Constitution, when ratified by the Legislatures of three fourths of the several States, or by
Conventions in three fourths thereof, as the one or the other Mode of Ratification may be
proposed by the Congress; Provided that no Amendment which may be made prior to the
Year One thousand eight hundred and eight shall in any Manner affect the first and fourth
Clauses in the Ninth Section of the first Article; and that no State, without its Consent, shall
be deprived of its equal Suffrage in the Senate.

만 단순한 법률기관이 아니라 헌법적 관행에 의해 형성된 제도적 보장으로서의 성격이 강하다. 우리 헌법은 독일과 달리 중앙은행제도에 대한 헌법적 규정을 두고 있지 않다. 중앙은행제도를 헌법에 규정할 경우 헌법의 항구성과 고정성을 이용하여 입법권의 침해로부터 제도의 핵심적 내용을 보호할 수는 있겠지만, 우리와 같은 소규모 개방경제가 마주쳐야 하는 급변하는 국제적 경제환경의 변화위험에 그대로 노출되기 때문이다. 따라서 우리는 중앙은행제도를 헌법에 규정하지 않고 입법 형성권에 맡겨 두고 있다. 하지만 헌법에 규정되어 있건, 규정되어 있지 않건 간에 자본주의 경제질서 내에서 중앙은행이 갖는 제도적 보장 '대상'으로서의 성격에는 변함이 없다. 한국은행은 우리 헌법 제119조 제2항에 근거하여 설립된 중요한 경제적 제도이다.

중앙은행이 자신의 정책목표를 효율적으로 수행하기 위해서는 중앙은행의 조직과 구조가 헌법상 과제와 일치하여야 한다. 중앙은행의 기능은 중앙은행이라는 조직을 통해서 실현되고, 중앙은행의 조직은 국가기관의 구성원리인 권력분립의 원리를 통해 만들어진다. 국가질서는 국가적 기능의 수행을 통해 현실성을 획득한다. 이러한 국가기능과 그 기능을 위임받은 기관들, 그리고 이 기관들의 권한을 규율하는 헌법상의 기본원리가 바로 권력분립의 원리이다. 현대적 민주국가에서는 권력분립을 단순히 초국가적 자유의 보호수단으로서가 아니라 민주적 통치구조의 근본이념과 기본이념을 실현하기 위한 통치기구의 조직원리로 모색해야 한다. 따라서 국가권력 행사의 절차적 정당성을 보장할 수 있는 실효성 있는 권력통제의 메커니즘을 마련할 필요가 있다.

현대 자유민주국가의 통치구조에서는 국가권력의 엄격하고 기계적인 분리보다는 입법, 행정, 사법의 세 가지 기본적인 국가기능이 기본권적 가치실현을 위하여 서로 '기능적 협력관계'를 유지하면서 서로의 기능을 적절히 통제함으로써 국가의 통치권 행사가 언제나 협동과 통제 아래에서 조화될 수 있어야 한다. 우리 헌법상 권력분립은 기계적이고 획일적인 권력분리가 아니라 목적지향적이고 유동적인 기능분리로, 그리고 권력 간의 대립적 제한관계가 아니라 기관 간의 협동적 통제관계로 이행해야 한다. 권력분립의 주안점은 '형식적 권력분립'에서 '실질적 기능통제'로 이행해야 하는 것이다.[6] '현대적 권력분립', 즉, '기능적 권력분립', '협력적 권력분립', '실질적 기능통제'의 원리가 가장 잘 구현되고 있는 (광의의) 통치기구로는 '중앙은행'을 들 수 있다. 한국은행을 포함하여 전 세계의 거의 모든 중앙은행은 그 설립, 구성, 운영의 모든 절차에 있어서 의회, 정부, 국민이 유

---

6) 허영, 2020, 〈한국헌법론〉 (전정16판), 박영사, 서울, 731면.

기적으로 참여하고 협동하며 통제하는 협력적 권력분립의 원리에 따라 조직되고 운영된다.

중앙은행의 독립성은 공법적 딜레마와 같은 존재다. 중앙은행의 독립성에 대해서는 극단적인 두 개의 견해만이 존재한다. 그 하나는 주로 경제학자들과 중앙은행들이 취하는 태도로서, 국가와 사회에 대한 단절적 이원론을 전제로 한다. 이들은 중앙은행을 국가와 분리된 사회(경제)에 위치시킴으로써 의회, 정부, 국민으로부터 중앙은행의 독립성을 획득하고자 한다. 또 다른 하나는 독일 공법학의 주류적 견해로서 국가·사회 일원론 또는 고전적 권력분립이론을 바탕으로 한다. 이들은 중앙은행의 독립성을 국가로부터의 이탈현상으로 보고 이를 민주주의 원리, 의회주의 원리를 통해 제어하고자 한다. 하지만 중앙은행의 독립성은 '기능적, 협력적 권력분립'과 '현대적 의미의 자치'의 관점에서 접근할 필요가 있다. 중앙은행의 독립성이라는 개념은 일견 헌법이 보장하고 있는 '자치'의 개념과 매우 유사하기 때문이다.

우리 헌법상 지방자치가 헌법 제117조[7]에 근거한 제도적 보장[8]에서 유래한 것처럼, 중앙은행의 독립성은 우리 헌법 제119조에 근거한 시장경제제도와 중앙은행제도에 대한 제도적 보장에서 유래한 것으로 해석해야 한다. 중앙은행의 독립성이란 중앙은행의 자치 보장을 의미하고, 중앙은행의 자치에 대한 보장은 국가조직법상의 보장을 의미하게 된다. 우리 헌법 제119조에서 유래하는 중앙은행제도의 보장은 한국은행의 고유한 권리를 보장하는 '주관적 보장'이 아니라 중앙은행제도를 보장하는 '객관적 보장'이다. 오늘날의 주권국가에서 모든 공권력의 행사는 국가에 귀속되어야 하고, 공권력 행사의 최종적 정당성은 국민에 근거해야 한다. 국가권력의 통일성과 일원성을 주권의 본질적 특징으로 이해하는 민주적 법치국가에서는 정치적 공동체의 모든 규율권한이 통일적인 국가권력으로부터 유래해야 하고 국민적 통제 하에 있어야 한다. 민주적 법치국가에서 국가의 의사로부터 독립된 자치권이란 존재할 수 없다. 자치행정권은 오로지 국가의 위임에 근거하여 그리고 위임의 범위 내에서만 존재한다.[9] 중앙은행은 국가에 대립하는 사회에 귀속된 독립적 단체가 아니라, 국가적 행정과제를 이행하는 행정권한의 주체이다. 따라서 중앙은행의 독립성은 중앙은행의 고유한 권리가 아니라 국가로

---

7) 대한민국헌법 제117조. ① 지방자치단체는 주민의 복리에 관한 사무를 처리하고 재산을 관리하며, 법령의 범위안에서 자치에 관한 규정을 제정할 수 있다.
   ② 지방자치단체의 종류는 법률로 정한다.
8) 헌재 2006. 2. 23. 2005헌마403, 판례집 18-1상, 334-335면.
9) 대표적인 학자로는 권영성, 2010, 〈헌법학원론〉(개정판), 법문사, 238면; 성낙인, 〈헌법학〉(제20판), 법문사, 1111면.

부터 위임받은 전래된 자치권이다.

비교적 최근인 2020년 5월 5일 독일연방헌법재판소는 유럽중앙은행(ECB)의 자산매입프로그램(PSPP)[10) 도입결정과 관련된 헌법소원판결[11)에서 다음과 같은 결정을 내린 바 있다. 즉, "(i) ECB의 PSPP 도입결정은 비례원칙(Verhältnismäßigkeit)에 위반한 권한남용행위이다. (ii) 유럽통합에 책임이 있는 독일정부와 독일연방의회는 유럽연합의 기관(ECB)이 자신의 권한을 명백히 유월하는 경우 유럽통합 의제에 포함되지 않는 행위를 무효화시키고 국내적 영향을 차단할 의무가 있다. (iii) 이 판결 이후 3개월 이내에 ECB가 정책목표와 정책효과 사이의 불균형을 해소하는 납득할만한 조치를 취하지 않는 한 독일연방은행은 문제가 된 ECB 결정의 실행에 참여할 수 없으며, PSPP와 관련하여 이미 보유한 채권은 매각해야 한다." 독일헌법재판소의 이번 판결은 중앙은행의 디플레이션 방지를 위한 확장적 통화정책에 제동을 건 판례이지만, 해당 판결이 제시한 비례원칙 판단기준은 인플레이션 억제를 위한 긴축적 통화정책에도 그대로 적용될 수 있다. 왜냐하면 인플레이션과 디플레이션은 동전의 양면과 같은 것이기 때문이다. 이번 판결을 계기로 통화정책은 소수 기술관료들의 자유재량이 아니라 헌법적 통제를 받는 기속재량으로 변형되고 있다.

화폐주조권(Münzrecht)은 국가권력의 공식적 투사물이다. 동일한 화폐를 사용하는 지역적 특성은 국가를 집단적으로 통합시키는 중요한 요소다. 지역을 막론하고 국가적 통일 전후 또는 헌법제정 전후에는 반드시 화폐의 통일과 표준화가 뒤따랐다. 우리나라의 경우에도 1948년 7월 17일 최초의 헌법이 만들어졌고 그 이후인 1950년 5월 5일 한국은행법이 만들어졌다. 또한 역사적으로 볼 때 화폐제도가 붕괴되면 정부가 무너지거나 국가가 재편되거나 국가적 비상사태가 발생하는 등 국가적 해체과정이 발생하기도 한다. 모든 통화정책은 통화량의 변동을 초래하고, 재화와 화폐교환의 등가성(Konstanz der Austauschverhältniss)에 영향을 미치며, 모든 사회계층의 현재 소득 및 장래의 기대소득에 영향을 미친다. 경제생활에 참여하는 사람은 누구나 국가적 종속성의 인식 여부와 상관없이 국가적 통화경로를 따라야만 한다. 중앙은행은 자율적 가격형성기능을 담당하는 시장기구에 직접

---

10) ECB 공공부문 매입프로그램(PSPP)은 (i) 물가하락 위험에 대처하고 기업·가계에 대한 신용여건을 개선하는 것을 목적으로 도입된 것으로서 CSPP(Corporate Sector Purchase Programme), ABSPP(Asset-Backed Securities Purchase Programme), CBPP(Covered Bond Purchase Programme) 등과 함께 ECB의 자산매입프로그램(APP; Asset Purchase Programme)을 구성하고 있다. (ii) PSPP에 따라 ECB와 회원국 중앙은행은 회원국 중앙정부, 정부기관, 지방정부 및 국제기구 등이 발행한 채권을 유통시장(secondary market)에서 매입하는 것을 내용으로 하는 양적완화 정책의 일종이다.

11) BVerfGE 2 BvR 859/15.

개입하여 국민경제 전체의 신용총량, 대출비용, 가용성 등을 통제한다. 쇼이너(Ulich Scheuer)는 통화정책을 국가의 직접적인 시장개입 수단(staatlichen Intervention) 중에서 가장 광범위하게 국민들의 권리에 영향을 미치는 치명적인 수단이라고 평가한 바 있다.

　　결국 중앙은행의 문제는 헌법에의 규정 여부를 불문하고 복잡한 헌법적 문제를 야기한다. 중앙은행의 헌법적 위상과 기능에 대한 헌법적 해명이 없이는 중앙은행에 대한 제도적 설계와 입법적 문제도 해결할 수 없고, 우리 헌법 전문이 밝히고 있는 "정치·경제·사회·문화의 모든 영역에 있어서 각인의 기회를 균등히 하고, 국민생활의 균등한 향상"을 기하고자 하는 우리 헌법의 기본이념과, 이를 실천하기 위한 국가적 과제도 실천하기 어렵다. 우리 헌법이 규정하고 있는 국가적 과제는 인간의 존엄을 최고의 가치로 하는 기본권의 보장이다. 이러한 국가적 과제를 실현하기 위한 경제적 조건의 형성을 위해 우리 헌법은 제119조 이하에서 경제분야의 다양한 국가목적과 국가목적 달성을 위한 규제와 조정의 권한을 수권하고 있다. 한국은행은 이러한 헌법구조 내에서 국가적 과제 실현을 위한 경제분야의 국가목적을 달성하기 위해 통화량과 신용총량을 규제하고 조정할 수 있는 행정권한을 위임받았다. 한국은행은 헌법 제119조 제2항이 정하고 있는 국민경제의 성장과 안정이라는 국가목적을 실현하기 위해 통화정책이라는 안정화정책을 시행할 권한과 의무를 부여받았다. 한국은행은 높은 고용상태, 대외경제의 균형, 지속적이고 적정한 경제성장, 물가수준의 안정이라는 서로 상충관계에 있고 동시에 모두를 달성할 수 없는 마의 사각형(magischen Vierreck) 사이에서 시대적 과제가 제시한 최적의 정책조합(policy-mix)을 찾아낼 국민적 의무가 있다.

제1장 서 론

제1절 문제제기

'중앙은행'은 국민경제 전체뿐 아니라 개인들의 일상생활에도 매우 중요한 영향을 미친다. 중앙은행은 일상적 거래수단인 '화폐'를 발행하고, 대출의 가격에 해당하는 '금리'를 조정한다. 중앙은행의 화폐발행과 금리조정은 국민경제 전체의 총수요에 영향을 미치고 결국 '물가'와 '고용' 수준에 영향을 미친다. 중앙은행이 얼마나 돈을 풀고 얼마나 돈을 회수하느냐에 따라 은퇴자의 실질 연금수령액이 달라지고, 가계의 저축 여력이 달라지며, 기업의 고용형태와 고용수준이 달라진다.

우리는 1997년 IMF 외환위기를 겪은 바 있다. 당시 한국은행은 중앙은행의 역할이 물가안정이고, 중앙은행의 거래대상은 상업은행이며, 중앙은행은 정부 및 민간과 거래해서는 안 된다는 고전적 역할론에 집착한 나머지 외환위기로 인한 국난극복에 소극적인 태도로 일관했다. 하지만 2008년 글로벌 금융위기가 발생하자 글로벌 중앙은행인 미국 연방준비제도(Federal Reserve System)는 소극적 물가안정의 책무를 벗어던지고 양적완화(Quantitative Easing)[1]라는 거의 무제한적인 채권매입정책을 실시하였다. 중앙은행이 통화증발을 통한 적극적인 경기부양에 나선 것이다. 왜 1997년에는 불가능했던 일이 2008년에는 가능해진 것일까? 미국이라서 그런 것인가? 하지만 유럽연합조약(TEU; Treaty on European Union)에 의해 물가안정이라는 단일한 법적 임무만을 부여받은 유럽중앙은행(European Central Bank)도 2008년부터 지금까지 미 연준과 동일한 양적완화 정책을 시행하고 있다. 엄밀한 의미에서 유럽중앙은행은 자신의 설립근거인 유럽연합조약을 위반하고 있는 것이다. 하지만 이에 대한 납득할만한 법률적 검토는 아직까지 어디에서도 이루어지지 않고 있다.

2015~2018년에 국내적으로 비트코인(BitCoin), 속칭 '가상화폐'에 대한 투기 열풍이 불었다. 당시 중앙은행은 분산원장[2], 블록체인[3] 등 국제적인 IT 혁신 트

---

1) 양적완화(量的緩和, QE; Quantitative Easing)란 중앙은행의 금리인하를 통한 경기부양 효과가 한계에 도달했을 때 중앙은행이 국채매입 등을 통해 유동성을 시중에 직접 제공하는 정책을 의미한다.
2) 분산원장기술(DLT; Distributed Ledger Technology)이란 중앙원장기술과 반대로 중앙서버나 중앙관리자의 제어 없이 분산화된 네트워크의 각 노드(개인)들이 데이터베이스를 공유하고 계속 동

렌드를 좇기 급급한 나머지 비트코인의 법적 성질, 기능, 위험에 대한 명확한 입장을 밝히지 못한 채 엉거주춤한 태도로 일관했다. 결국 통화당국이 아닌 법무부 장관이 나서서 "비트코인은 가상화폐가 아닌 가상징표로서, 비트코인 투자는 도박에 가깝다"[4]는 입장을 밝히면서 비트코인 투기열풍을 잠재울 수 있었다. 비트코인 투기가 잠잠해진 2018~2019년 대한민국은 다시 아파트 투기열풍에 휩싸였다. 역사적으로 볼 때 모든 투기의 대상은 자산이지만, 모든 투기의 본질은 화폐적 현상이다. 국민경제의 전체 영역 또는 부분 영역에서 화폐가 실물보다 많아질 때 가격이 등귀하고, 가격의 급격한 상승이 이윤동기와 결합되면 집단행동을 유발하여 투기가 되는 것이다. 하지만 모든 투기는 결국 거품(bubble) 붕괴와 경제위기(crisis)로 이어진다. 인류의 역사적 경험에 비추어 볼 때 모든 투기적 현상의 배후에는 항상 금융과 실물의 불일치 현상이 존재했다.

2019년 말부터 전 세계는 코로나 바이러스 사태로 몸살을 앓고 있다. 2020년 2/4분기 영국의 실질GDP는 20.4%나 하락했으며, OECD 소속국가 평균도 9.8%나 감소했다. 코로나 사태가 초래한 실물경제의 파탄을 막기 위해 주요국 중앙은행들은 역사상 가장 적극적 자세로 통화정책을 수행하고 있다.

미 연준은 코로나 사태로 미국경제가 요동치던 2020년 3~4월 두 달 동안 미국정부와 합심하여 금융시장과 실물경제의 붕괴를 막기 위해 역사상 가장 급진적인 통화정책을 실행했다.[5] 즉 (i) 금융시장 붕괴를 막기 위해 대형증권사대출[6], 기업어음시장대출,[7] MMMF시장대출[8]을 시행하고 (ii) 기업 도산을 막기 위해 회사채시장대출[9]을 실시했으며 (iii) 주택시장 붕괴를 막기 위해 ABS대출[10]을 실시하고 (iv) 중소기업과 자영업자의 연쇄도산을 막기 위해 자영업자대출[11]을

기화하는 기술을 말한다.

3) 블록체인(block chain)이란 '블록'이라고 하는 소규모 데이터들을 P2P 방식을 기반으로 생성된 체인 형태의 연결고리기반 분산데이터 저장환경에 저장하여 누구도 임의로 수정할 수 없지만, 누구나 변경결과를 열람할 수 있는 분산 컴퓨팅기술 기반의 원장관리 기술이다. 이는 근본적으로 분산원장기술의 한 형태이다.

4) 한겨레신문, "박상기 법무, 「가상화폐는 도박…거래소 폐쇄 목표」", 2008. 1. 11. [http://www.hani.co.kr/] [최종검색 2020－11－18 21:03]

5) Federal Reserve System, "Coronavirus Disease 2019 (COVID－19): Funding, Credit, Liquidity, and Loan Facilities". [https://www.federalreserve.gov/] [최종검색 2020－11－20 23:07]; Federal Reserve System, "Coronavirus Disease 2019 (COVID－19): Resources." [https://www.federalreserve.gov/covid－19.htm] [최종검색 2020－11－20 23:33]

6) Primary Dealer Credit Facility.

7) Commercial Paper Funding Facility.

8) Money Market Mutual Fund Liquidity Facility.

9) Primary Market Corporation Credit Facilicy, Secondary Corporation Credit Facility.

10) Term Asset Backed Securities Loan Facility.

11) Main Street New Loan Facility, Main Street Expanded Loan Facility.

실행했으며 (v) 세수부족에 빠진 지방정부를 구제하기 위해 지방정부를 지원[12]했다. 그리고 그 덕분에 금융시장과 실물경제의 연쇄적 붕괴를 조기에 막아낼 수 있었다.

하지만 이번에도 한국의 사정은 미국과 달랐다. 2020년 초부터 정부와 각계에서는 한국은행에게 미 연준 수준의 적극적인 통화정책을 요구했다. 하지만 언제나 그렇듯 한국은행은 중앙은행의 고전적 역할론과 한은법상의 근거부족 등을 이유로 정부의 보증을 요구하는 등 소극적 태도로 일관했다. 결국 2020년 5월 말에 이르러서야 한국은행은 '저신용등급 포함 회사채 · CP 매입기구(SPV[13]) 설립방안'을 정부와 공동발표하였다.[14]

중앙은행은 법적으로 매우 특별한 존재다. 중앙은행은 은행이면서 동시에 통화당국이다. 따라서 중앙은행은 사법적 영역과 공법적 영역의 중간지대에 걸쳐 있다. 나중에 살펴보겠지만 중앙은행의 이러한 특수성은 오랜 시간 자본주의 경제의 역사적 발전과정을 통해 자연스럽게 형성된 것이다. 중앙은행은 사법부와 같은 특수한 헌법기관이 아니면서도 사법부에 맞먹는 고도의 독립성이 보장된다. 중앙은행은 국회와 정부의 지시나 간섭 없이, 국회나 정부에 대한 정치적 책임을 지지 않고, 통화정책을 자주적으로 설계하고 운용할 수 있다. 사법부의 독립성은 헌법제정권자가 자신의 정치적 실존에 대해 진지한 성찰을 통해 도달한 근본적 결단인 반면, 중앙은행의 독립성은 의회 다수파가 금융업계와 기술관료들의 지도에 따라 내린 기술적 결단이다. 법원의 재판은 개별사건에만 영향을 미치지만, 중앙은행의 통화정책은 전 국민에게 무차별적으로 영향을 미친다. 현대 자본주의 경제에서 자명한 공리 또는 당연한 이치로 전제하고 있는 중앙은행의 독립성이 무엇을 의미하는지 항상 의문이었다.

헌법에 중앙은행에 대한 규정을 두고 있는 독일의 경우에도 중앙은행이 의회나 정부로부터 독립적인 기관인지 여부에 대해서는 법적 논란이 존재한다. 독일의 경우 1949년 연방헌법의 제정 이후 8년 동안 중앙은행에 대한 지루한 논쟁을 거친 끝에 1957년 독일연방은행법을 만들었다.[15] 1945년 패전으로 점령국 포고령에 의해 만들어졌던 중앙은행제도를 청산하고 기본법 제88조[16]에 근거하여

---

12) Municipal Liquidity Facility.
13) Special Purpose Vehicle.
14) 금융위원회, "「저신용등급 포함 회사채 · CP 매입기구(SPV) 설립 방안」 발표", 2020. 5. 20. [https://www.fsc.go.kr/info/] [최종검색 2020 – 11 – 20 23:51]
15) Bundesgesetzblatt(이하 "BGBl", I, 1957, S.1745.
16) Grundgesetz für die Bundesrepublik Deutschland(이하 "GG") Art. 88. Der Bund errichtet eine Währungs – und Notenbank als Bundesbank.

새로운 중앙은행제도를 창설한 것이다. 하지만 독일연방은행법은 '체계'와 '명확성' 면에서 문제가 있었다. 이 법은 명료한 입법적 표현을 담아내지 못하고 개방적인 일반조항으로 일관함으로써 8년간의 중앙은행 논쟁을 입법적으로도 해결하지 못했다.[17]

결국 중앙은행의 문제는 헌법에 규정되어 있건 규정되어 있지 않건 간에 복잡한 헌법적 문제를 불러일으킨다. 이하에서는 이러한 문제의식을 토대로 중앙은행의 헌법적 위상과 기능에 대한 검토를 시도하고자 한다. 중앙은행의 헌법적 위상과 기능에 대한 헌법적 해명 없이는 중앙은행에 대한 입법적 문제도 해결할 수 없고, 결국 우리 헌법 전문이 밝히고 있는 "정치·경제·사회·문화의 모든 영역에 있어서 각인의 기회를 균등히 하고, 국민생활의 균등한 향상"을 기하고자 하는 우리 헌법의 기본이념과 이를 실천하기 위한 국가적 과제도 수행하기 어렵기 때문이다.

제2절 선행연구

중앙은행에 관한 연구논문은 주로 경제(경영)학에 집중되어 있다. 지난 20년 (2000 - 2020년) 동안 국내 사회과학 분야에서는 중앙은행을 주제로 총 259편의 논문을 생산하였다.[18] 그리고 이들 중 절대 다수(178편, 68.7%)가 경제(경영)학 분야에서 생산되었다.

미국의 영향을 많이 받는 국내 경제학에서는 주로 중앙은행의 통화정책이 경제에 미치는 파급효과를 중심으로 한 실증분석이 주류를 이루고 있는 가운데 최근에는 디지털화폐[19]와 관련된 논문이 다수 생성되고 있다. 경제학의 경우 이론적 다양성과 방법론적 다양성을 바탕으로 새로운 발전을 거듭하고 있다. 특히 새로운 경제현상에 대한 계량적, 수학적 분석을 통해 경제적 현상의 법칙성 발견에 주력하는 모습이다.

국내에서 중앙은행에 대한 법학적 연구는 매우 희소한 편이다. 중앙은행을

---

17) Wagenhöfer, C., 1957, "Der Föderalismus und die Notenbankverfassung," In: Seidel, H. (hrsg.), *Festschrift zum 70. Geburtstag von Dr. Hans Ehard*, Pflaum, München, S. 97ff. (97).

18) DBpia(https://www.dbpia.co.kr/) 기준 [검색일시 2020 - 11 - 15 22:17]. 단, '논문명 + 초록' 기준

19) 이용수·이명활, "중앙은행 디지털화폐의 이해," 〈국제금융연구 (한국국제금융학회)〉 10(1), 2020, 65 - 104면; 이용수·김영식·권오익, "중앙은행 디지털화폐 발행이 금융안정에 미치는 영향", 한국은행, 2019 등.

주제로 한 기존 논문은 중앙은행의 준재정활동,[20] 중앙은행의 감독기능,[21] 중앙은행의 공공성,[22] 중앙은행의 목적[23] 및 디지털화폐의 법적 문제[24] 등에 편중되어 있고, 미국, 영국, 독일, 유로 등 주요국의 중앙은행제도에 대한 기본적인 연구도 부족한 실정이다.

따라서 이 책을 집필하면서 주로 해외논문에 의존할 수밖에 없었다. 다만, 전통적으로 영미권에서는 중앙은행에 대한 제도적 연구를 경제학자들이 수행하였기 때문에, 영미권 자료의 대부분은 경제학자들이 작성한 것들을 참고하였다. 하지만 F. Mishkin, C. Goodhart, P. Temin, P. Krugman, B. Bernanke 등 그 명성에서 알 수 있듯이 법률가 못지 않은 제도적 안목과 식견을 가진 경제학자들이 작성한 논문을 엄선하여 참고하였다.

독일에서는 동·서독이 통일되고 경제가 안정기에 들어선 1990년대 이후 중앙은행에 대한 공법적 연구가 거의 중단된 상태이다. 따라서 중앙은행에 대한 공법적 연구가 가장 활발했던 1930~1950년의 연구자료에 주로 의존하였다. 하지만 C. Schmitt와 R. Smend의 헌법이론이 아직까지 우리 헌법을 해석하는 데 유효한 것처럼 E. Forsthoff, O. Bachoff, U. Scheuner의 중앙은행에 대한 연구는 우리나라의 중앙은행제도를 이해하는 데 많은 도움을 줄 것이다.

---

20) 최승필, "공적 조직의 준재정활동(quasi-fiscal activities)에 대한 재정법적 검토-중앙은행과 공기업의 준재정활동에 관하여," 〈외법논집〉 (한국외국어대학교 법학연구소) 37(2), 2013.; 성승제, "한국의 재정공금융법 운용과 중앙은행의 역할", 〈법과정책연구〉 (한국법정책학회) 17(1), 2017.

21) 김기환, 〈금융행정체계에 관한 행정조직법적 연구 : 중앙은행제도와 금융감독체계를 중심으로〉 (박사학위논문), 한국외국어대학교 대학원, 2019.; 노철우, "우리나라의 금융감독체계 및 중앙은행제도 개편방안에 관한 연구", 〈법과기업연구〉 (서강대학교 법학연구소) 5(1), 2015. 4.; 고동원, "쌍봉형(Twin Peaks) 금융감독기구 체제 도입 논의 검토", 〈성균관법학〉 (성균관대학교 법학연구소) Vol.25 No.1, 2013.

22) 노철우, "한국은행법상 한국은행의 공공성·투명성 등에 관한 연구", 〈법과기업연구〉 (서강대학교 법학연구소) 8(1), 2018. 4.

23) 최승필, "경제행정의 수단으로서의 금융감독에 대한 법적검토", 〈외법논집〉 (한국외국어대학교 법학연구소), Vol.24, 20016; 고동원, "중앙은행의 목적 및 기능에 관한 비교법적 고찰", 〈일감법학〉 (건국대학교 법학연구소) Vol.10, 2005.; 노철우, "글로벌 금융위기 이후 경제 여건 변화에 따른 한국은행의 목적·기능 조정 방안에 관한 연구", 〈법과기업연구〉 (서강대학교 법학연구소) 6(3), 2016. 12.

24) 박선종·김용재, "중앙은행의 디지털화폐 발행 시 법률적 쟁점", 〈비교사법 (한국비교사법학회)〉, 25(1), 2018. 2., 349-392면.; 고동원, "암호화자산 거래와 제도화 방안", 〈상사판례연구〉 (한국상사판례학회) Vol.31 No.4, 2018.

제3절 연구방법 및 책의 구성

1. 연구방법

이 책에서는 헌법을 '국가적 통합과정의 법적 질서'[25]로 이해하는 통합론적 헌법개념을 전제로 할 것이다. 이러한 '통합과정'은 '의식적, 계획적, 조정적 협동 작용'[26]이기도 하고, '올바른 것의 이념하에서 안정화 작용을 하며 부단한 실행을 필요로 하는 행위계획'[27]을 의미하기도 한다. 역사성, 개방성, 그리고 동태성의 관점에서 헌법을 바라보겠지만 '헌법이 국가의 법적인 기본질서'[28]라는 관점을 유지하려 할 것이다. 무엇보다도 '헌법은 권력을 제한하고 합리화하는 것이고 자유로운 정치적 생활과정을 보장하는 것'[29]이라는 관점을 견지할 것이다.

중앙은행의 헌법상 지위에 대한 고찰은 규범적 사고를 요한다. 하지만 주제가 내포하고 있는 복합성[30]으로 인해서 다양한 연구방법을 통한 접근이 가능하다.[31] 개별 분과학문은 제각기 사물의 특수한 부분을 자신만의 특수한 방법으로 고찰하기 때문이다.[32] 하지만 모든 과학적 방법론 중에서 법학에 가장 적합한 방법론은 규범적 방법론(normative Methode)이라고 생각한다.[33] 규범적 방법론은 규범질서에 대한 분석과 해석을 연구과제로 제시한다. 그리고 이러한 방법론은 국법학의 영역에도 동일하게 적용된다. 국가는 정치권력를 위한 기술이 아니라 법에 의해 명령되고 위임된 질서이기 때문이다.[34]

이 책에서는 법학의 전통적 연구방법인 문헌연구 방법을 따를 것이다. 헌법학은 통치구조와 기본권을 연구하는 학문으로서 그 연혁과 발전과정이 매우 중요

---

25) Smend, R., 2014, *Verfassung und Verfassungsrecht* (reprint), Duncker & Humblot, S. 189.
26) Heller, H., 1983, *Staatslehre* (6. Aufl.), Mohr Siebeg, Leiden, S. 228ff.
27) Bäumlin, R., 1961, *Staat, Recht und Geschichte*, EVZ, Zürich, S. 17.
28) Kägi, W., 1945, *Die Verfassung als rechtliche Grundordnung des Staates*, Villiger, Zürich, S. 40ff.
29) Ehmke, H., 1953 *Grenzen der Verfassungsänderung*, Duncker & Humblot, Berlin, S. 88f.
30) Richert, H., 2007, *Die Grenzen der naturwissenschaftlichen Begriffsbildung*, Georg Olms, Düseldorf, S. 761: "통일성(Totalität)으로서의 세계는 모든 과학의 공통된 주제다. 통일성으로서의 세계는 무수한 다양성(unübersehbare Mannigfaltigkeit)의 형태로 우리 앞에 나타난다."
31) Badura, P., 1959, *Die Metoden der neueren Allgemeinen Staatslehre*, Palm & Enke, Erlangen, S. 62.
32) Jesch, D., 1968, *Gesetz und Verwaltung* (2.Aufl.), Mohr, Tübingen, S. 51.
33) Jesch, 1968, a.a.O., S. 40ff.
34) Smend, R., 2010, *Staatsrechtliche Abhandlungen* (Nachdruck der 4. Aufl.), Duncker & Humblot, S. 369.

한 만큼 비교법적 연구와 역사적 연구 방법도 따를 것이다. 법학적 방법론이 모든 메타법학적 관점(metajuristischen Gesichtspunkt)을 배제하는 것은 아니기 때문에35) 필요한 경우 정치적 관점, 경제적 관점도 고려할 것이다. 오랫동안 사회적 영역에 속해 있던 중앙은행에 대한 연구를 수행하는 만큼 헌법, 행정법, 정치학, 경제학을 아우르는 학제 간 연구방법도 병행할 것이다.

2. 책의 구성

이 책은 제1장 '서론', 제2장 '한국은행의 임무, 기능, 법적 형태', 제3장 '중앙은행의 발전과정과 주요국의 중앙은행', 제4장 '경제질서와 한국은행', 제5장 '권력분립과 중앙은행', 제6장 '결론'으로 구성되어 있다.

제1장 '서론'에서는 주제를 선정한 이유와 문제의식, 선행연구, 연구방법론 등을 기술하려고 한다.

제2장 '한국은행의 임무, 기능, 법적 형태'에서는 한국은행과 주요국 중앙은행을 비교하면서 중앙은행의 국가법적 임무, 헌법적 기능, 법적 형태, 법적 지위, 내부기구 등을 살펴볼 예정이다. 중앙은행은 공법상 법인의 형태를 취하고 있다. 그리고 중앙은행의 통화정책 수단은 고권적 형태에서부터 사법상 계약의 형태에 이르기까지 매우 다양하다. 이러한 것들이 지금까지 중앙은행을 규범의 영역 또는 헌법의 영역으로 끌어들이지 못하고 사실의 영역 또는 경제학의 영역으로 내몰은 이유이기도 하다. 따라서 독일에서의 헌법적 논쟁을 중심으로 중앙은행의 기관성과 독립성에 대해 살펴볼 예정이다.

제3장 '중앙은행의 발전과정과 주요국의 중앙은행'에서는 17세기 상업자본주의로부터 21세기 금융자본주의에 이르기까지 중앙은행의 역사적 진화 과정을 살펴보고, 영국, 미국, 독일을 중심으로 중앙은행제도의 현재 상태를 살펴보고자 한다. 중앙은행제도의 입체적 이해를 위해서는 현재의 규범을 중심으로 한 제도적 이해도 중요하지만, 중앙은행제도의 경제적 형성과정에 대한 역사적 이해도 매우 중요하다. 일본은행과 유럽중앙은행도 매우 중요한 중앙은행이지만 일본은행은

---

35) Heller, 1983, a.a.O., S. 263: "그러나 법률이론(juristische Dogmatik)은 결코 완전히 자족적(völlig autark)이지도 않고 독립적(autonom)이지도 않다. 법률이론의 의미와 방법이 온전히 규범 내재적(normimmanent)인 것도 아니다. 법률이론의 의미와 방법은 메타법학적, 즉 정치적·역사적인(metajuristisch) 방법을 고려할 때에만 현실과학적인(wirklichkeitswissenschaftlich) 이해와 설명이 가능해진다."

제도적으로 영국은행과 매우 유사하고, 유럽중앙은행은 국제기구로서의 성격이 강한 데다 독일연방은행을 거의 그대로 벤치마킹하고 있으므로 이들에 대한 검토는 생략하기로 했다.

제4장 '경제질서와 한국은행'에서는 경제헌법에 대한 국내외의 논의를 살펴보고, 우리 헌법상 경제헌법의 체계, 국가적 경제정책의 헌법적 근거 및 구체적인 경제정책 수단을 살펴본 다음, 통화정책수단의 헌법적 특수성을 기술하고자 한다. 특히 본장의 마지막에서는 우리 헌법상 경제질서 내에서 중앙은행이 갖는 제도적 보장으로서의 성격과 그 근거에 대해 서술하려고 한다.

제5장 '권력분립과 중앙은행'에서는 권력분립에 대한 국내외의 논의를 살펴보고, 현대적 협력적 권력분립에 대해 기술한 다음, 중앙은행이 권력분립제도 내에서 차지하는 의미에 대해 서술하려고 한다. 이 장의 마지막에서는 중앙은행의 통화정책이라는 특수한 국가권력에 대한 헌법적 통제 가능성을 감사원, 법원, 헌법재판소를 중심으로 살펴본 다음, 최근 독일연방헌법재판소의 관련판례 동향을 소개하고자 한다.

제6장 '결론'에서는 제1장부터 제5장까지 논의된 내용을 정리하면서 중앙은행의 헌법적 위상과 기능에 대한 나름의 결론을 제시하고자 한다.

제2장 한국은행의 임무, 기능, 법적 형태

우리 헌법이 규정하고 있는 국가적 과제는 인간의 존엄을 최고의 가치로 하는 기본권의 보장이다. 이러한 국가적 과제를 실현하기 위한 경제적 조건의 형성을 위해 우리 헌법은 제119조[1] 이하에서 경제분야의 다양한 국가목적과 국가목적 달성을 위한 규제와 조정의 권한을 수권하고 있다. 한국은행은 이러한 헌법구조 속에서 국가적 과제 실현을 위한 경제분야의 국가목적을 달성하기 위해 통화량과 신용총량을 규제하고 조정할 수 있는 행정권한을 위임받았다.

제1절 한국은행의 국가적 임무

1. 서 론

중앙은행의 설립목적은 국가에 따라 다르고 시대에 따라 다르다. 영국의 중앙은행인 영국은행(Bank of England)은 (i) 금융안정(Financial Stability) (ii) 통화정책(Monetary Policy) (iii) 건전성규제(Prudential Regulation)라는 세 가지의 목적을 가지고 있다.[2] 여기서 (i) '금융안정 목적'이란 금융시스템의 안정을 보호하고 강화하는 것을 의미하고[3] (ii) '통화정책 목적'이란 '물가안정의 유지'와 '성장과 고용을 위한 정부의 경제정책의 지원'을 의미하며,[4] (iii) '건전성규제 목적'이란 '은행과 보험회사에 대한 규제와 감독'을 말한다.[5] 이렇듯 영국은행은 삼중임무(triple mandate)를

---

1) 대한민국헌법 제119조. ① 대한민국의 경제질서는 개인과 기업의 경제상의 자유와 창의를 존중함을 기본으로 한다.
　② 국가는 균형있는 국민경제의 성장 및 안정과 적정한 소득의 분배를 유지하고, 시장의 지배와 경제력의 남용을 방지하며, 경제주체간의 조화를 통한 경제의 민주화를 위하여 경제에 관한 규제와 조정을 할 수 있다.
2) Bank of England Act 1998 c. 11 s. 2 (5).
3) Bank of England Act 1998 c. 11 s. 2A (1).
4) Bank of England Act 1998 c. 11 s. 11.
5) Bank of England and Financial Services Act 2016.

보유하고 있다.

미국의 중앙은행인 연방준비제도(Federal Reserve System, 이하 "연준")는 (i) 완전고용(maximum employment)과 (ii) 물가안정(stable price)이라는 두 가지 목적을 보유하고 있다. 즉 미 연준은 장기적인 잠재성장에 상응하는 수준으로 통화량과 신용총량을 증가시킴으로써, "완전고용, 물가안정 및 낮은 장기이자율의 유지라는 목적"을 효율적으로 달성해야 할 임무를 부담하고 있다.[6] 따라서 미 연준은 (i) 예측가능한 낮은 수준의 인플레이션을 유지하고 (ii) 지속가능한 최대수준의 고용을 유지하기 위해 통화정책을 운용해야 할 국민적 의무를 부담한다. 이를 두고 연준의 이중책무(dual mandate)라고 부른다.[7]

독일의 중앙은행인 독일연방은행(또는 "분데스방크")은 화폐의 보호(Währung zu sichern)라는 하나의 목적만을 보유하고 있다. 즉, 분데스방크는 "화폐의 보호라는 목적 달성을 위해 독일연방은행법이 부여한 통화정책권한을 사용하여 국민경제 전체의 통화량과 신용공급을 규제하고, 은행제도를 기반으로 한 국내적, 국제적 지급결제 절차를 보호함"을 임무로 한다.[8] 분데스방크는 미 연준을 벤치마킹하여 설립되었으나, 물가안정과 완전고용이라는 이중책무를 보유하고 있는 미 연준과 달리 '화폐의 보호'라는 단일임무만을 보유하고 있다. '완전고용'이라는 임무를 배제한 것은 중앙은행이 확장적 통화정책(통화증발)을 통해 독일제국의 군비확장을 지원했던 양차대전 전후의 부정적 역사에 대한 반성에서 비롯된 것이다. 독일연방은행은 '물가안정(화폐의 보호[9])'이라는 단일임무(single mandate)만을 보유하고 있다.

---

6) Federal Reserve Act Sec. 2A. The Board of Governors of the Federal Reserve System and the Federal Open Market Committee shall maintain long run growth of the monetary and credit aggregates commensurate with the economy's long run potential to increase production, so as to promote effectively the goals of maximum employment, stable prices, and moderate long−term interest rates.

7) Acemoglu, D., Laibson, D., List, J. A., 2019, *Economics* (2. ed.), Pearson, New York, p. 657−658.

8) Das Gesetz über Deutsche Bundesbank(이하 "BBkG") 1957, Art. 3. Die Deutsche Bundesbank regelt mit Hilfe der währungspolitischen Befugnisse, die ihr nach diesem Gesetz zustehen, den Geldumlauf und die Kreditversorgung der Wirtschaft mit dem Ziel, die Währung zu sichern, und sorgt für die bankmäßige Abwicklung des Zahlungsverkehrs im Inland und mit dem Ausland.

9) Begr. RegE(Begründung des Regierungsentwurfes), BT−Drucks(Bundestagsdrucksache). Nr. 2781, 2. WP, S. 22f: "중앙은행은 화폐의 구매력(Kaufkraft der deutschen Mark)을 안정시키고, 생산적 노동의 완전고용(Beschäftigung aller produktiven Kräfte)과 경상수지(Zahlungsbilanzausgleich) 균형을 달성하기 위해 통화정책과 신용정책을 수립해야 한다. 그러나 분데스방크의 목적을 명시하고 있는 BBkG 제3조에서는 이러한 고려를 전혀 하고 있지 않다. 중앙은행의 통화정책만으로는 위에서 언급한 세 가지 정책목적을 동시에 달성할 수 없기 때문이다(durch einheitliche Maßnahmen der Notenbank nicht immer zugleich erreichbar)."

우리나라의 중앙은행인 한국은행은 독일 분데스방크와 유사하게 '물가안정'이라는 하나의 임무만을 보유하고 있다. 즉 한국은행은 "효율적인 통화신용정책의 수립과 집행을 통하여 물가안정을 도모함으로써 국민경제의 건전한 발전에 이바지함을 목적"으로 한다.[10] 다만, 한국은행법은 다른 법률들과 달리 정의(定意) 규정을 두고 있지 않다. 따라서 한국은행의 임무를 제대로 이해하기 위해서 한국은행법 안에 흩어져 있는 한국은행의 여러 가지 기능들을 추출하고 정리한 뒤 구분해 보아야 한다. 즉, 한국은행의 임무를 '은행으로서의 임무'와 '통화당국으로서의 임무'로 구분해 볼 필요가 있다.

2. 한국은행의 임무

1) 은행으로서의 임무

(1) 은행의 은행

한국은행법 어디에도 통화신용정책에 대한 정의 규정이 없다. 따라서 한국은행법에 분산되어 있는 개별조항 중에서 한국은행 본연의 임무를 추론해낼 수 밖에 없다. 한국은행은 상업은행의 예금을 수취하고[11] 상업은행에 대해서 대출을 실행하며[12] 금융기관과 환거래를 한다.[13] 결국 한국은행도 은행업[14]을 영위하고 있는 것이다. 한국은행의 상업은행 대출은 상업어음 재할인과 롬바르드대출(증권담보부 대출)[15]의 형태로 이루어진다. 한국은행법상 한국은행은 은행의 은행(Bank der Banken)으로서의 기능을 수행하고 있다.

(2) 국가의 은행

한국은행은 국고금 예수기관이며,[16] 정부의 증권, 문서, 고가물 등을 보관하고,[17] 국가의 수입 징수를 보조하며 국채의 발행·매각·상환업무 등을 취급한다.[18] 한국은행은 정부에 대하여 대출할 수 있고 국채를 직접 인수할 수도 있

---

10) 한국은행법 제1조 제1항.
11) 한국은행법 제54조.
12) 한국은행법 제64조.
13) 한국은행법 제84조.
14) 은행법 제2조 제1항 제1호.
15) 한국은행법 제64조 제1항 제2호에 의한 '담보부대출'이 롬바르드대출(Lombardkredit)이다.
16) 한국은행법 제71조.
17) 한국은행법 제72조.
18) 한국은행법 제73조.

다.[19] 또한 정부대행기관과 여신, 수신업무를 한다.[20] 즉, 한국은행은 은행의 은행일 뿐만 아니라 국가의 은행(Bank des Staates)이기도 하다.

2) 통화당국으로서의 임무

중앙은행은 법률이 부여한 포괄적인 권한과 수단을 이용하여 국민경제 전체의 통화량을 규제하고 물가안정을 유지한다. 즉, 중앙은행은 통화당국(Hüter der Währung)[21]의 역할을 수행한다. 하지만 화폐의 수호자로서의 역할은 역사적 변화과정을 통해 계속적으로 변천하였다. 각각의 화폐제도 하에서 중앙은행이 담당하는 통화정책적 임무가 달라졌기 때문이다. 우리나라의 중앙은행제도는 일본의 식민지에서 해방된 이후 미군정을 통해서 이식된 제도이다. 따라서 한국은행의 통화당국으로서의 기능을 이해하기 위해서는 우리가 경험하지 못했던 금본위제와 관리통화제도의 역사적 배경, 경제적 차이 및 이러한 차이에 기반한 중앙은행의 역할 변화에 대해 살펴볼 필요가 있다.

(1) 금본위제와 중앙은행

금본위제(Goldwährungssystem)는 다음과 같은 준칙에 따라 운영되는 화폐제도를 의미한다. 즉, (i) 화폐단위와 귀금속(주로 '금') 사이의 고정된 가치적 관계(금평가, Goldparität)[22]가 존재한다. (ii) 중앙은행은 상시적으로 금평가에 따라 금을 매매할 의무를 부담한다. (iii) 중앙은행은 유통 중인 은행권에 상응하는 금을 보유해야 한다.[23]

금본위제의 가장 큰 특징은 소위 금의 자동조정(Goldautomatismus) 기능 또는 자동적 자기규제 기능이다. 금본위제는 화폐공급량과 화폐의 구매력 변동이 자동

---

19) 한국은행법 제75조.
20) 한국은행법 제77조.
21) 오늘날에는 화폐의 수호자(통화당국)로서의 기능이 중앙은행의 일반적 특성으로 널리 받아들여지고 있다. 그러나 2차대전 이전에는 중앙은행의 이중적 지위를 인정하는 것이 일반적이었다. 예를 들어, Breit, J., 1911, *Bankgesetz*, Decker, Berlin, S. 36: "독일제국은행은 특수한 이중적 성격(Doppelcharakter)을 가지고 있다. 한편으로는 사법상의 기관(Institut des Privatrechts)이면서 다른 한편으로는 공법적 영역(öffentlichen Rechte)에 속해 있다." 즉, 당시에는 중앙은행이 한편으로는 은행의 기능(bankmäßigen Funktionen)을 수행하고, 다른 한편으로는 공법적 기능(öffentlich-rechtliche Zielsetzung)을 수행한다고 보았다.
22) Bankgesetz 1875 §14. Die Reichsbank ist verpflichtet, Barrengold zum festen Satze von 1392 Mark für das Pfund fein gegen ihre Noten umzutauschen.; Münzgesetzes vom 1. 6. 1909. §1 S.1. Im Deutschen Reich gilt die Goldwährung.
23) Bankgesetz 1875 §17. Die Reichsbank ist verpflichtet, für den Betrag ihrer im Umlauf befindlichen Banknoten jederzeit mindestens ein Drittheil in kursfähigem deutschen Gelde, Reichs-Kassenscheinen oder in Gold in Barren oder ausländischen Münzen, das Pfund fein zu 1392 Mark gerechnet, und den Rest in diskontirten Wechseln, welche eine Verfallzeit von höchstens drei Monaten haben, und aus welchen in der Regel drei, mindestens aber zwei als zahlungsfähig bekannte Verpflichtete haften, in ihren Kassen als Deckung bereit zu halten.

으로 연결되거나 상호 규제되는 기능적 메커니즘이다.[24] 예를 들어 유통 중인 결제수단(통화량)이 많아지면(예, 100 → 200) 화폐구매력이 감소(예, 1.0 → 0.5)하므로 사람들은 화폐를 금과 교환하려고 한다. 왜냐하면 화폐와 금의 교환비율(예, 1:1)은 법정되어 있기 때문이다. 이러한 화폐와 금의 교환과정이 계속되면 유통 중인 통화량이 감소하게 되고 다시 화폐의 구매력이 높아진다. 결국 중앙은행은 금의 가격을 보장함으로써 국내적으로 화폐구매력을 보장하게 된다. 왜냐하면 화폐공급은 궁극적으로 중앙은행의 금 매입가격에 의해 결정되기 때문이다.[25] 중앙은행이 금평가(고정된 가격)에 따라 금매입의무를 부담한다는 것은 큰 의미를 지닌다. 17세기부터 20세기까지 유럽세계는 금을 금속화폐(Währungsmetall)로 사용했고 모든 교역상대국들은 금본위제를 채택하고 있기 때문에 모든 외국화폐는 국내화폐와 연결되어 있었다. 금의 운송비용과 주화 주조비용을 고려하지 않는다면 금본위제 하에서 세계는 사실상 단일통화를 사용하는 것과 마찬가지였다.

그 결과 환율은 안정적이고 국제적 통화의 흐름도 자동적으로 조절되었다. 수입국가의 경상수지 적자는 금의 해외유출을 초래하고, 이와 반대로 수출국가의 경상수지 흑자는 금의 국내유입을 불러온다. 왜냐하면 금본위제 하에서는 금이 국제적 결제수단이었기 때문이다. 무역적자국의 중앙은행은 미리 정해놓은 금 지급준비율을 지키기 위해 재할인정책수단을 사용하여 유통 중인 내국통화를 환수해야 한다. 중앙은행의 통화공급이 감소하면 국민소득이 감소하고, 국민소득이 감소하면 수입이 감소하고 다시 수출이 증가한다. 수출국의 경우 이와 반대되는 상황이 펼쳐질 것이다.[26]

금의 자동조정기능은 관련국들의 물가수준을 조정하고 국제수지의 균형을 맞춰준다. 금본위제 하에서는 "물 자체에서 이성이 발현되기 때문에, 인간은 단지 실재하는 이성의 지도를 따르기만 하면 된다."[27] 따라서 중앙은행의 책임은 매우

---

24) Veit, O., 1961, *Grundriß der Währungspolitik* (2. Aufl.), Knapp, Frankfurt (Main), S. 384ff.; Lutz, F. A., 1962, *Geld und Währung: Gesammeite Abhandlungen*, Mohr, Tübingen, S. 28ff.; Höpker–Aschoff, H., 1948, *Geld und Währungen*, W. Kohlhammer, Stuttgart, S. 75ff.

25) Worret, F., 1955, *Bankpolitik als Machtfrage*, Duncker & Humblot, Berlin, S. 105; Halm, G. N., 1966, *Geld, Außenhandel und Beschäftigung* (4. neubearb. Aufl.), Duncker & Humblot, Berlin, S. 145.

26) Helfferich, K., 2017, *Das Geld*, Fachbuchverlag–Dresden, Leipzig, S.468.: "그 당시 금본위제는 국제적 통화헌법(internationale Geldverfassung)이었다."; Blessing, K., 1960, *Die Defense des Geldwerte*, F. Knapp, Frankfurt (Main), S. 197: "금을 중심으로 역사상 가장 큰 형태의 국제적 공조(internationale Kooperation)가 이루어졌다."; Graetz, M. J., 2016, "A "Barbarous Relic": The French, Gold, and the Demise of Bretton Woods," *Columbia Law School Scholarship Archive*, pp.1–30.; 1965년 2월 프랑스의 드골(de Gaulle) 대통령이 금본위제의 복귀를 요청한 이후, 국제사회는 금본위제에 대한 격론이 벌어졌고 전 세계적인 정치적 쟁점으로 비화하였다.

제한적이었다.[28] 금본위제 하에서 중앙은행은 금의 변동에 대응하여 통화량을 유지하는 것만을 임무로 하였다. 즉, 중앙은행의 임무는 확인적 성격(konstatierenden Charakter)[29] 또는 등록(registrierenden Charakter)적 의미[30]를 지녔다. 금본위제 하에서 중앙은행은 국가의 지원을 받는 일국의 가장 큰 상업은행이었을 뿐이다. 중앙은행의 모든 일은 복식부기와 상업은행의 원리로 설명이 가능했다. 심지어 루드비히 한 (L. A. Hahn)은 통화가치의 안정을 중앙은행의 임무가 아니라 당연히 이루어지는 일이라고 말했다. 그는 중앙은행의 임무는 금의 자기보정기능(Selbstkorrektur-Mechanismus)이 갖는 취약성을 보완하는 것뿐이라고 생각했다.[31]

이와 대조적으로 제2차 세계대전 이후, 보다 정확히는 1971년 브레튼우즈 (Bretton Woods) 체제[32]의 붕괴 이후 현대적 중앙은행이 관리하는 화폐는 자유롭게 조작이 가능한 종이화폐(frei manipulierte Währung)로 바뀌었다. 현대적 화폐는 금속의 가치에 연동되어 있지 않다. 미리 정해진 평가기준이 사라진 현대 사회에서 화폐단위의 가치는 경제 내에서 유통되는 통화량에 의해서만 결정될 뿐이다. 금본위제 하에서는 자동적으로 발생하던 모든 일들이, 금본위제가 붕괴한 이후에는 중앙은행의 독립적이고 의지적인 행위로 대체되었다. 금본위제 하에서는 중앙은행의 기능과 임무를 은행업의 내용과 용어로 충분히 설명할 수 있었지만, 관리통화제도 하에서는 중앙은행의 임무와 기능을 더 이상 은행업의 용어와 내용으로 설명할 수 없게 되었다. 이제 중앙은행은 국민경제적 신용화폐제도(volkswirtschaftliche Kreditgeldsystem)에 대한 통제기구(Steuerungszentral)의 역할을 하게 된 것이다.

(2) 관리통화제와 중앙은행

모든 관리통화제도(manipulierten Währungssystem)는 정부가 마음대로 통화량의 공급을 결정할 수 있는 위험을 당연히 내포하고 있다.[33] 금본위제도 하에서의 '화

---

27) Lutz, 1962, a.a.O., S. 9.:"Vernunft gewissermaßen in den Dingen selbst wirkt und die Menschen sich von dieser Vernunft der Realitäten nur leiten zu lassen brauchen."
28) Veit, 1961, a.a.O., S. 91.
29) Keller, P., 1950, *Von den Aufgaben der Notenbank in der Gegenwart*, Gallen, Zürich, S. 6: "La banque ne fixe pas le taux, eile le constate(중앙은행은 이자율을 정하지 않고 그냥 쳐다보기만 하면 된다).": Zwoll, J. H. van, 1954, *Mindestreserven als Mittel der Geld-und Kreditpolitik*, Duncker & Humblot, Berlin, S. 23: "금속화폐제도(Metallwährung) 하에서 통화정책(Geldpolitik)은 수동적(passiv)이지만, 관리통화제도(manipulierten Währung) 하에서 통화정책은 적극적(aktiv)이어야 한다."
30) Spindler/Becker/Starke, 1969, *Die Deutsche Bundesbank* (3. Aufl.), Kohlhammer, Stuttgart, S. 183.
31) Hahn, L. A., 1929, *Geld und Kredit*, Mohr, Tübingen, S. 22.
32) 이 책 "제3장. 제1절. 2. 3) 현대적 중앙은행" 참조.
33) Halm, 1966, a.a.O., S. 107.

폐가치의 자동보호기능'이 관리통화제도 하에서는 '신용정책을 통한 정부의 화폐가치 조작'으로 대체되었기 때문이다. 이러한 이유로 화폐가치 통제(Geldwertsteuerung)의 문제는 중앙은행 독립(Unabhängigkeit)의 문제로 발전하게 되었다.[34)]

관리통화제도하에서는 금본위제도하의 통화정책 기반이 모두 무너져 버렸으므로,[35)] 중앙은행은 통화정책 수단을 선택할 권한뿐만 아니라 통화정책 목적을 결정할 권한까지 보유하게 되었다.[36)] 국민경제 내에서 재화·용역의 적정한 생산을 유지하기 위해서는 기본적으로 적정량의 화폐(현금, 예금, 어음·수표 등 현금등가물)가 경제 내에 유통되어야 한다. 따라서 통화정책의 임무가 은행업의 기술적 문제에서 거시경제적 문제로 확장된 것이다.

중앙은행의 본질적 임무에 대해서는 아직까지도 논쟁이 진행 중이며, 특히 2008년 글로벌 금융위기와 2019년 코로나 사태 발생 이후 논란이 재점화되고 있는 양상이다. 다만, 2008년 글로벌 금융위기 이전까지는 중앙은행의 고유한 임무를 화폐 안정(Stabilität der Währung)이라고 생각하는 견해가 우세해 보였다. 여기서 화폐안정이란 (i) 대내적으로는 화폐구매력의 안정(Kaufkraftstabilität)을 의미하고 (ii) 대외적으로는 환율의 안정(Kursstabilität) (또는 화폐의 대외가치안정 Außen—wertstabilität)[37)]을 의미한다.[38)] 한국은행법[39)]에서는 "한국은행은 효율적인 통화신용정책의 수립과 집행을 통하여 물가안정을 도모함으로써 국민경제의 건전한 발전에 이바지함을 목적으로 한다."고 규정하고 있다. 따라서 한국은행 설립의 최종적인 목적은 국민경제의 발전이고 중간목표는 물가안정이며 이를 위한 수단이 통화신용정책이다.

34) Eynern, G. von, 1957, *Unabhängigkeit der Notenbank*, Colloquium Verlag, Berlin, S. 10.
35) Veit, O., 1952, "Die Verantwortung der Notenbank," *Weltw.Arch.* Bd. 68 (1952), S. 147ff. (149).
36) Veit, O., 1961, *Grundriß der Währungspolitik* (2. Aufl.), Knapp, Frankfurt (Main), S. 92.
37) Veit, 1961, a.a.O., S. 32.
38) Maunz/Dürig, 2001, *Grundgesetz: Kommentar*, C. H. Beck, München/Berlin, Art. 88. Rdnr. 11.
39) 한국은행법 제1조.

제2절 한국은행의 헌법적 기능

1. 정치적 기관으로서의 한국은행

1) 정책의 개념

1971년 브레튼우즈체제(Bretton Woods System)[40]의 갑작스런 붕괴와 함께 전 세계는 관리통화제도로 이행하게 되었다. 국제통화제도의 근본적인 변화는 주요 국들이 헌법적 근거를 마련하지 못한 상태에서 중앙은행에게 사실상(de facto) 헌법적 지위와 기능을 부여하게 만들었다. 중앙은행은 종래 국가적 화폐주권(staatlicher Geldhoheit)[41]이라는 용어를 통해 다루어졌던 헌법적 문제를 넘겨받게 되었고, 이것이 국민경제 전체적으로 매우 중요한 요소가 되었다.

앞에서 설명한 바와 같이, 금본위제 하에서는 중앙은행이 통화적 상황의 변화에 수동적으로 대응하기만 하면 되었다. 중앙은행이 재할인정책을 언제 어떻게 사용해야 하는지도 미리 정해져 있었다. 그러나 관리통화제도 하에서는 중앙은행이 정책목적의 체계 내에서 국민경제의 적정한 신용총량과 유동성을 적극적으로 계획·주도·조성하고, 형성해야 한다. 달리 말해서 중앙은행이 화폐의 수호자로서의 역할을 수행함에 있어서 정책기관(politischen Instanz)으로 변모하게 된 것이다.

'정책(politik)'이라는 말의 의미에 대해서는 보다 구체적인 설명이 필요하다. 하지만 법적 논증과 관련하여 '정책'의 의미를 구체화하고 명확하게 하는 데에는 일정한 한계가 있다. 헌법학에서는 '정책'이라는 단일개념을 획득하기 위한 과학적 방법론이 필요한 것 같지 않다. 오히려 헌법학에서는 정책에 대한 법학적 개념이 존재하지 않거나[42] 정책의 개념적 모호성을 당연히 전제[43]하는 것 같다. 우

---

40) 이 책 "제3장. 제1절. 2. 3). (2) 브레튼우즈체제" 참조.

41) Mann, F. A., 1960, *Das Recht des Geldes*, Metzner, Frankfurt (Main), S. 400: "화폐고권(Geldhoheit)은 중세에 형성되어 제국주의 시대에 맹위를 떨치다가 제2차 세계대전 이후 사라진 용어지만 지금도 국제법적으로 통용되고 있다. 국제법에서는 화폐주권을 화폐에 대한 거부할 수 없는 국가의 주권(unleugbare Souveränität des Staates über seine Währung)이라는 표현을 사용하기도 한다."; Huber, E. R., 1953, *Wirtschaftsverwaltungsrecht* (Bd. I), Mohr, Tübingen, S. 490: "화폐고권은 국가주권의 본질적 기준이다(Geldhoheit ist ein wesentliches Kriterium der Staatshoheit). 화폐주권은 국가의 화폐에 대한 통제권을 주권적 차원에서 바라본 것이다."

42) Schneider, H., 1951, *Gerichtsfreie Hoheitsakte*, Mohr, Tübingen, S. 44 (Anm. 73).

43) Schmitt, R., 1911, "Art. Politik," In: Stengel, K. v., Fleischmann, v. M. (hrsg.), *WBStVwR(Wörterbuch des Deutschen Staats-und Verwaltungsrechts)* (Bd.Ⅲ), J. C. B. Mohr, 1911, S. 83ff.: Ipsen, H. P., 1937, *Politik und Justiz*, Hanseatische verlagsanstalt, Hamburg, S. 169: Kägi, 1945,

리 헌법에서도 '정책'이라는 애매한 표현을 여러 군데[44]에서 사용하고 있지만 역시 마찬가지이다. '정책'의 개념을 파악하기 위한 과학적 시도들이 존재하지만, 다양한 주제와 관련된 다양한 측면들, 어원학적인 일반적 설명, 현상을 지배하는 경험적 설명들이 주류를 이룬다.

'정책'의 의미에 대해서는 (i) '국가의 기술(Staatskunst)', '가능성의 기술', '국가가 선택할 수 있는 가능한 수단의 전형'이라고 정의하는 견해[45]와 (ii) '목적이라는 결론을 향하는 절차(Finalprozeß)'로 이해하는 견해[46]가 존재한다. 전자의 견해는 결국 '국가가 할 수 있는 모든 것'으로까지 개념의 외연이 확장될 수 있기 때문에 채택하기 곤란하다.

후자의 견해는 '정책'을 '합목적성을 고려하면서 공공생활을 지도하는 것'이라고 좁혀서 말하기도 한다. 하지만 이러한 견해도 문제가 있다. 왜냐하면 모든 활동은 일정한 목적을 가지기 때문이다. 즉, 인간의 모든 활동은 '어떻게 목적에 도달할 것인가'와 관련되기 때문이다. 모든 활동은 목적성(Zweckrichtung)을 포함하고 있으며, 그 끝에는 목적이 기다리고 있다.[47] '정책'의 개념을 구체화하기 위해 '공공생활'이라는 개념이 부가되더라도 그 뜻은 여전히 모호하다. 왜냐하면 교회나 사찰도 공공생활을 지도하는 활동을 하기 때문이다.

이렇듯 '정책'의 의미는 매우 다양하다. '정책'의 의미는 지나치게 포괄적인 한편, 다른 한편으로는 지나치게 편협하다. 따라서 법적 의미에서 중앙은행의 특

---

a.a.O., S. 127ff.

44) 대한민국헌법 제34조. ④ 국가는 노인과 청소년의 복지향상을 위한 정책을 실시할 의무를 진다.
대한민국헌법 제35조. ③ 국가는 주택개발정책등을 통하여 모든 국민이 쾌적한 주거생활을 할 수 있도록 노력하여야 한다.
대한민국헌법 제88조. ① 국무회의는 정부의 권한에 속하는 중요한 정책을 심의한다.
대한민국헌법 제89조. 다음 사항은 국무회의의 심의를 거쳐야 한다.
1. 국정의 기본계획과 정부의 일반정책
2. 선전 · 강화 기타 중요한 대외정책
13. 행정각부의 중요한 정책의 수립과 조정
15. 정부에 제출 또는 회부된 정부의 정책에 관계되는 청원의 심사
대한민국헌법 제91조. ① 국가안전보장에 관련되는 대외정책 · 군사정책과 국내정책의 수립에 관하여 국무회의의 심의에 앞서 대통령의 자문에 응하기 위하여 국가안전보장회의를 둔다.
대한민국헌법 제92조. ① 평화통일정책의 수립에 관한 대통령의 자문에 응하기 위하여 민주평화통일자문회의를 둘 수 있다.
대한민국헌법 제93조. ① 국민경제의 발전을 위한 중요정책의 수립에 관하여 대통령의 자문에 응하기 위하여 국민경제자문회의를 둘 수 있다.

45) Piloty, R., 1920, *Politik als Wissenschaft, in: Handbuch der Politik* (Bd. I), Franz Steiner Verlag, Berlin, S. 1.

46) Helfritz, H., 1949, *Allgemeine Staatsrecht*, Carl Heymanns, Erlangen, SS. 23ff. (25); Triepel, H., 1923, "Streitigkeiten zwischen Reich und Ländern," In: W. Kahl, *Festgabe der Berliner Juristischen Fakultät für Wilhelm Kahl zum Doktorjubiläum* , Mohr, Tübingen, S. 17ff.

47) Hartmann, N., 1966, *Teleologisches Denken*, Walter de Gruyter, Berlin, S. 68ff.

수한 정책적 기능을 포착하기란 매우 어렵다.

2) 정치의 개념

원래 정책(Politik)이란 말은 정치(Politik)란 말에서 파생되었다. 지금도 독일에서는 Recht와 마찬가지로 Politik을 형태론적으로는 구분하지 않고, 단지 의미론적으로만 구분하여 사용한다. 헌법적 도그마에서 사용하는 '정치'라는 것의 개념은 '온전한 입헌국가적 헌법(verfassungsstaatlichen Vollverfassung)'[48]을 객관적 전거로 사용할 때만 의미가 있다. 온전한 입헌국가적 헌법만이 국가권력의 행위형식을 그 내용에 기속시키고 정상화시킬 수 있기 때문이다.[49]

모든 국가질서는 법적 질서이기 때문에, 정치적인 것의 개념은 사회학적 의미[50]의 사실적 개념이 아니라 헌법 속에서 국가의 법적인 최고 목적과 연관지어야 한다.[51] 따라서 정치적인 것의 의미를 전적으로 권력의 범주로 이해하고자 하는 견해[52]는 법적 관점에서는 채택하기 어렵다. 따라서 이 책에서는 '정치적'인 것의 의미를 '양태적·대상적 동인의 합성물'로 이해하고자 한다. 양태적 측면에서 정치는 '도입하고, 지도하고, 결정하는 것'이고, 대상적 측면에서 정치는 '국가적 생활을 형성하는 것'이다.

정치의 규범질서[53]에 해당하는 헌법의 본질적 영역[54]에서는 전체로서의 국

---

48) Klein, F., 1953, *Der Kampf um den Wehrbeitrag* (Bd. Ⅱ), Isar Verlag, München, S. 486.

49) Heller, 1983, a.a.O., S. 258.

50) Grewe, W., 1950, "Zum Begriff der politischen Partei," In: Kaufmann, E., *Um Recht und Gerechtigkeit: Festgabe für Erich Kaufmann*, W. Kohlhammer, Stuttgart, 1950, S. 65ff.

51) Kägi, 1945, a.a.O., S. 28: "헌법국가(Rechtsstaates)로 발전한다는 것은 정치가 객관화(Objektivierung) 되고 예측가능성(Berechenbarkeit)이 커지며, 국가권력이 이성적으로 형성(Rationalisierung)된다는 것을 의미한다."

52) 같은 의미로는 Weber, M., 2002, *Wirtschaft und Gesellschaft* (5., rev. Aufl.), Mohr Siebeck, Berlin, S. 30; Löwenstein, K., 2000, *Verfassungslehre* (Unveränderter Nachdruck der 3. Aufl.), Mohr Siebeck, Berlin, S. 3; Mannheim, K., 1995, *Ideologie und Utopie* (8. Aufl.), Vittorio Klostermann, Frankfurt (Main), S. 34f.; 정치를 적과 동지(Freund−Feind)의 관계로 보는 견해로는 Schmitt, C., 2015, *Der Begriff des Politischen* (9., korrigierte Aufl.), Duncker & Humblot, Berlin, S. 7.; Marcic, R., 1957, *Vom Rechtsstaat zum Richterstaat*, Springer, Wien, S. 296: "정치의 개념을 단순히 권력의 행사(Machtausübung), 권력투쟁(Kampf um die Macht)의 의미로 해석하는 것은 법에 대한 그릇된 안티테제(fehlgehende Antithese zum Recht)에 불과하다. 하지만 법은 필연적으로 권력적 수단이다(Das Recht ist aber notwendig ein 'Maß der Macht')."

53) Jahrreiß, H., 1957, "Verfassungsrechtsprechung und Verfassungsgericht," In: H. Jahrreiß(hrsg.), *Mensch und Staat*, Heymann, S. 135ff. (164): "헌법은 법을 운용하기 위한 기본질서이자, 정치적 질서라는 의미에서 공동체의 기본질서이다(Grundordnung für das Lenken durch Herrschaft, die Grundordnung für die, Polis', in *diesem* Sinne die 'politische Ordnung')."

54) Triepel, H., 1975, *Wesen und Grenzen der Staatsgerichtsbarkeit*, Walter de Gruyter, Berlin, S. 6: 헌법은 "국가공동체의 본질적인 것을 통제하고자 노력하는 법이다(das Recht, das sich des *Wesentlichen* im staatlichen Bereich zu bemächtigen strebt)."

가(Gesamte des Staates)와 국가를 구성하는 모든 것(Ganze des Staates)을 중심으로 국가적 통일의 형성을 지향해야 한다. 쇼이너(Ulich Scheuner)는 이 두 가지 요소를 기반으로 '정치'를 "전체를 아우르는 목적을 설정하기 위한 창조적 결정이자, 그 목적달성을 위해 사회적 역량을 획득하고 행사하는 것"이라고 정의하였다.[55] 즉, 정치는 사회전체를 형성하는 이상과 목적을 설정하고 그것을 실행하는 것을 의미한다.

정치적인 것이 두드러진 영역에서는 정치적인 것과 비정치적인 것의 구별이 상대적으로 용이하다. 중앙은행은 의회의 권고나 정부의 지시를 받지 않고 독자적으로 통화정책을 수행한다. 그리고 이러한 점이 중앙은행을 특별한 권력적 범주에 속하게 만든다. 독립성은 그 자체 권력이다(Unabhängigkeit ist Macht). 왜냐하면 권력은 타인을 종속시킴으로써 실현되기 때문이다. 독립성은 권력에서 멀리 떨어져 있음과 종속되지 아니함을 의미한다.

어떠 기관이 자체적으로 생산한 자료를 바탕으로 고도의 정치적 대안(hochpolitischen Alternativ)을 선택하고 결정할 수 있다면, 그 기관은 국가적 정치권력을 보유한 것이다. 중앙은행은 국민경제 전체의 대출비용을 증가시킴으로써 국민경제 내의 한계기업을 도산시킬 수 있는 힘을 가지고 있다. 따라서 중앙은행은 정치권력(politische Macht)을 보유하고 있는 것이다.[56]

이와 동시에 중앙은행의 형성적 요소도 분명해진다. 중앙은행은 사건의 경과를 통제할 수 있는 힘을 가지고 있다.[57] 중앙은행의 화폐창조(Geldschöpfung) 행위는 통화신용제도에 참여하고 있는 모든 사람들에게 영향을 미친다. 중앙은행은 화폐에 대한 통제력을 이용하여 금리와 물가에 영향을 미치고 이를 통해서 전국민의 현재 소득 및 미래의 기대소득에 영향을 미친다. 따라서 중앙은행은 사회전체를 형성하는 특정한 목적을 설정하고 이것을 실행할 수 있다. 이렇듯 '정치적 기능'은 의회나 정부에게만 전속된 것이 아니고[58] 어느 정도는 헌법이 예상하지 못한 기관들에게 헌법이 예상치 못한 방법으로 분배되어 있는 것이다.[59] 비록 의

---

55) Scheuner, U., 1952a, "Der Bereich der Regierung", In: Smend, R., *Rechtsprobleme in Staat und Kirche: Festschrift für Rudolf Smend*, Schwartz, Göttingen, S. 253ff. (272).
56) 중앙은행은 외부대상을 규율하기 위해 통화정책을 실시한다. 따라서 중앙은행은 시장을 기반으로 하는 경제적 권력이 아니라 국가를 기반으로 하는 정치적 권력을 행사하는 것이다.
57) Geiger, T., 1987, *Vorstudien zu einer Soziologie des Rechts*, Duncker & Humblot, Berlin, S. 29.
58) Münch, F., 1954. *Die Bundesregierung*, A. Metzner, Frankfurt (Main), S. 2.
59) Friesenhahn, E., 1950, "Über Begriff und Arten der Reghtsprechung unter besonderer Berücksichtgung der Staatsgerichtsbarkekt nach dem Grundgesetz und den westdeutschen Landesverfassungen", In: Thoma, R., *Festschrift für Richard Thoma*, Mohr, Tübingen, S. 37, 38.

회나 정부가 국가목적을 형성하고 결정하는 절차 내에서 가장 주도적인 역할을 수행하고 있지만, '정치'가 이들에게만 전속되는 것은 아니다.

한국은행은 국가의 전체영역을 직접 형성하고 국가를 지도하는 기능을 수행하고 있다. 따라서 한국은행은 정치적이다.

2. 국가적 통합절차 요소로서의 한국은행

만약 중앙은행이 중요한 정치적 기구라면, 한국은행은 국가지도적 형성의 행위공간에 포함되어야만 한다. 왜냐하면 국가형성적 결정권한은 국가적 통합(staatlicher Integration)의 절차 속에서 행사되어야만 하기 때문이다. 스멘트(Rudolf Smend)에 의하면, 국가는 입법·행정·사법에게 개별적 삶의 표현을 맡기고 휴면상태에 들어가 있는 것이 아니라, 일상적이고 개별적인 삶의 표현을 통해서 현존하게 된다. 모든 개별적 삶은 정신적이고 총체적인 맥락 속에서 표상되어야 하기 때문이다.[60]

스멘트에 의하면, 모든 제도와 기능은 개별적으로 구분하여 평가할 것이 아니라 전체로서 인식되고 평가되어야 한다. 이러한 인식에 의해서만 국가의 통합의지가 형성되고 표현될 수 있으며, 통합과정의 반복을 통해서 국가적 통일체에 이를 수 있기 때문이다. 통합이론은 그 가치 여부를 불문하고 웅변적 찬사와 악의적인 비난을 동시에 받았다. 하지만 통합이론의, 국가의 정상상태를 지향하면서 정치적 공간을 해석한 태도만큼은 높이 평가되어야 한다. 통합이론이 동태적 과정을 중시함에 따라 규범적 요소[61]를 경시하는 측면이 있었지만, 후기에 들어 스멘트는 자신의 견해를 부분적으로 수정한다.[62]

동일한 화폐를 사용하는 지역적 요소는 국가를 집단적으로 통합시키는 요소(integrierender Faktor)이다.[63] 화폐주조권(Münzrecht)은 국가권력의 공식적 투사물이기 때문이다.[64] 나라를 막론하고 국가적 통일 전후 또는 헌법제정 전후에는 반

---

60) Smend, R., 1923, "Die politische Gewalt im Verfassungsstaat und das Problem der Staatsform," in: Kahl, W., *Festgabe der Berliner Juristischen Fakultät für Wilhelm Kahl*, Scientia, Tübingen, 1923, 3ff.; Smend, R., 2014, *Verfassung und Verfassungsrecht* (reprint), Duncker & Humblot, Berlin, S. 123ff.
61) Kägi, 1945, a.a.O., S. 53ff.; Heller, 1983, a.a.O., S. 49, 250.
62) Smend, R., 1956, "Integrationslehre," In: Beckerath, E. von, (hrsg.), *Handwörterbuch der Sozialwissenschaften* (Bd.V), G. Fischer, Stuttgart/Tübingen/Göttingen, S. 299ff. (301).
63) Mommsen, T., 1976, *Reden und Aufsätze*, Georg Olms Verlag, Zürich, S. 246.
64) Helfferich, 2017, a.a.O., S. 31.

드시 화폐의 통일과 표준화가 뒤따른다. 우리나라의 경우에도 1948년 7월 17일 최초의 헌법이 만들어진 이후인 1950년 5월 5일 한국은행법이 만들어졌다. 또한 역사적으로 볼 때 화폐제도가 붕괴되면 정부가 무너지거나, 국가가 재편되거나 국가적 비상사태가 발생하는 등 국가적 해체과정[65]이 발생하기도 한다.

중앙은행은 거시경제 전체의 신용총량을 확장하거나 축소시킬 수 있다. 중앙은행은 상업은행에 대한 대출조건 변경이나 기준금리 조정 등을 통해서 상업은행은 물론이고 국민경제 전체의 신용조건에 중대한 영향을 미칠 수 있다. 중앙은행의 대출조건 변경은 직접 상대방인 상업은행의 자금조달에 영향을 미치고 궁극적으로는 최종차주인 국민들의 대출조건에 영향을 미친다. 따라서 기능적 관점에서 보면 중앙은행은 중요한 통합적 요소(Integrationsfaktor)에 해당한다.

모든 통화정책은 통화량의 변동을 초래하므로 '재화와 화폐교환의 등가성 (Konstanz der Austauschverhältnisse)'에 영향을 미치고, 모든 사회계층의 현재 소득 및 장래의 기대소득에 영향을 미친다. 경제생활에 참여하고자 하는 사람은 누구나 국가적 종속성을 인식하고 있는지 여부와 상관없이 반드시 국가적 통화경로를 따라가야만 한다.[66] 중앙은행은 자율적 가격형성기능을 담당하는 시장기구에 직접 개입하여 국민경제 전체의 신용총량, 대출비용, 가용성 등을 통제한다. 쇼이너는 '통화정책은 국가의 직접적인 시장개입 수단(staatlichen Intervention) 중에서 가장 광범위하게 국민들의 권리에 영향을 미치는 치명적인 수단'이라고 평가한 바 있다.[67]

따라서 화폐의 경제적 가치 조절을 목적으로 하는 정책수단에도 통합이론적 사고를 적용해야 한다. 화폐가치를 규제할 목적으로 실행하는 적극적 화폐통제는 사회적 통합의 의미를 갖는 절차의 일부를 구성하기 때문이다.[68] 통화정책은 국가적 실재의 고유한 특성을 결정하는 요소이다.[69] 따라서 중앙은행은 국가적 통합(staatlicher Integration) 과정을 수행하는 요소의 하나에 해당한다. 한국은행법에는 무자본특수법인[70]이라는 무색무취한 규정만을 두고 있지만, 그럼에도 불구하

---

65) 바이마르 공화국의 해제과정에 대해서는 Schacht, H., 1927, *Die Stabilisierung der Mark*, Deutsche verlags–anstalt, Berlin/Leipzig, 1927, S. 53: "약탈과 폭동이 일상생활이 되었다. 따라서 제국(바이마르공화국)은 사회적 위험에 대처하기 위해 시장을 붕괴(Markverfall)시켜야 했다. 1923년 9월 27일 마침내 제국은 비상사태(Ausnahmezustand)를 선포했다."
66) Egner, E., 1928, *Versuch einer autonomen Lehre der Währungspolitik*, W. Scholl, Leipzig, S. 21.
67) Scheuner, 1957b, a.a.O., S. 10ff. (18).
68) Smend, 2014, a.a.O., S. 22.
69) Smend, 2014, a.a.O., S. 57.
70) 한국은행법 제2조. 한국은행은 무자본 특수법인으로 한다.

고 한국은행은 국가적 통합절차 내에서 특별한 헌법적 지위를 갖는다.

제3절 한국은행의 법적 형태와 법적 지위

1. 법적 형태

중앙은행의 법적형태는 국가에 따라 상이하다. 영국[71]의 경우 주식회사이고 발행주식은 전액 재무장관이 보유한다. 독일[72]의 경우 법적 형태는 영국과 마찬가지로 주식회사이고 발행주식은 전액 연방정부가 보유한다. 미국[73]의 경우 연준이사회(Federal Reserve Board of Governors)는 연방행정기관이지만, 12개 준비은행(Federal Reserve Banks)은 상업은행 등이 주식을 보유한 주식회사이다. 우리나라의 경우 한국은행법[74]에서 "한국은행은 무자본 특수법인으로 한다."라고 규정하고 있다. 따라서 한국은행의 법적 형태는 (i) 특수법인 (ii) 무자본법인으로 구분하여 설명할 필요가 있다.

1) 특수법인

법인은 법률에 의해서만 설립된다.[75] 법인설립의 입법주의는 국가적 규제·개입의 정도에 따라 특허주의, 허가주의, 인가주의, 준칙주의, 자유설립주의로 나누어 볼 수 있다. 우리나라의 경우 비영리법인에는 허가주의,[76] 영리법인에는 준칙주의,[77] 특수법인에는 특허주의[78]가 적용된다.

'특수법인'이라는 부분에 대해서는 '특별함'에 대한 구체적 논증 없이 '특별하니까 특별법인'이라고 주장하는 해석론도 존재한다.[79] 하지만 한국은행법상 '특수

---

71) Bank of England Act 1946, Section 4 (1).
72) BBkG §2.
73) Federal Reserve Act Sec. 4. & Sec. 10.
74) 한국은행법 제2조.
75) 민법 제31조. 법인은 법률의 규정에 의함이 아니면 성립하지 못한다.
76) 민법 제32조. 학술, 종교, 자선, 기예, 사교 기타 영리아닌 사업을 목적으로 하는 사단 또는 재단은 주무관청의 허가를 얻어 이를 법인으로 할 수 있다.
77) 민법 제39조. ① 영리를 목적으로 하는 사단은 상사회사설립의 조건에 좇아 이를 법인으로 할 수 있다. ② 전항의 사단법인에는 모두 상사회사에 관한 규정을 준용한다.
78) 우리나라의 특허법률로는 한국은행법, 한국산업은행법, 한국수출입은행법 등이 있다.
79) 한국은행, 〈한국은행법 해설〉, 2012. 4., 15-16면.

법인'이라는 표현은, 한국은행은 '특허주의'에 따라 한국은행법이라는 '특별법'에 의해서 설립되었다는 의미에 불과하다. 즉, 무의미한 표현이다.

사실 전 세계 모든 중앙은행은 특별법에 의해 설립되었다.[80] 역사적이고 연혁적인 이유에서이다. 원래 중앙은행은 정부의 재정지원을 목적으로 국왕의 특허장(charter)을 부여받아 설립되거나(영국은행, 일본은행, 독일제국은행), 연방국가에서 연방과 지방의 이익조정을 목적으로 연방의회의 특별법에 의해 설립되었다(미국 연방준비제도, 독일 분데스방크).

2) 무자본법인

'법인'이란 '자연인 이외의 대상'에게 권리능력이 인정된 것을 말한다. 법인은 설립주체에 따라 사단과 재단으로 구분된다. '사단'은 일정한 목적과 조직을 가진 '사람'의 결합체이고 '재단'은 일정한 목적을 위하여 조성된 '재산'의 결합체를 의미한다. 결국 '사람'이나 '재산'의 결합체에 대하여 법률이 권리능력을 부여한 경우 이를 법인이라 부르는 것이다.

상법상 주식회사는 대표적인 사단법인이다. 은행법상의 은행도 사단법인으로서 상법상 주식회사의 지배구조를 보유하고 있다. 사단법인(주식회사)은 내부기구로서 '사원총회(주주총회)'와 '이사(대표이사, 이사회)'를 둔다. 사원(주주)은 이익배당권, 잔여재산분배권 등 '자익권'과 정관변경권, 이사임면권, 의안의결권 등 '공익권'을 보유하며 사원총회(주주총회)를 구성한다. '이사'는 법인의 내부적 업무집행(이사 및 이사회)과 외부적 대표행위(대표이사)를 한다.

원래 한국은행은 다른 모든 중앙은행과 마찬가지로 주식회사의 지배구조[81]를 가지고 있었다.[82] 그러나 1962년 법률 개정을 통해서 무자본법인으로 변경되었다. 구체적인 입법개정 이유[83]는 "현행법이 제정된 이후 많은 경제사정의 변화

---

80) 이러한 특별법의 예로는 영국은행법(Bank of England Act), 미국연방준비법(Federal Reserve Act), 독일연방은행법(Gesetz über die Deutsche Bundesbank), 일본은행법(日本銀行法) 등이 있다.

81) 영국은행(Bank of England), 미국 연준은행(Reserve bank), 독일분데스방크(Deutschte Bundesbank), 일본은행(日本銀行), 스위스 국민은행(Schweizerische Nationalbank) 등.

82) 한국은행법 [법률 제138호, 1950. 5. 26. 시행] 제4조. 한국은행의 자본금은 15억원으로 하고 전액을 정부가 출자한다. 한국은행은 설립당시의 적립금으로서 3억원을 보유하여야 하며 정부가 지변한다.

83) 한국은행법 [법률 제1074호, 1962. 5. 24. 시행] 【제정·개정이유】 ① 정부출자특수법인이던 한국은행을 무자본특수법인으로 함. ② 금융통화위원회를 금융통화운영위원회로 변경하고, 은행감독부를 은행감독원으로 개편함. ③ 5억원에 달할 때까지 순이익금의 25%를 적립하던 한국은행의 법정적립금을 200억원에 달할 때까지 순이익금의 5%를 적립하도록 하고, 한국은행으로 하여금 정부의 승인하에 특정목적적립금을 보유할 수 있도록 함. ④ 금융통화운영위원회 위원수 7인을 9인으로 증원하고 대리위원제도를 폐지함. ⑤ 한국은행에 이사 및 감사를 두도록 함. ⑥ 재무부장관은 금융통화운영위원회의 의결사항에 대하여 재의를 요구할 수 있게 함. ⑦ 한국은행은 재무부장관의 업무검사를 받게 함. ⑧ 한국은행은 정부가 보증한 채권을 직접 인수할 수 있게 함. ⑨ 한국

를 보게 되었을 뿐만 아니라 한국은행의 경영면에 있어서도 현실적 욕구를 충족할 수 있도록 시정하여야 할 점이 허다하므로 그 기구를 개편하고 은행감독업무의 강화를 도모하는 동시에 외환업무에 관한 사항을 조정"[84]하려는 것이었다. 하지만 정작 '한국은행의 경영면에서의 현실적 욕구'가 무엇을 의미하는지는 여전히 그 이유를 알 수 없다. 아마도 1962년 개정 당시에는 한국은행이 기능적, 회계적으로 재무부와 사실상 하나나 다름없었다는 사실에 기인한 것으로 추정된다. 즉, 한국은행과 재무부가 사실상 한 몸이기 때문에 별도의 자본금을 둘 필요가 없다고 판단한 것으로 추정된다. 하지만 1998년 한국은행법이 개정되면서 기획재정부와 한국은행은 아주 별개의 인격체가 되었다. 그럼에도 불구하고 여전히 한국은행법에는 무자본 조항이 그대로 남아 있다. 입법의 불비로 보인다.

현행 한국은행법상 '무자본'이라는 말은 '납입자본금'이 없다는 것을 의미한다. 납입자본금이 없으므로 주식도 없고 주주도 없다. 하지만 '무자본'과 '법인'은 결합되기 어려운 개념이다. 원래 사단법인은 사원의 단체이기에, 사원 없는 사단법인은 존재할 수 없기 때문이다. 따라서 '무자본 법인'은 법의 기본적인 체계정당성(Systemgerechtigkeit)에 반한다. 주주인 정부로부터의 독립성 확보에 급급한 나머지 비정상적인 법적 상태를 만들어낸 것이다. 하지만 한국은행은 여전히 초과이익금(순이익－법정적립금)을 정부에게 납부해야 하고[85] 한국은행의 손실은 정부가 보전하고 있으므로[86] 회계적으로 보면 한국은행은 여전히 정부의 자회사에 불과하다.

3) 소 결

법인은 (i) 지배주체에 따라 사단법인과 재단법인 (ii) 설립목적에 따라 영리법인과 비영리법인 (iii) 설립근거에 따라 공법인과 사법인 (iv) 준거법에 따라 외국법인과 내국법인 등으로 구분된다.

한국은행법은 한국은행이 사단법인인지 재단법인인지, 공법인인지 사법인인

은행의 외환업무범위를 조정함. ⑩ 한국은행의 임원 및 직원의 신분을 국가공무원에 준하게 함.
84) 법제처, 〈국가법령정보센터〉 [https://www.law.go.kr/] [검색시간 2020－12－4 21:33]
85) 한국은행법 제99조. ① 한국은행은 회계연도마다 결산상 순이익금을 자산의 감가상각에 충당한 후 나머지가 있을 때에는 결산상 순이익금의 100분의 30을 매년 적립하여야 한다.
   ② 한국은행은 결산상 순이익금을 제1항에 따라 적립한 후 나머지가 있을 때에는 정부의 승인을 받아 이를 특정한 목적을 위한 적립금으로 적립할 수 있다.
   ③ 한국은행은 결산상 순이익금을 제1항과 제2항에 따라 처분한 후 나머지가 있을 때에는 이를 정부에 세입(歲入)으로 납부하여야 한다.
86) 한국은행법 제100조. 한국은행의 회계연도에 있어서 발생한 손실은 적립금으로 보전하고, 적립금이 부족할 때에는 「국가재정법」에서 정하는 바에 따라 정부가 보전한다.

지, 사인인지 행정기관인지를 식별할 수 있는 명확한 기준을 부여하고 있지 않다. 더욱이 한국은행의 무자본성으로 인해 한국은행의 법인성마저 의심받게 되었다. 결국 한국은행법의 기본적 체계정당성의 결여로 인해 한국은행의 지위와 형태에 대한 법적 해명이 상당히 어려워졌다.

2. 법적 지위

1) 서 론

모든 중앙은행은 법적 형태와 무관하게 행정기관의 성격을 갖는다. 왜냐하면 중앙은행이 보유한 통화정책권한이 갖는 고권적이고, 통치적 성격 때문에 그러하다. 모든 중앙은행은 통화정책권한을 행사하는 면에서는 행정기관이다.[87] 따라서 모든 국가의 중앙은행은 헌법의 통치구조 내에서 최상위 기관으로 존재하는 국회, 정부와의 관계가 문제된다.

2) 정부에 대한 지위

한국은행법에서는 "한국은행의 통화신용정책은 물가안정을 해치지 아니하는 범위에서 정부의 경제정책과 조화를 이룰 수 있도록 하여야 한다."[88]고 규정하고 있다. 본 조항의 의미는 한국은행은 물가안정을 최우선으로 하여 통화신용정책을 수립·운용하되 부차적으로 정부정책과 조화를 고려해야 한다고 해석된다. 하지만 한국은행법에는 '통화신용정책', '물가안정', '경제정책'에 대한 구체적 정의규정을 두지 않고 통화신용정책, 물가안정, 경제정책의 의미와 내용 모두를 중앙은행이 스스로 충전하도록 포괄적으로 위임하고 있다.

한국은행은 정부와 '협의'하여 물가안정목표를 정하되, 매년 통화신용정책 운영방향을 수립하여 공표하여야 한다. 한국은행은 물가안정목표를 달성하기 위해 '최선'을 다해야 한다.[89] '협의'는 대등한 당사자 사이의 법적 구속력 없는 의견교환을 의미하고,[90] '최선'은 법적의무가 아니라 도의적 의무에 불과하다. 법률의 문언 대로라면 한국은행은 정부와의 협의가 결렬되어도 물가안정목표를 정할 수 있고, 물가안정목표 달성에 실패하더라도 '최선'을 다했다면 아무런 책임을 물을

---

87) 이 책의 "제2장 제4절 한국은행의 기관성" 참조.
88) 한국은행법 제4조.
89) 한국은행법 제6조.
90) 대법원 2012. 6. 28. 선고 2010다38007 판결 [공2012하, 1279].

수 없다는 해석이 가능해진다.

또한 한국은행법에는 '물가안정목표'에 대한 정의규정이 없다. 따라서 물가안
정목표가 무엇을 의미하는지를 한국은행이 스스로 결정하게 된다. 한국은행은 한
국은행법상 물가안정목표를 인플레이션타기팅(Inflation Targeting)의 의미로 이해
하고 있다.[91][92] 하지만 물가안정목표는 원래 고유한 제도(system)가 아니라 운용
방식(style)의 하나일 뿐이다. 따라서 정책목표와 정책수단 운용방식을 혼동하고
있는 한국은행의 태도와 한국은행법의 부적절함을 지적하는 유력한 비판이 존재
한다.[93]

대통령은 한국은행의 금통위원, 총재, 부총재, 감사의 임명행위[94]를 통해 한
국은행의 지배구조 정립에 관여한다. 그러나 대통령의 임명행위 이후에는 정부의
한국은행에 대한 개입이 거의 곤란하다. 정부가 한국은행에 대해 취할 수 있는
조치는 행정응원(行政應援) 수준에 불과하다. 즉, 총재는 국무회의에 출석하여 발
언할 수 있고(출석발언),[95] 기획재정부차관 또는 금융위 부위원장은 금통위의 회
의에 열석하여 발언할 수 있으며(열석발언),[96] 정부는 금융통화에 관한 중요한 정
책수립 시 금통위의 의견을 들어야 하며(의견수렴),[97] 기재부장관과 금통위는 상
호간에 협조하여야 한다(상호협조).[98]

다만, 기재부장관은 금통위 의결이 정부의 경제정책과 상충된다고 판단되는
경우 한국은행에 재의를 요구할 수 있다. 하지만 기재부장관의 재의요구에 대해
금통위가 5명 이상의 찬성으로 전과 같은 의결을 할 경우 대통령이 이를 최종결
정해야 한다.[99] 한국은행법에 대통령의 최종결정권을 규정한 것은 문제가 있다.
굳이 이런 규정을 두지 않더라도 대통령은 행정부 수반으로서 행정부 내부의 갈

---

91) 한국은행, 〈한국은행 60년사〉, 2010. 6, 173-178면: "현행 물가안정목표제는 종래 중앙은행이 물
   가 등 최종목표와 안정적인 관계를 가지는 통화량 등을 중간목표로 설정하여 이를 조절하는 중간
   목표관리제와는 달리 최종목표인 물가안정에 대한 명시적인 목표를 설정하고 이에 맞추어 통화
   신용정책을 운용하는 방식이다. 물가안정목표제하에서 중앙은행은 명시적인 중간목표를 따로 두
   지 않는 대신 통화량은 물론 금리, 환율, 자산가격, 상품가격 등 다양한 정보변수를 활용하여 장
   래의 인플레이션을 예측하고 실제 물가상승률이 목표치에 수렴할 수 있도록 통화신용정책을 운
   용한다. 또한 이 과정에서 임금, 상품 및 서비스 가격 등의 결정에 커다란 영향을 미치는 기대인
   플레이션도 물가목표를 중심으로 안정될 수 있도록 노력한다."
92) 인플레이션타기팅의 구체적 내용에 대해서는 이 책 "제3장 제1절 2. 3) 현대적 중앙은행" 참조.
93) 차현진, "美연준 평균물가목표방식은 낙제점", 연합인포맥스, 2020. 9. 9. [https://news.einfomax.
   co.kr/] [최종검색 2020-11-10 21:47]
94) 한국은행법 제13조, 제33조, 제36조 및 제43조.
95) 한국은행법 제90조.
96) 한국은행법 제91조.
97) 한국은행법 제93조.
98) 한국은행법 제94조.
99) 한국은행법 제92조.

등을 조정할 최종적 책임이 있기 때문이다. 오토 마이어(Otto Mayer)가 비례원칙 위반의 예시로 들고 있듯이 참새를 잡는 데 대포를 동원한 모습이다. 너무 큰 권한은 행사하기 곤란한 측면이 있다.

영국100)과 미국101)의 경우 재무장관이 중앙은행의 권한을 몰수하는 형태로 중앙은행에 대한 유보권(reserve power)을 가지고 있고, 독일102)의 경우 재무장관이 연기적 항변권의 형태로 통화정책에 대한 유보권을 가지고 있다. 하지만 한국은행법103)에서는 재무장관의 유보권 행사에 대해 금통위가 다시 거부권을 행사할

---

100) Bank of England Act 1988 c. 11 s. 19. (1) The Treasury, after consultation with the Governor of the Bank, may by order give the Bank directions with respect to monetary policy if they are satisfied that the directions are required in the public interest and by extreme economic circumstances.
　(2) An order under this section may include such consequential modifications of the pro－visions of this Part relating to the Monetary Policy Committee as the Treasury think fit.
　(3) A statutory instrument containing an order under this section shall be laid before Parliament after being made.
　(4) Unless an order under this section is approved by resolution of each House of Parliament before the end of the period of 28 days beginning with the day on which it is made, it shall cease to have effect at the end of that period.
　(5) In reckoning the period of 28 days for the purposes of subsection (4), no account shall be taken of any time during which Parliament is dissolved or prorogued or dur－ing which either House is adjourned for more than 4 days.
　(6) An order under this section which does not cease to have effect before the end of the period of 3 months beginning with the day on which it is made shall cease to have effect at the end of that period.
　(7) While an order under this section has effect, section 11 shall not have effect.
101) Federal Reserve Act Sec. 10. (6) Nothing in this Act contained shall be construed as taking away any powers heretofore vested by law in the Secretary of the Treasury which relate to the supervision, management, and control of the Treasury Department and bureaus under such department, and wherever any power vested by this Act in the Board of Governors of the Federal Reserve System or the Federal reserve agent appears to conflict with the pow－ers of the Secretary of the Treasury, such powers shall be exercised subject to the super－vision and control of the Secretary.
102) BBkG §13. (1) Die Deutsdte Bundesbank hat die Bundesregierung in Angelegenheiten von wesentlidter währungspolitischer Bedeutung zu beraten und ihr auf Verlangen Auskunft zu geben.
　(2) Die Mitglieder der Bundesregierung haben das Redtt, an den Beratungen des Zentralbankrats teilzunehmen. Sie haben kein Stimmrecht, können aber Anträge stellen. Auf ihr Verlangen ist die Beschlußfassung bis zu zwei Wodten auszusetzen.
　(3) Die Bundesregierung soll den Präsidenten der Deutschen Bundesbank zu ihren Beratungen über Angelegenheiten von währungspolitischer Bedeutung zuziehen.
103) 한국은행법 제92조. ① 기획재정부장관은 금융통화위원회의 의결이 정부의 경제정책과 상충된다고 판단되는 경우에는 재의를 요구할 수 있다.
　② 제1항에 따른 재의 요구가 있는 경우에 금융통화위원회가 위원 5명 이상의 찬성으로 전과 같은 의결을 하였을 때에는 대통령이 이를 최종 결정한다.
　③ 기획재정부장관은 제1항에 따른 요구를 할 때에 대통령령으로 정하는 바에 따라 이를 즉시 공표하여야 한다.

수 있도록 규정하고 있다. 정부의 공권력 행사에 대해 소속기관이 거부권을 행사하는 것이다. 한국은행법은 영국과 미국에 비해 유보권의 범위를 지나치게 협소하게 정하고 있고, 장관의 재의요구를 금통위에서 기각(override)할 수 있도록 함으로써 유보권 본래의 취지에 어긋난다.

3) 국회에 대한 지위

국회는 총재임명 시 인사청문을 실시한다.[104] 그러나 영국,[105] 미국,[106] 독일[107]의 경우와 달리 우리 국회는 금통위원 7명 중 총재 1명에 대해서만 인사청문의 형태로 임명에 관여할 수 있을 뿐 나머지 6명의 임명행위에 대해서는 일체 관여하지 않는다. 한국은행은 매년 2회 이상 통화신용정책의 수행상황과 거시 금융안정상황에 대한 평가보고서를 작성하여 국회에 제출하여야 한다(보고서 제출의무). 총재는 국회 또는 그 위원회가 한국은행이 제출한 보고서와 관련하여 출석을 요구하는 경우에는 출석하여 답변하여야 한다(출석답변의무).[108] 미 연준[109]의 경우와 비교해 보면, 한국은행의 국회에 대한 보고의무는 매우 형식적이고, 국민에 대한 정보제공도 불충분해 보인다.

3. 내부기구

한국은행법에서는 한국은행의 정책결정기구인 금융통화위원회(이하 "금통위"),[110] 정책집행기구인 집행기관[111] 및 내부감사인 감사[112]를 두고 있다. 영

---

104) 한국은행법 제33조. ① 총재는 국무회의 심의와 국회 인사청문을 거쳐 대통령이 임명한다.
105) Bank of England Act 1988 c. 11 s. 1., s. 9B., s. 13. & s. 30A.
106) Federal Reserve Act Sec. 4. & Sec. 10.
107) BBkG §6., §7. & §8.
108) 한국은행법 제96조.
109) Federal Reserve Act Sec. 2B(a), Sec. 2B(b), Sec. 10 [7]. 연준이사회는 각 반기 의회청문회 출석과 동시에 '고용, 실업, 생산, 투자, 실질임금, 생산성, 환율, 국제무역, 국제수지, 물가 등에 대한 과거 및 향후 국면을 고려하면서 통화정책의 수행상황 및 경제동향과 전망에 대한 논의를 담은 서면보고서를 하원의 은행·금융서비스위원회 및 상원의 은행·주택·도시문제위원회에 제출하여야 한다. 또한 연준이사회는 그 업무에 관하여 상세한 보고서를 하원의장에게 제출하여야 하며, 하원의장은 이를 의회에 보고하여야 한다. 또한 연준이사회는 인터넷 홈페이지에 "감사(Audit)"라는 명칭의 링크를 제공하여야 하며, 이 링크는 일반인들이 이용할 수 있는 정보저장소로서 적어도 6개월 이상의 합리적인 기간 동안 (i) 감사원장(Comptroller General)이 작성하는 보고서 (ii) 독립적인 감사인이 작성한 연간 재무제표 (iii) 긴급대출권한과 관련하여 상원의 은행·주택·도시문제위원회에 제출하는 보고서 (iv) 기타 일반국민이 회계, 재무보고, 연준의 내부통제를 이해하는 데 도움이 되는 정보를 제공하여야 한다.
110) 한국은행법 제12조. 한국은행에 정책결정기구로서 금융통화위원회를 둔다.

국,113) 미국,114) 독일115)과 같은 다른 나라의 중앙은행은 내부적 기능의 전문화 및 견제와 균형의 원리를 실현하기 위해서 복수의 정책결정기구를 보유하고 있는 반면, 한국은행은 금융통화위원회라는 단 하나의 정책결정기구만을 보유하고 있다.

1) 금융통화위원회

한국은행에 정책결정기구로서 금통위를 둔다.116) 금통위는 당연직 위원 2인117)과 추천직 위원 5인118)으로 구성된다. 금통위원은 대통령이 임명하다 금통위 의장은 한은 총재가 겸임한다.119) 금통위 의장은 금통위를 대표하고, 회의를 주관하며, 사무를 총괄한다. 금통위원의 임기는 4년이다(부총재는 3년).120)

한국은행법에서는 금통위원의 적극적 자격요건을 '금융·경제 또는 산업에 관하여 풍부한 경험이 있거나 탁월한 지식을 가진 사람'으로 정하고 있고121) 소극적 자격요건 즉, 결격요건으로는 (i) 대한민국 국민으로서 (ii) 국가공무원법122)상 결격사유가 없는 경우로 정하고 있다.123) 금통위원은 (i) 국적상실 (ii) 국가공무원법상 결격사유 발생 (iii) 심신장애로 인한 직무수행 불가능 (iv) 직무상 의무위반로 인한 직무수행 부적당의 경우가 아닌 한 임기 중 그 의사에 반하여 해임

---

111) 한국은행법 제32조. 한국은행에 집행간부로서 총재 및 부총재 각 1명과 부총재보 5명 이내를 둔다.
112) 한국은행법 제43조. ① 한국은행에 감사 1명을 둔다.
113) Bank of England Act 1988 c. 11 s. 1., s. 9B., s. 13. & s. 30A.: 영국은행은 (i) 영국은행의 목적과 전략을 결정하고 영국은행을 감독하는 이사회(court) (ii) 금융안정정책을 수행하는 금융정책위원회(Financial Stability Committee) (iii) 통화정책을 수행하는 통화정책위원회(Monetary Policy Commiittee) (iv) 금융기관에 대한 규제 및 검사업무를 담당하는 건전성규제위원회(Prudential Regulation Commiittee) 등 4개의 정책결정기구를 두고 있다.
114) Federal Reserve Act Sec. 4., Sec. 10. & Sec. 12A.: 미 연준은 (i) 지배기구로서 연준이사회(Board of Governors)를 두고 있고 (ii) 집행기구로서 12개 준비은행(Reserve Bank)을 두고 있으며 (iii) 통화정책결정을 위하여 연준이사회와 준비은행으로 구성되는 공개시장위원회(Federal Open Market Committee)를 두고 있다. 연방주의 원리에 따라 사실상 3개의 정책결정기구가 존재하는 셈이다.
115) BBkG §6., §7. & §8.: 분데스방크는 (i) 지배기구로서 중앙은행위원회(Zentralbankrat) (ii) 공개시장조작업무를 담당하는 이사회(Direktorium) (iii) 지방정부를 대변하는 란트중앙은행(Landeszentralbank)로 구성된다. 지배기구인 중앙은행위원회 자체를 연방주의 원리에 따라 이사와 란트중앙은행장들이 참여하고 있기 때문에 지배구조 자체가 환상형(環狀形)을 이루고 있다.
116) 한국은행법 제12조.
117) 한국은행 총재 및 부총재
118) 추천기관으로는 '기획재정부장관, 한국은행 총재, 금융위원장, 대한상공회의소 회장, 전국은행연합회 회장'이 있다.
119) 한국은행법 제12조 제2항.
120) 한국은행법 제15조 제1항, 제33조 제2항, 제36조 제2항.
121) 한국은행법 제13조 제3항.
122) 국가공무원법 제33조.
123) 한국은행법 제17조.

되지 않는다.124) 금통위원은 정당에 가입할 수 없고 정치운동에 관여할 수 없다.125) 금통위원은 국회의원, 지방의회의원, 국가공무원, 지방공무원, 그 밖의 보수를 받는 직 또는 영리목적 사업을 겸직할 수 없다.126) 미 연준과 독일연방은행의 경우 정책위원에게 연방행정관청의 지위를 부여하고 있는 반면, 한국은행은 엄격한 겸직금지를 통해서 정부로부터 금통위를 단절시키고 있다.

금통위는 한국은행의 정책사항127)과 내부운영128)에 관한 사항을 결정한다. 한국은행의 정책사항은 매우 포괄적이어서 실제로 사용하지도 못하는 권한129)을 다수 포함하고 있다.

---

124) 한국은행법 제18조.
125) 한국은행법 제19조.
126) 한국은행법 제20조.
127) 한국은행법 제28조. 금융통화위원회는 통화신용정책에 관한 다음 각 호의 사항을 심의·의결한다.
　　1. 한국은행권 발행에 관한 기본적인 사항
　　2. 금융기관의 지급준비율, 최저지급준비금의 보유기간 및 보유방법
　　3. 한국은행의 금융기관에 대한 재할인 또는 그 밖의 여신업무의 기준 및 이자율
　　4. 한국은행의 금융기관에 대한 긴급여신에 관한 기본적인 사항
　　5. 한국은행이 여신을 거부할 수 있는 금융기관의 지정
　　6. 공개시장에서의 한국은행의 국채 또는 정부보증증권 등의 매매 및 대차에 관한 기본적인 사항
　　7. 한국은행통화안정증권의 발행·매출·환매 및 상환 등에 관한 기본적인 사항
　　8. 한국은행통화안정계정의 설치 및 운용에 관한 기본적인 사항
　　9. 금융기관으로부터의 자금조달에 중대한 애로가 발생하거나 발생할 가능성이 높은 경우 금융기관 외의 영리기업에 대한 여신의 기본적인 사항
　　10. 제81조에 따른 지급결제제도의 운영·관리에 관한 기본적인 사항
　　11. 금융기관 및 지급결제제도 운영기관에 대한 자료 제출 요구. 다만, 통화신용정책의 수립 및 지급결제제도의 원활한 운영을 위하여 필요한 경우로 한정한다.
　　12. 제81조의2에 따른 일시적인 결제부족자금의 지원에 관한 사항
　　13. 제87조에 따른 금융기관 등에 대한 자료 제출 요구. 다만, 통화신용정책의 수립을 위하여 필요한 경우로 한정한다.
　　14. 금융감독원에 대한 금융기관 검사 및 공동검사 요구. 다만, 통화신용정책의 수립을 위하여 필요한 경우로 한정한다.
　　15. 금융기관의 각종 예금에 대한 이자나 그 밖의 지급금의 최고율
　　16. 금융기관의 각종 대출 등 여신업무에 대한 이자나 그 밖의 요금의 최고율
　　17. 금융기관 대출의 최장기한 및 담보의 종류에 대한 제한
　　18. 극심한 통화팽창기 등 국민경제상 절실한 경우 일정한 기간 내의 금융기관의 대출과 투자의 최고한도 또는 분야별 최고한도의 제한
　　19. 극심한 통화팽창기 등 국민경제상 절실한 경우 금융기관의 대출에 대한 사전 승인
　　20. 그 밖에 이 법과 다른 법률에서 금융통화위원회의 권한으로 규정된 사항
128) 한국은행법 제29조. 금융통화위원회는 한국은행의 운영에 관한 다음 각 호의 사항을 심의·의결한다.
　　1. 한국은행의 정관 변경에 관한 사항
　　2. 한국은행의 조직 및 기구에 관한 사항
　　3. 한국은행의 예산 및 결산에 관한 사항
　　4. 한국은행 소속 직원의 보수기준에 관한 사항
　　5. 그 밖에 한국은행의 운영과 관련하여 이 법 또는 정관에서 금융통화위원회의 권한으로 규정된 사항
129) 한국은행법 제28조 제15호, 제16호, 제17호.

금통위 회의는 의장 또는 위원(2명 이상)이 요구하는 경우 의장이 소집한다.[130] 의안은 의장 또는 위원(2명 이상)이 발의한다.[131] 원칙적으로 모든 의안은 위원 5명 이상의 출석과 출석위원 과반수의 찬성으로 의결한다.[132] 다만, 금융기관에 대한 긴급여신의 경우에는 위원 4명 이상의 찬성[133], 기획재정부장관의 재의요구에 대한 거부결의의 경우 5명 이상의 찬성을 요한다.[134]

금통위가 고의 또는 중대한 과실로 인하여 한국은행에 손해를 끼친 경우에는 해당 회의에 출석한 모든 위원은 한국은행에 연대하여 손해배상책임을 진다. 다만, 그 회의에서 명백히 반대의사를 표시한 위원은 그러하지 아니하다.[135] 원래 연대책임 규정은 정치적 일체성이 중요한 의원내각제 하의 내각에게 적용되는 규정이지, 전문가들로 구성된 정책위원회에 적합한 규정은 아니다. 또한 여기에서 말하는 연대책임이 민법상 연대책임을 말하는 것인지도 불분명하다. 그리고 연대책임의 상대방이 의회, 정부, 국민이 아닌 한국은행이라는 것도 문제가 있다. 이러한 연대책임 규정은 금통위 내의 다양한 의견형성과 소신에 따른 정책결정권 행사를 저해할 소지가 있다. 미국의 경우 중요한 FOMC 회의를 전후하여 연준위원들이 통화정책과 관련된 개인적 정책소신을 기자회견을 통해서 널리 알림으로써 정보의 다양성을 기하고 국민의 알권리를 충족시키고 있다.

---

130) 한국은행법 제21조 제1항.
131) 한국은행법 제21조 제3항.
132) 한국은행법 제21조 제2항.
133) 한국은행법 제65조. ① 한국은행은 다음 각 호의 어느 하나에 해당하는 경우에는 위원 4명 이상의 찬성으로 금융기관에 대한 긴급여신을 할 수 있다. 이 경우 제64조 제1항에 따른 담보 외에 임시로 적격성을 부여한 자산도 담보로 할 수 있다.
　1. 자금 조달 및 운용의 불균형 등으로 유동성이 악화된 금융기관에 긴급히 여신을 하는 경우
　2. 전산정보처리조직의 장애나 그 밖의 우발적 사고 등으로 인하여 금융기관에 지급자금의 일시적 부족이 발생함으로써 업무수행에 현저한 지장이 초래될 것으로 인정되어 일시적으로 여신을 하는 경우
　② 제1항 제1호에 따라 여신을 받은 금융기관에 대해서는 이를 상환할 때까지 금융통화위원회가 대출과 투자를 제한할 수 있다.
　③ 한국은행은 제1항에 따른 여신과 관련하여 필요하다고 인정하는 경우에는 해당 금융기관의 업무와 재산상황을 조사·확인할 수 있다.
　④ 금융통화위원회는 제1항에 따른 긴급여신을 의결하려는 경우 정부의 의견을 들어야 한다.
134) 한국은행법 제92조. ① 기획재정부장관은 금융통화위원회의 의결이 정부의 경제정책과 상충된다고 판단되는 경우에는 재의를 요구할 수 있다.
　② 제1항에 따른 재의 요구가 있는 경우에 금융통화위원회가 위원 5명 이상의 찬성으로 전과 같은 의결을 하였을 때에는 대통령이 이를 최종 결정한다.
　③ 기획재정부장관은 제1항에 따른 요구를 할 때에 대통령령으로 정하는 바에 따라 이를 즉시 공표하여야 한다.
135) 한국은행법 제25조 제1항.

2) 총 재

한국은행 총재는 한국은행이라는 법인의 대표이사에 해당한다. 즉, 총재는 한국은행을 대표하고 그 업무를 총괄한다. 총재는 금통위가 수립한 정책을 수행하며, 이 법과 정관이 부여한 그 밖의 권한을 행사한다.[136]

한국은행 총재는 국무회의의 심의와 국회 인사청문을 거쳐 대통령이 임명한다. 총재의 임기는 4년으로 한 차례만 연임이 가능하다.[137]

3) 금통위와 총재의 권한배분

한국은행은 법인이다. 한국은행은 법인의 이사회에 해당하는 금통위와 대표이사에 해당하는 총재를 두고 있다. 기본적으로 금통위가 정책을 결정하면 총재가 정책을 집행하는 지배구조이지만, 총재가 금통위 의장을 겸임함으로써 총재는 사실상 정책결정과 정책집행에 모두에 절대적 영향력을 행사할 수 있다. 게다가 한국은행 총재는 한국은행의 집행기구와 소속 임직원을 모두 통합함으로써 통화정책 수립에 필요한 통계정보와 경제정보를 독점하는 지위에 있다. 한국은행은 총재에게 모든 조직역량과 정책권한이 집중된 중앙집권적 지배구조를 보유하고 있다.

제4절 한국은행의 기관성

이상에서 본 바와 같이 현행 한국은행법만으로는 한국은행이 통화정책기관으로서 갖는 법적 성격과 헌법적 지위를 분명하게 파악하기 곤란하다. 따라서 중앙은행의 기관적 성격에 대한 보다 심도 있는 고찰이 필요하다. 일반적으로 중앙은행은 공법상 법인(juristische Person des öffentlichen Recht)의 형태로 설립되고, 국가기관과 분리된 별개의 조직구조를 가지고 있다. 중앙은행은 분류체계에 따라서는 국가기관이라기보다는 조직적, 영업적 단위라고 볼 수도 있다. 중앙은행은 특정한 분류기준으로 구분하기 힘든 조직적, 효력적 단위이다. 통화정책 기능의 특수성, 국가조직 면에서의 특별한 지위[138] 때문에 중앙은행은 전통적인 권력분립 체계를 깨뜨리는 또 다른 국가기관, 제4의 권력(Vierten Gewalt)으로 볼 수 있지 않을까 하는 의문을 불러일으킨다.[139]

---

136) 한국은행법 제34조 제1항·제2항.
137) 한국은행법 제33조.
138) BVerwGE 2, 217 ff. (218).
139) Wolff/Bachof/Stober/Kluth, 2007, *Verwaltungsrecht* (Bd. I) (12. neubearbeitete Aufl.),

중앙은행의 기관성에 대해서는 독일에서 매우 활발한 논의가 진행되었다. 독일에서는 중앙은행을 제4의 국가기관으로 보려는 견해, 헌법기관으로 보려는 견해, 행정기관으로 보려는 견해, 영조물법인으로 보려는 견해 등 매우 다양한 견해가 존재한다. 이하에서는 한국은행의 기관적 성격에 대한 이해를 돕기 위해 독일에서의 학설 전개와 그 타당성 여부에 대해 살펴보도록 하겠다.

1. 제4의 국가기관설

1) 학설의 전개

독일 분데스방크 법안의 심의 과정에서는 중앙은행이 제4의 권력(Vierten Gewalt)으로서의 지위와 자격을 갖추고 있다는 견해가 반복적으로 발견된다.[140] 이러한 견해는 중앙은행에게 포괄적인 자치권(umfassenden Autonomie)을 인정할 필요가 있다는 점을 강조하고 있다.[141] 독일기본법 제88조에 따라 분데스방크를 설립하면서 그 형태와 권한을 두고 많은 논쟁이 있었다. 일부 견해는 기존의 삼권분립의 개념으로는 독립적 중앙은행은 수용할 수 없기 때문에 분데스방크를 제4의 권력으로 설계해야 한다고 주장했다.[142] 하지만 입법권, 행정권, 사법권과 나란히 통화권(Währungsgewalt)을 두는 방식으로 권력분립을 하는 것이 올바른지에 대해서는 많은 반론이 제기되었다.[143]

독일에서 분데스방크법이 통과된 이후에도 분데스방크의 독립적 지위(autonomen Status)가 반복적으로 문제되었다.[144] 대부분의 경제학자들은 정부의 지시로부터

C.H.Beck, München, S. 58; Kraus, G., 1994, "Die Gewaltengliederung bei Montesquieu," In: H. Barion, E. Forsthoff & W. Weber (hsrg.), *Festschrift für Carl Schmitt*, Duncker & Humblot, S. 103.; Kelsen, H., 1925, *Allgemeine Staatslehre*, Springer, Berlin, S. 229.

140) So der Berichterstatter des Bundesrats zum RegE des BBkG der 1. WP, Senator Nolting—Hauff, Sitzungsbericht der 97. Sitzung des Bundesrats v. 5.12.1952, S. 568D, 569 A. Vgl. auch die Ausführungen zum RegE der 2. WP, Sitzungsbericht über die 163. Sitzung des Bundesrats v. 5.10.1956, S. 311D — 312D.

141) Vgl. Abg. Höcherl, 175. Sitzung des Bundestags v. 30.11.1956, 2.WP, Sten.Ber. S. 9722 D: "이 원칙(중앙은행의 독립 Unabhängigkeit der Zentralbank)이 모든 건전한 통화정책의 핵심이다. 따라서 중앙은행은 통화정책에 있어서 제3의 독립된 권력(unabhängigen 3. Gewalt)의 지위로 승격되어야 한다."

142) Schmidt, W., 1955, "Zum Problem der Unabhängigkeit der Notenbank," *Offene Welt*, S. 41ff. (41); Lüke, R. E., 1957, "Bundesbank als vierte Gewalt," *VW(Der Volkswirt)*, S. 338ff.

143) Szagunn, V., 1957, "Notenbank und Staat," *Vers.Wirtsch*, S. 19 ff.; Pfleiderer, O., 1957, "Unabhängigkeit der Notenbank," *Die Justiz*, S. 307ff. (311).

144) Schmidt, W., "Deutsche Bundesbank,"In: Bank für internationalen Zahlungsausgleich, *Acht Europäische Zentralbanken*, 1963, S. 65ff. (68).: "현대적 권력분립원칙(moderne Gewalten—

독립된 중앙은행의 지위를 헌법상 권력분립 원리와 연관지어서 설명하려고 하였다. 루츠(F. A. Lutz)는 국가로부터 독립한 중앙은행이라는 관념이 권력분립의 원리에 속하며,[145] 중앙은행의 독립성은 재무장관의 요구를 억제할 목적으로 만들어졌다고 설명하고 있다. 리터스하우젠(H. Rittershausen)은 독립적인 중앙은행의 임무와 지위가 국가의 균형추 역할을 한다고 믿었다.[146] 에쉔부르크(T. Eschenburg)는 중앙은행의 강력한 독립성을 특별한 형태의 권력분립으로 보고자 했다.[147]

권력분립의 대상인 '권력(Gewalt)'을 중요한 국가권력을 행사하고 실현하는 '모든 기관(Institutionen)'을 포괄하는 의미로 이해한다면, 중앙은행은 '특별한 힘' 또는 '권력'에 해당한다.[148] 왜냐하면 중앙은행은 부자에서 가난한 사람까지 영향을 미칠 수 있는 특별한 권력을 가지고 있고 이것을 다양한 방법으로 실현할 수 있기 때문이다. 중앙은행은 법적으로 무제한의 화폐를 창조할 수 있는 권력을 가지고 있다. 따라서 중앙은행은 권력의 중심적 위치를 차지하고 있다. 이러한 현상은 결코 경제학적 방법으로는 설명할 수도 없고 이해될 수도 없다. 중앙은행은 통화고권의 보유자로서, 국민경제에 본질적으로 중요한 경제정책의 방향를 결정한다. 중앙은행은 통화신용정책의 기본방향을 설정함으로써 국민경제 내의 신용총량과 화폐의 가격을 결정한다.[149]

2) 검 토

중앙은행의 독립적 지위와 헌법상 권력분립 원리를 결합하려는 다양한 견해는 기본적으로 중앙은행을 제4의 국가권력(Vierten Staatsgewalt)으로 만들고 싶어 한다. 하지만 이러한 견해는 충분한 검토나 논거없이 주장하는 단편적 견해이거나 피상적인 견해들이 대부분이다. 거기에다가 위에서 언급한 견해의 대부분은 경제학적 사고방식을 대변하기 때문에, 국가·사회의 단절적 이원론을 바탕으로 한 사회(경제) 중심의 사고적 편향성이 두드러지게 나타난다.

중앙은행을 제4의 국가권력으로 보기 위해서는 우선 헌법적 구조 내에서 중

---

teilungslehre)에 따르면 입법부, 행정부, 사법부 이외에 제4부(vierten gleichartigen Partner)로서 통화자치(Währungsautonomie)를 두어야 한다."

145) Lutz, 1962, a.a.O., S. 41.

146) Rittershausen, H., 1962, *Die Zentralnotenbank*, F. Knapp, Frankfurt (Main), S. 52ff.

147) Eschenburg, T., 1956, *Staat und Gesellschaft in Deutschland* (3. Aufl.) Curt E. Schwab, Stuttgart, S. 230f.

148) Rumpf, H., 1956, "Verwaltung und Verwaltungsrechtsprechung," *VVDStRL*, Heft14, S. 136ff. (143).

149) Salin, E., 1928, *Theorie und Praxis staatlicher Kreditpolitik der Gegenwart*, Siebeck, Tübingen, S. 22.

앙은행에 대한 분류기준을 발견해낼 수 있어야 한다. 즉 중앙은행의 헌법적 지위를 특별한 권력기관으로 이해하기 위해서는 현행 헌법구조 내에서 화폐권(Währungsgewalt)을 입법권, 행정권, 사법권과 기능적으로 명확하게 구분해낼 수 있어야 한다. 하지만 독일기본법 어디에서도 화폐권을 제4의 국가권력으로 규정하고 있지 않다. 그렇다면 일반적 방법론에 기대어 그러한 기준을 추출해낼 수 있을까?

국가권력의 분류에 관해서는 전통적으로 실체적 방법론(materielle Methode)[150]과 형식적 방법론(formale Methode)[151]이라는 두 개의 방법론이 존재한다. 여기서 실체적 방법론은 기능(Funktion)으로부터 기관을 추론하려 하고, 형식적 방법론은 기관(Organ)으로부터 기능을 추론하려 한다.[152]

하지만 실체적 방법론은 행정권, 사법권으로부터 입법권을 구분하는 데도 어려움을 겪는다. 왜냐하면 의회는 법률의 형식으로 규범을 제정하기도 하지만 사법기능[153]을 행사하기도 하고, 행정부는 법규명령(Rechtsverordnungen)을 발령[154]함으로써 실질적으로 입법기능을 수행하기도 하기 때문이다. 형식적 방법론 또한 문제는 마찬가지이다.[155] 이 견해에 따르면 헌법을 근거로 설치된 기관의 숫자만큼 국가권력이 존재하는 것으로 보아야 하기 때문이다.

결론적으로 이 중 하나의 방법론만을 사용하거나 양자를 모두 사용한다고 해서 중앙은행을 헌법적 구조 내에서 특별한 제4의 권력기관으로 구성하는 문제에 대한 해답을 얻을 수는 없다.

2. 헌법기관설

1) 학설의 전개

헌법기관설은 중앙은행의 독립성(Unabhängigkeit) 또는 자치(Autonomie)로부터 헌법기관성을 이끌어내려는 견해이다. 즉, 헌법기관(Verfassungsorgan)들은 서로 수

---

150) Maunz/Dürig, 2001, a.a.O, Art. 1 Abs. 3 GG Rdnr. 101.; Menger, C.−F., 1959, "Höchstrichterliche Rechtsprechung zum Verwaltungsrecht," *Verw.Arch (Verwaltungsarchiv).* Bd. 50, S. 153ff. (195).

151) Menger, 1959, a.a.O., S. 178ff.(178).

152) BVerwGE 8, 350ff. [352ff.]; BVerfGE 3, 377ff. (381ff.); 4, 74ff. (91ff.); 331ff. (343ff.).

153) 독일기본법 제41조. ① 선거심사는 연방의회에서 행한다. 연방의회는 연방의회 의원의 자격을 심사한다.

154) 독일기본법 제80조.

155) Menger, 1959, a.a.O., S. 193.

평적 지위를 갖는 것을 특징으로 한다. 따라서 기관의 독립성은 헌법기관의 불가분적 구성부분이 된다. 헌법기관의 개념 속에는 '자치'라는 개념이 포함된다. 헌법기관은 다른 헌법기관과 동등한 입장에서 공조할 뿐 위계적 우열관계를 형성하지는 않는다.[156] 국가 내부의 모든 지시와 감독은 수직적 구조를 따라 헌법기관으로부터 시작한다.[157] 하나의 헌법기관이 다른 헌법기관에 영향을 미치는 일은 헌법에서 이를 명시하고 있는 경우에만 가능하다.[158] 국가구조 내에서 중앙은행이 갖는 권리와 의무, 조직적 지위를 고려할 때, 중앙은행은 헌법기관으로서의 고유한 특징을 갖추고 있기 때문에 헌법기관으로 볼 수 있다는 결론에 도달한다.[159]

슈타르케(O.-E. Starke)는 이 문제에 대해 상당한 연구를 하였고, 이를 바탕으로 중앙은행에게 헌법기관성(Verfassungsorganqualität)을 인정한 바 있다. 슈타르케가 분데스방크에 헌법기관의 지위를 인정한 것은 단순히 독일기본법 제88조에 설립근거가 존재한다는 형식적 이유에서만은 아니었다. 슈타르케는 중앙은행이 중요한 정책기능을 수행하며, 법인으로서 정부와 대등한 지위에 있기 때문에 헌법기관성을 인정할 수 있다는 결론에 도달했다.[160] 하지만 이에 대해서는 구체적인 논증과정이 결여되어 있다[161]는 비판이 존재하기도 한다.[162]

2) 검 토

기본법 규정 내에서 '헌법기관'의 개념이 명확하지 않을 뿐더러 이러한 개념에 어떤 기관들을 포함되는지도 명확하지 않다. 독일기본법은 헌법기관이라는 용어를 사용하고 있지 않기 때문이다. 입법, 행정, 사법이라는 세 개의 헌법적 기능

---

156) Leibholz, G., 1957, "Einleitung zum Statusbericht des Bundesverfassungsgerichts", *JöR (Jahrbücher für Nationalökononie und Statistik)* Bd. 6, S. 110ff. (112); Böckenförde, E.-W., 1998, *Die Organisationsgewalt im Bereich der Regierung* (2. Aufl.), Duncker & Humblot, Berlin, S. 198; Loening, H., 1954, "Der ministerialfreie Raum in der Staatsverwaltung," *DVBl(Deutsches Verwaltungsblatt)*, S. 173ff. (174).

157) Goessl, M., 1961, *Organstreitigkeiten innerhalb des Bundes*, Duncker & Humblot, Berlin, S. 96.

158) Köttgen, A., 1958, "Die Organisationsgewalt," *VVDStRL*, Heft16, S. 154ff. (158); Fichtmüller, C. P., 1966, "Zulässigkeit ministerialfreien Raums in der Bundesverwaltung," *AöR*, Bd. 91, S. 297ff. (308).

159) Luke, R.E., 1957, "Bundesbank als Vierte Gewalt," *VW(Der Volkswirt)*, S. 338ff.; Wangenheim, H.U.F. von, 1957, "Währung als vierte Gewalt ohne Vermittlung," *VW*, S. 348ff.; Möller, A., 1956, "Bundesbank—Hüterin der Währung," *Vers.Wirtsch.* S. 479ff.

160) Starke, O.-E., 1957, "Das Gesetz über die Deutsche Bundesbank und seine wichtigsten öffentlich—rechtlichen Probleme," *DÖV*, S. 606ff.

161) Köttgen, A., 1962, "Der Einfluß des Bundes auf die deutsche Verwaltung und die Organisation der bundeseigenen Verwaltung," *JöR*, S. 173ff.; Schäfer, H., 1958, "Die bundeseigene Verwaltung," *DÖV*, S. 241ff.

162) Spindler/Becker/Starke, 1969, a.a.O., S. 94.: "독일연방은행법의 전체구조에 비추어 볼 때, 입법부는 분데스방크를 헌법기관(Verfassungsorgan)으로 고려하고 있지 않다. 의회의 심의자료를 살펴보더라도 분데스방크를 헌법기관으로서 설립하고자 한 것이 아니다."

을 수행하는 기관의 특성을 통해서도 헌법기관이라는 개념을 식별할 수는 없다. 연방의회와 연방정부는 확실한 헌법기관(Verfassungsorgan)이지만, 분데스방크는 연방의회와 연방정부의 입법권과 행정권에 부속된다. 헌법기관에 부속된 기관도 헌법기관으로 볼 수 있을까?

헌법기관이라는 용어는 독일제국의 국사재판소(Staatsgerichtshof)에게 제국대통령, 제국정부, 제국의회, 제국참사원과 대등한 지위를 부여하기 위해서 카우프만(E. Kaufmann)이 처음 만들어 사용했다.[163] 이후 연방헌법재판소법(Bundesverf-assungsgerichtsgesetz)을 제정하는 과정에서 의회가 사용하기 시작하면서 헌법기관이라는 용어가 상당히 널리 사용되었다. 하지만 헌법기관이라는 용어는 법적으로 완성된 개념이라기보다는 정치적 관행의 표현에 지나지 않는다. 따라서 중앙은행의 헌법기관성에 대한 점검을 하기 위해서는 일반적 의미의 기관성(Organschaft)에 대한 개념 정립이 우선되어야 한다.

헌법기관의 개념을 인정하는 문헌에서도 헌법기관은 직접기관(unmittelbare Organ), 주요기관(Hauptorgan), 기초기관(Grundorgan), 정치기관(politische Organ), 최고기관(oberste Organ)의 의미로 사용되고 있다.[164] 즉 헌법기관은 (i) 헌법 자체에 의해 창설되고 (ii) 헌법 자체에 의해 권능이 부여되어야 하며 (iii) 헌법체계 내에서 특별한 정치적 기능을 담당해야 한다. 이러한 측면에서 볼 때 중앙은행에게는 헌법기관성을 인정하기 곤란하다. 중앙은행은 국가적 통합절차 내에서 결정적 요소로 작용하지만, 헌법기관의 고유한 특성을 일부 누락하고 있기 때문이다.[165]

3. 행정기관설

1) 학설의 전개

이 견해는 중앙은행을 행정부의 구성요소(Bestandteil der Exekutiv)로 본다. 오토 마이어(Otto Mayer)는 공제적 방법을 통해 행정권을 정의한 바 있다.[166] 즉

---

163) Kaufmann, E., 1929, *Untersuchungsausschuß und Staatsgerichtsbarkeit*, Mohr, Berlin, S. 46.

164) Goessl, M., 1961, *Organstreitigkeiten innerhalb des Bundes*, Duncker & Humblot, Berlin, S. 96.

165) Geiger, W., 1957, "Ergänzende Bemerkungen zum" Statusberict "des Bundesverfassungsgerichts," *JöR*, Bd. 6, 1957, S. 137.

166) Forsthoff, E., 1961, *Lehrbuch des Verwaltungsrechts* (8. Aufl.), Beck, München/Berlin, S. 1ff.; Walter Jellinek, *Verwaltungsrecht* (e-book), Springer, 1930, S. 6.; H. Peters, *Lehrbuch der Verwaltung*, Springer, S. 1ff.

"행정이란 국가 또는 다른 공권력 행사기관의 활동 중에서 입법이나 사법에 속하지 않는 것을 의미한다."[167] 만족스럽지 않은 개념 정의지만 현재까지 이것을 능가하는 개념은 사실상 존재하지 않는다.[168] 행정업무의 다양성 때문에 행정을 단일하고 간명한 공식에 채워 넣을 방법이 없기 때문이다. 게다가 독일기본법에서는 분데스방크에 대한 근거조항인 제88조[169]를 '제8장 연방법률의 집행과 연방행정'[170]에 편입하고 있다. 독일의 헌법제정권자들은 중앙은행을 행정권에 편입시킨 후 행정부 내부에서 이를 규율하고자 한 것이다.

2) 검 토

중앙은행이 수행하는 정책기능의 중요성을 감안하면 중앙은행에 대한 차별화된 접근이 필요하다. 법과 국가의 관계[171]에 대한 스멘트(R. Smend)의 선도적 발언 이후,[172] 통치(Regierung)는 행정(Verwaltung)과 독립된 요소로 인식되었다.[173] 그러나 통치와 행정의 한계설정은 언어적으로나 개념적으로 다양한 층위를 지니면서 연속적으로 변화하였다. 맥락과 사고방향에 따라서는 통치활동과 행정활동에 실체적이고 기능적인 의미가 부여되기도 한다.[174] 통치라는 용어는 (i) 국가행정의 최고기관을 의미하기도 하고(조직적 의미) (ii) 통치행위의 실행을 의미하기도 하며(기능적 의미) (iii) 통치 그 자체를 의미하기도 한다(실체적 의미).

따라서 통치와 행정의 차이는 행위방법과 행위목적을 통해 구분해내야 한다.[175] 오늘날의 행정활동은 급부행정, 형성행정에 초점이 맞춰져 있다.[176] 따라서 통치와 행정의 구분은 실체적 요소를 통해서만 가능하다. 통치는 '정치적 국가지도행위',[177] '국가의 본질적 지도와 관련된 행위의 총체',[178] '최고지도(Oberleitung)'[179]

---

167) Mayer, O., 1961, *Verwaltungsrecht* (Bd. I), Duncker & Humblot, München, SS. 9－13.
168) Maurer, H., 2011, *Allgemeines Verwaltungsrecht* (18. Aufl.), C. H. Beck, München, S. 3.
169) GG Art. 88.
170) GG Ⅷ. "Die Ausführung der Bundesgesetze und die Bundesverwaltung."
171) Scheuner, 1952a, a.a.O., S. 253ff. (265): "지배(Regierung)라는 개념을 획득하기 위해서는 국가의 기초, 국가의 문제, 모든 정치의 본질(Wesen alles Politischen) 그리고 무엇보다도 국가와 법의 관계(Verhältnis von Staat und Recht)로부터 결정인자(Bestimmung)를 뽑아내야 한다."
172) Smend, R., 1923, *Die politische Gewalt im Verfassungsstaat und das Problem der Staatsform*, J. C. B. Mohr, Tübingen, S. 3ff.
173) Leibholz, G., 1958, *Strukturprobleme der Modernen Demokratie*, Müller, Karlsruhe, S. 156f., 160ff.
174) Wolff/Bachof/Stober/Kluth, 2007, *Verwaltungsrecht* (Bd. I) (12. neubearbeitete Aufl.), C. H. Beck, München, S. 254.
175) '통치'와 '행정'의 구체적 차이에 대해서는 이 책 "제5장. 제3절. 2. 2) 집행" 부분을 참조.
176) Menger, C. F., 1954, *System des verwaltungsgerichtlichen Rechtsschutzes*, Mohr, Tübingen, S. 26ff.
177) Leibholz, 1958, a.a.O., S. 160f.

를 의미한다. 이러한 의미에서 중앙은행은 분명히 통치영역에 속한다. 중앙은행의 통화정책은 통화고권(Währungshoheit)의 영역에 속하기 때문이다.

통화정책의 가능한 지향점, 경기에 대한 직접적 영향력, 국가생활에 대한 고위 경제정책으로서의 직접적 국가지도 등을 고려해 볼 때, 통화정책은 추진력과 조정력을 본질적 요소로 한다. 중앙은행은 신용통제기관(Kreditsteuerungszentral)으로서의 기능을 수행한다. 따라서 중앙은행은 통치영역에 속한다. 중앙은행의 행위는 본질적으로 정치적 국가행위이기 때문에 통치행위성(Regierungstätigkeit)을 갖는다.[180]

중앙은행이 통화정책의 기본원칙을 결정하는 것은 화폐적 영역에 대한 집단적 방침의 결정으로서의 의미를 갖는다. 이러한 행위는 경제정책의 일부로서 통화고권의 영역에 한정될 뿐이지만, 헌법에서 정하고 있는 의회와 정부의 일반적 지도 및 조정권한에 맞먹는 것이다.

한편 중앙은행이 이미 결정된 통화정책을 개별적으로 이행하고 전개하는 과정은 행정(Verwaltung)의 영역에 속한다. 집행권의 영역 내에서 중앙은행의 활동은 통치와 행정의 특성을 모두 보유하고 있다.

4. 영조물법인설

1) 학설의 전개

영조물(Anstalt)은 공공행정의 독특한 조직형태이다. 영조물의 고전적 정의는 오토 마이어(Otto Mayer)에 의해 내려졌으며, 오늘날에도 척도로 사용되고 있다. 오토 마이어는 영조물이 공법상 기구라는 근거를 제시하면서 다음과 같이 정의를 내렸다. "공공 영조물은 공행정 주체의 수중에서 특별한 공공 목적에 영속적으로 기여하기 위하여 만들어진 인적, 물적 수단의 종합체이다."[181] 영조물이 기여해야 할 공공의 목적은 우선적으로 국민이지만 행정외부에 있는 법주체를 위하여 이용관계(Benutzungsverhaltniss)에 의한 급부를 제공하기도 한다. 영조물의 활동범위는

---

178) Nawiasky, H., 1948, *Allgemeine Staatslehre* (Ⅱ), Vico Verlag, Einsiedeln/Zürich. S. 13ff.

179) Mayer, O., 1961, *Verwaltungsrecht* (Bd. I), Duncker & Humblot, München, S. 13.

180) Franzke, H.−U., 1964, *Geldhoheit und Währungssteuerung*, Fritz Knapp, Frankfurt (Main), S. 162.

181) Mayer, O., 2004, *Verwaltungsrecht* (Bd. Ⅱ) (reprint), Duncker & Humblot, München, S. 268: "Die öffentliche Anstalt ist ein Bestand von Mitteln, sächlichen wie persönlichen, welche in der Hand eines Trägers öffentlicher Verwaltung einem besonderen öffentlichen Zweck dauernd zo dienen bestimmt sind."

주로 급부행정 영역이다. 영조물은 다음의 세 가지 요소로서 결정된다.[182]

　　a) 조직: 영조물은 행정직원과 물자(건물, 시설, 기재)들에 의한 조직적 결합이자 독립적 행정단위(verselbstständigten Verwaltungseinheit)이다. 만약 특정한 행정업무의 처리를 위하여 특별한 전문가와 특별한 운영수단이 필요한 경우, 그에 상응하게 만들어진 특별행정청 또는 하나의 독립적 행정단위(영조물)를 만드는 것이 합목적적일 수 있다.

　　b) 임무: 영조물은 그의 설정목적에 상응하게 특정한 행정임무를 수행한다. 특히 급부를 제공한다.

　　c) 이용자: 영조물은 일반적으로 일회적, 반복적, 혹은 영속적인 이용관계에 의하여 영조물을 통하여 제공되는 급부수령자인 이용자를 가진다.[183]

　　영조물은 권리능력 유무에 따라 권리능력 없는 영조물과 권리능력 있는 영조물로 나누어 볼 수 있다. '권리능력 있는 영조물'은 '영조물법인(營造物法人)'이라고도 한다. 권리능력 없는 영조물(혹은 비독립적 영조물)은 단지 조직상 독립적일뿐, 법적으로는 아직 다른 행정주체의 일부에 불과하다. 예를 들면 자치단체에 속한 학교, 병원, 박물관, 공동묘지 등이 이에 해당한다. 권리능력 있는 영조물(혹은 독립적 영조물)은 법적으로 독립되어 있다. 이것은 다른 행정주체의 일부가 아니라 그 자체가 행정주체이다. 예를 들어, 공법상 방송국 및 은행 등이 이에 해당한다.[184]

　　이 견해는 중앙은행이 화폐발행, 화폐안정이라는 '공공목적'을 계속적으로 수행하기 위해 현금, 유가증권, 외환보유고라는 '물적수단'과 기관과 직원이라는 '인적수단'의 종합체로서 공법상 법인격을 보유하고 있으므로 공법상 영조물법인에 해당한다고 보고 있다.

2) 검 토

　　중앙은행을 영조물로 보기 위해서는 영조물 주체(Anstaltsträger)가 존재해야 한다. 즉, 정부가 영조물주체가 되어 중앙은행의 조직과 업무를 결정하고, 법적 감독권을 가지며, 영향력을 행사할 수 있어야 한다. 하지만 독일 분데스방크의 경우 이 부분이 결여되어 있다. 그리고 영조물법인설에 따르면 무엇보다도 중앙은행의 통화정책이 담고 있는 고권적 성격과 통치적 성격을 설명할 수가 없다.

---

182) Mauer, 2011, a.a.O., S. 617.
183) Mauer, 2011, a.a.O., S. 618.
184) Mauer, 2011, a.a.O., SS. 618-619.

5. 소 결

중앙은행의 기관성은 국가에 따라서 다르고 시대에 따라 다르다. 영국의 경우 1997년 집권한 노동당의 토니 블레어(Tony Blair) 총리는 영국은행으로부터 금융기관 감독권한을 분리[185]하는 대신에, '통화정책 운용의 독립성'을 부여해 주기로 했다.[186] 따라서 이 시절에는 행정기관성이 강했다. 하지만 2007년 글로벌 금융위기 이후 보수당 정부는 금융감독 실패의 책임을 물어 영국 금융청(Financial Service Authority)을 해산하고 감독기능의 일부를 영국은행에게 배정한 뒤,[187] 2016년 법 개정[188]을 통해서 영국은행에 대한 재무장관의 지배력을 대폭 강화하였다.[189] 따라서 현재는 영조물성이 강하다.

미국 연준은 (i) 지방의 이익을 대표하는 준비은행(Reserve Banks), (ii) 연방의 이익을 대변하는 연준이사회(Board of Governors),[190] (iii) 지방과 연방이 함께 참여하는 공개시장위원회(Federal Open Market Committee)라는 3개의 기관으로 구성된 하나의 제도(system)이다. 연준의 설계자들은 의도적으로 연방주의적 성격과 견제와 균형의 원리가 반영된 '복합적인 시스템으로서의 중앙은행(central

---

185) Haldane, A. G., Qvigstad, J. F., 2020, "The Evolution of Central Banks: A Practitioner's Perspective," In: Bordo, M. D., Eithreim, Ø., Flandreau, M., Qvigstad, J. F. (ed.), *Central Banks at a Crossroads: What Can We Learn from History?*, Cambridge University Press, London, p. 637.

186) UK Treasury, 2013, *Review of the monetary policy framework*, UK Government, 2013. 3., p. 12.

187) Financial Services Act 2012.

188) Bank of England and Financial Service Act 2016.

189) Bank of England and Financial Service Act 2016은 신법우선의 원칙에 따라 Bank of England Act 1988의 내용을 일부개정하고 있다. 하지만 Bank of England Act 1988을 폐지하고 신법을 제정한 것이 아니기 때문에 여전히 영국은행법의 정식명칭은 Bank of England Act 1988이다.

190) '이사회'라는 명칭은 일본학계의 잘못된 번역을 한국은행이 그대로 답습하면서 국내에서 일반적으로 통용되고 있다. 원래 'governor'는 상법상 이사가 아니라 영미법상의 특수한 행정관의 명칭이다. governor는 영국법상 개념으로서, 국왕이 자신의 대권(또는 통치권)을 위임한 사람을 의미한다 [Blackstone, W., 1979, *Commentaries on the Laws of England*, 4.Vol. (A facsimile of the First Edition of 1765−1769), University of Chicago Press, Chicago, 2:22.]. 역사적으로 governor는 식민지 지역에서 주권(국왕의 권한)을 대신 행사하는 동인도회사(East India Company)의 대표를 의미하기도 하고, 국왕의 특허를 받아 화폐발행권을 독점행사하는 영국은행(Bank of England)의 대표를 의미하기도 했다. 따라서 Board of Governors는 행정위원회 또는 지배위원회로 번역해야 한다. 미국 제헌의회에서도 거버너의 권력제한 문제를 두고 헌법논쟁이 벌어진 바 있다. 영국국왕의 압제에 분노한 미국연합(confederation)은 권력을 남용하기 쉬운 최고행정관(governor)의 권한을 대폭 축소했다. 최고행정관에게 주었던 대권의 대부분은 박탈하고 오로지 법률을 성실히 집행하는 행정권한만을 남겨두고자 했다. 토머스 제퍼슨은 1776년 버지니아 헌법을 구상하면서 최고행정관의 의회출석과 의회회기에 관한 권한, 전쟁선포권과 조약체결권, 화폐주조권, 법원설치권, 사면권 등을 박탈해야 한다고 주장한 바 있다.

banking system)'을 만들었다. 즉 미 연준의 '연준이사회'는 연방행정기관(federal government agency)이고 12개 '준비은행'은 상업은행 등이 주주인 비영리 주식회사이다. 미국 연준은 공법적 성격과 사법적 성격이 혼합된 독특한 제도이다.

독일연방은행은 연방소속 공법인이며, 자본금은 전액 연방정부가 소유한다.[191] 다만, 연방은행의 내부기구인 중앙위원회와 이사회는 연방최고 행정관청(oberste Bundeshörde)의 지위를 갖고[192] 연방은행의 직원은 공무원(Beamte) 등의 신분을 갖는다.[193] 독일연방은행은 연방정부의 완전자회사지만, 연방정부에 소속된 연방행정관청이라는 성격이 더 강하다.

한국은행의 경우 설립 당시인 1950년부터 외환위기가 발생한 1997년 이전까지는 영조물법인의 성격이 강했다. 한국은행은 (i) 국회제정 법률에 의한 특허법인[194]으로 설립되었고, (ii) 자본금은 15억원으로 하고 전액을 정부가 출자했으며,[195] (iii) 재무부장관이 금융통화위원회 의장직을 겸임하도록 하였다.[196] 그러나 1997년 외환위기의 수습과정에서 1998년 한국은행법을 개정하면서 행정기관의 성격이 강해졌다. 즉 (i) 한국은행이 통화신용정책을 수립·집행함에 있어 독립성과 중립성이 보장될 수 있도록 통화신용정책의 중립적 수립과 자율적 집행을 법률로써 보장하고[197] (ii) 금융통화위원회 의장은 한국은행 총재가 겸임하도록 하였으며, 기획재정부장관의 금융통화위원회 회의소집권 및 의안제안권을 폐지하였다.[198]

제5절 한국은행의 독립성

1. 서 론

대부분의 경제학자들은 스스로 인식하건 인식하지 못하건 간에 '국가와 사회

---

191) Das Gesetz über Deutsche Bundesbank 1957, §2.
192) Das Gesetz über Deutsche Bundesbank 1957, §31.
193) Das Gesetz über Deutsche Bundesbank 1957, §31.
194) 한국은행법 [법률 제138호] 제1조.
195) 한국은행법 [법률 제138호] 제4조.
196) 한국은행법 [법률 제138호] 제9조.
197) 한국은행법 [법률 제5491호] 제1조.
198) 한국은행법 [법률 제5491호] 제13조, 제17조.

의 단절적 이원론'을 바탕으로 중앙은행의 독립성을 절대적 공리로 받아들이고 있다. 하지만 중앙은행의 설립근거법을 살펴보면 반드시 그러한 것도 아니다. 법적 측면에서 볼 때 중앙은행의 독립성은 정부에게 중앙은행의 통화정책에 대한 지시·감독권한이 있는지 여부에 따라 결정되기 때문이다.

영국의 경우 (i) 영국은행의 '통화정책 목적'은 '물가안정의 유지'과 '성장과 고용을 위한 정부의 경제정책의 지원'을 의미한다.[199] 재무부는 매년 최소 1회 이상 서면으로 '물가안정'과 '경제정책'의 구체적 내용을 특정하여 영국은행에 통지하고, 그 내용을 의회에 제출하여야 한다.[200] 재무부가 '물가안정 목표'를 정하면 영국은행이 그 목표를 집행하는 것이다. 또한 (ii) 평상시에는 영국은행에게 통화정책 운용의 재량권을 부여하되, 위기 시에는 재무장관이 영국은행의 통화정책 운용권한을 회수하여 직접 행사할 수 있도록 하고 있다(유보권 reservation power). 즉, 재무부는 심각한 경제상황에 직면하여 공익상 필요하다고 판단되는 경우 총재와 협의 후 영국은행에 대하여 통화정책에 대한 지시(directions)를 명령(order)의 형식으로 발할 수 있다. 재무장관은 필요한 경우 통화정책위원회와 관련된 법률규정을 수정하는 내용의 명령을 발할 수도 있다. 재무장관이 유보권을 행사하는 동안에는 통화정책의 목적조항인 '물가안정'은 효력을 잃는다.[201] 즉 국가적 위기 시에는 재무장관이 유보권을 행사할 수 있고, 이 경우 통화정책은 재무장관의 지휘 하에 금융위기 수습이나 코로나 재난극복 등 국가목적을 위해 행사될 수 있다. 법적으로 볼 때 영국은행은 영국정부에 대해 매우 강하게 종속되어 있다.

---

199) Bank of England Act 1998 c. 11 s. 11.
200) Bank of England Act 1998 c. 11 s. 12.
201) Bank of England Act 1998 c. 11 s. 19.
   (1) The Treasury, after consultation with the Governor of the Bank, may by order give the Bank directions with respect to monetary policy if they are satisfied that the directions are required in the public interest and by extreme economic circumstances.
   (2) An order under this section may include such consequential modifications of the pro-visions of this Part relating to the Monetary Policy Committee as the Treasury think fit.
   (3) A statutory instrument containing an order under this section shall be laid before Parliament after being made.
   (4) Unless an order under this section is approved by resolution of each House of Parliament before the end of the period of 28 days beginning with the day on which it is made, it shall cease to have effect at the end of that period.
   (5) In reckoning the period of 28 days for the purposes of subsection (4), no account shall be taken of any time during which Parliament is dissolved or prorogued or during which either House is adjourned for more than 4 days.
   (6) An order under this section which does not cease to have effect before the end of the period of 3 months beginning with the day on which it is made shall cease to have effect at the end of that period.
   (7) While an order under this section has effect, section 11 shall not have effect.

미국의 경우 연준법상 재무부와 연준은 상하관계에 있다. 재무장관이 연준에 대한 유보권(reserve power)을 보유하고 있기 때문이다. 즉, 연준법이 부여한 연준 이사회의 권한이 재무장관의 권한에 저촉되는 경우 그 권한은 재무장관의 감독 및 통제하에 행사되어야 한다.[202] 하지만 관례적으로 재무장관이 직접 연준에게 감독·통제권을 행사하지는 않는다. 연준 자체가 분권주의적 연방주의 원리에 따라 구성되었기 때문에 조직 내부에서 견제와 균형의 원리가 충분히 작용하는데다, 재무부와 연준 간에 정례적인 양해각서(memorandum of understanding) 체결을 통해 연준의 권한을 사전에 조정할 수 있기 때문이다. 법률상으로 미 연준은 연방정부에 종속적 지위에 있지만, 관행상으로는 독립적 지위에 있다.

독일의 경우 분데스방크는 (i) 통화가치의 안정이라는 단일임무만을 부여받고 있으며[203] (ii) 통화정책 권한을 행사함에 있어서 연방정부의 지시를 받지 아니한다.[204] (iii) 연방정부가 보유한 유보권도 지시·명령권이 아닌 연기적 항변권의 행태를 지닌다. 즉, 독일연방은행은 연방정부의 요구가 있는 경우 중앙은행위원회의 의결을 최장 2주간 연장한다.[205] 분데스방크는 전 세계에서 가장 강력한 독립성을 보유하고 있다. 그리고 이로 인해서 다음에서 보는 바와 같이 민주주의 원리, 의회주의 원리와 관련된 수많은 헌법적 논쟁을 불러일으키고 있다.

한국은행의 경우 (i) 통화가치의 안정이라는 단일임무만을 부여받고 있고[206] (ii) 정부의 유보권도 지시·명령권이 아닌 재의요구권의 형태로 완화되어 있다.[207] 그리고 (iii) 한국은행의 중립성과 자주성은 법률에 명시되어 있다. 즉, 한

---

202) Federal Reserve Act Sec. 10 [6] Nothing in this Act contained shall be construed as taking away any powers heretofore vested by law in the Secretary of the Treasury which relate to the supervision, management, and control of the Treasury Department and bureaus under such department, and wherever any power vested by this Act in the Board of Governors of the Federal Reserve System or the Federal reserve agent appears to conflict with the pow—ers of the Secretary of the Treasury, such powers shall be exercised subject to the super—vision and control of the Secretary.

203) Das Gesetz über Deutsche Bundesbank 1957, §3.

204) Das Gesetz über Deutsche Bundesbank 1957, §12. Verhältnis der Bank zur Bundesregierung Die Deutsche Bundesbank ist verpflidttet, unter Wahrung ihrer Aufgabe die allgemeine Wirtschaftspolitik der Bundesregierung zu unterstützen. Sie ist bei der Ausübung der Befugnisse, die ihr nadt diesem Gesetz zustehen, von Weisungen der Bundesregierung unabhängig.

205) Das Gesetz über Deutsche Bundesbank 1957, §13 (2). Die Mitglieder der Bundesregierung haben das Redtt, an den Beratungen des Zentralbankrats teilzunehmen. Sie haben kein Stimmrecht, können aber Anträge stellen. Auf ihr Verlangen ist die Beschlußfassung bis zu zwei Wodten auszusetzen.

206) 한국은행법 제1조.

207) 한국은행법 제92조. ① 기획재정부장관은 금융통화위원회의 의결이 정부의 경제정책과 상충된다고 판단되는 경우에는 재의를 요구할 수 있다.

국은행의 통화신용정책은 중립적으로 수립되고 자율적으로 집행되도록 하여야 하며, 한국은행의 자주성은 존중되어야 한다.[208) 그러나 한국은행법에는 '정의(定意) 규정'이 없고, '자주성, 중립성, 자율성'이라는 표현 자체가 확립된 법률개념이 아니다 보니 한국은행의 '중립성'을 두고 논란이 있다.

2. 독립성의 의미

'한국은행 스스로'는 이러한 '자주성, 중립성, 자율성'을 중앙은행제도의 본질적 사항으로 판단하고, 한국은행법 해석의 지도이념 또는 지도원리에 해당한다고 보고 있다.[209) 한국은행은 '통화신용정책의 중립적 수립'의 의미를 '객관적 자격요건을 갖추고 합리적 절차에 따라 선정된 신분이 보장되는 금통위원회가 정부 또는 특정계층이나 세력의 이익이 아닌 국민전체의 이익을 위하여 중립적인 입장에서 민주적인 방법으로 통화신용정책을 수립하는 것'이라고 해석하고 있고, '통화신용정책의 자율적 집행'의 의미는 '한국은행이 정부 또는 특정계층이나 세력의 간섭·압력을 받지 않고 금융통화위원회가 수립한 정책을 스스로의 판단과 책임하에 집행'하는 것을 의미한다고 해석하고 있다. '한국은행의 자주성'이란 '정부 등 한국은행 이외의 기관이나 국민으로 하여금 한국은행의 자주성을 존중토록 의무를 부여'하기 위한 규정이라고 해석하고 있다.[210)

한국은행의 견해를 종합해 보면, '한국은행의 자주성, 중립성, 자율성'이란 정부나 의회의 통제없이 통화신용정책을 독자적으로 수립·집행하고, 정부, 국회, 국민으로부터 자주적으로 활동할 자유를 의미하게 된다. 한국은행은 대부분의 경제학자들과 마찬가지로 중앙은행의 독립성에 대한 구체적 논증절차도 없이 이를 자명한 공리로 전제하고 있는 것 같다.

---

② 제1항에 따른 재의 요구가 있는 경우에 금융통화위원회가 위원 5명 이상의 찬성으로 전과 같은 의결을 하였을 때에는 대통령이 이를 최종 결정한다.
③ 기획재정부장관은 제1항에 따른 요구를 할 때에 대통령령으로 정하는 바에 따라 이를 즉시 공표하여야 한다.
208) 한국은행법 제3조.
209) 한국은행, 〈한국은행법 해설〉, 2012. 4., 18면.
210) 한국은행, 〈한국은행법 해설〉, 2012. 4., 19－22면.

3. 독일의 독립성 논쟁

독일에서는 1950~1960년대 내내 중앙은행의 독립성이 민주주의 원리, 의회주의 원리와 어떤 관계에 있는지에 대한 헌법논쟁이 존재했다.

1) 민주주의 원리와의 관계

(1) 서 론

분데스방크는 독일연방헌법 제88조[211])에 근거규정을 갖고 있다. 하지만 "연방은 연방은행으로서 통화은행 및 발권은행을 설립한다."는 선언적 규정만을 두고 있어서 연방은행의 설립은 포괄적으로 입법형성재량에 맡겨두고 있다. 헌법구조 내에서 중앙은행의 특수성은 매우 포괄적인 기능적 독립성(funktionelle Unabhängigkeit)에 있다.[212] 분데스방크의 내부기구는 법률에 의해 최고 연방행정관청의 지위를 부여받았지만,[213] 내각과 동등한 지위를 부여받지는 못했다. 다만, 분데스방크에게 부여된 통화정책은 국가정책적으로 매우 중요한 파급력을 지닌 독창적인 의지형성 행위이므로, 연방총리의 정책지시에 구속되지 않도록 하고 있다.[214][215] 분데스방크의 정책결정기구는 의회에 대해 직접 책임을 지지 않는다. 분데스방크는 오직 법에만 복종할 뿐 연방의회나 연방정부의 지시를 받지 않는다. 그리고 이러한 사정으로 인해 (i) 중앙은행의 독립성과 민주주의 원리 (ii) 중앙은행의 독립성과 의회주의 원리 사이에 복잡한 긴장관계를 형성하게 되었다.

(2) 민주주의에 대한 헌법적 결단

독일기본법 제20조 제1항에서는 독일연방공화국을 민주국가라고 규정하고 있다.[216] 민주주의 원리의 개념 속에는 국민의 지배라는 정치이념이 자리잡고 있

---

211) GG §88.
212) BBkG §12.
213) BBkG §29. (I) Der Zentralbankrat und das Direktorium der Deutschen Bundesbank haben die Stellung von obersten Bundesbehörden. Die Landeszentralbanken und Hauptstellen ha－ben die Stellung von Bundesbehörden.
214) BBkG §12. Die Deutsche Bundesbank ist verpflidttet, unter Wahrung ihrer Aufgabe die all－gemeine Wirtschaftspolitik der Bundesregierung zu unterstützen. Sie ist bei der Ausübung der Befugnisse, die ihr nadt diesem Gesetz zustehen, von Weisungen der Bundesregierung unabhängig.
215) 이에 대한 비판으로는 Stein, H., 1952, "Monetary Policy and the Management of the Public Debt", *American Economic Review* Vol.42 (No.5), 1952. 12., pp. 866－875: "통화정책에 대한 결정이 인플레이션을 초래하든 초래하지 않든 간에, 국민(electorate)에게 직접 책임을 지는 관료들이 통화정책에 대한 결정을 내려야 한다."
216) 독일기본법 제20조 제1항. 독일연방공화국은 민주적이고 사회적 연방국가이다.

으며, 기본법 제20조 제2항 제1문[217])에서는 국민을 국가권력의 시원적 보유자라고 명시적으로 선언함으로써 이러한 사실을 강조하고 있다.[218]

민주주의의 개념은 매우 다양하다.[219] 하지만 현대적 대의민주주의 하에서 민주주의의 본질적인 내용은 (i) 다수의 지배[220]와 (ii) 치자의 피치자에 대한 책임[221]으로 정리될 수 있다. 넓은 의미에서 보면 민주주의 원리는 국가활동의 모든 영역이 인민에 대해 책임을 지는 책임성(Verantwortlichkeit)의 원리로 대변된다. 국민에 대한 정치적 결정은 책임을 동반하므로[222] 민주주의는 어떤 방식으로든 국민에 대한 책임이 실현될 수 있는 책임성과 같은 말이다.[223] 민주주의의 하에서 정치는 국민에 대한 책임이라고 표현될 수 있다.[224]

(3) 중앙은행의 독립성과 민주주의의 긴장관계

민주주의에 대한 다양한 의미 중에서 다수결의 원리는 중앙은행의 헌법상 지위를 특징짓는 첫 번째 기준이 된다. 다수결의 원리는 개별의지를 국가의 일반의지와 최대한 일치시킬 수 있는 가능성을 의미한다.[225] 따라서 현대적 대의민주주의 하에서는 (i) 국가권력의 원시적 보유자인 국민이 선거를 통해서 정부와 의회를 구성하면 (ii) 선출된 정부와 의회는 입헌국가[226]의 구조 내에서 정치권력의 대표자로서 자신의 의지를 표현하면서 통치하도록 요구받는다.[227]

---

217) 독일기본법 제20조 제2항. 모든 국가권력은 국민으로부터 나온다.
218) Leibholz, G., 1958, *Strukturprobleme der Modernen Demokratie*, Müller, Karlsruhe, S. 134.
219) Maunz, T., 1964, *Deutsches Staatsrecht*, Beck, München/Berlin, S. 60.
220) Bryce, J., 1921, *Modern Democracies*, Macmillan, London, p.26; Maunz, T., 1964, *Deutsches Staatsrecht*, Beck, München/Berlin., S. 61.; Smend, R., 2014, *Verfassung und Verfassungsrecht* (reprint), Duncker & Humblot, Berlin, S. 114.; Schmitt, C., 2017, *Verfassungslehre* (11. Aufl.), Duncker & Humblot, Berlin, S. 225.
221) Bäumlin, R., 1954, *Die rechtsstaatliche Demokratie*, Polygraphischer Verlag, Zürich, S. 19, 34, 40.; Schmitt, C., 2017, a.a.O., S. 225.; Leibholz, G., 1958, *Strukturprobleme der Modernen Demokratie*, Müller, Karlsruhe, S. 135, 라이프홀츠는 링컨의 개념 정의에 따라 민주주의를 "인민의 지배, 인민에 의한 지배, 인민을 위한 지배(die Herrschaft des Volkes, durch das Volk, für das Volk)"라고 보고 있다. Thoma, R., 1948, *Grundriß der allgemeinen Staatslehre oder Politik*, Kohlhammer, Bonn, S.47, 토마는 "책임지는 정부(responsible government)"를 민주주의의 결정적 요소로 보고 있다.
222) Weber, 2002, a.a.O., S. 841.
223) Kägi, 1945, a.a.O., S. 152ff.
224) Scheuner, U., 1957a, "Das parlamentarische Regierungssystem in der Bundesrepublik", *DÖV (Die Öffentlich Verwaltung)*, S. 633ff. (635).
225) Leibholz, 1958, a.a.O., S. 135, 151.
226) Smend, R., 1923, "Die politische Gewalt im Verfassungsstaat und das Problem der Staatsform," in: Kahl, W., *Festgabe der Berliner Juristischen Fakultät für Wilhelm Kahl*, Scientia, Tübingen, S. 33f.
227) Leibholz, G., 1960, *Das wesen der repräsentation unter besonderer berücksichtigung des repräsentativsystems* (2. Aufl.), W. de Gruyter, Berlin, S. 79f.

이러한 관점에 비추어 볼 때, 분데스방크의 현재상태[228]는 민주적 입헌국가의 원리에 반하는 비정상적 상황으로 보이는 측면이 있다. 민주주의 원리에 따르면 정치적 의지의 방향은 그때마다 다수결의 원칙에 따라 새롭게 갱신되어야 한다. 순간적 결단이 통치구조를 영원히 고정시킬 수는 없기 때문이다.[229] 이러한 측면에서 볼 때 분데스방크의 정책결정기구(중앙은행위원회 및 이사회)[230]는 민주주의 원리와 모순되어 보인다. 란트중앙은행장은 중앙은행위원회의 구성원이지만 연방정부가 임명에 관여할 수 없다. 연방참사원의 추천권은 연방주의 원리를 어느 정도 반영한 것이지만, 연방기구 구성에 관한 헌법원리에 부합하지 않는다. 연방참사원은 민주적 대의기구가 아니기 때문이다.

또 다른 문제점도 존재한다. 정부와 중앙은행 간에 다툼이 발생한 경우, 즉 정치적 대표와 경제적 대표 사이에 분쟁이 발생한 경우 이를 해결할 수단이 존재하지 않는다. 실제로도 독일에서는 1950~1970년 내내 분데스방크와 연방정부 간에 경제정책을 둘러싼 분쟁이 존재했다.[231] 하지만 헌법은 가치결정에 근거한

---

228) 독일연방은행은 (i) 중앙은행위원회(Zentralbankrat), (ii) 이사회(Direktorium) 및 (iii) 란트중앙은행위원회(Vorständer der Landeszentralbanken)라는 3개의 주요기구로 구성된다. (i) 중앙은행위원회는 통화정책을 결정하며, 이사회와 란트중앙은행위원회에 지시할 권한을 갖는다. 중앙은행위원회는 독일연방은행장(Präsident), 부은행장(Vizepräsident), 이사 및 란트중앙은행장으로 구성된다. 중앙은행위원회 의장은 독일연방은행장이 겸한다. (ii) 이사회는 중앙은행위원회의 의결사항을 집행한다. 이사회는 공개시장조작(Geschäfte am offenen Markt) 업무를 담당한다. 이사회는 연방은행장, 부은행장 및 8인 이내의 이사로 구성된다. 은행장, 부은행장과 이사는 연방정부(Bundesregierung)의 제청을 거쳐 연방대통령(Bundespräsident)이 임명한다. 연방정부는 연방은행이사 제청 시 중앙은행위원회의 의견을 들어야 한다. 이사회 구성원들은 공법상 근무관계(öffentlich‒rechtlichen Amtsverhätnis)에 있으며 연방은행과의 법률관계는 중앙은행위원회와의 계약으로 정하되 연방정부의 승인을 얻어야 한다. 이사회 의장은 연방은행장이 겸한다. (iii) 란트중앙은행은 관할구역 내의 업무를 수행하며 특히, 주정부와의 거래, 지역은행과의 거래를 관장한다. 란트중앙은행장은 연방참사원(Bundesrat)의 제청에 따라 연방대통령이 임명한다. 연방참사원은 사전에 란트당국(Landesrecht zuständigen Stelle)의 제청을 받고 중앙은행위원회의 의견을 들어야 한다. 란트중앙은행위원회는 은행장과 부행장으로 구성된다. 란트중앙은행위원은 공법상 근무관계(öffentlichrechtlichen Amtsverhältnis)에 있다.

229) Scheuner, 1957a, a.a.O., S. 633ff.

230) 분데스방크의 지배구조에 대해서는 이 책 "제3장. 제2절. 4. 독일연방은행" 참조.

231) 건국 초기부터 연방정부와 분데스방크 간에는 '중앙은행의 독립성'과 '통화정책'의 의미에 대해 커다란 의견 차이가 존재했다. 연방정부가 확장적 재정정책을 펼치면 중앙은행은 이를 비난하면서 긴축적 통화정책을 실시했다. 1956년 3월 중앙은행이 정책금리의 인상을 발표하자, 연방정부는 중앙은행의 정책결정에 대한 8일간의 연기적 항변권을 행사했다. 기민당(CDU)의 아데나워(Konrad Adenauer) 총리는 '중앙은행이 연방정부 총리가 정해놓은 정책 가이드라인을 무시할 경우, 중앙은행의 중립성에 제한을 가하겠다'는 입장을 발표했다. 하지만 이 사건은 사실상 총리의 패배로 끝난다. 독일의 모든 신문과 금융산업 종사자들, 그리고 심지어 중소상인연합이 중앙은행을 편들고 나선 것이다. 1956년 5월 말 총리는 중앙은행의 독립성을 인정하게 된다. 아데나워 이후 독일의 어느 총리도 중앙은행의 독립성에 대해 의문을 표시하지 않게 되었다. 직접민주주의(direkte Demokratie)가 대의민주주의(parlamentarische Demokratie)를 제한하는 기현상이 벌어진 것이다. 1960년대 초 독일은 국내부문과 해외부문의 균형을 유지하기 위해 쩔쩔매고 있었다. 경상수지 흑자가 증가하는 가운데, 국내물가가 상승하고 있었다. 마르크화의 완전태환(금

헌법구조를 통해서 실행되어야 한다.[232] 헌법구조는 헌법적 가치질서[233]를 기반으로 형성되므로 헌법구조를 이해해야만 국가형성을 위한 가치체계[234]를 획득할 수 있다. 중앙은행의 자치(Zentralbankautonomie)가 헌법적 가치질서의 일부인지, 국가이전의 가치인지,[235] 논쟁의 여지가 없는 원리인지[236]에 대한 헌법적 해명이 없었기 때문에 정부와 중앙은행 사이의 무한반복적인 다툼이 계속되었던 것이다.

2) 의회주의 원리와의 관계

(1) 서 론

의회주의(Parlamentarismus)란 국민에 의하여 선출된 대표자로 구성되는 의회에서 국가의사가 결정되고, 의회를 중심으로 국정이 운영되는 정치원리를 말한다. 의회주의의 개념이 형성되고 그에 관한 논의와 비판이 주로 이루어진 곳은 의원내각제의 정부형태를 택한 유럽 국가들이다. 물론, 의회가 집행부의 구성에 있어서 모체로 기능하는 의원내각제에서 의회주의가 가장 순수하고 직접적으로 실현될 수 있으나, 대통령제에서도 의회는 입법을 통하여 실질적으로 국가의사형성을 지배하므로, 의회주의의 기본사고와 그에 관한 논의는 대통령제에서도 마찬가지로 유용하다고 볼 수 있다.

(2) 정치와 전문성

경제학자들은 중앙은행의 독립성을 정당화하면서 '정치인들의 전문성 부족'

과의 교환)을 보장하면서, 두 가지 문제를 동시에 해결하는 것은 매우 힘든 일이었다. 환율변경이나 자본통제 이외에는 다른 방법이 없었다. 분데스방크는 1959~60년의 긴축적 통화정책 이후 마르크화에 대한 절상압력을 완화하고자 확장적 통화정책으로 정책전환을 모색하고 있었다. 하지만 경제장관 에르하르트(Erhard)는 마르크화의 평가절상을 지지하였다. 분데스방크는 꿈쩍도 하지 않았다. 결국 아데나워 총리가 나서자 독일정부는 1961년 3월 3일 마르크화의 5% 평가절상을 결정하게 되고, 이후 분데스방크도 이러한 결정을 따르게 된다. 1968~69년에도 이와 비슷한 갈등이 발생한다. 이번에는 국내외 물가상승 압력의 차이, 자본수지 등을 이유로 분데스방크가 평가절상을 주장한다. 하지만 키싱어(Kiesinger) 총리와 스트라우스(Franz Josef Strauß) 재무장관은 환율재조정에 적극 반대한다. 분데스방크는 연방정부를 압박하여 환율을 조정하기 위해 1969년 6월 19일과 9월 10일 재할인율을 각각 5%와 6%나 인상하였다. 이것은 9월 28일 총선거 직전의 일이었다. 국내외 경제상황이 혼란스러운 가운데, 사실상 중앙은행이 집권 기민·기사연합(CDU/CSU)에 반대하여 정치적 결단(politische Entscheidung)을 내린 것이다. 중앙은행의 극단적 독립성은 중앙은행을 정치화(Politisierung)한다.

232) Thoma, R., 1930, *Das Reich als Demokratie*, Mohr Siebeck, Berlin, S. 186ff.

233) BVerfGE 6, 32ff. (41); 55ff. (71).

234) BVerfGE 5, 85ff. (138).

235) Pfleiderer, O., 1957, "Unabhängigkeit der Notenbank," *Die Justiz*, S. 307ff.(312).

236) Franzke, H.−U., 1964, *Geldhoheit und Währungssteuerung*, Fritz Knapp, Frankfurt (Main), SS. 29, 161; Spindler/Becker/Starke, 1969, a.a.O., S. 93.; Wagenhöfer, C., 1973, *Notenbank und Kreditinstitute in unserer gegenwärtigen Geldordnung*, München Inst. für Bankwirtschaft, München, S. 97ff. (116, 120); Veit, 1961, a.a.O., S. 195.

을 주된 논거로 들고 있다.[237] 하지만 독일연방의회 내의 전문위원회는 자격을 갖춘 전문가들로 구성된다. 이들은 국민의 대변자이면서도 특정 이익집단의 대변자이기도 하다.[238] 이러한 사람들을 전문가 정치인이라고 한다. 정치영역이 전문가들의 작업을 곤란하게 만드는 비합리적인 요소들로만 채워져 있는 것은 아니지만, 전문적인 서비스를 제공하기에 부적합한 면이 있는 것 또한 사실이다. 한 가지 요소만 고려하기 위해 다른 요소를 기각하는 것은 편협한 태도이다.[239] 어느 사회에서나 전문가 정신이나 전문가로서의 성취[240]는 특별한 사회적 존경을 받는다.[241]

특별한 지식을 갖춘 인물을 통해 통화정책을 수행하는 것이 통화고권 분야의 특별한 전제조건인 것은 사실이다. 하지만 지나친 전문화 경향이 현대국가의 모든 부문을 휩쓸고 있다.[242] 기업뿐 아니라 정부와 의회 내에도 전문부서를 설치하면 효율성을 높일 수 있다고 믿는다.[243] 현대국가의 국회의원들은 좋건 싫건 전문가 또는 스페셜리스트가 되기를 강요받는다.[244] 현실에서는 사안이 무엇이건 간에 정치가들에게 점점 더 많은 결정을 하도록 요구하고 있다.[245]

하지만 균형감각을 갖춘 상사가 전문성을 갖춘 부하에게 통화정책에 대한 올바른 지시를 내린다면 중앙은행의 독립적 지위는 불필요해질 것이다. 화폐가치의 안정을 보호하고 경제목적의 최적조합을 찾기 위해서는 탁월한 지식과 특별한 기술이 요구된다. 국민경제 전체와 개별 부문에 대한 해박한 지식과 깊이 있는

---

237) Schacht, H., 1953, *76 Jahre meines Lebens*, Kindler Und Schiermeyer Verlag, Berlin, S. 321, 322. 샤흐트는 정치가들을 경멸하면서 자신은 이들과 다른 전문가(Experte)라고 말하고 있다. Vocke, W., 1956, *Gesundes Geld: Gesammelte Reden und Aufsätze zur Währungspolitik*, F. Knap, Frankfurt (Main), S. 83, 포케는 중앙은행 직원을 기술적 지식과 경험을 바탕으로 통화신용정책을 사용하는 기술자(Technikern)라고 말하고 있다.

238) Scheuner, U., 1957b, "Der Staat und die Verbände," In: U. Scheuner, *Der Staat und die Verbände*, Verlagsgesellschaft Recht und Wirtschaft, Heidelberg, S. 10ff. (16).

239) Peters, H., 1954, *Die Gewaltentrennung in moderner Sicht*, Westdeutscher Verlag, Opladen, S. 28.; "현실적으로 볼 때 대물적 행위(sachliches Handeln)는 정치적이고 기술적 고려(politische *und* fachliche Erwägungen)를 바탕으로 수행된다."

240) Friedrich, C. J., 1953, *Der Verfassungsstaat der Neuzeit*, Springer, Berlin/Göttingen/Heidelberg, S. 464.

241) Forsthoff, E., 1950, *Die politischen Parteien im Verfassungsrecht*, Mohr, Tübingen, S. 11.

242) Weber, M., 1988, *Gesammelte Politische Schriften*, UTB, München, S. 150.

243) 이와 반대되는 견해로는 *Schmitt*, 2017, a.a.O., S. 136.; Weber, M., 1988, *Gesammelte Politische Schriften*, UTB, München, S. 171: 막스 베버는 의회를 "아마추어적인 우둔함과 무지(dilettantischen Dummheit und Unkenntnis)로 만들어진 곳"이라며 경멸했다.

244) Forsthoff, E., 1955, "Haben wir zuviel oder zu wenig Staat?," In: J. Winschuh & E. Forsthoff (hrsg.), *Selbständigsein und Staat*, Neue Wirtschaft, Bonn, S. 25ff.

245) Lübbe, H., 1962, *Zur politischen Theorie der Technokrate*, Duncker & Humblot, Berlin, S. 19ff.

통찰력과 전문성 및 능숙함이 문제된다면, 내각각료 또는 정치인을 중앙은행장으로 삼고 그의 주변에 유능한 중앙은행 직원들로 구성된 보좌기구를 설치하면 될 것이다. 실제로 홍콩통화청과 싱가폴통화청은 그렇게 운영되고 있다.

전문성(Sachverstand)만으로는 모든 사안에 대해 올바르고 타당한 결정을 보장할 수 없다. 전문가들조차 진실한 전문성에 대해 각자 다른 견해를 가지고 있다. 또한 전문가의 견해가 항상 정확한 것도 아니고 최신의 지식을 바탕으로 한 것도 아니다. 예를 들어 분데스방크가 전분기에 발표한 경제전망을 금분기에 수정하는 일이 다반사고, 심지어 이번 달 발표한 자료를 다음 달 수정하는 경우도 비일비재하다. 전문가는 순금을 다는 저울처럼 정교하지 못하다. 비정치적인 전문가들의 결정과 자격미달인 정치인들의 결정을 일도양단적으로 구분하는 것 자체가 비현실적이다. 현실정치의 세계에서는 누가 결정하고 누가 책임질 것인가의 문제가 정치인들의 손에 달려있다.[246] 이것이 의회민주주의이다.

(3) 의회공백의 문제

분데스방크와 관련해서는 독일기본법상 의회로부터 자유로운 영역(parlam－entsfreien Raum) 또는 정부로부터 자유로운 영역(ministerialfreien Raum)의 허용가능성 및 그 한계가 문제되었다. 그리고 이에 대해서는 다음과 같은 다양한 견해가 존재한다.

(i) 우선, 중앙은행의 위법·부당한 행위에 대해 사법적 통제가 가능하다면, 의회나 정부의 통제가 없더라도 문제가 되지 않는다는 견해[247]가 존재한다. 현대에는 행정영역이 넓어지고 전문화되면서 급속한 행정국가 경향이 나타나고 있다.[248] 따라서 행정부가 개별적 사안을 효과적으로 통제하고 관리하는 데 한계가 있다.[249] 따라서 차별화된 접근방법이 요구된다는 것이다.

그러나 이 견해는 설득력이 떨어진다. 사법적 통제가 어느 정도 행정작용의 적법성과 통일성을 보장해줄 수는 있지만,[250] 법원의 사법적 판단은 기본적으로

---

246) Böckenförde, E.－W., 1998, *Die Organisationsgewalt im Bereich der Regierung* (2. Aufl.), Duncker & Humblot, Berlin, S. 275.
247) Groeben, H. v. d., 1958, "Mitwirkung von Ausschüssen in der staatlichen Verwaltung－Möglishkeiten, Bewährung und Grenzen, *Verw.Arch(Verwantungsarchiv)*, Bd. 49, S. 231ff. (238)
248) Peters, H., 1952, "Der Kampf um den Verwaltungsstaat", In: W. Laforet, *Festschrift für Laforet*, Isar Verlag, München, S. 19ff. (21).
249) Weber, W., 1957, "Der Staat und die Verbände", In: Beutler, v. W., Stein, G., Wagner, H. (hrsg.), *Der Staat und die Verbände*, Verlagsgesellschaft "Recht und Wirtschaft", Köln/Mainz, S. 19ff. (25).
250) Forsthoff, 1961, a.a.O., S. 462.

개별사건을 중심으로 한 분쟁해결을 목적으로 한다.[251] 원고가 피고의 법률위반 행위와 자신의 권리침해를 주장하는 경우에만 사법적 개입이 가능해진다.[252] 이 견해에 따르면 원고의 권리주장 여하에 따라 의회면제 여부가 결정되는 문제가 있다.

(ii) 또한 법인격을 갖춘 공법상 사단이나 재단이 독립적 의사를 형성하는 것은 법인의 본질에 따른 것으로서 의회면제 또는 정부면제의 문제와 무관하다는 견해가 존재한다.[253]

하지만 공법상 법인에게 정부와 의회의 통제를 어느 정도까지 허용할 것인지의 문제는 헌법이 의회와 정부의 감독·통제권을 제한하고 있는지 여부에 달려 있는 것이다. 이러한 견해에 대해 베버(Werner Weber)는 "정부와 의회는 적절한 조직구조를 만들어낼 능력이 부족하기 때문에 매우 다양한 조직형태를 만들어낸다. 그리고 이러한 사실 때문에 공법적 영역에서 법인이라는 도구를 사용하는 것이 고유한 가치근거를 가지는지 여부를 판단하기 어렵다"고 논평한 바 있다.[254]

(iii) 피히트뮐러(C. P. Fichtmüller)[255]는 보다 정교한 논증을 통해 중앙은행의 독립성과 의회면제를 정당화하고 있다. 그에 따르면, 의회가 행정부를 통제하는 것은 의회주의에 당연히 내재된 관념이다.[256] 행정부에는 중앙은행이 당연히 포함된다. 하지만 상당히 많은 정부면제 영역이 존재할 수 있다.[257] 중앙은행의 독립성은 중앙은행을 정치적으로 중립화(politische Neutralisierung)[258]하기 위해 부여된 특성이다. 중앙은행은 비정부영역에 속한 정치적으로 중립적인 행정부이기 때문에, 행정작용의 정치적 중립화는 기본법상의 민주주의 원리를 침해하는 것이 아니다.[259]

그러나 의회주의 하에서는 의회나 정부가 중요한 국가정책의 형성과정에 참여하고 영향력을 행사할 수 있어야 한다. 의회와 정부는 중앙은행의 임무를 세분

---

251) Becker, E., 1956, "Verwaltung und Verwaltungsrechtsprechung", *VVDStRL (Veröffentlichungen der Vereinigun Deutscher Staatsrechtlehrer)* Heft14, S. 96ff. (114).

252) Forsthoff, 1961, a.a.O., S. 462: "법률질서의 논리(Logik der Rechtsordnung)에 따르면, 인간의 이기심(Egoismus)은 행정부가 법적통제의 주도권을 잡기 위한 지렛대(Hebel für die Ingangsetzung der Rechtskontrole)와 같은 역할을 한다."

253) Haas, D., 1958, "Ausschüsse in der Verwaltung," *Verw.Arch.* Bd. 49, S. 14ff. (22).

254) Weber, W., 1943, *Die Körperschaften, Anstalten und Stiftungen des öffentlichen Rechts* (2. Aufl.), C. H. Beck, München/Berlin, S. 92.

255) FIchtmüller, C. P., 1966, "Zulässigkeit ministerialfreien Raums in der Bundesverwaltung," *AöR (Archiv des Öffentlichen Rechts)* Bd. 91, S. 297ff.

256) FIchtmüller, 1966, a.a.O., S. 297ff. (328).

257) FIchtmüller, 1966, a.a.O., S. 329.

258) FIchtmüller, 1966, a.a.O., S. 314.

259) FIchtmüller, 1966, a.a.O., S. 348.

화한 다음, 중앙은행에게 구체적 임무를 부여하고, 중앙은행의 정책기조를 명확하게 정의하여야 한다. 즉, 의회주의 하에서는 중앙은행의 전체기능이 아니라 개별기능만이 중립화될 수 있다.[260] 분데스방크의 통화정책임무는 법률이 명확하게 정의한 확정적 임무가 아니라 애매한 일반조항에 가깝다.[261] 따라서 중앙은행의 애매한 지위가 헌법을 침해할 가능성도 존재한다.[262]

이외에도 (iv) 바코프(Otto Bachof)는 의회로부터 독립된 의사결정 기구를 인정하는 것은 의회제도를 유월하는 것이기 때문에 의회제도와는 모순되지만, 정부로부터 자유로운 영역을 인정하는 것은 정부책임과는 양립불가능한 것은 아니라는 입장을 밝히고 있다.[263] 또한 쇼이너(Ulich Scheuner)는 일정한 행정영역을 분리하여 독립적 기관의 결정에 맡기는 것은 가능하지만, 이에 대한 감시와 최종적인 관리책임은 해당부서의 장관에게 남겨두어야 한다고 말했다.[264] 독일기본법의 특수한 문제가 섞여 있기는 하지만 로에닝(Helmuth Loening)[265]은 약간 다른 견해를 취하고 있다. 직접적 국가행정의 영역에서는 의회로부터 자유로운 영역이 문제가 되지만,[266] 간접적 국가행정 영역에서는 전혀 문제가 되지 않는다[267]는 입장이다.

이와 관련하여 (v) 독일연방헌법재판소[268]는 중요한 통치권한을 정치적 책임을 지지 않는 독립적인 기구에 이전하는 것은 실체적 문제로서 헌법재판소의 판단사항이며, 본질적인 정부권한을 의회의 통제를 받지 않는 기구에게 이전하는 것은 허용되지 않는다고 판시하였다. 다만 이것이 행정영역에서 정부면제 영역(ministerialfreien Raum)을 인정할 수 없다는 의미는 아니다. 하지만 행정부의 임무를 그 책임과 일반적으로 분리하여 의회나 정부로부터 독립적인 기구에게 이전할 수는 없다. 이것을 허용하면 정부에게 요구되는 책임의 이행이 불가능해지고, '통제받지 않고 책임지지 않는 기구'가 국가행정에 영향력을 행사할 수 있게 되기

---

260) FIchtmüller, 1966, a.a.O., S. 349.
261) 독일연방은행법 제3조. 독일연방은행은 통화가치의 안정을 위하여 이 법에 의하여 독일연방은행에 부여된 통화정책수단을 사용하여 통화유통과 신용공급을 규제하며 금융기관의 대내외 지급결제를 원활하게 한다.
262) Maunz, T., Zippelius, R., 1998, *Deutsches Staatsrecht* (29. Aufl.), Beck, München, S. 202.
263) Bachof, O., 1966, *Verfassung, Verwaltungsrecht, Verfahrensrecht in der Rechtsprechung des Bundesverwaltungsgerichts* (3. Aufl.), Mohr Siebeck, Tübingen, S. 115f.
264) Scheuner, U., 1953, "Die Selbständigkeit und Einheit der Rechtspflege," *DÖV*, S. 517ff. (521).
265) Loening, H., 1954, "Der ministerialfreie Raum in der Staatsverwaltung," *DVBI(Deutsches Verwaltungsblatt)*, S. 116.
266) Loening, 1954, a.a.O., S. 174.
267) Loening, 1954, a.a.O., S. 173.
268) BVerfGE 9, 268.

때문이다.[269] 헌법목적을 실현하기 위해서는 헌법이 제공하는 형식적 설계의 범위 내에서 그 수단을 찾아야 한다. 독일연방감사원(Bundesrechnungshof)[270]과 같이 헌법 자체에서 최고권력기구의 지시권, 감독권을 면제하고 있는 경우에만 완전성 원칙(Lückenlosigkeitsdogma)의 예외를 인정할 수 있다.[271] 결국 독일연방헌법재판소는 의회초월적 영역(außerparlamentarischen Raum)을 인정하는 것은 위헌적이라고 판단하고 있다.

4. 소 결

1) 서 론

중앙은행의 독립성에 대한 '한국은행의 태도'와 '독일에서의 논쟁'은 모두 부분적 문제점을 안고 있다. 한국은행은 국가와 사회에 대한 단절적 이원론을 전제로 중앙은행을 사회에 위치시킴으로써 의회, 정부, 국민으로부터 중앙은행의 중립성을 획득하고자 한다. 독일에서의 논쟁은 국가·사회 일원론 또는 고전적 권력분립이론을 바탕으로 중앙은행의 독립성을 국가적 영역으로부터의 이탈현상으로 보고 이를 민주주의 원리, 의회주의 원리의 관점에서 제어하고자 한다. 하지만 중앙은행의 독립성은 '기능적·협력적 권력분립[272]'과 '현대적 의미의 자치'의 관점에서 접근할 필요가 있다. 중앙은행의 독립성이라는 개념은 일견 헌법이 보장하고 있는 '자치'의 개념과 매우 유사하다.

2) 자치의 개념

오토 마이어에 따르면 법학은 '자치(Selbstverwaltung)'라는 개념을 통해 별로 얻은 것이 없다.[273] 오토 마이어의 의견은 현대적 법률용어, 즉 경제적 자치, 사회적 자치, 사법적 자치 등에 비추어 보더라도 여전히 유효하다.[274] 다만, '자치'

---

269) BVerfGE 9, 268.
270) GG Art. 114 Abs. 2 S. 1. Der Bundesrechnungshof, dessen Mitglieder richterliche Unabhängigkeit besitzen, prüft die Rechnung sowie die Wirtschaftlichkeit und Ordnungsmäßigkeit der Haushalts−und Wirtschaftsfürung des Bundes.
271) BVerfGE 9, 268.
272) 기능적·협력적 권력분립에 대해서는 이 책 "제5장 권력분립과 중앙은행" 참조.
273) Mayer, O., 2004, *Deutsches Verwaltungsrecht* Bd. I & II (3. Aufl.), Duncker & Humblot, Berlin, S. 642.
274) Scheuner, U., 1952b, "Wirtschaftliche und soziale Selbstverwaltung," *DÖV*, S. 609 ff.; Forsthoff, 1961, a.a.O., S. 417.

가 지닌 본래적 의미는 오늘날에도 여전히 중요하다.

군주국가에서 자치행정의 사고는 국가와 사회의 구별(Dualismus von Staat und Gesellschaft)의 형태로 나타났다.[275] 하지만 의회주의적 민주주의가 도입되면서 원래적 의미를 상실했다.[276] 그러나 독일기본법[277]에서는 최소한 지방자치의 영역에서 자치행정의 사상을 제도적으로 정착시켜 놓았다. 자치행정기구와 다른 행정기구 사이의 근본적인 차이는 국가의 감시권한 유무에 있다. 자치행정(Selbstverwaltung)은 관리행정(Verwaltetwerden)에 반대되는 개념이다.[278] 자치행정 조직은 자치적 생활영역을 대표한다.[279] 자치행정영역은 법인의 성격을 지닌 단체를 형성한다. 자치단체는 오직 적법성 통제(Legalitätskontrolle)만을 받는다.[280]

후버(E. R. Huber)는 민주주의가 번영하기 위해서는 다양한 '사회적 하부구조'[281]의 자율적 활동이 필요하다고 생각했고, 자신의 관점을 정당화하기 위해 보충성의 원리(Subsidiaritätsprinzip)[282]에 의존하고 있다. 보충성의 원리에 따르면, 국가 내의 여러 조직들과 지역사회는 자신에게 이익이 되는 범위 내에서 최선의 노력을 다할 수 있도록 자기책임과 자기관리 하에 모든 것을 규율해야 한다.

대륙법계 국가론에서는 보충성의 원리에 대한 기본적인 논의가 거의 없다.[283] 다만 연방국가의 구조와 국가형태와 관련하여 암묵적으로 논의될 뿐이다. 하지만 법의 지배를 중시하는 영미법계 국가에서는 보충성의 원리를 민주적 법치

---

275) Heller, 1983, a.a.O., S. 199ff., 238ff.; Schmitt, C., 2016, *Hüter der Verfassung* (5. Aufl.), Duncker & Humblot, Berlin, S. 71ff.

276) Köttgen, A., 1944, *Deutsche Verwaltung*, Vahlen, Berlin, S. 38.

277) 독일기본법 제28조. ① 각 주의 헌법질서는 기본법상의 공화주의적, 민주적, 사회적 법치국가의 원칙에 부합하여야 한다. 주, 군 (시), 기초지방자치단체에는 국민이 보통, 직접, 자유, 평등, 비밀선거로 선출한 대표기관이 구성된다. 군, 기초지방자치단체의 선거에 있어서는 유럽공동체 회원국의 국적을 가진 자도 유럽공동체 법이 정하는 바에 따라 선거권과 피선거권을 가진다. 기초지방자치단체에서는 선출된 의회 대신에 면민회의를 둘 수 있다.
② 기초지방자치단체에는 법률의 범위 내에서 지역 공동체의 모든 사안을 자기의 책임으로 규율할 권리가 보장되어야 한다. 기초지방자치단체의 연합도 법적 직무의 범위에서 법이 정하는 바에 따라 자치행정권을 가진다. 자치행정의 보장은 재정적인 자기책임의 원칙도 포함한다. 이 원칙에는 기초지방자치단체에 세율결정권과 함께 부여된 경제력과 관련된 조세원이 속한다.
③ 연방은 주의 헌법질서가 기본권과 제1항 및 제2항의 규정에 부합하도록 보장한다.

278) Forsthoff, E., 1931, *Die öffentliche Körperschaft im Bundesstaat*, J. C. B. Mohr (Paul Siebeck), Tübingen, S. 3.

279) Huber, 1953, a.a.O., S. 112.

280) Spanner, H., 1951, "Probleme der Verwaltung durch besondere (nicht staatliche) Rechtsträger," *ÖJZ*, S. 65ff.

281) Huber, H., 1953, "Niedergang des Rechts und Krise des Rechtsstaats," In: Giacometti, Z., *Festgabe für Zaccaria Giacometti*, Polygraphischer Verlag, Zürich, S. 59ff.

282) Huber, E. R., 1958, *Selbstverwaltung der Wirtschaft*, Kohlhammer, Stuttgart, S. 14.

283) Dürig, G., 1953, "Verfassung und Verwaltung im Wohlfahrtstaat," *JZ*, S. 193ff.; Herzog, R., 1963, "Subsidiaritätsprinzip und Staatsverfassung," *Der Staat*, S. 399ff.

국가 헌법의 보편적이고 기본적인 구성요소로 생각한다.

3) 자치의 현대적 의미

자치제도는 '민주주의'와 '행정의 분권화'를 실현하는 중요한 국가조직원리이다. 그리고 이러한 자치단체가 누리는 '자치'의 개념은 '행정의 분권화'와 '기능적 권력분립'라는 측면에서 중앙은행의 '독립성'을 이해하는 데에도 도움을 줄 수 있다.

자치제도는 자치행정의 보장을 통하여 국가의 간섭이나 지시로부터 자유로운 과제영역을 보장함으로써, 독자적인 행정의 가능성을 부여하고 행정의 분권화와 수직적 권력분립에 기여한다. 자치단체는 독자적인 정치적 의사형성 및 독자적인 예산권과 조직권을 가진 공법상의 법인이다. 행정의 분권화는 국가의 간섭과 지시로부터의 자유, 독자적인 행정의 가능성을 의미한다. 예를 들어, 지방자치는 주민의 지방의회선거에 의하여 고유한 민주적 정당성을 부여받으며, 지방의회에 의하여 결정되고 통제된다. 지방자치는 원칙적으로 합법성에 대한 국가의 감독만 받을 뿐이고 간섭과 지시를 수반하는 행정의 위계질서의 원칙은 국가행정(국가위임사무)에만 작용된다. 지방자치는 전통적이며 수평적인 권력분립을 보완하는 기능을 수행한다.

자치행정은 행정작용으로서 국가조직 내에서 집행부에 속한다.[284] 예를 들어 지방의회는 입법기능을 담당하는 의회가 아니다. 지방의회의 입법활동은 국가의 권력분립제도 내에서 행정의 영역에 귀속된다. 따라서 자치기구의 기능은 행정작용으로서 일반적인 행정법이론의 구속을 받는다. 자치단체 기관의 행위는 모든 행정청의 행위와 마찬가지로 법률의 우위와 법률유보의 구속을 받으며, 사법부의 통제를 받는다. 지방자치를 헌법적으로 보장하는 우리 헌법 제117조[285]는 국가조직상의 과제배분에 관한 규범이지 사인에 대한 권한규범은 아니다. 따라서 자치

---

284) 헌재 2001. 11. 29. 2000헌바78, 판례집 13－2, 657－658면: "지방자치의 본질상 자치행정에 대한 국가의 관여는 가능한 한 배제하는 것이 바람직하지만, 지방자치도 국가적 법질서의 테두리 안에서만 인정되는 것이고, 지방행정도 중앙행정과 마찬가지로 국가행정의 일부이므로 지방자치단체가 어느 정도 국가적 감독, 통제를 받는 것은 불가피하다. 즉, 지방자치단체의 존재 자체를 부인하거나 각종 권한을 말살하는 것과 같이 그 본질적 내용을 침해하지 않는 한 법률에 의한 통제는 가능하다. 그런데 이 사건 법률조항이 건설교통부장관으로 하여금 수도권지역에서의 공장의 신설등에 관하여 총량을 정하도록 하고 지방자치단체의 장 등 관계 행정기관으로 하여금 이를 초과하는 허가등을 하지 못하도록 하였다 하더라도, 지방자치단체는 총량을 초과하는 경우의 허가권 행사만이 제한될 뿐 그 밖에는 여전히 주민의 복리에 관한 사무를 처리할 수 있는 것이므로, 이 사건 법률조항이 지방자치의 본질적 내용을 침해한다고 볼 수 없다. 그러므로, 이 사건 법률조항이 지방자치에 관한 헌법 제117조 제1항에 위반된다고 할 수 없다."
285) 대한민국헌법 제117조. ① 지방자치단체는 주민의 복리에 관한 사무를 처리하고 재산을 관리하며, 법령의 범위안에서 자치에 관한 규정을 제정할 수 있다.
② 지방자치단체의 종류는 법률로 정한다.

단체의 자치권은 그 자체로서 사인의 기본권을 제한하는 권한의 근거가 될 수는 없다. 자치단체가 과제이행을 위해서 부득이 사인의 권리를 침해하는 경우에는 입법자에 의한 별도의 수권이 필요하다.[286] 자치단체가 부여받은 민주적 정당성이 기본권의 침해를 정당화하기에 충분하지 않기 때문이다.

4) 중앙은행의 독립성과 자치

중앙은행의 독립성도 헌법상 자치의 개념과 유사하게 이해해야 한다. 우리 헌법상 지방자치가 헌법 제117조에 근거한 제도적 보장에서 유래한 것처럼, 중앙은행의 독립성은 우리 헌법 제119조에 근거한 시장경제제도와 중앙은행제도에 대한 제도적 보장에서 유래한 것으로 해석해야 한다.[287] 중앙은행의 독립성이란 중앙은행의 자치 보장을 의미하고, 중앙은행의 자치에 대한 보장은 국가조직법상의 보장에 해당한다. 헌법 제119조[288]에서 유래하는 중앙은행제도의 보장은 한국은행의 고유한 권리를 보장하는 '주관적 보장'이 아니라 중앙은행제도를 보장하는 '객관적 보장'에 해당한다. 오늘날의 주권국가에서 모든 공권력의 행사는 국가에 귀속되어야 하고, 국가에 그 근거를 두어야 한다. 민주적 법치국가에서는 국가권력의 통일성과 일원성을 주권의 본질적 특징으로 이해한다. 또한 정치적 공동체의 모든 규율권한이 통일적인 국가권력으로부터 유래해야 하고 국가권력의 통제 하에 있어야 한다. 따라서 민주적 법치국가에서 국가의 의사로부터 독립된 자치권이란 존재할 수 없다. 자치행정권은 오로지 국가의 위임에 근거하고 위임의 범위 내에서만 존재한다.[289] 중앙은행은 국가에 대립하는 사회에 귀속된 독립적 단체가 아니라, 국가적 행정과제를 이행하는 행정권한의 주체이다. 한국은행의 자치권은 중앙은행의 고유한 권리가 아니라 국가로부터 위임받은 전래된 권한이다.

---

286) 헌재 1995. 4. 20. 92헌마264 등, 판례집 7-1, 572면: "이 사건 조례들은 담배소매업을 영위하는 주민들에게 자판기 설치를 제한하는 것을 내용으로 하고 있으므로 주민의 직업선택의 자유 특히 직업수행의 자유를 제한하는 것이 되어 지방자치법 제15조 단서 소정의 주민의 권리의무에 관한 사항을 규율하는 조례라고 할 수 있으므로 지방자치단체가 이러한 조례를 제정함에 있어서는 법률의 위임을 필요로 한다."
287) 중앙은행의 제도보장적 성격에 대해서는 이 책 "제4장. 제5절 중앙은행과 제도적 보장" 참조.
288) 대한민국헌법 제119조. ① 대한민국의 경제질서는 개인과 기업의 경제상의 자유와 창의를 존중함을 기본으로 한다.
　② 국가는 균형있는 국민경제의 성장 및 안정과 적정한 소득의 분배를 유지하고, 시장의 지배와 경제력의 남용을 방지하며, 경제주체간의 조화를 통한 경제의 민주화를 위하여 경제에 관한 규제와 조정을 할 수 있다.
289) 대표적인 학자로는 권영성, 2010, 앞의 책, 238면; 성낙인, 2020, 앞의 책, 1111면.

제3장 중앙은행의 발전과정과 주요국의 중앙은행

제1절 중앙은행과 통화정책

1. 중앙은행의 의의

중앙은행은 한 나라의 통화, 금융, 경제 여건에 중대한 영향을 미치는 기관임에도 한 마디로 정의하기가 매우 어렵다. 일상적인 거래행위는 중앙은행이 발행하는 은행권(bank note), 즉 현금을 통해서 이루어진다. 하지만 IT기술의 발달로 점점 더 많은 경제적 거래가 전자적으로 결제되고 있다. 따라서 매우 정교한 지급결제제도(payment system)를 구축할 필요가 있다. 중앙은행은 지급결제제도를 감독하고 부분적으로 운영하는 역할을 한다. 이외에도 중앙은행은 통화당국으로서 통화정책(monetary policy)을 수립하고 집행할 책임이 있다.[1] 통화정책의 중요성은 평상시보다는 위기 시에 보다 두드러진다. 비정상적인 수준의 인플레이션(Inflation)이 발생하거나 은행제도의 안정성이 손상되는 위기가 발생한 경우 국민경제 전반에 걸쳐 매우 큰 충격을 받게 된다. 통화정책은 이러한 위기를 방지하거나 수습하는 데 도움을 줄 수도 있지만 이러한 위기의 주범이 될 수도 있다.[2] 이러한 중앙은행의 영향력은 특정한 국가 내에서 공식적으로 인정받은 화폐,[3] 즉 통화에 대한 독점적 발권력(Ausbagemonopol für eine Währung)에서 나온다. 중앙은행 통화(central-bank money, 본원통화)[4]의 공급조건은 차입과 대출의 가격에 해당하는 이자율 수준에 영향을 미친다. 그리고 국민경제 내에서 유통되는 통화총량과 신용총량에 영향을 미친다. 결국 이러한 경로를 통해 중앙은행은 실업과 인플레이션과 같은 거시경제 변수에 영향을 미치게 된다.[5]

---

[1] Frank, R. H., Bernanke, B. S., Antonovics, K., Heffetz, O., 2019, *Principles of Economics* (7. ed.), McGraw-Hill, New York, p. 592.

[2] Herger, N., 2016, *Wie funktionieren Zentralbanken*, Springer, Wiesbaden, SS. 1-2.

[3] 화폐(money)란 일상적 거래에 대한 지급수단으로서의 '돈'을 의미한다.

[4] 본원통화(monetary base)는 중앙은행이 창조한 통화라는 의미에서 중앙은행통화(central bank money)라고도 한다. 본원통화는 은행권(bank notes), 주화(coins) 및 은행의 지급준비예치금(bank reserves)의 합계를 의미한다.

[5] Herger, N., 2019, *Understanding Central Banks*, Springer, London, p. 2.

중앙은행의 명칭은 국가에 따라 다르다. 유로존(Eurozone)의 중앙은행인 유럽중앙은행(European Central Bank)은 중앙은행(central bank)이라는 명칭을 그대로 사용한다. 호주, 뉴질랜드, 미국 등은 지급준비금을 예치하던 역사적 사실을 반영하여 준비은행(reserve bank)이라는 명칭을 사용한다. 미국 중앙은행의 명칭은 특이하게도 연방준비제도(Federal Reserve System)이다. 독일은 통치구조의 특징을 반영하여 2차대전 이전에는 제국은행(Reichsbank), 그 이후에는 연방은행(Bundesbank)이다. 오스트리아, 스위스는 국민은행(Nationakbank)라고 부른다. 영국, 프랑스, 이탈리아, 일본, 한국의 경우 영국은행(Bank of England), 프랑스은행(Banque de France), 이탈리아은행(Banca d'Italia), 일본은행(Bank of Japan), 한국은행(Bank of Korea) 등 국가명칭을 그대로 사용한다. 하지만 중국의 중앙은행은 중국은행(Bank of China)이 아니라 중국인민의 은행(People's Bank of China)이다.

이러한 명칭의 차이에도 불구하고 중앙은행이 하는 일은 유사하다. 대부분의 중앙은행은 금융기관으로서 공법에 근거하여 설립된다.[6] 중앙은행은 해당 통화권역(보통 하나의 국가) 내의 통화정책을 수립, 집행할 책임을 진다. 중앙은행은 화폐발행의 독점권을 갖는다. 따라서 중앙은행의 부채(liabilities)[7]는 가장 순수한 형태의 통화가 된다. 중앙은행은 금융기관대출(window discount)이나 공개시장조작(open market operation) 등 통화정책수단을 동원하여 자신의 부채를 관리함으로써 이자율 수준을 조정하고 경제 전체의 통화총량과 신용총량을 통제한다. 현대적 중앙은행은 물가를 안정시킴으로써 화폐의 구매력을 유지하고 경기변동을 완화하는 등 중요한 거시경제적 역할을 담당한다. 또한 중앙은행은 은행부분에 대한 최종대부자(最終貸付者, lender of last resort)의 역할을 수행함으로써 금융제도의 안정성 유지에 기여한다. 중앙은행은 은행권을 발행하는 발권은행, 정부의 재산을 관리하는 정부의 은행, 한 나라의 외환보유고를 관리하는 외환준비은행의 역할을 수행한다. 중앙은행은 지급결제제도와 금융시장의 인프라를 유지·관리하기도 한다. 또한 국가에 따라서는 상업은행을 감독하고 금융소비자를 보호하는 감독기관의 역할을 수행하기도 한다.

---

6) Herger, 2019, ibid., p. 3.
7) 중앙은행의 부채는 지준예치금(bank reserve)과 은행권(bank note)이 주를 이룬다. 지준예치금은 중앙은행이 상업은행에게 제공하는 당좌예금이므로 오늘날에도 부채의 성격을 갖는다. 하지만 은행권은 사정이 조금 다르다. 금본위제 하에서는 은행권이 소지인의 지급제시에 따라 정화(금)을 지급하기로 약속한 약속어음(promissory note)이었으므로 부채의 성격을 지닌다. 하지만 금본위제가 폐지된 현대에는 금 태환(교환)의무가 사라졌기 때문에 은행권의 지급대상이 없어졌다. 복식부기 원칙에 따라 대변(debits)에 기재될 뿐이다.

2. 중앙은행의 발전과정

인류 역사상 중앙은행은 비교적 새로운 현상이었다. 중앙은행의 기원은 자본주의의 태동기인 약 400년 전으로 거슬러 올라간다. 이후 중앙은행은 상대적으로 짧은 기간 동안 가장 중요한 공공기관 중 하나로 발전했다. 오늘날 중앙은행은 독점적 발권력을 바탕으로 모든 국민의 일상생활에 지대한 영향을 미친다.

오늘날 대부분의 중앙은행은 '발권은행, 정부의 은행, 은행의 은행, 최종대부기관, 금융감독기관, 통화정책담당기관'으로서의 역할을 수행한다. 모든 경제학 교과서는 이러한 중앙은행의 역할이 마치 한꺼번에 만들어진 것처럼 병렬적으로 설명한다. 그러나 이러한 기능은 처음부터 한꺼번에 만들어진 것이 아니다. 발권은행, 정부의 은행, 은행의 은행과 같은 기능은 중앙은행의 성립 초기에 우연히 형성된 기능들이다. 최종대부기관, 은행감독기관, 통화정책 담당기관과 같은 기능은 비교적 나중에 형성된 새로운 기능들이다.

초기 자본주의가 형성되던 17세기에는 모든 상업은행이 독자적인 은행권을 발행하였으므로 모든 상업은행이 곧 '발권은행'이었다. 이후 왕실의 전쟁자금 조달을 목적으로 초기 중앙은행이 설립되면서 '정부의 은행'이 탄생하게 된다. 이후 중앙은행은 국가의 후원을 바탕으로 규모의 경제를 이루면서 '은행의 은행'으로 변신한다. 은행도산으로 금융제도가 붕괴하는 역사적 경험이 반복되면서 중앙은행은 자신의 거래상대방 은행에게 긴급자급을 대출해주는 '최종대부자'로 거듭 태어난다. 중앙은행 대출자산의 건전성이 훼손되지 않기 위해서는 채무자에 대한 자산실사(due deligence)가 필요하기 때문에 중앙은행에게 '은행감독기관'의 지위가 부여되었다. '통화정책 담당기관'으로서의 중앙은행은 1971년 8월 15일 닉슨(Richard Nixon)의 금태환정지 선언과 함께 브레튼우즈체제가 붕괴하면서 등장한 가장 새로운 역할에 해당한다. 제2차 세계대전 이전에는 자본주의 경제질서가 금본위제를 중심으로 운용되었기 때문에 통화정책 당국으로서의 중앙은행의 역할은 중요하지 않았다.

1) 중앙은행 이전

(1) 주화의 분류

중앙은행 이전의 사회에서는 종종 금·은과 같은 귀금속을 상품·서비스의 거래수단으로 사용했다. 경제적 측면에서 보면 귀금속은 세 가지 고유한 특성을 가지고 있기 때문에 화폐로 사용하기에 적합하다고 간주되었다.[8]

---

8) Wood, J. H., 2019, *Central Banking in a Democracy*, Routledge, London, p. 11.

(i) 귀금속은 교환의 매개수단(medium of exchange)으로 적합하다. 교환의 매개수단이 되려면 '믿음'이 있어야 한다. 내가 소 한마리를 주고 대가로 받은 '그것'을 가지고 소 한마리와 동등한 가치를 지닌 다른 것과 손쉽게 교환할 수 있어야 한다. 대부분의 사람들은 금·은 같은 귀금속이 고유한 내재가치를 가지고 있다고 믿는다. 사람들은 귀금속의 고유한 내재가치를 믿기 때문에 다른 재화와 기꺼이 교환하려고 한다. 이러한 믿음 때문에 귀금속은 유럽사회에서 손쉽게 교환의 매개수단이 되었다.[9] (ii) 귀금속은 가치저장 수단(store of value)으로 적합하다. 귀금속을 수취한 사람들은 이것을 보관했다가 '장래'에 소비하고 싶은 물건이 생기면 그때가서 귀금속을 사용할 수 있다. 귀금속은 곡물이나 가축과 달리 썩지 않고 쉽게 광택을 잃지도 않는다. (iii) 귀금속은 계산의 단위(units of account)로 사용하기에 적합하다.[10] 귀금속은 할당된 값에 따라 균일한 조각으로 나눌 수 있기 때문이다.[11]

서구사회가 발전하면서 귀금속을 화폐로 사용하는 것이 공식화·표준화되었다. 귀금속은 쉽게 운반할 수 있도록 주화(동전)로 만들어졌다. 또한 무게와 가치를 증명하는 문장이나 표지가 찍어서 손쉽게 식별과 분류가 가능해졌다.

유럽에서는 17세기에 이르자 상거래에서 주화를 사용하는 것이 번거로워지기 시작했다. 군주들마다 서로 다른 가치와 서로 다른 금속함량을 가진 다양한 종류의 주화를 만들었다. 하지만 이들 주화는 금·은이라는 소재의 동일성 때문에 국경을 넘나들며 유럽 전체에서 자유롭게 유통되었다. 동일한 군주가 발행한 동일한 명목가치(액면가)를 가진 주화라 하더라도 주조연도에 따라 서로 다른 금속함량을 가질 수 있었다. 때때로 군주들은 더 적은 금속으로 더 가벼운 주화를 만듦으로써 더 많은 이익을 남기고 싶어했다(debasement).[12] 특히 영국의 헨리 8세는 주화의 가치조작으로 악명이 높았다. 또한, 유통과정에서 동전이 닳아 귀금속의 함량이 감소하기도 했고, 사람들이 고의적으로 동전을 긁어내거나 잘라냄으로써 주화의 금속함량이 줄어들기도 했다.[13]

1609년 당시 유럽 최고의 무역중심지였던 암스테르담은 주화와 관련된 이러한 문제를 해결하기 위해 암스테르담 은행(Amsterdam Wisselbank)을 설립하였다.

---

9) Frank, Bernanke, Antonovics, Heffetz, 2019, p. 584.

10) Frank, Bernanke, Antonovics, Heffetz, 2019, ibid., p. 585.

11) Acemoglu, D., Laibson, D., List, J. A., 2019, *Economics* (2. ed.), Pearson, New York, pp. 647−649.

12) Feaveararyar, A. E., 1931, *The Pound Sterling*, Clarendon Press, London, app.1.

13) Van Zanden, J. L., 2005, "What Happened to the Standard of Living before the Industrial Revolution?," In: Allen, R. C., Bengsston, T., Dribe, M. (ed.), *Living Standards in the Past*, Oxford University Press, London, pp. 173−195.

당시 암스테르담 은행은 교역을 통해 전 유럽에서 들어온 모든 주화를 검사하고, 분류하고, 저장하는 작업을 전담하였다. 덕분에 암스테르담 상인들은 안심하고 균일한 품질의 화폐를 사용할 수 있게 되었고 상거래 또한 번성했다. 암스테르담 은행의 성공담은 전 유럽으로 퍼져나갔고, 유럽의 다른 도시들과 군주들은 암스테르담 은행을 본떠 유사한 은행을 설립하였다.[14]

(2) 은행권의 발행

1658년 스웨덴은 암스테르담을 모방하여 스톡홀름 은행(Stockhoms Banco)을 설립하였다. 당시 암스테르담에는 주화 교환을 전담하는 교환은행(Wisselbank)과 대출을 전담하는 대출은행(Lehnebank)이 분리되어 있었다. 하지만 스톡홀름 은행은 교환업무와 대출업무를 동시에 수행하는 은행이었다.[15] 초기 스톡홀름 은행은 금이 부족했기 때문에 구리동전을 이용하여 부동산 담보대출을 주로 취급하였다. 그러나 스웨덴 의회가 신규발행 주화의 금속함량을 줄이기로 결정하면서, 구리함량이 더 많은 구화(舊貨)가 더 큰 가치를 지니게 되었다.[16]

이에 고객들이 앞다투어 스톡홀름 은행으로 몰려가서 보관하고 있던 구화(舊貨)를 인출하기 시작했다. 이러한 뱅크런(bank run, 예금의 대량인출행위)은 스톡홀름 은행의 생존을 위협했다.[17] 스톡홀름 은행은 구리주화가 모두 소진되는 것을 막기 위해 예금자들에게 일종의 약속어음(kreditivsedlar)을 발행해 주었다. 이러한 약속어음은 액면가가 확정되어 있고, 이자를 지급하지 않으며, 자유로운 양도가 가능했다.[18] 17세기 유럽의 변방에서 현대적 의미의 은행권을 우연히 발명한 것이다.

하지만 스톡홀름 은행은 지나친 약속어음의 남발로 지급불능 상태에 빠져서 결국 파산하고 말았다. 이러한 스톡홀름 은행의 과다한 약속어음 발행은 부분지급준비제도(fractional reserve banking)[19]의 악용에 기인한다.[20] 하지만 이러한 부

---

14) Westerhuis, G., Zanden, J. L. van, 2018, "Four Hundred Years of Central Banking in the Netherlands, 1609-2016," In: Edvinsson, R., Jacobson, T., Waldenström, D., 2018, *Sveriges Riksbank and the History of Central Banking*, Cambridge University Press, London, pp. 243-246.

15) Fregert, K., 2018, "Sveriges Riksbank: 350 Years in the Making," In: Edvinsson, R., Jacobson, T., Waldenström, D. (ed.), *Sveriges Riksbank and the History of Central Banking*, Cambridge University Press, London, p. 95.

16) Deane, M, Pringle, R., 1995, *The Central Banks*, Viking Penguin, London, p. 35.

17) Fregert, 2018, op.cit., p. 96.

18) Deane, Pringle, 1995, op.cit., pp. 37-38.

19) Herger, 2019, op.cit., pp. 94-96.: "정화(specie, 귀금속화폐)시스템 하에서는 예금주가 은행에 금화폐를 맡기면 은행은 영수증(또는 약속어음)을 발행해주었다. 이 영수증이 '은행권(bank note)'이다. 초기의 은행들은 예금주가 금화의 인출을 요구하면 언제든지 은행권과 금화를 태환

분지급준비제도는 아직도 현대적 은행제도의 중추를 이루고 있고 중앙은행의 통화정책도 이것에 의존한다. 다만 당시의 은행제도는 약속어음(은행권)과 귀금속의 완전태환(교환)을 조건으로 은행권을 발행하고 있었으므로, 불태환화폐를 기반으로 하는 현대적 부분지급준비제도와는 의미적으로 차이가 있다.

스웨덴 의회는 대대적인 국정조사를 벌인 끝에 (i) 은행의 개인소유로 인한 불투명한 지배구조 (ii) 약속어음(은행권)의 남발 (iii) 위험자산에 대한 대출 등이 스톡홀름 은행을 도산으로 이끌었다는 결론에 도달한다.[21] 1668년 스웨덴 의회는 스톡홀름 은행을 대체할 새로운 은행을 설립한다. 그리고 이 은행은 현재 스웨덴 중앙은행인 릭스방크(Sveriges Riksbank)가 되었다.[22]

스톡홀름 은행은 사라졌지만 이들이 발명한 은행권은 오늘날까지 살아남아 현대사회의 중요한 교환의 매개수단이 되었다. 은행권을 사용하지 않던 시대에는 상인들 간의 거래대금 정산이 주화를 통해 이루어졌는데, 이 경우 매도인과 매수인 모두 각종 주화의 귀금속 함량을 검사해야 하는 등 많은 불편이 뒤따랐다. 물론 메디치 은행과 같은 초대형 은행은 유럽 내 점포망을 이용한 본지점 간 환거래를 통해 국가 간 무역대금을 결제할 수 있었다. 하지만 이러한 거래는 각국의 왕실, 귀족, 일부 대형상인들만의 전유물이었다. 따라서 당시 은행권의 사용은 오늘날의 금융혁신에 해당하는 놀라운 일이었다. 더욱이 은행으로서도 고객의 예금 입·출입 시 발생하는 주화 관리비용을 줄일 수 있었고, 상인들도 해당은행과 거래관계가 없는 다른 상인들과 손쉽게 무역거래와 대금결제가 가능해졌다. 스톡홀름 은행의 선구적인 은행권 발행 이후 얼마 지나지 않아서 은행권 발행은 많은 국가에서 인기를 얻었다. 이러한 은행권 발행은 정부가 설립한 은행에만 국한되지 않았다. 유럽 내 많은 국가들이 민간은행의 은행권 발행을 허용하고 있었다.[23]

(교환)할 수 있었다. 즉 은행이 발행한 영수증 총액과 보관하고 있는 금화 총액이 항상 일치하는 것이다(완전지급준비제도 full−reserve banking). 이 경우 은행은 예금주들로부터 금화 보관에 따른 수수료를 받았다. 시간이 지나면서 은행은 고객들의 평균적 예금인출액이 보관 금화에 비해 훨씬 적다는 사실을 알게 되었다. 모든 예금주들이 일시에 예금인출요구를 하는 경우는 극히 이례적이기 때문이었다. 은행은 자신들이 보관하고 있는 금화의 양보다 많은 은행권을 발행하여 대출에 이용하면 초과발행분의 이자만큼 더 많은 수입을 얻을 수 있었다. 이것이 부분준비금제도(fractional−reserve banking)의 시작이다. 은행들은 은행권을 지나치게 많이 발행해서 과도하게 대출을 늘리다 보면 예금주의 의심을 받을 우려가 있었다. 은행은 장기간의 경험을 통해 금화와 은행권의 발행 비율이 1:10 정도까지는 안전하다는 사실을 알게 되었다."

20) Fregert, 2018, op.cit., p. 96.
21) Hecksher, E. F., 1964, "The Riksbank of Sweden in its connection with the Bank of Amsterdam," In: Dillen, J. G. van (ed.), *History of the Principal Public Banks*, A.M. Kelley, London, p. 50.
22) Deane, Pringle, 1995, op.cit., pp. 35−37.
23) Roberts, J. M., Westad, O. A., 2013, *The History of the World* (6. ed), Oxford University Press, London, pp. 551−572.

2) 중앙은행의 형성

(1) 정부의 은행

스웨덴 왕실이 릭스방크에게 특허장을 부여한 것은 단지 상인들을 위한 청산소(clearinghouse)의 역할을 부여하기 위해서만은 아니었다. 스웨덴 왕실은 정부에게 자금을 빌려주는 조건으로 릭스방크에게 특허장을 부여했던 것이다. 이후 유럽에서는 정부지출, 특히 전쟁자금 조달을 지원하기 위해 다른 많은 중앙은행들이 설립되었다.

(i) 1694년 영국정부는 프랑스와의 전쟁자금 조달을 위해 영국은행(Bank of England)을 설립하였다. 영국은행은 영국정부에게 자금을 빌려주는 대가로 국채를 받았다. 영국은행은 영국 내 유일한 주식회사였으며, 정부재정을 관리할 수 있는 특권까지 부여받았다.[24] (ii) 1800년에 설립된 프랑스은행(Banque de France)은 정부재정을 지원하기 위해 설립되었으며 정부 지원의 대가로 파리지역에서 은행권을 독점적으로 발행할 수 있었다. 또한 프랑스 혁명 당시 혁명정부의 지폐 남발로 초래된 초인플레이션(hyperinflation)을 진정시키고 경제를 안정시킬 임무를 부여받기도 했다.[25][26] (iii) 1782년 설립된 산카를로스 은행(Banco Nacional de San Carlos)은 사실상 스페인 최초의 중앙은행으로서 미국독립전쟁에 참여한 스페인 정부의 전쟁비용을 조달하는 역할을 담당했다.[27][28]

물론 이들이 오늘날과 같은 의미의 중앙은행으로 설립된 것은 아니었다. 17세기에는 중앙은행이라는 개념조차 존재하지 않았다.[29] 이러한 초기 중앙은행들은 특수한 상업은행이었다. 이들은 정부에 자금을 지원하고 정부재정을 관리함으로써 정부와 긴밀한 관계를 유지하면서 좋은 수익을 보장받았다. 초기 중앙은행은 정부에 대한 대출자였고, 차입자였던 국왕은 이들이 발행한 은행권에 대해 암묵적 지원을 해주었다. 따라서 이들이 발행한 은행권은 다른 상업은행이 발행한

24) Capie, F., Wood, G., 2015, "The development of the Bank of England's objectives: evolution, instruction, or reaction?," In: Gnan, E., Maschiandro, D. (ed.), *Central Banking and Monetary Policy: What will be the Post−crisis New Normal?*, Bocconi University and SUERF, London, pp. 124−140.

25) Velde, F., 2009, "Chronicle of a Deflation Unforetold," *Journal of Political Economy*, 117(4), pp. 591−634.

26) White, E., 2001, "Making the French Pay: The Cost and Consequences of the Napoleonic Reparations," *European Review of Economic History*, 5(3), pp. 337−365.

27) Hamilton, E. J., 1945, "The foundation of the Bank of Spain," *Journal of Political Economy*, 53(2), pp. 97−114.

28) Marín−Aceña, P., Pons, M. A., Betrán, C., 2014, "150 years of financial regulation in Spain. What can be learned?," *Journal of European Economic History*, XLIII, 1−2, pp. 11−45.

29) Clapham, J., 1970, *The Bank of England: A History, Vol.1, 1694−1797*, Cambridge University Press, London, pp. 95−96.

은행권에 비해 보다 널리 통용되었다.

초기 영국은행의 경우 정부에게 빌려준 금액의 한도 내에서만 은행권을 발행할 수 있었다. 따라서 영국은행이 발행한 은행권은 귀금속에 의해 가치가 뒷받침되는 것이 아니라 정부채무에 의해 가치가 뒷받침되었다. 당시 은행권은 약속어음에 가까웠고 출납공무원(casher)이 그때그때 필요한 금액을 적어 넣었기 때문에 오늘날의 은행권과 달리 액면가가 고정되어 있지도 않았다.[30]

(2) 은행의 은행

19세기까지 중앙은행은 정부와 긴밀한 관계를 맺었다. 그 덕분에 이들은 은행권의 독점적 발행권을 보유하게 되었고 이들이 발행한 은행권은 상거래에 널리 통용되었다. 따라서 일반은행들도 중앙은행의 은행권을 이용하기 위해 중앙은행에 주화를 예치하고 중앙은행의 고객이 되었다. 이에 따라 중앙은행은 정부의 은행에 더해서 은행의 은행으로 자리잡게 되었다. 정부와 유착된 독점기업이 규모의 경제를 마음껏 누리게 된 것이다.

19세기 영국의 경우, 마을마다 소규모 은행들이 널리 퍼져 있었다. 시골은행들은 저마다 상업어음할인 업무를 수행했는데, 격지자 간 발행어음을 처리하기 위해서는 원격지의 상대방은행(correspondent bank)이 필요했다. 시골은행들은 런던 등 대도시에 있는 은행들을 자신의 상대방은행으로 이용하기 위해, 이들에게 자금을 예치하거나 금융상품에 투자했다. 당시 영국은행은 런던 반경 65마일 이내에서 은행권을 독점적으로 발행하고 있었다. 따라서 런던의 상업은행들은 영국은행이 발행한 약속어음(은행권)을 이용하면 어음결제가 훨씬 편리해진다는 사실을 알게 되었다.[31]

이후 상업은행들은 지급준비금 보관과 은행 간 대금결제를 간편하게 하기 위해 영국은행에 주화를 예치하고 영국은행 예금계좌를 이용하게 되었다. 영국은행이 런던소재 상업은행들에게 주화보관소와 어음결제소의 기능을 제공함으로써, 이들과 거래관계를 형성하고 있는 전국의 시골은행들도 자동적으로 영국은행에 연결되었다. 영국은행의 이러한 기능확장은 영국은행을 '은행의 은행'으로 만들어주었다.[32]

---

30) Capie, Wood, 2015, op.cit., pp. 124－140.
31) Deane, Pringle, 1995, op.cit., pp. 65－70.
32) Goodhart, C. A. E., 2011, "The commissioned historians of the Bank of England," In: Wood, G., Mills, T. C., Crafts, N. (ed.), *Monetary and Banking History: Essays in Honour of Forrest Capie*, Routledge, London, pp. 13－26.

(3) 최종대부자 (lender of last resort)

초기 은행시스템은 패닉(panic)과 도산(failure)에 매우 취약했다. 은행업은 단기 예금을 수취하여 장기 대출을 실행하는 것을 본질로 한다. 하지만 흉년, 채무 불이행, 전쟁 등 다양한 사건이 예금자를 당황하게 만들고 은행예금을 동시에 인출하게 만든다. 예금자들의 인출요구가 많아지면 은행은 점점 더 쇠약해진다. 대출금 회수가 늦어지면 예금 상환이 불가능해질 수도 있기 때문이다. 19세기가 되자 금융공황과 은행도산은 은행에게만 영향을 미치는 것이 아니라 사회전반에 매우 큰 비용을 초래한다는 사실을 알게 되었다.

성공적으로 패닉을 진정시키고 은행을 구제하기 위해서는 대규모 자금, 광범위한 네트워크, 경영지식 및 시장의 신뢰 등 많은 것이 필요하다. 그리고 이러한 이유로 중앙은행은 금융시스템의 보호자라는 특별한 지위를 얻게 되었다. 왜냐하면 중앙은행은 정부와 긴밀한 유대관례를 유지하고 있고, 대규모 준비금을 보유하고 있으며, 거래상대은행들과 광범위한 네크워크를 구축하고 있고, 은행권 발행을 독점하고 있었기 때문이다.[33] 하지만 처음에 중앙은행은 자신의 금 보유고를 보호하기 위해 부실한 상대방은행에게 대출하는 것을 매우 꺼려했다. 당시 중앙은행은 자신을 공공기관이 아닌 상업은행이라 여겼고, 부실은행을 돕는 것은 경쟁자를 돕는 것으로 간주했기 때문이다.[34]

19세기에 이르자 영국은 수차례의 심각한 금융공황을 겪었다. 금융공황은 부실은행의 도산으로 끝나지 않고 사회전반에 심각한 피해를 입혔다. 영국은행의 도덕성은 여론의 도마 위에 올랐고 결국 영국은행은 부실은행에 대한 최종대부자(最終貸付者, lender of last resort)의 책임을 떠맡게 되었다. 그러나 영국은행은 손실로부터 자신을 보호하기 위해 건전한 담보를 제시한 경우에만 자금을 대출해 주었고, 시장금리 이상의 벌칙성 금리를 부과했다.[35]

미국에서도 반복적으로 금융공황이 발생했다. 이미 미국에는 영국은행을 본뜬 2개의 중앙은행이 있었다.[36] 제1미국은행(The First Bank of the United States 1791–1811)과 제2미국은행(The Second Bank of the United States 1816–1836)이 그것이다. 그러나 금융권력의 집중에 대한 대중들의 불신으로 은행특허(charter)가

---

33) Wood, J. H., 2005, *A History of Central Banking in Great Britain and the United States*, Cambridge University Press, London, pp. 107–110.

34) Hawtrey, R. G., 1938, *A Century of Bank Rate*, Longmans, London, pp. 105–107.

35) Fetter, F. A., 1965, *Development of British Monetary Orthodoxy, 1797–1875*, Harvard University Press, New York, pp. 280–285.

36) Krooss, H. E., 1969, *Documentary History of Banking and Currency in the United States*, Chelsea House, New York, pp. 91–92.

갱신되지 못하고 자연스럽게 소멸하였다.[37] 1836년 이후 80년 동안 미국에는 중앙은행이 없었다. 빈번한 은행패닉과 은행파산이 발생했다. 1907년의 심각한 은행위기를 겪고 나서야 미국인들은 중앙은행의 필요성을 절감하게 되었다. 1907년의 공황은 1913년 연방준비제도(Federal Reserve System)의 창설로 이어졌다.[38] 미국의 중앙은행은 금융불안으로 인한 은행의 연쇄도산을 막기 위해 최종대부자로서 세워진 것이다.

(4) 은행감독자

중앙은행이 최종대부자 기능을 수행하고 나서 부실은행에 투입한 자금을 회수하지 못할 경우 중앙은행은 자본손상 위험에 빠질 수 있다. 문제가 된 은행이 단순히 '유동성 부족[39]' 상태가 아니라 '지급불능[40]' 상태인 경우 이러한 문제가 현실화될 수 있다.

실제로 중앙은행이 문제된 은행의 회계장부를 자세히 들여다보지 않고서는 유동성이 문제인지, 지급불능 상태에 빠진 것인지 구분할 수 없다. 이런 상태에서 중앙은행이 최종대부자 기능을 수행하는 것은 매우 위험한 일이다. 따라서 중앙은행은 구출하려는 은행의 신용도를 정확히 파악하고 평가할 필요가 있다. 따라서 중앙은행은 사전에 상업은행의 경영상태와 재무상태에 대한 지식을 갖출 필요가 있다. 상업은행이 안전하고 건전하게 운영되는지를 점검하고 사전에 부실징후를 확인하는 것은 중앙은행에게도 이익이 되는 일이다.[41]

상업은행 경영의 안전성과 건전성을 사전에 보장하기 위해서는 중앙은행이 상업은행의 경영상태를 검사할 필요가 있다. 중앙은행이 상업은행의 장부를 검토하고, 필요한 경우 상업은행에 규제명령을 내릴 수 있는 공식적 권한을 부여할 필요가 생긴 것이다. 즉, 최종대부자 기능을 수행한다는 전제하에, 중앙은행은 공식적인 은행 규제 및 감독기능을 맡게 된 것이다. 그러나 중앙은행이 감독기관으로서의 역할을 수행하기 위해서는 중앙은행은 사익을 추구하는 사기업이 아니라 공익을 추구하는 공공기관이어야 한다. 왜냐하면 중앙은행이 민간기업으로 남아 있으면서 감독기능을 수행할 경우 심각한 이해상충(conflict of interests)이 발생할

---

37) Hofstadter, J. M. Jr., 1948, *The Age of Jackson*, Little Brown, New York, p. 63.
38) Friedman, M., Schwartz, A. J., 1963, *A Monetary History of the United States*, 1867－1960, Princeton University Press, New York, pp. 156－168.
39) 은행의 자산이 부채를 초과하고 있지만, 부채 상환을 위해서 자산을 매각하는 경우 손실이 발생할 수 있는 상황을 의미한다.
40) 은행의 부채가 자산을 초과하고 있는 상태를 의미한다.
41) Bernanke, B. S., 2013, *The Federal Reserve and the Financial Crisis*, Princeton University Press, New York, p. 7.

수 있기 때문이다.

그러나 중앙은행이 공익을 위해 활동하는 공공기관이라는 개념은 1차 세계대전 이후인 1914년 이후에야 널리 받아들여졌다. 제1차 세계대전 중 전 세계의 많은 나라들이 전시 자금조달을 위해 중앙은행을 이용했기 때문이다.[42] 그러나 그때도 모든 중앙은행이 은행감독자로서의 역할을 맡은 것은 아니었다. 은행구제에 필요한 자금을 중앙은행의 자본이 아닌 납세자의 세금으로 지원하는 국가에서는, 재무부와 같이 은행구제에 가장 많은 자금을 투입한 공공기관이 은행감독자의 역할을 맡게 되었다. 이러한 국가, 특히 독일에서 은행감독기능은 전통적으로 중앙은행이 아닌 다른 기관에서 수행하였다.[43]

3) 현대적 중앙은행

초기 중앙은행은 상업은행이었다. 다만, 정부의 후원을 받아 재무상태가 좋았고 규모가 컸기 때문에 이들이 발행한 은행권은 대중의 신뢰를 얻을 수 있었다. 당시의 중앙은행은 금본위제 하에서 움직였다. 중앙은행은 화폐의 가치를 금의 가치에 고정시키고, 보유하고 있는 금의 양에 연동하여 은행권을 발행하였다.[44] 그러나 세계대전의 발발, 전 세계적인 금 공급량의 제한 등으로 금본위제를 유지할 수 없게 되었고, 결국 중앙은행은 금본위제를 포기하게 된다. 이후 20세기 중반에 이르기까지 중앙은행은 여러 가지 시행착오를 거치면서 중앙은행의 통화량 변동이 생산, 인플레이션 및 고용에 영향을 미칠 수 있다는 사실을 점차적으로 배워나가기 시작했다.[45]

(1) 금본위제

영국이 금본위제(gold standard)를 채택한 이래 19세기 후반까지 대부분의 중앙은행들이 금본위제를 채택했다. 이는 중앙은행이 자신이 보유한 금의 가치에 상응하는 분량의 화폐만을 발행할 수 있다는 것을 의미했다. 당시 중앙은행은 시스템에 유입되는 통화량이 경제활동에 미치는 영향에 대해 오늘날처럼 우려하지 않았다. 중앙은행은 경제활동을 활성화하기 위해 적극적으로 돈을 인쇄하기보다는, 보유하고 있는 금의 양에 따라 수동적으로 화폐량을 변화시켰다. 중앙은행의

---

42) Wood, J. H., 2019, *Central Banking in a Democracy*, Routledge, London, p.11.
43) BaFin(Bundesanstalt für Finanzdienstleistungsaufsicht), Aufgaben & Geschichte der BaFin, [https://www.bafin.de/] [최종검색 2020 – 10 – 1 00:31]
44) Krugman, P. R., Obstfeld, M., Melitz, M. J., 2018, *International Economics: Theory and Policy*, Pearson, New York, p. 590.
45) Edvinsson, R. , Jacobson, T., Waldenström, D., 2018, *Sveriges Riksbank and the History of Central Banking*, Cambridge University Press, London, pp. 11 – 16.

주요 관심사는 금에 고정된 화폐가치를 유지하는 것이었다.[46]

금본위제는 여러 가지로 정의될 수 있으나 대략 (i) 개인 간, 국가 간 금의 자유로운 이동 (ii) 금으로 표시된 각국 화폐가치의 유지, 즉 국가 간 고정환율의 유지 (iii) 국제적 조정기구의 부재라는 세 가지 조건을 충족하는 국제통화제도를 지칭한다. 이러한 조건은 자연스럽게 국제수지 흑자국과 적자국 간에 비대칭적 부담을 초래한다. 적자국에 가해지는 국제수지 조정메커니즘은 평가절하보다는 디플레이션, 즉 국내물가 하락과 생산위축이었다.[47]

각국마다 금의 구매력이 다르고 금으로 표시된 물가가 다르므로 값싼 상품이 고물가국으로 팔려나가고 자연히 국제수지 적자국과 흑자국이 생긴다. 국가간 고정환율을 유지하면서 이러한 국제수지 불균형이 조정되는 메커니즘은 다음과 같다. 어느 한 나라의 국제수지가 적자라고 가정해 보자. 은행의 역할을 무시한다면 금이 그 적자국에서 흑자국으로 유출될 것이다. 이에 따라 통화량이 감소하면 물가가 하락하여 적자국의 재화 값이 국제가격 이하로 싸진다. 그러면 수출이 증가하고 수입이 감소하여 결국 국제수지가 호전된다. 또한 화폐부문의 초과수요는 국내 이자율을 상승시켜 자본유입을 불러일으키므로 국제수지가 개선된다. 동시에 통화량 감소는 국내 유효수요를 감소시켜 지출이 감소하고 고용이 위축되어 수입수요를 줄인다.[48]

금본위제 하에서는 정부가 대내균형을 유지하기 위한 책임을 떠맡지 않았다. 금본위제도는 높은 환율 안정성과 국가 간 자본이동은 허용했지만, 통화정책이 대내적 정책목표를 추구하는 것은 허용하지 않았다. 금본위제도는 참여하는 모든 국가가 동시에 국제수지 균형을 달성하도록 기여하는 강력한 자동조절 메커니즘(price-specie-flow mechanism)을 갖추고 있었기 때문이다.[49]

제1차 세계대전 동안 참전국들은 전쟁자금 조달을 위해 자유로운 지폐발행을 원했다. 지폐와 금의 가치적 연동(gold peg)이 끊어지자 금본위제가 사실상 폐기되었다.[50] 제1차 세계대전이 끝난 후 승전국들은 자국통화를 유지하기 위한 금보유가 부족하다는 사실을 알게 되었다. 따라서 국제사회는 금환본위제(gold exchange standard)의 수립에 착수했다. 이 시스템 하에서 주요국가들은 자국통화의

46) Meissner, C. M., 2005, "A New World Order: Explaining the International Diffusion of the Gold Standard, 1870–1913," *Journal of International Economics*, 66(2), pp. 385–406.
47) Temin, P., 1989, *Lesson from the Great Depression*, MIT Press, New York, pp. 8–9.
48) Eichengreen, B. J., Flandreau, M., 1999, *The Gold Standard in Theory and History* (2. ed.), Routledge, London, introduction.
49) Krugman, Obstfeld, Melitz, 2018, op.cit., p. 593.
50) Sayers, R. S., 1976, *The Bank of England, 1891–1944*, Vol.1, Cambridge University Press, London, pp. 101–109.

가치를 금의 가치에 고정시켰고, 소규모 국가들은 금 이외에 주요국가 통화를 자국통화를 뒷받침하는 준비금으로 사용했다.[51] 통화가치를 금에 고정하는 제도는 1930년대 대공황 기간에도 계속 유지되었다.

1919년 제1차 세계대전이 끝날 무렵 주요국 중앙은행들은 이미 고용, 경제활동 및 물가수준에 대해 우려하기 시작했지만 여전히 금 보유량에 중점을 두었다. 그 당시에는 시스템에 유입된 통화량과 경제활동, 고용 및 물가수준 간의 관계에 대한 충분한 이해가 없었다.[52] 미 연준은 설립 초기부터 "탄력적인 통화공급"의 임무을 부여받고 있었지만[53] 1950년대까지 소극적인 태도를 보이며 경제조건에 영향을 미치려 하지 않았다.[54]

(2) 브레튼우즈체제

1950년대 케인즈(John Maynard Keynes)의 영향으로 주요국 정부와 중앙은행은 적극적인 재정정책과 통화정책을 이용하면 경제활동에 영향을 미칠 수 있다는 사실을 알게 되었다. 그 당시 국제사회는 금본위제를 대체하기 위해 브레튼우즈(Bretton Woods) 체제로 알려진 새로운 국제통화체계를 채택했다.[55] 브레튼우즈체제 하에서 미국은 자국통화인 미국 달러(U$)를 금 1온스당 35달러로 고정시키고, 다른 국가들의 통화가치는 미국 달러에 고정시킨다. 브레튼우즈체제는 (i) 회원국 통화와 미국달러의 교환비율(환율)을 고정시키고 다시 (ii) 미국달러와 금의 교환비율을 고정시키고 있었으므로 사실상 글로벌 고정환율제도(fixed exchange rate system)였다.[56]

1960년대 미국은 경기를 부양하고 실업을 감소시키기 위해 적극적 통화정책(activist monetary policy)을 사용했다. 베트남전쟁의 수행과 위대한 사회(Great Society) 건설을 위해 막대한 자금을 소모했다.[57] 미국정부의 재정지출 증가와 연

---

51) Laughlin, J. L., 1927, "The Gold-Exchange Standard," *The Quarterly Journal of Economics*, 41(4), 1927. 8., pp. 644-663.
52) Eichengreen, B. J., 1992, *Golden Fetters: The Gold Standard and the Great Depression*, 1919-1939, Oxford University press, New York, pp. 293-198.
53) Federal Reserve Act, Preamble. To provide for the establishment of Federal reserve banks, to furnish an elastic currency, to afford means of rediscounting commercial paper, to establish a more effective supervision of banking in the United States, and for other purposes.
54) Bordo, Michael D., 2007, "A Brief History of Central Banks," *Federal Reserve Bank of Cleveland Economic Commentary*, 2007. 12. [https://www.clevelandfed.org/] [최종검색 2020-10-14 20:21]
55) de Vries, M. G., 1996, "The Bretton Woods Conference and the Birth of the International Monetary Fund," In: Kirshner, O. (ed.), *The Bretton Woods - GATT System: Retrospect and Prospect After Fifty Years*, M. E. Sharp, London, p. 13.
56) Eichengreen, Flandreau, 1999, op.cit., introduction.
57) Wood, 2019, op.cit., pp. 116-122.

준의 적극적 통화정책은 미국 내 인플레이션을 가속화시켰다. 투자자들뿐만 아니라 통화가치를 미국 달러에 고정시킨 외국정부는 인플레이션이 미국 달러의 구매력을 빠르게 잠식하는 것에 대해 우려했다. 금 공급이 제한적임에도 불구하고 미국 달러가 계속해서 늘어나자, 금융시장은 미국 달러와 금의 태환(교환) 가능성에 대해 의문을 갖기 시작했다.[58]

그 당시 많은 국가들이 제2차 세계대전 이후의 재건노력을 완료하고 경제자유화를 시작하면서, 국제무역과 국제적 자본흐름이 재개되기 시작했다. 국제적 자본이동이 증가하면서 만성적 경상수지 적자(수출보다 수입이 많은 상태)를 겪는 나라들의 통화에 대한 압박이 커졌다. 결국 경상수지 적자국가의 통화에 대한 투기자본의 공격이 시작되었다.[59]

(3) 통화공급목표 방식(Money Supply Growth Targeting)

1970년대 초 브레튼우즈체제가 더이상 유지될 수 없게 되었다. 인플레이션 압력을 받고 있던 많은 국가들이 자신이 보유한 미국 달러를 미국이 보유한 금과 교환하려고 하였다. 국제적 금 태환(교환) 압박을 받던 미국은 미국 달러와 금의 연결고리를 끊어 버리기로 했다. 잦은 투기적 공격으로 많은 국가들이 자국 통화와 미국 달러의 연계를 포기하고 그 대신 환율이 자유롭게 변동하도록 허용했다.[60]

1970년대 후반이 되자 많은 경제학자들과 각국 정부는 적극적 통화정책이 장기적으로는 손해가 더 크다는 사실을 알게 되었다. 역사적 경험과 이론적 체계화를 통해 경제학자들 사이에서는 중앙은행이 순수한 재량보다는 명시적 규칙에 따라 통화정책을 시행하는 것이 보다 더 타당하다는 잠정적 합의에 이르게 된다. 선출된 정치인들은 장기적 이익보다는 단기적 이익을 위해 경제를 자극하는 경향이 있었기 때문에 중앙은행을 정부로부터 독립하여 운영하는 것이 타당하다는 제안을 하기도 했다.[61]

1970년대 중반 이후 상승해온 인플레이션 기대치를 억제하기 위해 1970년대 후반과 1980년대 초반 미국과 영국의 중앙은행은 통화공급을 대폭 축소하기로 결정하고 명시적인 통화공급목표(money supply target)를 따르겠다는 의사를 표명한다. 중앙은행은 명시적 통화공급목표를 채택함으로써 화폐가치를 급속하게 손

58) Bernanke, 2013, op.cit., pp. 32−34.
59) Krugman, Obstfeld, Melitz, 2018, op.cit., pp. 600−601.
60) Wood, 2019, op.cit., pp. 123−128.
61) Goodhart, C., 1989, *Money Information and Uncertainty* (2. ed.) Macmillan, London, pp. 53−65.

상시키는(인플레이션이 과도하게 상승하는)행위, 즉 통화의 과도한 발행을 자제하기로 약속한 것이다. 시행 초기 인플레이션을 낮추는 데 성공했음에도 불구하고 통화공급목표방식(money supply targeting)은 단기간에 미국과 영국에서 사라지게 된다. 이후 경제학자들의 연구를 통해 통화공급과 실물경제 활동 간의 관계가 불안정한 것으로 밝혀졌기 때문이다.[62]

(4) 인플레이션목표 방식(Inflation Targeting)

뉴질랜드는 통화정책을 위한 새로운 명목지표(nominal anchor) 발견에 나선다. 여기서 명목지표란 명목 물가수준과 중앙은행의 정책경로에 대한 민간의 기대를 고정시킬 수 있는 단일변수(device, variable)를 의미한다.[63] 1989년 뉴질랜드준비은행(RBNZ)은 인플레이션목표(inflation targeting)를 통화정책의 기준(monetary policy regime)으로 채택하고 물가관리에 성공을 거둔다.

이후 전 세계 중앙은행들은 뉴질랜드의 인플레이션목표 방식을 받아들이고 자신의 처지에 맞게 수정한다. 인플레이션목표 방식의 핵심요소는 다음 세 가지이다. (1) 일정기간 동안의 인플레이션 목표를 구체적 수치로 발표하고 (2) 동 기간 중 인플레이션 기대를 목표범위 내에서 유지하기 위해 통화정책을 실행한다. 그리고 (3) 높은 수준의 투명성과 책임성을 유지한다.[64]

중앙은행은 인플레이션을 발표된 목표 이내로 유지하기 위해 정책금리를 조정한다. 중앙은행이 정책금리를 조정하면 금융시장의 차입비용이 변하게 되고 이것이 결국 경제활동과 인플레이션에 영향을 미치게 된다.[65] 인플레이션목표 방식 하에서 중앙은행은 정책금리 조정결정의 이유를 정부와 의회에 보고해야 한다. 따라서 정부, 의회, 국민은 중앙은행이 인플레이션목표를 달성했는지 여부를 확인할 수 있다. 인플레이션목표 달성에 실패한 경우 중앙은행은 정부나 의회에게 그 이유를 설명해야 한다.[66]

뉴질랜드준비은행이 1989년 인플레이션목표 방식을 채택한 이후 영국은행, 호주준비은행, 캐나다은행, 스웨덴릭스방크, 체코국립은행, 브라질은행, 칠레은행, 인도네시아은행, 이스라엘은행, 한국은행, 태국은행 및 남아프리카준비은행 등 전 세계의 수많은 중앙은행들이 인플레이션목표 방식을 채택했다. 하지만 이들이 수

---

62) Goodhart, 1989, ibid., pp. 83-95.
63) Fenstra, R. C., Taylor, A. M., 2012, *International Macroeconomics*, Worth, New York, pp. 100-105.
64) Carare, A., Stone, M. R., 2003, "Inflation Targeting Regime," *IMF Working Paper* 03/9, IMF, p. 3.
65) Mishikin, F. S., 1999, "International Experiences with Different Monetary Policy Regimes," *NBER Working Paper*, National Bureau of Economic Research, 1999.2., pp. 17-18.
66) Blanchard, O., 2017, *Macroeconomics* (7. ed), Peason, New York, pp. 501-502.

행하는 통화정책의 구체적 내용은 국가별로 상당히 다양하다.

인플레이션목표제를 비판하는 사람들은 특정한 인플레이션을 달성하는 것보다 금융시스템의 안정성과 같은 다른 관심사에 우선순위를 두어야 할 때가 있는 만큼 인플레이션목표제는 지나치게 제약적이라고 주장한다. 2007년 말과 2008년 초에 미 연준은 인플레이션목표제가 요구하는 것보다 훨씬 큰 폭으로 이자율을 인하했는데 이는 금융시장의 혼란이 큰 폭의 경기후퇴를 가져올 것이라 우려했기 때문이었다. 그리고 실제로도 심각한 경기후퇴가 시작됐다.[67] 중앙은행이 인플레이션목표를 약속하더라도 목표달성의 '기한'을 정하지 않는다면 약속이 없는 것과 마찬가지가 아닐까 한다.

(5) 유로(Euro)의 탄생

2000년 유로지역(Eurozone)에서는 중앙은행 역사상 가장 눈에 띄는 사건이 발생한다. 유럽연합(European Union)의 11개 창립회원국[68]들이 국가통화(national currency)를 대체하는 공통통화(common currency)인 유로(euro)를 공식적으로 도입한 것이다. 또한 11개 창립 회원국의 중앙은행들은 유럽중앙은행(European Central Bank, 이하 "ECB")을 설립하고 자국의 통화정책담당자로서의 역할을 포기했다. 이제는 ECB가 유로지역 회원국을 위한 통화정책을 시행하는 것이다.[69]

4) 글로벌 금융위기 이후

현대적 중앙은행들은 각자의 역사적 경험과 지도철학에 따라 많은 공통점과 차이점을 가지고 있다. 대부분의 현대적 중앙은행들은 낮고 안정적인 인플레이션을 유지하고 금융안정을 달성하는 데 초점을 맞추고 있다. 이제 중앙은행이 직접적으로 정부지출을 지원하던 관행은 사라진 상태다. 그러나 낮고 안정적인 인플레이션을 유지하고 금융안정을 달성하기 위해, 중앙은행마다 다른 운영방식[70]을 선택하기도 한다. 더욱이 2007년 금융위기 이후에는 미 연준의 완전고용의무(full-employment mandate)에 전 세계가 주목하고 있다.

2007년에 발생한 글로벌 금융위기(Global Financial Crisis)는 대부분의 중앙은

---

67) Krugman, P., Wells, R., 2018, *Macroeconomics* (5. ed.), Macmillan Education, New York, p. 462.
68) 2020년 3월 말 현재 유로존 회원국은 벨기에, 독일, 에스토니아, 아일랜드, 그리스, 스페인, 프랑스, 이탈리아, 사이프러스, 라트비아, 리투아니아, 룩셈부르크, 몰타, 네덜란드, 오스트리아, 포르투갈, 슬로베니아, 슬로바키아, 핀란드 등 19개국이다. [https://www.ecb.europa.eu/ecb/orga/capital/ html/index.en.html] [최종검색 2020-10-19 22:55]
69) Krugman, Obstfeld, Melitz, 2018, op.cit., pp. 690-692.
70) 홍콩과 싱가포르는 인플레이션 타기팅이 아니라 환율 타기팅을 하고 있다.

행에게 큰 충격을 주었다. 글로벌 금융위기는 전 세계 중앙은행을 뒤흔들면서 그들의 역할과 기능을 재검토하도록 만들었다. 미 연준, 영국은행, ECB 등 글로벌 금융위기로부터 가장 큰 타격을 입은 중앙은행들이 한결같이 국채매입과 대규모 유동성투입 등과 같은 비전통적인 통화정책(unorthodoxy monetary policy)을 도입했다. 미국, 영국, EU에서는 경제가 디플레이션의 소용돌이에 빠지는 것을 막기 위해 중앙은행이 양적완화 등 비전통적인 통화정책을 사용했다.

경제학자들은 이자율이 영보다 낮아질 수 없다는 사실을 영의 이자율 하한(zero lower bound for interest rates)이라고 부른다. 이러한 영의 하한은 통화정책의 효과에 제약을 가한다. 2009년과 2010년 사이에는 인플레이션율이 낮고 경제가 잠재생산량보다 훨씬 낮은 수준의 활동을 보이고 있었기 때문에 미국, 영국, EU의 중앙은행들은 총수요의 증가를 원했다. 그렇지만 이들 중앙은행이 이를 달성할 수 있는 정상적인 방법, 즉 화폐공급을 증가시키기 위해 단기 정부채를 공개시장에서 매수하는 것은 더 이상 운신의 폭이 없었다. 단기이자율이 이미 영 또는 영에 가까운 수준에 있었기 때문이다.[71]

2010년 11월 미 연준은 이 문제를 우회하기 위한 시도를 하였는데, 경제학자들은 이러한 시도를 '양적완화(Quatitative Easing)'라고 부른다. 미 연준은 3개월 만기 재무부증권과 같은 단기국채를 매수하는 대신 5년 또는 6년 만기의 장기국채를 매수하기 시작했다. 일반적으로 장기에는 단기보다 불확실성과 위험이 더 크므로 장기이자율이 단기이자율보다 높게 형성된다. 하지만 장기이자율이 단기이자율을 정확히 따라가는 것은 아니다. 미 연준이 이 프로그램을 시작했을 때 단기이자율은 영에 가까웠지만 장기채권의 이자율은 2~3% 사이를 유지했다. 미 연준은 이들 장기채권을 직접 매수함으로써 장기채의 이자율을 하락시키고 경제에 확장적인 영향을 미치기를 원했다. 나중에 미 연준은 이 프로그램을 더욱 확장하여 주택대출 담보부 증권을 매입하기도 했다. 보통 이러한 증권은 국채보다 더 높은 이자율을 지급한다. 이 경우에도 주택대출 담보부 증권의 이자율이 하락하면 경제에 확장적 효과를 미칠 수 있을 것으로 기대했던 것이다.[72]

글로벌 금융위기로 인해 금융안정과 관련한 중앙은행의 역할에 대해 심층적인 재검토가 이루어지고 있다. 중앙은행이 금융안정에 보다 적극적인 역할을 할 필요가 있다는 국제적 합의가 도출되기도 했다. 시장참여자들의 단기적 인센티브가 사회의 장기적 이익에 배치될 수 있기 때문에, '시장이 자신의 힘에 의존하여

---

71) Swanson, E. T., Williams, J. C., 2013, "Measuring the Effect of the Zero Lower Bound On Medium— and Longer—Term Interest Rates," *FRB San Francisco WP*, 2013. 1., pp. 1—4.

72) Krugman, P., Wells, R., 2018, *Macroeconomics* (5. ed.), Macmillan Education, New York, p. 463.

스스로를 규제한다'는 것은 이미 무의미한 가설로 판명되었다.

중앙은행의 제도적 설정과 관련하여 실용적인 문제도 존재한다. 금융위기가 진행되는 동안 유관기관 간의 조정이 원활하지 않자 영국정부는 은행감독기능을 영국은행에게 되돌려 주었다. 위기가 시작된 지 13년이 지난 지금에도 세계경제는 여전히 밀려드는 위기 속에서 발디딜 곳을 찾으려고 노력하는 중이다. 중앙은행의 역할에 대한 재검토는 여전히 진행 중이며, 전 세계적으로 개혁에 대한 논의가 계속되고 있다.

3. 통화정책의 운용체계

1) 통화정책의 의의

중앙은행은 금융기관들을 모니터링하고, 통화량과 이자율을 관리한다. 중앙은행의 이러한 활동들을 묶어서 통화정책이라고 부른다. 정부의 재정정책은 모든 국민을 대상으로 대가 없이 소득의 일부를 강제로 징수하기 때문에 가시적이고 체감적이지만, 통화정책은 일부 금융기관만을 대상으로 매매나 대차방식을 취하기 때문에 은밀하고 신비스러워 보인다. 하지만 그 효과는 결코 그렇지 않다.

중앙은행이 매매나 대차를 하는 것은 일반은행의 지급준비금 총량을 조작하기 위해서다. 이러한 정책수단은 이자율, 인플레이션, 실업에 영향을 준다. 중앙은행이 일반은행의 지급준비금 총량을 증가시키면 이자율이 하락하고 인플레이션율을 상승시키며 실업을 감소시킨다. 마찬가지로 중앙은행이 일반은행의 지급준비금의 총량을 감소시키면 반대 결과를 낳아 이자율을 상승시키고 인플레이션을 하락시키며 실업을 증가시킨다. 따라서 중앙은행은 일반은행의 지급준비금 양을 조작함으로써 총체적인 국민경제 활동에 영향을 준다.[73]

우리나라에는 미국의 연방자금시장(federal funds market)에 대응하는 콜시장이 존재한다. 콜시장은 은행들이 서로 지급준비금(중앙은행 예치금)을 빌려주는 시장이다. 이 시장에서 은행들은 통상적으로 1일(24시간) 대출을 주고 받기 때문에, 콜시장을 1일물(overnight)시장이라고 부른다. 이 시장에서의 이자율을 콜금리라고 부른다. 중앙은행은 콜금리가 기준금리 수준에서 움직이도록 환매조건부증권 매매 등 다양한 공개시장운영 수단을 활용한다. 중앙은행은 이자율이라는 가격을 조작하여 국민들의 경제활동에 영향을 미친다.

---

73) Acemoglu, Laibson, List, 2019, op.cit., p. 643.

중앙은행이 콜시장의 공급측면을 제어하고 싶다면 자신이 발행하는 통화량의 변동을 통해서 일반은행 지급준비금의 변동을 초래한다. 즉 중앙은행이 일반은행이 보유하는 지급준비금 수준을 증가시키고 싶다면, 일반은행들로부터 국공채를 매입하고 그 대가로 일반은행에게 더 많은 지급준비금을 준다. 중앙은행이 지급준비금 수준을 감소시키고 싶다면, 중앙은행은 일반은행들에게 국공채를 매각하고 그 대가로 일반은행들은 지급준비금 가운데 일부를 중앙은행에게 돌려준다. 중앙은행은 국공채를 매입하거나 매각함으로써 화폐공급 수준을 변동시키고, 이를 통해 일반은행이 중앙은행에 보유한 지급준비금의 수준을 관리한다. 공개시장조작(open market operations)이라고 부르는 이러한 거래는 중앙은행의 가장 중요한 통화정책수단이다.[74]

중앙은행이 콜시장의 수요측면을 제어하고 싶다면, 중앙은행은 (i) 법정지급준비금을 변화시키거나 (ii) 지급준비금에 대한 지급이자를 변경하면 된다. 중앙은행은 (i) 법정지급준비금을 올림으로써 일반은행의 지급준비금에 대한 수요를 증가시킬 수 있다. 마찬가지로 중앙은행은 법정지급준비금을 낮춤으로서 지급준비금에 대한 수요곡선을 왼쪽으로 이동시킬 수 있다. (ii) 일반은행이 중앙은행에 지급준비금을 보유하면 중앙은행은 적당한 이자율을 지급한다. 중앙은행이 이 이자율을 올리면, 지급준비금은 일반은행에게 더욱 이득이 되기 때문에 지급준비금에 대한 수요가 증가한다. 중앙은행이 이 이자율을 내리면, 지급준비금은 더욱 가치가 적어지기 때문에 지급준비금에 대한 수요가 줄어든다.[75]

2) 통화정책의 메커니즘

통화정책이란 경제를 안정시키기 위해 화폐량과 이자율을 변화시키는 정책을 말한다. 물가가 상승하면 가계와 기업이 보유하고 있는 화폐의 구매력이 감소하고 이자율이 상승하여 투자지출과 소비지출이 감소하게 된다.[76] 현대국가에서는 정부에 의해 설립된 중앙은행이 국민경제에 유통중인 현금의 양을 결정한다. 중앙은행이 유통 중인 현금의 양을 증가시키면 가계와 기업이 보유한 화폐의 양이 증가하므로 이를 다른 가계와 기업에게 빌려주려 할 것이다. 그 결과 각 물가수준에서 이자율이 하락하고 투자지출과 소비지출이 증가하게 된다.[77] 즉 화폐량의 증가는 국민경제 전체의 총수요를 증가시킨다. 이와 반대로 중앙은행이 화

---

74) Frank, Bernanke, Antonovics, Heffetz, 2019, op.cit., pp. 593−594.
75) Acemoglu, Laibson, List, 2019, op.cit., pp. 661−662.
76) Mankiw, N. G., 2018, *Principles of Economics* (8. ed.), Cengage, New York, p. 610.
77) Krugman, Wells, 2018, op.cit., p. 353.

폐의 양을 줄이면 정반대의 효과가 발생한다. 가계와 기업은 자신이 보유한 화폐의 양이 줄어듦에 따라 차입을 늘리고 대출을 줄이려 할 것이다. 그 결과 이자율이 상승하고 투자지출과 소비지출이 감소함에 따라 국민경제 전체의 총수요가 감소한다.[78]

3) 통화정책의 부작용

물가변동은 자동적으로 부를 재분배하는 효과가 있다. 예를 들어 계약기간 2년, 연봉 3천만원의 기간제 근로자를 가정해 보자. 법도그마틱에서는 계약을 대등한 당사자 사이의 자유로운 의사의 합치라고 정의하지만, 현실 속에서의 계약은 우월적 당사자가 일방적으로 제시한 조건의 수락 여부로 수렴될 뿐이다. 따라서 근로자는 계약서에 물가연동 조항을 집어넣을 생각조차 하지 못한다. 중앙은행이 인플레이션목표를 2%로 정하여 열과 성을 다해서 이 목표를 달성했고, 양심적인 사용자가 연봉 3천만원을 모두 지급했다고 가정해 보자. 근로자는 명목임금(계약상 연봉) 3,000만원을 수령하게 된다. 하지만, 물가인상(2%) 효과 때문에 실질임금(화폐의 구매력)은 2,960만원만 수령하게 된다. 도대체 근로자의 60만원은 어디로 갔을까? 근로자는 자신의 실질급여 2%가 공제돼도 좋다고 사전에 중앙은행에게 동의한 적이 있는가? 중앙은행은 대의제 원리가 적용되는 국민의 대표자인가? 이러한 문제를 단순히 자본주의 사회를 살아가기 위한 대가 또는 매몰비용(sunken cost)으로 볼 수 있는가? 그렇다면 중앙은행의 통화정책에 대한 민주적 통제의 근거는 무엇인가? 바로 이 지점에서 통화정책과 헌법적 가치의 충돌이 일어난다.

(1) 예상치 못한 부의 재분배

인플레이션은 임의적으로 부를 재분배하는 효과가 있다. 앞의 예에서처럼, 인플레이션이 발생하게 되면 근로자는 근로계약 체결 당시 예상했던 것보다 작아진 임금의 구매력(실질임금)을 수취하게 된다. 그리고 이러한 문제는 임대차계약, 대출계약, 연금계약 등 모든 금전채권·채무관계에서 나타난다.

사회 전체적 관점에서 보면 인플레이션이 빼앗아간 구매력은 허공으로 사라지는 것이 아니라 누군가에게로 이전된다. 인플레이션 때문에 근로자가 잃어버린 구매력은 고용주에게 이전된다. 근로자에게 지급되는 임금의 실질비용이 예상보다 적어졌으므로 그들의 구매력 손실은 고용주의 예상치 못한 구매력 증가로 이

---

78) Blanchard, 2017, op.cit., pp. 114-118.

어지고 구매력손실과 구매력이익은 정확하게 일치한다. 인플레이션의 효과는 구매력을 없애는 것이 아니라 재분배하는 것이다. 그리고 이러한 문제는 모든 채권자와 채무자 사이에서 발생한다.[79]

인플레이션에 의해 발생한 부의 재분배는 부를 없애지 않고 한 집단에서 다른 집단으로 이전시키지만 이것은 국민경제 전체에 해가 된다. 자본주의 경제는 유인체계에 기초하고 있다. 열심히 일하며, 소득의 일부를 저축하고, 현명한 금융투자를 하면 장기적으로 더 큰 실질적인 부와 더 나은 생활수준을 보장받을 때만이 경제시스템이 잘 작동할 수 있다. 인플레이션은 불규칙적인 부의 재분배를 통해 유인체계를 망가뜨리고 건전한 경제시스템을 카지노 자본주의로 전락시킨다.[80]

인플레이션은 국민의 '동의' 없이 계약 내용을 변경하고 재산권을 이전하는 효과가 있으므로 일반적 행동자유권에서 파생되는 사적자치권[81]의 침해를 수반한다. 중앙은행이 수행하는 통화정책은 필연적으로 국민의 일반적 행동자유권과 충돌관계에 있을 수밖에 없다.

(2) 인플레이션 조세(Inflation Tax)

현대 경제는 내재가치는 없는 종잇조각인 명목화폐(fiat money)[82]를 교환의 매개수단으로 사용한다. 대부분의 선진국에서는 이러한 종잇조각 발행결정권을 중앙은행에게 맡기고 있다.[83] 하지만 화폐발행권은 원래 국가의 권한이다. 다만, 재량적 통화정책이 초래하는 하이퍼인플레이션 등의 폐해를 방지하기 위해 국가 스스로 중앙은행에게 일정한 재량권을 부여했을 뿐이다.

---

79) Mankiw, 2018, op.cit., p. 645.
80) Frank, Bernanke, Antonovics, Heffetz, 2019, op.cit., pp. 488 – 487.
81) 헌재 2003. 5. 15. 2001헌바98, 판례집 15 – 1, 534 [합헌], 545 – 546면 "... 이른바 사적 자치의 원칙이란 자신의 일을 자신의 의사로 결정하고 행하는 자유뿐만 아니라 원치 않으면 하지 않을 자유로서 우리 헌법 제10조의 행복추구권에서 파생되는 일반적 행동자유권의 하나이다. 이런 사적 자치의 원칙은 법률행위의 영역에서는 계약자유의 원칙으로 나타나는데 계약자유의 원칙은 계약의 체결에서부터 종결에 이르기까지 모든 단계에서 자신의 자유의사에 따라 계약관계를 형성하는 것으로서 계약의 내용, 이행의 상대방 및 방법의 변경뿐만 아니라 계약 자체의 이전이나 폐기도 당사자 자신의 의사로 결정하는 자유를 말한다고 할 것이다. 그러나 사적 자치권(계약자유권)도 국가안전보장, 질서유지 및 공공복리를 위하여 필요한 경우에는 법률로써 제한될 수 있고 다만, 그 제한은 필요 최소한에 그쳐야 하며 사적 자치권의 본질적인 내용을 침해할 수 없다고 할 것인바(헌법 제37조 제2항), 이 사건 법률조항이 위와 같은 기본권 제한입법의 원칙을 지킨 것인지 살펴본다..."
82) 국내 경제학자들은 이를 명령화폐라고 번역하고 있다. 하지만 'fiat'는 국왕의 칙령, 국가의 명령을 의미하는 라틴어이므로 단순히 이를 명령으로 직역하기보다는 국가로 번역하는 것이 바람직해 보인다.
83) Morató, X. C., 2000, "Fiat Money, Intrinsic Properties, and Government Transaction Policy," *UPF Economics & Business Working Paper*, 504, pp. 4 – 8.

오늘날에도 모든 나라의 재무부는 정부의 재화와 서비스 구매에 충당하기 위해 채권을 발행하고 중앙은행은 화폐발행과 공개시장조작을 통해 정부가 발행한 채권을 매입함으로써 정부부채를 화폐화(貨幣化, monetize)한다. 이 세계에서 가장 선진적이라고 여겨지는 미국 정부도 화폐를 찍어서 지출에 충당하고 있다.[84] 예를 들어 2020년 8월에 미국의 본원통화(base money, monetary base), 즉 은행의 지급준비금(bank reserve)과 유통중인 현금(currency in circulation)의 합이 1년 전에 비해 200억 달러 더 증가했다고 가정해 보자. 이처럼 본원통화가 늘어난 것은 1년 동안에 연준이 화폐를 찍어서 공개시장조작을 통해 유통시켰기 때문이다. 달리 표현하자면 연준은 무(無)에서 화폐를 창조하여 민간부문으로부터 국채를 매입하는 데 사용한 것이다. 물론 미국정부는 연준이 소유한 국채에 대해 이자를 지급한다. 그러나 연준은 법에 따라 정부로부터 수령한 이자 중 운영에 필요한 금액만을 남기고 나머지를 재무부에 되돌려 준다. 이 경우 사실상 연준이 화폐를 찍어서 200억 달러에 달하는 정부부채를 갚은 셈이 된다.[85]

이를 다른 시각에서 보면 화폐를 찍을 수 있는 권한(發券力) 자체가 이익의 원천이다. 정부는 화폐를 찍을 수 있는 배타적인 권한을 갖고 있으며 실제로 정부지출에 충당하기 위해 빈번하게 화폐를 찍는다. 역사학자들은 정부의 화폐발행권에서 발생하는 수입을 시뇨리지(seignorage)라고 부른다. 시뇨리지는 중세의 고어(古語)다. 이 단어는 주화(금화) 주조에 수반하는 수수료 징수권한을 의미한다. 시뇨리지는 프랑스어로 시뇨르(seignior)라고 불리던 중세의 영주들만이 가지고 있었다.[86]

일반적인 시뇨리지 남용 사례는 다음과 같다. 어떤 정부가 큰 폭의 재정적자를 겪고 있다. 하지만 이 정부는 조세증액이나 지출삭감을 통해 적자를 해소할 자신이 없거나 정치적 의지가 없다. 이 경우 정부는 차입을 통해서 적자에 충당할 수도 없다. 잠재적 대부자들이 정부재정의 취약성과 상환불능 상황을 우려하여 정부대출을 꺼려하기 때문이다. 이같은 상황에 처한 정부는 재정적자에 충당하기 위해 화폐를 인쇄하게 된다. 하지만 지출에 충당하기 위해 화폐를 인쇄할 경우 유통 중인 현금의 양이 늘어나게 된다. 그리고 화폐공급의 증가는 물가상승을 유발한다. 따라서 재정적자에 충당하기 위해 화폐를 인쇄하는 경우 인플레이션이 발생한다.[87]

---

84) Thornton, D. L., 1984, "Monetizing the Debt," *FRB St. Louis Review*, 1984. 12., pp. 30-43.
85) Blanchard, 2017, op.cit., p. 506.
86) Herger, 2016, a.a.O., SS. 65-66.
87) Blanchard, 2017, op.cit., pp. 488-489.

다시 말해 정부가 재정적자에 충당하기 위해 화폐를 찍고 그 결과 인플레이션을 야기함으로써 정부는 사람들에게 인플레이션 조세(inflation tax)를 부과하는 셈이다. 인플레이션 조세는 사람들이 보유한 화폐가치의 감소를 의미한다.[88] 인플레이션 조세를 이해하기 위해서는 이 조세의 메커니즘을 이해해야 한다. 만약 인플레이션이 5%라면, 내가 현재 보유한 100만원으로 1년 뒤에는 95만원 어치의 재화와 서비스밖에 사지 못하게 된다. 따라서 5%의 인플레이션은 사람들이 보유한 모든 화폐에 대해 5%의 조세를 부과하는 것과 같다.[89] 정도의 차이만 있을 뿐 중앙은행이 독립적으로 통화정책을 수행하더라도 인플레이션 조세문제를 회피할 수는 없다. 예전에는 인플레이션 조세를 국왕 또는 정부가 전부 수취하여 사용하였다면, 중앙은행이 통화정책을 수행한 이후에는 중앙은행이 인플레이션 조세를 수취하여 일단 자신의 운영경비로 사용한 이후 그 잔액을 정부에 이전하는 것이다.

(3) 하이퍼인플레이션(Hyperinflation)

인플레이션은 화폐를 보유한 개인에게 조세를 부과하는 것과 마찬가지의 효과를 유발시킨다. 그리고 인플레이션 조세는 다른 조세와 마찬가지로 사람들의 행동변화를 유발한다. 특히 인플레이션이 심각할 경우 사람들이 화폐 보유를 회피하고 그 대신 실물자산을 선호하게 된다. 독일의 하이퍼인플레이션 기간 중 사람들은 달걀이나 석탄 덩어리를 교환의 매개수단으로 사용했다. 석탄 덩어리는 시간이 흘러도 실질가치를 유지하지만 화폐는 그러하지 못하기 때문이다. 실제로 독일의 초인플레이션이 절정에 달했을 때 사람들은 목재보다도 가치가 없어진 지폐를 땔감으로 사용하기도 했다.[90]

인플레이션이 발생하면 사람들은 명목 화폐보유량(nominal money holdings)을 줄일 뿐만 아니라 실질 화폐보유량(real money holdings)도 감소시킨다. 다시 말해서 사람들은 인플레이션이 낮을 경우 보유했을 화폐의 양보다 더 낮은 구매력을 가질 정도로 화폐보유량을 감소시킨다. 그 이유는 무엇일까? 더 많은 화폐보유량을 가질수록 정부가 인플레이션 조세를 통해 더 많은 자원을 빼앗기 때문이다.[91] 정부가 대규모 재정적자에 충당하기 위해 대량으로 화폐를 발행하여 대규모 인플레이션 조세를 거두게 되면 높은 인플레이션이 발생한다. 이 같은 과정이 계속 심화되면 통제할 수 없는 상황이 되어 버린다. 정부가 적자에 충당하기 위해 궁

---

88) Mankiw, 2018, op.cit., pp. 637-638.
89) Krugman, Wells, 2018, op.cit., p. 481.
90) Acemoglu, Laibson, List, 2019, op.cit., p. 646.
91) Blanchard, 2017, op.cit., p. 489.

극적으로 거둬들여야 할 실질 인플레이션 조세의 양은 변하지 않지만 이 양을 거둬들이기 위해 정부가 발생시켜야 하는 인플레이션율은 계속 상승하게 된다. 따라서 정부는 화폐공급을 더 빠르게 증가시켜야 하고 인플레이션율은 계속 높아지게 된다.[92] 이제 정부의 화폐인쇄기와 국민들 사이의 경주가 시작된다. 화폐인쇄기는 점점 더 빠른 속도로 화폐를 찍어내어 국민들이 실질 화폐보유량을 줄이는 것을 보상하려 한다. 어느 순간이 되면 인플레이션율이 폭발적으로 증가하여 초인플레이션이 되고, 사람들은 화폐 자체를 꺼리게 된다.

(4) 디스인플레이션(Disinflation)

인플레이션을 낮추는 것은 높이는 것보다 훨씬 더 어렵다. 사람들이 일단 인플레이션의 지속을 예상하게 된 다음에는 인플레이션을 낮추는 것이 고통스러워지기 때문이다. 실업률(unemployment rate)이 지속적으로 자연실업률(natural rate of unemployment)보다 낮은 수준을 유지하려고 할 경우 인플레이션이 가속화되며 이는 사람들의 기대에 자리잡는다. 이미 기대가 형성된 인플레이션을 낮추기 위해서는 실업률이 상당기간 자연실업률보다 높은 수준으로 유지될 수 있도록 긴축정책을 사용하여 이 과정을 뒤집을 필요가 있다. 이렇게 이미 기대에 반영된 인플레이션을 낮추는 과정을 디스인플레이션(disinflation)이라고 한다.[93]

1960년대 베트남 전쟁으로 인한 미국 정부의 확장적 재정정책과 미 연준의 확장적 통화정책이 결합하여 일시적 경제호황을 불러왔지만 1970년대 고인플레이션이 발생하게 된다. 1979년 폴 볼커(Paul Volker)가 미 연준의장으로 취임하면서 미 연준은 인플레이션 파이터로 변신하게 된다. 볼커는 급격한 긴축적 통화정책을 펼치기 시작했다. 인플레이션을 낮추기 위해 통화량 증가율을 급격히 감소시켰고 연방기금금리를 20%로 인상시켰다.[94] 이것은 제2차 세계대전 이후 미국 역사상 가장 심각한 경기침체 중 하나인 1981년 경기침체를 불러왔다. 볼커는 미국의 실업률을 10.8%까지 끌어올렸다. 이것은 글로벌 금융위기로 인한 2007~2009년 경기침체기 동안의 실업률인 10%보다 더 높은 것이었다. 볼커는 인플레이션을 낮춤으로써 생기는 이익이 심각한 경기침체의 비용을 상쇄시킬 것이라고 믿었다.

디스인플레이션의 비용은 매우 비싸다. 1980년대 초반 미국이 높은 인플레이션으로 벗어나는 데 든 비용은 연간 실질국내총생산(real GDP)의 약 18%에 달하며 지금의 물가로 환산하여 약 2조 6,000억 달러에 해당하는 것으로 추정된다.[95]

---

92) Frank, Bernanke, Antonovics, Heffetz, 2019, op.cit., pp. 487－488.
93) Mankiw, 2018, op.cit., p. 776.
94) Frank, Bernanke, Antonovics, Heffetz, 2019, op.cit., p. 754.
95) Krugman, Wells, 2018, op.cit., p. 494.

그 결과 미국 경제는 대공황(Great Depression) 이래 가장 극심한 경기후퇴에 빠졌다. 미국 의회(Congressional Budget Office)에서 추정한 총생산갭(output gap)에 관한 자료에 의하면 1982년에 이르러서는 실제 총생산이 잠재생산량보다 7% 낮은 수준이었는데 이는 9%를 초과하는 실업률에 상응한다. 미국의 총생산은 1987년까지 잠재생산량 수준을 회복하지 못했다.[96]

중앙은행의 디스인플레이션은 필연적으로 실업과 경기위축을 불러온다. 따라서 디스인플레이션은 국민의 생존권, 근로의 권리, 인격권을 심각하게 침해하며 사회안전망 유지를 위한 국가의 재정적 부담을 증가시켜서 결국 조세부담으로 귀착된다.

(5) 디플레이션(Deflation)

제2차 세계대전 이전에는 물가수준이 하락하는 현상인 디플레이션(deflation)이 보편적인 현상이었다. 하지만 제2차 세계대전이 끝난 후에는 모든 국가에서 인플레이션이 발생하는 것이 정상적 현상이 되었다. 그러나 1990년대 일본에서는 디플레이션이 다시 발생했으며 현재까지 어려움을 겪고 있다. 이러한 디플레이션에 대한 우려가 2000년대 초와 2008년 후반 미 연준이 통화정책을 결정하는 데 핵심적인 역할을 했다.[97]

디플레이션도 인플레이션과 마찬가지로 승자와 패자를 만들어낸다. 다만 그 방향이 반대다. 디플레이션이 발생하면 차입자가 지급하는 금액의 실질적 부담이 증가함에 따라 돈을 빌려준 대부자들은 이득을 본다. 반면에 부채의 실질부담이 증가함에 따라 차입자들은 손해를 본다.[98]

디플레이션으로부터 손실을 보는 차입자들은 대개 현금이 부족하기 때문에 부채 부담이 증가할 경우 지출을 급격히 감소시킨다. 반면에 대부자들은 자신이 보유한 대출의 가치가 증가하더라도 지출을 급격히 증가시킬 가능성이 낮다. 상대적으로 가난한 사람들이 돈을 빌리고 부자들이 돈을 빌려주기 때문이다. 디플레이션은 총수요를 감소시키고 경기침체를 깊게 만들며 이것이 다시 디플레이션을 심화시키는 악순환을 부른다.[99]

중앙은행은 화폐공급의 조절을 통해서 경제의 명목이자율을 조절할 수 있다. 그러나 저축과 투자의 결정과 같은 경제적 의사결정은 명목이자율이 아닌 실질이자율에 의존한다. 그러한 의사결정에 영향을 주기 위해 중앙은행은 실질이자율을

---

96) Krugman, Wells, 2018, ibid., p. 495.
97) Krugman, Wells, 2018, ibid., p. 496.
98) Mankiw, 2018, op.cit., p. 628.
99) Blanchard, 2017, op.cit., p. 204.

조절할 수 있어야 한다. 실질이자율은 명목이자율에서 인플레이션율을 뺀 것과 같다. 중앙은행은 화폐공급을 조절하여 명목이자율을 비교적 정확히 조절할 수 있다. 더욱이 인플레이션은 정책의 변화나 경제적 조건의 변화에 반응하여 비교적 천천히 변화한다. 인플레이션이 천천히 조정되는 경향이 있기 때문에 명목이자율을 변화시키려는 중앙은행의 행동은 비슷한 크기만큼 실질이자율을 변화시키게 된다.[100]

중앙은행은 실질이자율을 조정할 수 있고 실질이자율은 계획된 총지출에 영향을 미쳐 균형총생산에 영향을 미치게 된다. 중앙은행의 통화정책은 단기적으로 경제활동에 영향을 미칠 수 있다. 경제가 침체갭(실제 총생산이 잠재총생산보다 낮은 수준이며 계획된 총지출이 너무 낮은 상황)을 가지고 있다고 가정해 보자. 침체갭과 싸우기 위해 중앙은행은 실질이자율을 낮추어 소비와 투자지출을 자극해야 한다.[101] 버냉키(Ben S. Bernanke)는 중앙은행이 경기침체를 극복하기 위해 디플레이션과 싸워야 한다고 주장했다.[102]

1997년 외환위기가 발생하자 한국은행은 제일은행과 16개 종금사에게 각각 1조원 한도의 특별대출을 실시한 바 있으며,[103] 한국정부는 국민의 세금을 재원으로 64조원의 공적자금을 형성하여 부실기업와 부실은행 구조조정을 단행한 바 있다.[104] 1997년 외환위기 당시 우리나라는 중앙은행의 도움 없이 거의 전적으로 국민의 세금으로 국난을 극복하였다.

이와 대조적으로 2007년 말 서브프라임 금융위기가 발생하자 미 연준은 2008년 한 해 동안에만 1조 달러[105][106]의 금융지원을 함으로써 금융시장의 조기 안정화에 크게 기여했다. 반면 연방의회의 동의를 이끌어내야하는 연방정부의 경우 2008년 TARP(Troubled Asset Relief Program)를 입법화하고 2010년까지 4,750억

---

100) Frank, Bernanke, Antonovics, Heffetz, 2019, op.cit., pp. 700−701.
101) Frank, Bernanke, Antonovics, Heffetz, 2019, ibid., pp. 711−712.
102) Bernanke, 2013. ibid., pp. 130−141.
103) 한국은행, 〈한국은행 60〉, 2010. 6., 446면.
104) 금융위원회 공적자금관리위원회, 〈공적자금 관리백서〉, 2020. 8., 36면.
105) U.S. General Accounting Office, "Federal Reserve System: Opportunities Exist to Strengthen Policies and Processes for Managing Emergency Assistance," GAO−11−696, General Accounting Office, 2011.
106) 미연준은 (i) Agency Mortgage−Backed Securities(MBS) Purchase Program) (ii) Term Auction Facility(TAF) (iii) Dollar Swap Lines (iv) Term Securities Lending Facility(TSLF) (v) Primary Dealer Credit Facility(PDCF) (vi) Asset−Backed Commercial Paper Money Market Mutual Fund Liquidity Facility(AMLF or ABCP MMMF) (vii) Commercial Paper Funding Facility(CPFF) (viii) Term Asset−Backed Securities Loan Facility(TALF) 등을 도입하여 연준의 공개시장조작과 중앙은행대출을 크게 확대하였으며, JP Morgan Chase & Co. (JPMC)의 Bear Stearns Companies, Inc. 인수, AIG 구제금융, primary dealers 자회사 대출, Citigroup Inc. 대출약정, Bank of America Corporation 대출지원 등 개별금융기관 자금지원 활동을 수행하였다.

달러를 금융위기 극복을 위한 재원으로 이용한 바 있다.[107] 2007년 글로벌 금융위기 당시 미국은 거의 전적으로 연준의 도움에 힘입어 금융위기를 진정시키고 디플레이션을 막아냈던 것이다.

또 다른 위기가 닥쳐올 경우 한국은행처럼 물가안정목표에 집착하는 소극적 중앙은행이 적극적 통화정책에 나서지 않는 경우에는 어떻게 해야 할 것인가?

(6) 중앙은행의 재량권 남용

중앙은행이 실제로 경제를 수축시키거나 팽창시킬 수 있다는 증거가 있을까? 경제학자들이 주장하는 이론대로라면 경기가 위축될 때 이자율이 낮아져야 하고, 경기가 과열될 때 이자율이 높아져야 한다. 하지만 역사적으로 볼 때 그렇지 않은 경우가 상당히 많이 발생했다. 왜냐하면 미 연준은 경기순환을 길들이기 위해서 경제가 팽창할 때는 이자율을 올리고 수축할 때는 이자율을 낮추기도 하기 때문이다. 따라서 통계자료만 보면 낮은 이자율이 취약한 경제와 동반하여 나타나고 높은 이자율이 강건한 경제와 동반하는 것처럼 보이는 경우가 종종 있다.[108]

로머(Christina Romer & David Romer)는 경기순환에 대한 반응이 아닌 통화정책 사례에 초점을 둠으로써 이 문제에 대한 의문을 풀었다.[109] 로머는 연준 의사록과 다른 출처를 이용하여 "연준이 인플레이션을 잡기위해 의도적으로 경기후퇴를 발생시킨" 사례들을 찾아냈다. 긴축적 통화정책은 거시경제안정을 위한 수단이지만 인플레이션을 제거하기 위해 사용될 수도 있다. 미 연준은 인플레이션을 경제로부터 몰아내기 위해 인플레이션 갭(inflation gap)을 제거하는 대신 경기후퇴 갭(recession gap)을 발생시킨 것이다. 연준이 인플레이션을 잡기 위해 경기후퇴를 결정하면 약간의 시차를 두고 실업률이 2%p 정도 상승했다.[110]

민주적 통제를 받지 않는 소수의 기술관료들이 공개적 토론과 의결이 배제된 밀실에서 의도적으로 실업을 양산하는 정책결정을 하는 것에 대해 헌법은 어떻게 정당화할 것인가?

---

107) CBO, "Report on the Troubled Asset Relief Program—October 2012," 2013. 11.
108) Krugman, Wells, 2018, op.cit., p. 464.
109) Romer, C. D., Romer, D. H., 1994, "Monetary Policy Matters," *Journal of Monetary Economics* (34), 1994. 8., pp. 75−88.
110) Krugman, Wells, 2018, op.cit., p. 464.

제2절 주요국의 중앙은행

1. 서 론

원래 중앙은행은 17세기 제국주의 시대에 유럽 열강의 왕실들이 전쟁비용 조달을 목적으로 설립한 상업은행이었다. 제2차 세계대전 이전까지는 영국이 세계적인 금융패권을 장악하고 있었기 때문에 당연히 영국은행이 전세계 중앙은행의 모델이 되었다. 제2차 세계대전 이후에는 미국이 영국을 대신하여 세계적인 패권국가로 자리잡음에 따라 미국 연방준비제도가 전 세계 중앙은행제도의 모델이 되었다. 독일의 경우 제2차대전에서 패배한 이후 미국의 강요에 따라 전 세계에서 가장 독립성이 강한 중앙은행을 형성하였다. 승전국들은 독일정부와 독일중앙은행의 밀접한 관계가 독일의 재군비 확충에 이용될 것을 우려하여, 독일중앙은행을 의회 및 정부로부터 분리하기로 결정한 것이다. 어쨌든 독일연방은행은 중앙은행의 독립성을 완성한 최초의 중앙은행이다.

성문헌법국가의 대부분은 헌법에 중앙은행에 대한 규정을 두고 있지 않다. 미국, 일본, 프랑스, 스페인, 한국이 그러하다. 따라서 이들 국가에서 중앙은행은 국회의 입법에 의해 설립된 법률기관에 불과하다. 다만, 미국의 경우 화폐에 대한 규제권한을 연방의회의 권한으로 규정하고 있다.111) 미국의 중앙은행은 이 규정에 근거하여 만들어졌다.112) 하지만 미국 중앙은행제도에는 미국헌법의 기본원리인 연방주의와 권력분립주의가 직접 투영되어 있다. 성문헌법 국가 중에서 이례적으로 독일은 헌법에서 직접 중앙은행에 대해 규율하고 있다.113) 이것은 양차대전 이후 승전국들의 강요에 의해 만들어진 것이다. 승전국들은 중앙은행의 발권력이 독일의 재무장에 동원되는 것을 우려했던 것이다. 영국과 같은 불문헌법 국가의 경우 헌법과 법률의 구분이 불명확하고, 헌법의 포괄범위가 명확하지 않기 때문에 중앙은행의 헌법적 근거 여부를 의론하기 적당하지 않다. 다만, 2015년 영국의회가 발표한 성문헌법 초안에 따르면 중앙은행을 헌법적 사항으로 다루고 있다.114)

---

111) U.S. Const. Art. I Sec. 8 [5] The Congress shall have Power To coin Money, regulate the Value thereof, and of foreign Coin, and fix the Standard of Weights and Measures.

112) Lovett, W. A., 2009, *Banking and Financial Institutional Law* (7. ed.), West Publishing(Thomson Reuter), New York, p. 30.

113) GG Art. 88. Der Bund errichtet eine Währungs−und Notenbank als Bundesbank.

114) UK Parliament, 2015, *Consultation on A new Magna Carta*, HC599, UK Parliament, 2015.3.

2. 영국은행(Bank of England)

1) 영국은행의 기원

영국은행[115]은 영국의 중앙은행이며 현대적 중앙은행의 모델이다. 영국은행은 제2차 세계대전 이후 미국에게 금융패권을 넘겨주기 이전까지 전 세계의 중앙은행이었으며 금본위제 하에서 국제적 통화질서를 이끌었다.

중앙은행의 역사는 정부와의 필연적 관계에서부터 시작되어야 한다. 다른 모든 중앙은행과 마찬가지로 영국은행도 정부[116]의 창조물이며 현재까지도 그러한 관계가 유지되고 있다.[117] 1690년 비치 헤드(Beachy Head) 해전에서 영국은 프랑스에게 압도적 패배를 당했다. 이후 영국국왕 윌리엄 3세(William Ⅲ)는 프랑스에 필적할만한 해군함대를 건설하기를 원했다. 그러나 영국내전(English Civil War, 1642-1651)과 명예혁명(Glorious Revolution, 1688-1689)의 결과 탄생한 영국정부는 부실한 재정과 낮은 신용도로 인해 해군함대를 재건할만한 자금을 모을 수 없었다.[118]

자신의 신용으로는 돈을 빌릴 수 없었던 영국정부는 런던의 금세공업자들[119]에게 영국은행이라는 특허법인 설립을 허가했다. 영국은행은 정부재정을 독점적으로 관리하고 은행권을 발행할 수 있는 영국 내에서 유일한 유한책임[120] 회사였다.[121] 런던의 금세공업자들은 정부에게 현금(금괴)을 제공하고 그 대가로 정

---

115) 우리나라의 언론 및 학계에서는 영국은행 대신 영란은행(英蘭銀行)이라는 용어를 주로 사용한다. 이 용어는 19세기 일본이 서구화 과정에서 영국(England)을 한자로 음차하면서 만들어진 용어다. 식민지 은행인 조선은행에서 이 용어를 답습하고 오늘날 한국은행도 그대로 사용하고 있다. 이 책에서는 '영란은행'이라는 용어 대신 '영국은행'이라는 용어를 사용하기로 한다.

116) 의회와 내각을 포함하는 넓은 의미의 정부, 즉 국가의 의미로 쓰여졌다. 명예혁명 이전에는 국왕이 곧 국가이자 정부였고, 입헌군주제가 확립된 이후에는 국왕, 내각, 의회를 포함하는 의미로 사용되었다.

117) Goodhart, C. A. E., 2018, 'The Bank of England, 1694－2017', Edvinsson, R., Jcobson, T., Waldenström, D. (ed.), *Sveriges Riksbank and the History of Central Banking*, Cambridge University Press, London, p. 143.

118) Nichols, G. O., 1971, "English Government Borrowing, 1660－1688." *Journal of British Studies* (10 (2)), 1971. 5., pp. 83-104.

119) Haldane, A. G., Qvigstad, J. F., 2020, "The Evolution of Central Banks: A Practitioner's Perspective," In: Bordo, M. D., Eithreim, Ø., Flandreau, M., Qvigstad, J. F. (ed.), *Central Banks at a Crossroads: What Can We Learn from History?*, Cambridge University Press, London, p. 638: "런던 은행업의 기원은 금세공업자(goldsmith)들이다. 당시에는 정화(금화)가 화폐로 쓰였기 때문에 금에 대한 전문적 지식과 보호예수(보관) 기능을 갖춘 금세공업자들이 은행업을 시작한 것이다. 이미 1660년대 런던의 금세공업자들은 고객들로부터 금화를 수취하고 그 대가로 금의 지급을 약속하는 약속어음(bank note)을 발행해 주었으며, 이렇게 조달한 예수금을 가지고 대출에 활용할 줄 알고 있었다."

120) Haldane, Qvigstad, 2020, ibid., p. 630: "영국은행을 제외한 모든 은행은 6인 이하 조합원으로 구성되며 (무한책임을 지는) 조합(partnership)이었다."

121) Bagehot, W., 1978, *Lombard Street*, Arno Press, New York pp. 21－28.

부로부터 국채를 받았으며, 국채를 담보로 다시 은행권(bank notes)을 발행하여 민간대출에 활용할 수 있었다.

제철소, 조선소, 유럽 최고의 해군력이 형성되면서 농업, 광업, 공업 등 관련 산업에 엄청난 변화가 생겼다. 이후 영국은 강력한 해군을 바탕으로 스코틀랜드를 병합하여 1707년 대영제국(Kingdom of Great Britain)을 공식적으로 성립시켰다. 이때 만들어진 해군력을 바탕으로 영국은 18세기 말과 19세기 초 세계적인 강대국이 되었다.[122]

이렇듯 영국은행은 1694년 정부와 민간의 특정한 거래의 대가(quid pro quo)로 설립되었다. 영국은행은 영국정부에게 국채를 인수하는 형식으로 프랑스와의 전쟁비용을 지원했고, 영국정부는 그 대가로 영국은행에게 특권을 부여했다. 영국은행은 잉글랜드 내에서 영업이 허락된 최초의 주식회사였으며 영국정부가 선호하는 상업은행이었다. 1694년 영국은행이 설립될 당시에는 중앙은행으로서 설립된 것이 아니었다. 17세기에는 아직 중앙은행이라는 개념이 없었다.[123]

영국은행은 의회의 법률에 근거한 특허장(Parliamentary Charter)에 의해 설립되었다. 상당한 특허기간이 부여되었고 이후 재심사를 거쳐 갱신되었다. 1742년 법률상 특허기간은 21년이었다.[124] 자연스러운 일이지만 영국은행이 특허장 갱신을 거듭할 때마다 영국정부와의 관계는 더욱 돈독해졌다.

2) 영국은행의 책임성

영국은행과 정부와의 관계가 항상 돈독했던 것은 아니다. 제1차 세계대전이 끝나고 승전국이 되었지만 영국은 산업시설의 파괴로 막대한 손실이 발생했고, 미국의 중재(Dowes Plan)로 독일의 배상금이 줄어들면서 파운드화의 가치하락을 감수해야 했다. 1925년 말 영국은행는 보수당 정부의 지원을 얻어 금본위제로 복귀하였다.[125] 당시 영국의 물가상승률이 다른 나라보다 높았기 때문에 디플레이션을 감수하고서라도 금본위제로 복귀해야 한다는 판단에 따른 것이었다. 하지만

---

122) BBC, *Empire of the Seas.* [https://www.bbc.co.uk/programmes/p05lxsr0] [최종검색 2020–10–15 20:03]

123) Capie, F., and G. Wood, 2015, "The Development of the Bank of England's objectives: evolution, instruction, or reaction?," in: *Central Banking and Monetary Policy: What will be the Post–crisis New Normal?*, edited by. E. Gnan and D. Masciandaro, BAFFI CAREFIN Center, Boconi University and SUERF, 2015, pp. 124–140.

124) Clapham, J., 1970, *The Bank of England: A History*, Vol.1, 1694–1797, Cambridge University Press, London, pp. 95–96.

125) Crabbe, L., 1989, "The International Gold Standard and U.S. Monetary Policy from World War I to the New Deal," *Federal Reserve Bulletin*, 1989. 6., p. 431.

영국은행의 금본위제 복귀는 영국경제를 장기적 경기침체와 실업의 늪으로 빠지게 만들었다.[126]

1844년 필 수상(Sir Robert Peel)이 금태환 의무를 조건으로 영국은행에게 항구적인 발권력을 인정한 때부터 1944년 브레튼우즈체제가 성립하여 미 달러화를 기축통화로 인정할 때까지 영국의 파운드화는 명실상부한 세계적인 기축통화(key currency)[127]였다. 영국은 막강한 경제력, 특히 거대한 무역흑자를 토대로 확보한 황금을 바탕으로 전 세계를 상대로 그들의 파운드화를 뿌렸으며, 그 중심에는 영국은행이 있었다. 하지만 1925년의 금본위제 복귀결정은 이미 왜소해진 영국 경제를 고려하지 않은 시행착오적인 조치였다. 제2차 세계대전 이후 처칠(Sir Winston Churchill)이 이끄는 보수당은 전쟁을 승리로 이끌었지만 선거에서 패배했다. 정권교체 이후 금본위제를 주도했던 영국은행은 경제난에 대한 책임으로 1946년 애틀리(Clement Attlee) 정부에 의해 국유화되었다.[128] 이후 오늘날까지 영국은행은 영국정부의 완전자회사(完全子會社)로서의 법적 지위를 유지하고 있다.[129]

1990~1992년까지 영국은 파운드화를 독일의 마르크화에 고정시키는 고정환율제도를 사용하고 있었다. 초기에는 정부개입이 필요 없는 수준에서 마르크-파운드 환율이 고정되어 있었다. 그러나 1992년 시장세력들이 영국 파운드화를 절하시키도록 압력을 가하기 시작했다. 1992년 여름 영국정부는 고정된 파운드화의 가치를 유지하기 위해 약 $240억에 달하는 외환보유고를 사용하였다. 이때 소로스(George Soros)는 영국정부의 외환보유고가 고갈되고 있음을 알아차렸다. 소로스는 외환시장에서 파운드화를 투매하고 마르크화를 매입했다. 영국정부는 어쩔 수 없이 소로스가 매도한 파운드화를 매입하기 위해 추가적으로 외환을 매도함으로써 외환보유고를 감소시켰다. 이러한 과정이 반복되다가 결국 1992년 9월 16일 영국정부가 투항함으로써 파운드화는 급격히 절하되었다(Black Wednesday).[130]

그로부터 5년 뒤인 1997년 집권한 토니 블레어(Tony Blair) 수상은 영국은행의 책임을 재평가하기 시작했다. 하지만 영국정부는 검은수요일에 대한 영국은행

---

126) Williamson, P., 1984, "Financiers, The Gold Standard and British Politics, 1925-1931," In: Turner, J. (ed.), *Businessmen and Politics: Studies of business activity in British politics, 1900-1945*, Heinemann, London, p. 104.

127) 기축통화란 국제외환시장에서 금융거래 또는 국제결제의 중심이 되는 통화를 말한다.

128) Bank of England, 1970, *History and Functions of the Bank of England*, Bank of England Printing, p. 3.

129) 1946년 영국정부는 영국은행을 국유화(nationalised)함으로써 영국은행의 주인(주주)가 되었다. 영국정부는 상급행정관청으로서 영국은행을 통제할 수 있을 뿐만 아니라, 주주로서도 영국은행을 지배할 수 있게 되었다.

130) Acemoglu, Laibson, List, 2019, op.cit., p. 764-765.

의 책임 대신 부실금융에 대한 책임을 묻기로 했다. 영국은행은 보수당의 마거릿 대처(Margaret H. Thatcher) 수상 시절 존슨매티 은행(Johnson Matthey Bank)에게 긴급대출을 시행했다. 하지만 이 대출은 특혜성 대출의 성격이 짙었다.[131] 블레어 총리는 영국은행으로부터 금융기관 감독권한을 박탈[132]하는 대신에, 당시 전 세계적으로 유행하던 '통화정책 운용의 독립성'을 부여해 주기로 했다.[133]

2007년 글로벌 금융위기의 여파로 영국의 노던록(Northern Rock) 은행이 파산하였다. 노던록은 파산 직전까지 극심한 뱅크런에 시달려야 했고 이러한 무질서는 런던금융시장의 국제적 명성에 해를 끼쳤다. 2010년 집권에 성공한 보수당 정부는 금융감독 실패의 책임을 물어 영국 금융청(Financial Service Authority)을 해산하고 그 기능을 둘로 쪼개어서 신설 금융행위규제청[134](Financial Conduct Authority, 이하 "FCA")과 건전성규제청[135](Prudential Regulation Authority, 이하 "PRA")에게 나눠 준 뒤, PRA를 영국은행의 자회사로 강제편입시켰다(Financial Services Act 2012).

또한 금융위기 수습과정에서 영국은행이 보여준 소극적 태도와 불통을 문제 삼아 캐나다중앙은행 총재를 지낸 카니(Mark Carney)를 영국은행 총재로 임명하고 영국은행의 내부개혁에 착수했다. 이후 2016년 법 개정(Bank of England and Financial Service Act 2016)을 통해 영국은행에 대한 재무장관의 지배력을 대폭 확장하여 현재에 이르고 있다.[136]

3) 영국은행의 헌법상 지위

(1) 헌법적 법률사항(Constitutional Acts)[137]

영국의회는 1970년대부터 최근까지 모두 8차례에 걸쳐 성문헌법 제정을 시도하였다.[138] 가장 최근인 2015년 하원의 「정치·헌법개혁위원회」(Political and

---

131) Hall, M. J. B., 1987, "UK Banking Supervision and the Johnson Matthey Affair," In: C. Goodhart et al. (eds.), *The Operation and Regulation of Financial Markets*, The Money Study Group, London, pp. 3–30.

132) Haldane, Qvigstad, 2020, op.cit., p. 637.

133) UK Treasury, *Review of the monetary policy framework*, UK Government, 2013. 3., p.12.

134) 금융행위규제청(FCA)는 '금융소비자 보호'를 목적으로 하는 금융규제기관이다.

135) 건전성규제청(PRA)는 '금융기관 건전성 감독'을 목적으로 하는 금융규제기관이다.

136) Bank of England and Financial Service Act 2016은 신법우선의 원칙에 따라 Bank of England Act 1988의 내용을 일부개정하고 있다. 하지만 Bank of England Act 1988을 폐지하고 신법을 제정한 것이 아니기 때문에 여전히 영국은행법의 정식명칭은 Bank of England Act 1988이다.

137) UK Parliament, 2014, *A new Magna Carta*, HC463, UK Parliament, 2014. 6., p. 9. "Constitutional Act: Existing laws of a constitutional nature in statute, the common law and parliamentary practice, together with a codification of essential constitutional conventions."

138) UK Parliament, 2011, *Mapping the Path to Codifying – or not Codifying – the UK's Constitution*, CDE01, 2011. 2. [https://publications.parliament.uk/pa/cm201213/ cmselect/cmpolcon/writev/

Constitutional Reform Committee)는 영국 내의 모든 헌법적 관습과 헌법적 법률을 조사하고 성문헌법의 초안을 작성한 바 있다.[139]

영국의회는 영국은행의 업무가 행정부의 국가재정업무에 속한다고 보고 있다. 또 영국의회는 재무장관이 국가재정업무, 즉 영국의 재정정책과 경제정책를 형성하고 실행할 책임이 있으며,[140] 영국은행은 재무장관이 통할하는 국가재정업무를 수행하는 기구 중 하나로 보고 있다. 그리고 영국의회는 현행 영국은행법(Bank of England Act) 중 '총재, 부총재, 이사회의 구성과 기능', '영국은행과 재무부와의 관계'는 헌법적 사항으로 판단하고 있다.[141] 영국의회는 영국은행이 통치기구인지 아닌지와 같은 형식적 기준에 따라 헌법사항으로 분류한 것이 아니라 통화정책이 가지는 국민적 중요성에 입각하여 헌법적 사항으로 분류하였다. 영국의회는 영국정부의 자회사(子會社)에 불과한 영국은행의 기본적 지배구조와 대정부 관계에 관한 사항은 헌법적 사항으로 보고 있는 것이다. 영국은행은 헌법기관은 아니지만 영국은행에 관한 사항은 헌법적 사항인 것이다.

(2) 영국은행의 책무(Mandates)

영국은행의 설립목적은 (i) 금융안정 (ii) 통화정책 (iii) 건전성규제이다.[142] (i) '금융안정 목적'은 영국 금융시스템의 안정을 보호하고 강화하는 것을 의미한다.[143] 이러한 '금융안정 목적'은 영국은행, 재무부, 금융행위규제청(FCA)이 협력하여 수행한다.[144] 즉 금융안정을 특정기관의 업무가 아니라 유관기관 전체의 공동업무로 정하여 공동책임을 부과하고 있다. (ii) '통화정책 목적'이라 함은 '물가안정의 유지', '성장과 고용을 위한 정부의 경제정책의 지원'을 의미한다.[145] 재무부는 매년 최소 1회 이상 서면으로 '물가안정'과 '경제정책'의 구체적 내용을 특정하여 영국은행에 통지하고, 그 내용을 의회에 제출하여야 한다.[146] 재무부가 '물가안정 목표'를 정하면 영국은행이 그 목표를 집행하는 것이다. (iii) '건전성규제 목적'은 영국은행이 건전성규제청(PRA)의 자격으로 수행하는 은행과 보험회사에 대한 규제와 감독

---

mapping/ cde01.htm] [최종검색 2020－10－11 23:07]

139) UK Parliament, 2015, *Consultation on A new Magna Carta*, HC599, UK Parliament, 2015. 3. [https://publications.parliament.uk/pa/cm201415/cmselect/cmpolcon/599/599.pdf] [최종검색 2020－10－11 23:23]

140) UK Treasury, 2009, *HM Treasury Group Demartmental Strategic Objectives 2008－2011*, UK Government, 2009, para. 1.1.

141) UK Parliament, 2014, *A new Magna Carta*, HC463, UK Parliament, 2014. 6., pp. 76－78.

142) Bank of England Act 1998 c.11 s. 2 (5).

143) Bank of England Act 1998 c.11 s. 2A (1).

144) Bank of England Act 1998 c.11 s. 2A (2).

145) Bank of England Act 1998 c.11 s. 11.

146) Bank of England Act 1998 c.11 s. 12.

을 의미한다.147) 재무부는 영국은행이 PRA 기능 수행과 관련하여 이용하는 재원의 경제성, 효율성 등을 조사할 수 있다.148) 금융기관의 건전성 감독기능은 영국은행이 수행하되, 감독기능의 효율적 운용 여부는 재무부가 통제하는 것이다.

(3) 지배구조(Governance)

영국은행의 주요기구로는 이사회(Court of Directors), 금융정책위원회(Financial Policy Committe, 이하 'FPC'), 통화정책위원회(Monetary Policy Committee, 이하 'MPC'), 건전성규제위원회(Prudential Regulation Committee, 이하 'PRC')가 있다. 이사회는 영국은행의 지배기구(governing body)이고, FPC는 금융안정을 담당하는 정책기구이며, MPC는 통화정책을 담당하는 정책기구이고, PRC는 금융감독을 담당하는 정책기구이다.

① 이사회(Court)

영국은행의 지배기구(governing body)로서 이사회를 둔다. 이사회는 영국은행의 목적과 전략을 결정하고 영국은행을 감독한다.149) 이사회가 정하는 영국은행의 목적에는 재무관리(financial management)의 목적이 포함된다. 이사회는 5인의 집행이사(총재, 4인의 부총재)와 9인 이하의 비집행이사로 구성된다. 모든 이사는 국왕이 임명한다.150) 다만, 국왕의 임명행위는 장관의 조언과 헌법적 관행에 따라 이루어지므로151) 사실상 이사회는 재무장관이 임명하는 것과 마찬가지다. 재무부장관은 명령(order)의 형식으로 부총재의 직위와 인원을 변경할 수 있다.152) 국왕의 임명행위는 장관의 임명제청에 대한 형식적 승인에 불과하고, 재무장관이 영국은행 부총재(4인)의 직위와 인원을 변경할 수 있으므로, 영국은행법상 영국은행은 재무부가 지배하고 있는 것이다.

② 금융정책위원회(FPC)

금융안정 목적을 수행하기 위해 영국은행 내에 금융정책위원회(FPC)를 둔다. 다만 FPC는 금융안정만이 아니라 성장과 고용을 포함한 정부의 경제정책을 지원해야 할 의무가 있다.153) FPC는 총재, 부총재 4명, FCA대표, 재무장관과 총

---

147) Bank of England and Financial Services Act 2016.
148) Bank of England Act 1998 c.11 s. 7F.
149) Bank of England Act 1998 c.11 s. 2 (2).
150) Bank of England Act 1998 c.11 s. 1.
151) UK Parliament, 2015, *Consultation on A new Magna Carta*, HC599, UK Parliament, 2015. 3. [https://publications.parliament.uk/pa/cm201415/cmselect/cmpolcon/599/599.pdf] [최종검색 2020-10-11 23:23]
152) Bank of England Act 1998 c.11 s. 1A.
153) Bank of England Act 1998 c.11 s. 9C.
   (1) The Financial Policy Committee is to exercise its functions with a view to-

재가 협의하여 임명하는 1명, 재무장관이 임명하는 5인, 재무부 대표 1명으로 구성된다.154) 재무부는 FPC에게 최소 연 1회 이상 정부의 '경제정책'을 통지하고 그 사본을 의회에 송부해야 한다.155) 재무부는 FPC에게 언제든지 서면으로 정책사항에 대하여 권고할 수 있다. 이 경우 FPC는 재무부의 서면권고에 대하여 반드시 응답해야 한다.156) 이사회는 재무부의 동의를 얻어 FPC의 구체적 기능을 정할 수 있다.157)

거시건전성 규제조치(macro-prudential measure)158)는 재무부가 FPC 또는 총재와의 협의를 거쳐 명령의 형식으로 발한다.159) 거시건전성 규제조치는 재무장관이 직접 집행하므로 FPC는 정책결정기관이라기보다는 자문기관에 가깝다. FPC가 금융안정보고서(financial stability report)를 발간하는 경우 총재와 재무장관은 금융안정 사항을 의논하기 위해 회의를 가져야 하며, 회의록은 공표하여야 한다.160) FPC는 금융안정보고서를 재무부에 제출하고, 재무부는 금융안정보고서를 의회에 제출한다.161) 금융안정보고서는 법정보고서로서 의회에 제출하여야 하는데, 그 보고주체는 재무장관이고 작성주체는 영국은행이다.

③ **통화정책위원회**(MPC)

통화정책을 수립하기 위하여 통화정책위원회(Monetary Policy Committee, 이하 'MPC')를 둔다.162) MPC는 총재, 부총재 3명, 재무장관과 총재가 협의하여 임명하는 1명, 재무장관이 임명하는 4명으로 구성된다.163)

통화정책의 목적은 '물가안정의 유지' 및 '성장과 고용 등 정부의 경제정책 지원'이다.164) 재무부는 영국은행의 통화정책 운영에 관해서는 지시할 수 없지만,165) 통화정책의 목적사항을 특정하여 서면으로 통보할 수 있다. 즉 재무부는

(a) contributing to the achievement by the Bank of the Financial Stability Objective, and

(b) subject to that, supporting the economic policy of Her Majesty's Government, including its objectives for growth and employment.

154) Bank of England Act 1998 c.11 s. 9B.
155) Bank of England Act 1998 c.11 s. 9D.
156) Bank of England Act 1998 c.11 s. 9E.
157) Bank of England Act 1998 c.11 s. 9G (2).
158) 미시건전성 규제(microprudential regulation)가 '개별 금융기관'의 건전성 규제를 목적으로 하는 데 비해, 거시건전성 규제(macroprudential regulation)는 '금융시스템 전체'의 건전성 규제를 목적으로 한다. 거시건전성 규제는 2008년 금융위기 이후 새롭게 형성된 개념이다.
159) Bank of England Act 1998 c.11 s. 9L.
160) Bank of England Act 1998 c.11 s. 9X.
161) Bank of England Act 1998 c.11 s. 9W.
162) Bank of England Act 1998 c.11 s. 13 (1).
163) Bank of England Act 1998 c.11 s. 13 (2).
164) Bank of England Act 1998 c.11 s. 11.
165) Bank of England Act 1998 c.11 s. 10.

'물가안정의 구체적 내용'과 '정부 경제정책의 구체적 내용'을 서면으로 특정하여 적어도 1년에 1회 이상 서면으로 영국은행에 통보하고, 그 사본을 의회에 제출하여야 한다.[166] 결국 통화정책의 목표는 정부가 정하고, 통화정책의 집행은 영국은행이 하되, 정부는 영국은행의 통화정책 집행행위에는 간섭하지 않는다는 의미다.

④ 건전성규제위원회(PRC)

금융기관에 대한 규제 및 검사업무를 수행하기 위하여 영국은행에 건전성규제위원회(PRC)를 둔다.[167] PRC는 총재, 부총재 3명, FCA대표, 재무장관의 승인을 받아 총재가 임명하는 1명, 재무장관이 임명하는 최소 6명으로 구성된다.[168] 재무부는 언제든지 PRC에게 건전성 규제와 관련된 권고를 서면으로 발할 수 있다. 이 경우 사본은 의회에 제출해야 한다.[169]

(4) 재무부의 유보권(Reservation Power)

영국은행법은 평상시에는 영국은행에게 통화정책 운용의 재량권을 부여하되, 위기 시에는 재무장관이 영국은행의 통화정책 운용권한을 회수하여 직접 행사할 수 있도록 하고 있다. 이를 유보권(reservation power)이라 하며 구체적 내용은 다음과 같다.

재무부는 심각한 경제상황에 직면하여 공익상 필요하다고 판단되는 경우 총재와 협의 후 영국은행에 대하여 통화정책에 대한 지시를 명령의 형식으로 발할 수 있다. 재무장관은 필요한 경우 MPC와 관련된 법률규정을 수정하는 내용의 명령을 발할 수 있다. 재무부가 명령을 발한 후에는 이를 의회에 제출하고 양원의 승인을 받아야 한다. 재무부의 명령은 최장 3개월간 유효하며, 28일 내에 의회의 승인을 받지 않으면 명령은 효력을 상실한다. 재무장관이 유보권을 행사하는 동안에는 통화정책의 목적조항인 '물가안정'은 효력을 잃는다.[170] 즉 국가적

---

166) Bank of England Act 1998 c.11 s. 12.
167) Bank of England Act 1998 c.11 s. 30A (1) (3).
168) Bank of England Act 1998 c.11 s. 30A (2).
169) Bank of England Act 1998 c.11 s. 30B.
170) Bank of England Act 1998 c.11 s. 19 [Reserve powers]
    (1) The Treasury, after consultation with the Governor of the Bank, may by order give the Bank directions with respect to monetary policy if they are satisfied that the directions are required in the public interest and by extreme economic circumstances.
    (2) An order under this section may include such consequential modifications of the pro-visions of this Part relating to the Monetary Policy Committee as the Treasury think fit.
    (3) A statutory instrument containing an order under this section shall be laid before Parliament after being made.
    (4) Unless an order under this section is approved by resolution of each House of Parliament

위기 시에는 재무장관이 유보권을 행사할 수 있고, 이 경우 통화정책은 재무장관의 지휘 하에 금융위기 수습이나 코로나 재난극복 등 국가목적을 위해 행사될 수 있다.

4) 시사점

영국 내의 모든 헌법적 정당성은 의회로부터 시작된다(Parliamentary Supremacy).171) 의회를 정점으로 수상과 내각에게 집행권이 부여된다. 중앙은행이 수행하는 통화정책은 국가사무로서 재무장관이 수행하는 국가재정업무에 속한다. 재무장관은 영국은행의 주요기구인 이사회, FPC, MPC, PRC의 구성에 관여하며, 각 정책기구의 정책목적 사항을 특정할 수 있다. 평상시에는 영국은행에게 통화정책 운용의 독자성(금융안정 및 건전성 규제는 제외)을 부여하되, 위기 시에는 재무장관이 영국은행으로부터 통화정책 운용권한을 회수하여 국가적 재난극복에 직접 이용한다. 따라서 심각한 금융위기나, 코로나 사태 등으로 인한 극도의 경기침체를 극복하지 못하는 경우, 내각은 의회의 불신임을 받아 총사퇴하거나, 의회 해산과 총선거 실시를 통해 국민적 심판을 받게 된다.

영국은행은 의회의 입법에 의해 설립된 정부의 완전자회사(完全子會社)이다. 재무장관은 주주(영국정부)의 대리인으로서 영국은행의 지배기구인 이사회를 직접 구성하고, 각종 정책위원회의 조직과 운영에 관여한다(회사법적 통제). 하지만 재무장관은 평상시에도 금융안정정책, 통화정책, 금융감독정책에 적극 관여할 수 있으며, 위기발생 시에는 영국은행으로부터 통화정책 권한을 회수하여 정부가 직접 이를 행사할 수 있다(헌법적 통제). 영국은행은 주식회사이므로 회사법상 지배구조를 보유하게 되며, 주주의 주주권에 의한 사법적 통제를 받게 된다. 하지만 영국은행이 운용하는 통화정책은 국가의 공공사무로서 엄격한 헌법적 통제를 받게

---

before the end of the period of 28 days beginning with the day on which it is made, it shall cease to have effect at the end of that period.

(5) In reckoning the period of 28 days for the purposes of subsection (4), no account shall be taken of any time during which Parliament is dissolved or prorogued or during which either House is adjourned for more than 4 days.

(6) An order under this section which does not cease to have effect before the end of the period of 3 months beginning with the day on which it is made shall cease to have effect at the end of that period.

(7) While an order under this section has effect, section 11 shall not have effect.

171) UK Treasury, *HM Treasury Group Demartmental Strategic Objectives 2008-2011*, UK Government, 2009, p. 31: "[Parliamentary Supremacy] The supreme legislative power in the state is vested in the Parliament of the United Kingdom, comprising the Queen, the House of Lords, and the House of Commons."

된다. 그리고 그 헌법적 통제의 중심에는 선출되지 않은 기술관료(Technokrat)[172]들에 대한 민주적 정당성 강화 및 민주적 통제가 자리잡고 있다.

역사적으로 볼 때에도 영국은 중앙은행의 정책실패에 대해 강력한 책임을 물음으로써 중앙은행의 도덕적 해이(moral hazard)를 방지하고 있고, 법률적으로 볼 때에도 평상시에는 중앙은행에게 통화정책 운용의 자율성을 부여하고 있지만 위기 시에는 정부가 직접 통제에 나섬으로써 기술적 통화정책과 민주주의 원리의 조화를 꾀하고 있다.

헌법이론적으로 보면 영국의회는 입법권 행사를 통해 영국은행을 변경·대체·폐지할 수 있다. 역사적으로 볼 때 영국의회는 영국은행의 책임성이 문제될 때마다 언제든지 입법권을 발동하여 영국은행의 정책권한, 정책수행방법, 조직구조 등을 적극적으로 변경해왔다. 영국의회는 상시적으로 영국은행에 대한 정책청문을 실시하고, 각종 보고를 듣는다.

영국은 통화정책의 실패에 대해 정부가 직접 의회와 국민에게 책임을 지기 때문에 통화정책에 대한 사법적 통제에 대해서는 별도의 논의를 찾아보기 힘들다.

3. 미국 연방준비제도(Federal Reserve System)

미국 연방준비제도(Federal Reserve System, 또는 "연준")는 미국의 중앙은행시스템이다. 미국은 단일기구(a single body)가 아닌 복수기구로 구성된 제도(a system)에 중앙은행의 기능을 부여하고 있다. 금융권력의 집중화를 막고자 중앙은행의 구성에 연방주의 원리를 투영한 것이다. 미국 금융의 역사는 반복적인 금융위기(financial crisis)의 역사이다. 미 연준은 일련의 금융공황(특히, 1907년 공황)을 겪으면서 금융위기를 완화하기 위한 목적에 따라 1913년 12월 연방의회와 연방대

---

172) Forsthoff, E., 1959, *Rechtsfragen der leistenden Verwaltung*, Kohlhammer, Bonn S. 22ff. "기술문명의 발달에 따른 생활관계의 전문화현상은 정치적인 분야에 이르기까지 심각한 기능적 변화를 야기하였다. 전통적 의미의 정치적 '정책결정(politische Willensentscheidung)'이 약화되고 그 대신 기술문명의 발달에 수반되는 '사항강제(Sachzwang)', '사항법칙(Sachgesetzlichkeit)', '사항특성(Sachspezifität)'이 강화되었다. '정치적 결단' 이전에 이미 '사항특성', '사항법칙', '사항강제'에 의해 국가적 과제가 예정되어 버리는 것이다. '사항강제'에 의해 강요되는 정책결정은 국민의 정치적 의사형성과 아무런 관계가 없기 때문에 민주주의의 양상이 크게 달라지게 된다. 결정사항의 전문성 때문에 전문적인 기술인들의 의견이나 발언권이 존중될 수밖에 없고, 국민의 정치적 의사형성에 의한 민주적 정당성보다는 전문적인 기술인의 의견이 정치현실에서 더욱 중요한 역할을 하게 된다. 이른바 국민의 지배(Demokratie)가 기술관료의 지배(Technokratie)로 대체되는 것이다."

통령(Woodrow Wilson)에 의해 설립되었다. 미 연준은 1930년대의 대공황과 2008년의 금융위기를 겪으면서 중앙은행으로서의 역할과 책임을 확장해 나가고 있다.[173]

1) 연준의 기원

(1) 건국 초기

미국는 이미 건국 초기인 1781~1811년 영국은행을 모방한 제1미국은행(The First Bank of the United States)과 1817~1832년 제2미국은행(The Second Bank of the United States)을 보유하고 있었다. 미국은행은 부분지급준비(fractional reserve)[174][175]가 허용된 상업은행으로서 유한책임을 지는 민간기업이었다. 미국은행은 전국을 영업대상으로 하였다. 미 의회에서 발생하는 수익은 미국은행에 예치되었다. 미국은행이 발행한 은행권은 액면가대로 정화(正貨, specie 금화·은화)와 교환되었으며, 미국은행의 은행권은 정부와 민간에 대한 대출에 사용되었다.[176] 미국은행의 설립문제에 대해서는 연방주의자(오늘날 공화당)인 해밀턴(Alexander Hamilton)과 공화주의자(오늘날 민주당)인 제퍼슨(Thomas Jefferson)의 이념적 대립이 작용했

---

173) Frank, R. H., Bernanke, B. S., Antonovics, K., Heffetz, O., 2019, op.cit., pp. 588－589.

174) Herger, 2019, op.cit., pp. 94－96: "정화(specie, 귀금속화폐)시스템 하에서는 예금주가 은행에 금화폐를 맡기면 은행은 영수증을 발행해주었다. 이 영수증이 '은행권(bank note)'이다. 초기의 은행들은 예금주가 금화의 인출을 요구하면 언제든지 은행권과 금화를 태환(교환)할 수 있었다. 즉 은행이 발행한 영수증의 총액과 보관하고 있는 금화의 총액이 일치하는 것이다(완전지급준비제도 full－reserve banking). 이 경우 은행의 예금관리의 대가가 예금주가 지급하는 위탁수수료였다. 시간이 지나면서 은행은 고객들의 인출요구량이 예치하고 있는 금화보다 적다는 사실을 알게 되었다. 모든 예금주들이 일시에 예금인출요구를 하는 경우는 극히 이례적이기 때문이다. 은행은 자신들이 보관하고 있는 금화의 양보다 많은 은행권을 발행하여 대출에 이용하면 초과발행분의 이자만큼 더 많은 수입을 얻을 수 있었다. 이것이 부분준비금제도(fractional－reserve banking)의 시작이다. 은행들은 은행권을 지나치게 많이 발행해서 과도하게 대출을 늘리다 보면 예금주의 의심을 받을 우려가 있었다. 은행은 장기간의 경험을 통해 금화와 은행권의 발행 비율이 1:10 정도까지는 안전하다는 사실을 알게 되었다."

175) Foley v Hill (1848) 2 HLC 28, 9 ER 1002 "예금주가 은행에 화폐를 저축하면 그 돈은 예금주가 아닌 은행에 속한다. 은행은 예금주가 요구하면 언제든지 상응하는 금액을 돌려줄 의무가 있다. 예금주가 은행에게 맡긴 돈은 소유권의 측면에서 볼 때 은행의 돈이라고 보아야 한다. 은행은 이 돈을 마음대로 할 수 있는 권한이 있다. 예금주의 돈을 위험한 처지에 빠뜨렸든 해로운 투기를 했든 이에 답변할 의무가 없으며, 타인의 재산처럼 보존하고 처리할 의무가 없다. 다만 은행은 계약의 구속을 받기 때문에 예금주가 저축한 금액 만큼 반환할 의무를 진다." 위탁관리를 맡긴 금화를 예금주의 허락없이 다른 사람에게 빌려준 은행의 행위에 분노한 예금주들이 은행을 고소하자, 은행은 자신들이 예금주의 금화에 대한 처분권를 가지고 있다고 주장했다. 1848년 영국에서 Foley vs. Hill and Others라는 역사적 판결이 내려졌다. 이 판결을 계기로 은행예금의 성질이 혼장임치가 아닌 소비임치로 변한다. 민법상 소비임치계약은 은행의 부분지급준비제도를 옹호하기 위한 법원(영국상원)의 판결에서 비롯되었다.

176) Timberlake, R., 1978, *Monetary Policy in the United States: An Intellectual and Institutional History*, University of Chicago Press, Chicago, p. 10.

다. 초기 미국인들은 중앙집권제에 대한 국민적 반감 때문에 화폐에 대해서도 분권적인 접근방식을 취했다.[177]

미국은행은 존속하는 내내 논쟁거리였다. 연방에 대한 지방의 헌법적 우위, 경제적 이해관계가 얽힌 지역간 갈등이 문제해결의 걸림돌이 되었다. 영국을 중심으로 외국인 보유지분이 커지면서 미국은행은 의심을 받기 시작했다. 은행의 재무정보를 공시하지 않은 것도 불신을 키우는 데 일조했다. 당시 금융업계에는 책임성을 뒷받침할 만한 투명성이 존재하지 않았다. 결국 미국은행은 의회와 대통령(Andrew Jackson)의 특허갱신 거부로 사라지고 말았다.[178] 그 결과 미국에서는 20세기 초반까지 중앙은행이 존재하지 않았다.

(2) 자유은행(Free Banking) 시대

1836년 제2미국은행의 특허기간이 만료되면서 연방법상 은행이 사라졌다. 그리고 각 주에서 은행들이 봇물처럼 생겨났다. 1837년 미시간을 필두로 모든 주에서 은행의 자유설립(Free Banking)을 허용하였다. 금융서비스의 원활한 공급이 입법 목적이었다. 각 주의 은행법은 은행의 자유설립을 위해 규제를 간소화하고 진입장벽을 낮추었다. 예전에는 주정부의 인가를 받아야 은행업을 영위할 수 있었지만, 이제는 주정부의 인가 없이 은행업을 영위할 수 있게 된 것이다.[179] 하지만 1865년 연방정부가 주법은행(state bank)이 발행한 은행권에 엄청난 세금을 부과함으로써 자유은행 시대는 끝이 났다.

(3) 국법은행(National Banking) 시대

모든 전쟁은 은행제도에 큰 변화를 초래한다. 남북전쟁(Civil War, 1861–1865)이 발발하자 북부동맹(Union)과 남부연합(Confederate) 모두 정부채권을 발행하고 이것을 은행에 팔아서 전비를 조달하였다. 연방의회를 장악하고 있던 북부동맹은 연방법에 의해 은행을 설립하는 '국법은행(Natinal Banking)'제도를 만들었다. 미국인들은 거의 백년 동안 반대해오다가 실존적 위기가 닥치자 연방의 은행설립을 인정한 것이다. 연방의회에서 남부출신(민주당) 의원들이 모두 축출되고, 북부출신(공화당) 의원들만 남게 되자 중앙집권적 은행제도의 수립이 가능해진 것이다. 국

---

177) Eichengreen, B., 2018, "The Two Eras of Central Banking in the United States," In: Edvinsson, R., Jcobson, T., Waldenström, D. (ed.), *Sveriges Riksbank and the History of Central Banking*, Cambridge University Press, London, pp. 361–363.

178) Holsworth, J., Dewey, D., 1910, *The First and Second Banks of the United States*, National Monetary Commission, Washington, p. 79.

179) Dwyer, G., 1996, "Wildcat Banking, Banking Panics, and Free Banking in the United States," *Federal Reserve Bank of Atlanta Economic Review*, 1996. 12., pp. 1–20.

법은행은 연방정부채권을 담보로 은행권을 발행하였다. 그러나 북부동맹이 국법은행에게 정부채를 담보로 은행권을 발행하도록 강제한 조치가 예상 밖의 결과를 초래했다. 은행권의 발행량이 정부채의 가용량으로 제한되기 때문에 화폐의 공급 부족 현상이 발생한 것이다.[180]

국법은행제도는 또 다른 금융취약성 문제를 발생시켰다. 국법은행제도는 위험한 피라미드 체계를 형성했다. 시골의 소형은행(country banks)들이 소도시의 중형은행(reserve city bank)에게, 다시 중형은행들이 뉴욕, 시카고, 세인트루이스 등 초대형 도시의 대형은행(central reserve city bank)에게 지급준비금을 맡기는 시스템이었다. 뉴욕 등지의 대형은행들은 자신에게 맡겨진 자금을 주식중개인이나 주식매매인들에게 빌려주었다. 지방의 화폐수요가 갑자기 늘어나면 소형은행 → 중형은행 → 대형은행으로 연쇄적인 자금인출요구가 쇄도하게 된다. 그리고 주식시장에 충격을 주게 된다. 최악의 경우 주식중개인이나 주식매매인이 파산하게 되고 이들에게 돈을 빌려준 대형은행의 자산건전성이 허물어진다. 통화공급이 비탄력적인 상황에서 파종기와 추수기에 몰린 자금수요가 문제를 일으키기도 했다. 갑자기 자금수요가 몰려 이자율이 급등하게 되면 차입자인 농부들이 파산하게 되고, 다시 대부자인 은행들이 도산하게 된다. 당시에는 은행들이 매우 동질적이었기 때문에 어느 한 은행의 도산은 다른 은행의 도산, 즉 연쇄적으로 확산되기도 했다.[181]

(4) 연준(Fed)의 탄생

남북전쟁 이후 미국에서는 은행패닉이 매우 큰 문제였다. 이 기간 동안 미국에서는 커다란 은행패닉이 6차례나 발생했다. 1893년의 격심한 은행패닉으로 미국 전역에서 500개가 넘는 은행이 도산했다. 그 결과 당시의 금융시스템과 실물경제는 큰 충격을 받았다. 1907년 은행패닉의 경우 80여 개의 은행이 도산했으나, 도산한 은행의 규모는 1893년에 비해 훨씬 더 컸다.[182] 그러나 1907년 은행공황의 원인은 이전의 위기와는 달랐다. 사실 그 원인은 섬뜩하게도 2008년 금융위기의 원인과 뿌리가 유사하다. 1907년 은행공황의 발생지는 뉴욕시였지만 그 결과는 국가 전체를 초토화시키고 4년에 걸친 심각한 경기후퇴를 가져왔다.[183] 이 위기는 신탁회사라고 알려진 뉴욕의 금융기관으로부터 시작되었다. 신탁회사

180) Eichengreen, 2018, op.cit., pp. 368−371.
181) Selgin, G., White, L., 1994, "Monetary Reform and the Redemption of National Bank Notes, 1863−1913," *Business History Review*, 68, pp. 55−60.
182) Calomiris, C. W., Gorton, G., 1991, "The Origins of Banking Panics: Models, Facts, and Bank Regulation," In: Hubbard, R. G. (ed.), *Financial Markets and Financial Crises*, University of Chicago Press, London, p. 114.
183) Krugman, Wells, 2018, ibid., p. 435.

는 예금을 수취하는 은행과 유사한 기관이지만 원래는 부유한 고객을 위해 재산이나 상속을 관리하기 위해 설립되었다. 이들 신탁회사는 오직 위험이 낮은 사업만 하도록 되어 있었기 때문에 규제를 덜 받았으며 지급준비요구 수준도 낮았고 국립은행에 비해 현금 지급준비금도 적게 보유하고 있었다.[184]

그런데 미국 경제가 20세기의 첫 10년 동안 호황을 누림에 따라 신탁회사들은 부동산과 주식 등 국법은행의 참여가 금지된 투기영역에 손을 대기 시작했다. 신탁회사들은 국법은행에 비해 규제를 덜 받았기 때문에 예금자들에게 더 높은 수익을 지불할 수 있었다. 그럼에도 불구하고 신탁회사들은 국법은행의 건전성에 대한 평판에 편승했다. 예금자들은 이들이 국법은행과 마찬가지로 안전하다고 믿었다. 그 결과 신탁회사들은 매우 빠른 속도로 성장하여 1907년에 이르러서는 뉴욕시 소재 신탁회사들의 총자산이 국법은행들의 총자산과 맞먹는 규모가 되었다. 한편 신탁회사들은 뉴욕시의 국법은행들이 서로의 건전성을 보증하기 위해 설립한 컨소시엄인 뉴욕청산소(New York Clearinghouse)에 가입하기를 거부했다. 여기에 가입할 경우 신탁회사들은 더 높은 현금 지급준비금을 보유해야 했고 이는 그들의 이익을 감소시키기 때문이었다.[185]

1907년의 은행공황은 뉴욕시에 소재한 대형 신탁회사인 니커보커 신탁(Knickerbocker Trust)이 주식투자 실패로 엄청난 손해를 입고 부도를 내면서 시작되었다. 곧바로 다른 신탁회사들도 압력을 받았으며 겁에 질린 예금자들은 자금을 인출하기 위해 장사진을 이루었다. 뉴욕청산소는 신탁회사에 자금을 공급하기를 거절했으며 건전한 신탁회사들조차 심한 공격을 받았다. 일주일 내에 12개의 주요 신탁회사들이 파산했다. 신용시장은 얼어붙었으며 주식거래자들이 매매에 필요한 자금을 조달하지 못함에 따라 주가가 폭락했다. 그리고 시장에서 신뢰가 사라졌다.[186]

다행히도 뉴욕시의 최대 부자였던 은행가 J. P. 모건(J. P. Morgan)이 은행공황을 멈추기 위해 나섰다. 금융공황이 확산되면 금융시스템 전체가 무너질 것이라는 위기감 속에서 J. P. 모건은 록펠러(John D. Rockefeller) 등 다른 부유한 은행가들, 그리고 재무장관과 협력하여 은행과 신탁회사가 예금인출의 맹공을 견딜 수 있도록 이들의 지급준비금을 확충했다.[187] 일단 사람들에게 예금을 인출할 수

184) Krugman, Wells, 2018, ibid., p. 436.
185) Bruner, R. F., Carr, S. D., 2007, *The Panic of 1907: Lessons Learned from the Market's Perfect Storm*, John Wiley & Sons, New York, pp. 51−55.
186) Tallman, W. E., Moen, J., 1990, "Lesson from the Panic of 1907," *Federal Reserve Bank of Atlanta Economic Review* 75, p. 3−10.
187) McNelis, S., 1969, Copper King at War (2. ed.), University of Montana Press, New York,

있다는 확신을 심어주자 은행공황이 멈췄다. 공황은 일주일 정도밖에 지속되지 않았지만 은행공황과 주가폭락은 미국경제를 고사시켰다. 4년간의 경기후퇴가 뒤따랐으며 총생산이 11% 감소하였고 실업률은 3%에서 8%로 상승했다.[188]

은행위기(banking crisis)가 너무 자주 발생하는 것에 대한 염려와 J. P. 모건의 전례 없는 금융시스템 구제역할은 연방정부로 하여금 은행개혁에 착수하도록 만들었다.[189] 1913년 국법은행 시스템(National Banking System)이 폐지되었다. 미 의회는 모든 예금수취 금융기관들이 적절한 지급준비금을 보유하게 하였고 이들을 규제·감독하기 위하여 연방준비제도(Federal Reserve System)를 창설하였다. 1907년의 금융공황으로 인해 많은 사람들이 은행의 지급준비금에 대한 집중화된 통제가 필요하다고 생각한 것이다. 이에 더하여 화폐공급이 전국의 경제상황 변화에 충분히 반응할 수 있도록 화폐를 발행할 수 있는 배타적인 권한이 연방준비제도에 부여되었다.[190] 1913년 미 의회와 윌슨(Woodrow Wilson) 대통령은 미국의 중앙은행에 해당하는 연방준비제도를 설립하였다.

(5) 대공황(Great Depression) 시대

하지만 1929년 대공황(Great Depression)이 발생하면서 분권적 접근법의 문제점이 다시 한번 노출되었다. 대공황을 극복하기 위해 1935년 은행법(Banking Act of 1935)이 개정되고 연준의 정책결정권한을 연준이사회(Board of Governors)와 연방공개시장위원회(Federal Open Market Committe)에게 집중하였다. 과거의 연준이 지역연준은행(regional reserve banks)의 연합체에 불과했다면, 이제 연준은 집권화된 정책권한을 가진 권력기관으로 변모한 것이다. 그리고 이러한 변화는 대공황과 세계대전을 거치면서 연방정부의 역할이 확대된 것과도 불가분의 관련이 있다.

2) 연준의 헌법상 지위

미국 연방헌법에는 중앙은행에 대한 명시적 근거조항이 없다. 다만, 연방의회의 화폐에 대한 규제권한[191]과 연방대통령의 일반적 행정권한[192]을 중앙은행

---

pp. 154 – 167.

188) Krugman, Wells, 2018, op.cit., p. 436.

189) Chernow, R., 1990, *The House of Morgan: An American Banking Dynasty and the Rise of Modern Finance*, Grove Press, New York, p. 121 – 124.

190) FRB Minneapolis, 1988, "Born of a Panic: Forming the Fed System," 1988. 8., [https://www.minneapolisfed.org/article/1988/born – of – a – panic – forming – the – fed – system] [최종검색 2020 – 10 – 12 23:01]

191) U.S. Const. Art. I Sec. 8 [5] The Congress shall have Power To coin Money, regulate the

설립의 간접적 근거조항으로 보고 있다.[193] 미국의 중앙은행인 연방준비제도는 연방준비법(Federal Reserve Act, 또는 "연준법")[194]에 근거한 법률기관이다. 다만, 중앙은행의 제도적 설계에 있어서는 미국헌법의 기본원리인 연방주의(federalism) 원리와 견제와 균형(checks and balances)의 원리가 철저히 적용되고 있다. 미 연준은 미국의 헌법원리인 분권주의적 연방주의에 따라 설계되었다. 이러한 접근법은 (i) 금전적 이해관계에 대한 미국인들의 뿌리 깊은 혐오감 (ii) 북부와 남부의 지역적 적대감, 그리고 (iii) 연방에 대한 지방의 우위를 강조하는 구성주의자(constructionist)들의 엄격한 헌법해석의 결과였다.[195]

헌법적으로 연방국가(Bundesstaat)는 회원국가(Gliedstaat)와 전체국가(Gesamt-staat)의 조직과 법질서의 총체를 가리킨다. 그리고 연방주의(Föderalismus)란 동등한 권리를 갖는 지역적·정치적 단위들의 자유로운 통합을 의미한다. 보다 작은 공동체(Gemeinschaft)가 보다 큰 공동체보다 우위를 차지하고, 보다 큰 공동체는 보충적 기능만을 담당하는 것이 연방의 주요한 구성원리이다. 이를 보충성의 원리(Subsidiaritätsprinzip)라고 한다. 하지만 이러한 보충성 원리는 국가적 상황 또는 역사적 상황에 따라 매우 다양하게 구체화된다.[196] 미국의 경우 연방을 구성하는 지방국은 중앙정부가 법률을 통해서 만든 피조물, 즉 중앙정부가 자의적으로 변화시킬 수 있는 존재가 아니다. 이들 지역단위는 해당국가의 정치와 헌법을 구성하는 기본적 요소들이다.[197] 미국헌법의 역사는 연방주의와 보충성 원리의 긴장과 갈등의 역사이다. 이러한 사실은 미 연준의 조직원리에 그대로 투영되어 있다.

(1) 연방주의(Federalism)와 평등원칙(Equal Protection)

미 연준은 (i) 지방의 이익을 대표하는 준비은행(Reserve Banks), (ii) 연방의 이익을 대변하는 연준이사회(Board of Governors),[198] (iii) 지방과 연방이 함께 참

Value thereof, and of foreign Coin, and fix the Standard of Weights and Measures.

192) U.S. Const. Art. Ⅱ Sec. 1 [1] The executive Power shall be vested in a President of the United States of America.

193) Lovett, W. A., 2009, *Banking and Financial Institutional Law* (7. ed.), West Publishing(Thomson Reuter), New York, p. 30.

194) Federal Reserve Act, Chap. 6, 38 Stat. 251 (Pub. Law 63-43).

195) Eichengreen, B., 2018, "The Two Eras of Central Banking in the United States," In: Edvinsson, R., Jcobson, T., Waldenström, D. (ed.), *Sveriges Riksbank and the History of Central Banking*, Cambridge University Press, London, pp. 361-362.

196) Maier, H., 1990, *Der Föderalismus—Ursprünge und Wandlungen*, AöR 115, S. 213ff.

197) Dahl, R. A., 2003, *How Democratic Is the American Constitution?* (2. ed.), Yale University Press, New York, p. 113.

198) '이사회'라는 명칭은 일본학계의 잘못된 번역을 한국은행이 그대로 답습하면서 국내에서 일반적으로 통용되고 있다. 원래 'governor'는 상법상 이사가 아니라 영미법상의 특수한 행정관의 명칭이다. governor는 영국법상 개념으로서, 국왕이 자신의 대권(또는 통치권)을 위임한 사람을 의

여하는 공개시장위원회(Federal Open Market Committee, 이하 "FOMC")라는 3개의 기관으로 구성된 하나의 제도(system)이다. 연준의 설계자들은 의도적으로 연방주의적 성격과 견제와 균형의 원리가 반영된 '복합적인 시스템으로서의 중앙은행'을 만들었다. 즉, 미 연준은 (i) 중앙집권적인 지배위원회(central governing Board)인 연준이사회와 (ii) 지방분권적인 12개의 준비은행(Reserve Bank)으로 구성되고 (iii) 통화정책의 집행기구인 FOMC는 지배위원회와 준비은행이 함께 참여한다. (iv) 연준은 공법적 성격과 사법적 성격이 혼합된 독특한 제도이다.

(2) 지배구조
① 준비은행(Reserve Banks)

연방정부199)는 연방주의 원리에 따라 연준을 구축하기 위해 미국전역을 12개의 준비구(準備區, reserve district)로 나누고, 각 준비구마다 1개의 준비은행을 두었다.200) 준비구의 경계는 1913년 당시의 지배적인 무역거래와 경제상황을 기초로 하였기 때문에 주 경계선과 일치하지 않는다. 원래부터 12개 준비은행은 각각 독립적으로 운영하도록 설계되었다. 예를 들어 각 준비구마다 재할인율이 달라질 수 있는 것이다. 재할인율이란 상업은행이 준비은행으로부터 자금을 차입할 때 부과되는 이자율을 말한다. 각 경제권역별로 그에 합당한 할인율을 적용하는 것이 연방주의 통치이념에 부합하는 것으로 간주되었다.

준비은행은 연준의 집행기관에 해당한다. 12개 준비은행은 각각 별개의 법인으로 설립되며,201) 각각 9명의 이사로 구성된 이사회를 둔다.202) 연준회원인 상업은행은 해당지역 준비은행의 주식을 보유하며203) 준비은행 이사 중 6명을

미한다[Blackstone, W., 1979, *Commentaries on the Laws of England*, Vol. 4. (A facsimile of the First Edition of 1765‒1769), University of Chicago Press, Chicago, 2:22.]. 역사적으로 governor는 식민지 지역에서 주권(국왕의 권한)을 대신 행사하는 동인도회사(East India Company)의 대표를 의미하기도 하고, 국왕의 특허를 받아 화폐발행권을 독점행사하는 영국은행(Bank of England)의 대표를 의미하기도 했다. 따라서 Board of Governors는 행정위원회 또는 지배위원회로 번역해야 한다. 미국 제헌의회에서도 거버너의 권력제한 문제를 두고 헌법논쟁이 벌어진 바 있다. 영국국왕의 압제에 분노한 미국연합(confederation)은 권력을 남용하기 쉬운 최고행정관(governor)의 권한을 대폭 축소했다. 최고행정관에게 주었던 대권의 대부분은 박탈하고 오로지 법률을 성실히 집행하는 행정권한만을 남겨두고자 했다. 토머스 제퍼슨은 1776년 버지니아 헌법을 구상하면서 최고행정관의 의회출석과 의회회기에 관한 권한, 전쟁선포권과 조약체결권, 화폐주조권, 법원설치권, 사면권 등을 박탈해야 한다고 주장한 바 있다.

199) 재무부장관(Treasury), 농업장관(Secretary of Agriculture), 통화청장(Comptroller of the Currency)으로 구성된 준비은행설립위원회(Reserve Bank Organization Committee).
200) Federal Reserve Act Sec. 2 [1].
201) Federal Reserve Act Sec. 4 [4].
202) Federal Reserve Act Sec. 4 [9].
203) Federal Reserve Act Sec. 5 [1].

선출한다. 6명 중 3명은 은행(주주)을 대표하되 인종, 신앙, 피부색, 성별, 국적에 따른 차별이 없어야 하며(Class A),[204] 나머지 3명은 공익(public)을 대표하되 인종, 신앙, 피부색, 성별, 국적에 의한 차별 없이 각종 산업, 노동자, 소비자의 이해관계를 반영할 수 있는 인물이어야 한다(Class B).[205] 또 다른 3명은 연준이사회가 임명하되 선임기준은 Class B와 동일하다.[206] 이렇듯 준비은행의 이사회 구성에도 연방헌법의 기본원리인 평등보호(Equal Protection) 원칙[207]을 철저히 구현하고 있다.

연준법에 명시된 바와 같이 각 준비은행은 "이사회의 감독 및 통제"를 받는다.[208] 민간기업의 이사회와 마찬가지로 준비은행의 이사회는 은행의 관리 및 거버넌스를 감독하고, 은행의 예산과 전반적인 성과를 검토하며, 은행의 감사 프로세스를 감독하고, 광범위한 전략적 목표와 방향을 설정할 책임이 있다. 그러나 민간 기업과 달리 준비은행은 주주의 이익이 아니라 공익을 위해 운영된다. 연준이사회는 각 연준은행의 C등급 이사 중에서 연준은행 이사회 의장 1인과 부의장 1인을 지정한다.[209] 각 준비은행 이사회는 일상적 업무책임을 해당 준비은행장(president)[210]과 그 직원에게 위임한다.[211] 준비은행장은 해당 은행의 최고경영자(CEO) 역할을 한다. 12명의 준비은행장은 5명씩 교대로 FOMC의 투표회원(voting member) 역할을 한다.

② **연준이사회**(Board of Governors)

연준이사회는 연방준비제도의 지배기구(governing body)이다. 연준이사회는 연준법이 부여한 목적과 책임을 달성하기 위하여 연준을 운영한다. 연준이사회는 대통령이 지명하고 상원이 인준한 7명의 "행정관(governor 또는 연준위원)"으로 구성된다.[212] 모든 연준위원은 공개시장위원회(FOMC, 통화정책을 결정하는 연준의 내부기관)의 구성원이 된다.[213] 연준이사회 의장과 부의장은 상원의 승인을 받아 대통령이 임명한다. 미국헌법상 기본원리인 연방주의, 견제와 균형의 원리, 평등보호 원리가 유지될 수 있도록 대통령이 연준위원을 선임하는 경우에도 (i) 1개 준

---

204) Federal Reserve Act Sec. 4 [10].
205) Federal Reserve Act Sec. 4 [11].
206) Federal Reserve Act Sec. 4 [12].
207) U.S. Const. Amendment 14 [1] … nor shall any State … deny to any person within its jurisdiction the equal protection of the laws.
208) Federal Reserve Act Sec. 4 [6].
209) Federal Reserve Act Sec. 4 [20].
210) 'president'는 '대표이사'를 의미한다. 은행의 대표이사는 '은행장'이라 부른다.
211) Federal Reserve Act Sec. 4 [4].
212) Federal Reserve Act Sec. 10 [1].
213) Federal Reserve Act Sec. 12A (a).

비구에서 1인을 초과하여 선임할 수 없고, (ii) 미국의 산업별, 지역적 분포에 따라 공정하게 대표되도록 해야 하며, (iii) 지역은행(community bank) 근무경험이 있는 자를 최소한 1명 이상 임명해야 한다.[214]

연준이사회는 준비은행의 운영을 감독한다.[215] 연준이사회와 준비은행은 금융기관에 대한 규제·감독책임을 공유한다. 연준이사회는 준비은행에게 일반적인 지침을 제공하고, 관련업무를 지시·감독한다. 연준이사회는 준비은행의 예산을 검토하고 승인한다.[216] 연준이사회는 소비자와 지역사회의 관심사에 주의를 기울이고, 소비자 중심의 감독·조사·정책분석을 실시한다. 보다 일반적으로는 공정하고 투명한 소비자 금융서비스 시장을 조성한다.

③ 공개시장위원회(FOMC)

FOMC는 국가의 통화정책을 수립하는 연준의 내부기관이다. FOMC는 공개시장조작과 관련된 모든 결정을 내린다. FOMC는 연방자금금리(Federal Funds Rate, 예금기관 상호 간의 대출에 부과하는 이자율)에 영향을 미치기 위하여, 연준 보유자산의 규모와 구성내역을 변경하기도 하고, 장래의 통화정책 방향에 대하여 대중들과 커뮤니케이션을 수행하기도 한다. 연방의회는 대공황 이후인 1935년 연준법 개정을 통해 연준 내부에 FOMC를 창설했다.

FOMC는 12명의 투표위원으로 구성된다. 연준위원 7명과 뉴욕 준비은행장은 당연직 투표위원이며, 나머지 11명의 준비은행장 중에서 4명씩 호선제로 투표위원이 된다. 12명의 준비은행장은 FOMC 회의에 참석하여 토론에 참여하지만, 표결 당시 FOMC 위원의 자격이 있는 준비은행장만이 정책결정에 투표할 수 있다.[217] 관례에 따라 FOMC의 위원장과 부위원장은 각각 연준이사회 의장과 뉴욕 준비은행장이 맡는다.

FOMC는 '공개시장조작'에 대한 책임을 진다.[218] 공개시장조작은 연준이 미국의 통화정책을 실행하는 주요 도구이다. 공개시장조작은 연방자금금리에 영향을 미치고, 결국 전국적인 통화조건과 신용조건, 총수요와 국민경제에 영향을 미친다. FOMC는 또한 연준이 수행하는 외환시장 개입정책을 수행한다. 최근 몇년 동안에는 외국 중앙은행들과 통화스왑 프로그램을 운용하기도 했다.

---

214) Federal Reserve Act Sec. 10 [1].
215) Federal Reserve Act Sec. 11 [j].
216) Federal Reserve Act Sec. 11.
217) Federal Reserve Act Sec. 12A (a).
218) Federal Reserve Act Sec. 12A (b), (c), Sec. 14.

(3) 의회와의 관계

연준이사회와 FOMC는 "장기적인 잠재성장에 상응하는 수준으로 통화량과 신용총량을 증가시킴으로써, 완전고용(maximum employment), 물가안정(stable price) 및 낮은 장기이자율을 달성"해야 할 임무를 진다.[219] 즉 연준은 (i) 예측가능한 낮은 수준의 인플레이션을 유지하고 (ii) 지속가능한 최대수준의 고용을 유지하기 위해 통화정책을 사용해야 한다. 이를 연준의 이중책무(dual mandate)라고 한다.[220]

연방의회는 연준이사회의 조직구성과 연준의 운영에 관여한다. 연준이사회 의장은 연준법상 책임의 이행상황을 보고하기 위해 (i) 매 반기마다 의회의 정책 청문회에 출석하여 통화정책의 실적과 방향, 장래의 경제동향 등에 대해 보고해야 하며, (ii) 매년 하원의 은행·금융서비스위원회(Committee on Banking and Financial Services of the House of Representatives)와 상원의 은행·주택·도시문제위원회(Committee on Banking, Housing, and Urban Affairs of the Senate)에 출석하여 관련사항을 보고해야 한다. (iii) 그리고 이와 별도로 의회의 요청이 있는 경우 수시로 의회에 출석하여 보고하여야 한다.[221]

연준이사회는 매 반기마다 '고용, 실업, 생산, 투자, 실질임금, 생산성, 환율, 국제무역, 국제수지, 물가 등'에 대한 과거 및 미래의 동향을 포함하여 통화정책의 수행상황 및 경제동향과 전망에 대한 서면보고서를 하원의 은행·금융서비스위원회 및 상원의 은행·주택·도시문제위원회에 제출하여야 한다.[222] 또한 연준이사회는 연준업무에 관하여 상세한 보고서를 하원의장에게 제출하여야 하며, 하원의장은 이를 의회에 보고하여야 한다.[223]

또한 연준이사회는 인터넷 홈페이지에 "감사(Audit)"라는 명칭의 링크를 제공하여야 하며, 이 링크는 일반인들이 이용할 수 있는 정보저장소로서 적어도 6개월 이상의 합리적인 기간 동안 ① 감사원장(Comptroller General)이 작성하는 보고서 ② 독립적인 감사인이 작성한 연간 재무제표 ③ 긴급대출권한과 관련하여 상원의 은행·주택·도시문제위원회에 제출하는 보고서 ④ 기타 일반국민이 회계, 재무보고, 연준의 내부통제를 이해하는 데 도움이 되는 정보를 제공해야 한다.[224] 이렇듯 미 연준은 의회와 국민에 대해 매우 구체적이고 실질적인 보고의무와 정보제

---

219) Federal Reserve Act Sec. 2A.
220) Acemoglu, Laibson, List, 2019, op.cit., p. 657 – 658.
221) Federal Reserve Act Sec. 2B (a).
222) Federal Reserve Act Sec. 2B (b).
223) Federal Reserve Act Sec. 10 [7].
224) Federal Reserve Act Sec. 2B (c)

공의무를 부담하고 있다.

(4) 정부와의 관계

연준이사회를 구성하는 7인의 위원은 상원의 동의를 얻어 대통령이 임명한다.225) 연준이사회의 의장과 부의장은 상원의 동의를 얻어 대통령이 연준위원 중에서 임명한다.226) 연준법 규정은 재무부 및 재무장관의 감독관리, 통제에 관한 권한을 배제하지 아니한다. 연준법이 부여한 연준이사회의 권한이 재무장관의 권한에 저촉되는 경우 그 권한은 재무장관의 감독 및 통제하에 행사되어야 한다.227) 준비은행의 초과잉여금은 재무부에 이전한다. 재무부가 연준으로부터 이전받은 순이익은 재무장관의 재량으로 미합중국 증권채무를 감축시키는 등의 용도에 충당할 수 있다.228)

3) 시사점

미 연준은 미국헌법의 기본원리인 분권주의, 연방주의, 견제와 균형의 원리에 따라 구성된다. 미의회가 미연준의 조직구조를 (i) 지방의 이익을 대변하는 준비은행과 (ii) 연방의 이익을 대변하는 연준이사회라는 이중적 조직구조로 만든 것도 그 때문이다.

연준의 민주적 정당성은 연방의회와 연방대통령을 통해 뒷받침되며 궁극적으로는 미국국민으로부터 나온다.229) 연방의회는 연준의 근거법인 연준법을 만들고, 연방의회와 연방대통령은 공동으로 연방행정관청(federal government agency)230)인 연준이사회를 창설한다. 연준이사회는 연방행정관청으로서 연방의회에 직접 책임을 진다. 연준이사회는 연방준비제도를 통할하고 12개 준비은행을 감독한다. 준비은행은 사법인의 조직구조를 보유하고 있지만 공익을 추구하는 공적기구이다.

미 연준법상 재무부와 연준의 관계는 상하관계에 있다. 재무장관이 연준에 대한 유보권(reserve power)을 보유하고 있기 때문이다. 연준법이 부여한 연준이사회의 권한이 재무장관의 권한에 저촉되는 경우 그 권한은 재무장관의 감독 및 통제하에 행사되어야 한다.231) 하지만 관례적으로 재무장관이 직접 연준에게 감

---

225) Federal Reserve Act Sec. 10 [1].
225) Federal Reserve Act Sec. 10 [1].
226) Federal Reserve Act Sec. 10 [2].
227) Federal Reserve Act Sec. 10 [6].
228) Federal Reserve Act Sec. 7.
229) U.S. Const. Preamble.
230) Federal Reserve System, 2016, *The Federal Reserve System Purposes & Functions* (10. ed.), Federal Reserve System Publication, Washington, p. 2.
231) Federal Reserve Act Sec. 10 [6] Nothing in this Act contained shall be construed as taking

독·통제권을 행사하지는 않는다. 재무부와 연준 간에 정례적인 양해각서(memorandum of understanding) 체결을 통해 연준의 권한을 사전에 조정할 수 있기 때문이다.

미 연준은 '완전고용'과 '물가안정'이라는 이중책무(dual mandate)를 부여받고 있다. 미 연준은 완전고용과 물가안정을 모두 염두에 두면서 통화정책을 수행해야 하지만, 경기과열로 고인플레이션이 예상되는 경우에는 물가안정에 무게를 둘 수 있고, 경기침체로 장기불황이 예상되는 경우에는 완전고용에 가중치를 둘 수 있다. 미 의회는 미 연준을 창설하면서 넓은 시계와 전술적 탄력성을 부여하고 있다.

2020년 6월 코로나 사태로 미국의 경기불황이 가속화되는 상황에서 미 연준의 파월(Jerome Powell) 의장이 금리인하에 신중한 입장을 보이자, 당시 트럼프 대통령이 공개적으로 해임가능성을 거론하였다.232) 행정부 수반이자 임명권자로서의 권한을 행사하겠다는 것이다. 그러자 2달 뒤인 2020년 8월 말 미 연준은 통화정책 운용방식을 바꿨다. 인플레이션타깃인 2%를 초과하더라도 당장 금리를 인상하지 않고 장기간에 걸쳐 제로금리를 계속 유지하겠다는 평균물가목표방식(AIT, average inflation targeting)을 채택한 것이다.

대통령의 분노에 적잖이 놀란 파월 의장은 금리인하를 서두르면서 장차 시행될 초완화적 통화정책의 근거가 필요했다. 미 연준은 평균물가목표방식을 따를 경우 제로금리 유지 기간이 2024년 말까지 최소한 1년 이상 연장되고 실업률도 유의하게 더 낮아진다는 실증분석 결과까지 제시하였다. 파월 의장은 기자회견장에서 평균물가목표방식을 선언하면서 그 근거가 된 10개 보고서도 자랑스럽게 공개했다.233)

미 연준은 전 세계에서 가장 강력한 독립성을 보장받고 있다. 그러나 미국은 전 세계에서 가장 강력한 대통령을 보유하고 있다. 미국에서 국민으로부터 자유로운 국가권력은 존재할 수 없고, 대통령으로부터 자유로운 행정관청은 존재할 수 없다.

---

away any powers heretofore vested by law in the Secretary of the Treasury which relate to the supervision, management, and control of the Treasury Department and bureaus under such department, and wherever any power vested by this Act in the Board of Governors of the Federal Reserve System or the Federal reserve agent appears to conflict with the pow—ers of the Secretary of the Treasury, such powers shall be exercised subject to the super—vision and control of the Secretary.

232) Reuter (June 26, 2019), "Trump says he can fire Fed's Powell" [https://www.reuters.com/article/us—usa—trump—fed—idUSKCN1TR1SU] [최종검색 2020-10-20 20:43]

233) Bloomberg (August 11, 2020), "Fed Study Says Average Inflation May Be Better Way to Reach Goal" [https://www.bloomberg.com/news/articles/2020-08-10/fed—study—says—average—inflation—may—be—better—way—to—reach—goal] [최종검색 2020-10-20 21:04]

4. 독일연방은행(Deutsche Bundesbank)

지난 세기의 수십여년간 독일연방은행(Deutsche Bundesbank)은 매우 강력한 조 직이었다. 유럽 밖에서는 독일연방은행을 '유럽을 지배하는 은행'이라고도 불렀 고,[234] 독일 내에서는 '국가 내의 국가(Staat im Staate)'라고 불렀다.[235] 독일연방은행 의 역사적 경험은 바람직한 통화정책당국의 모습을 두고 지난 수십년간 논쟁을 불러 일으켰다. 전후 독일경제의 발전은 매우 강력한 정치적 독립성을 지닌 중앙은행의 성공신화로 비쳐졌다. 그리고 이 같은 독일의 경험이 이후 유럽의 단일통화(euro) 창설과 유럽중앙은행(European Central Bank, 이하 "ECB") 설립의 바탕을 이루었다.

EMU(European Economic and Monetary Union)[236]의 시작부터 독일연방은행은 ESCB(European System of Central Banks)[237]의 일원이었다. 2002년 4월 30일 독일 연방은행의 통화정책 임무는 공식적으로 유럽중앙은행(ECB)에 넘겨졌다. 2020년 현재 독일연방은행은 중앙은행의 기능을 상실한 채 ECB의 구성원 지위만 유지하 고 있다. 현재 독일연방은행 총재는 ECB[238] 지배위원회(Governing Council)의 구

---

234) Marsh, D., 1992, *The Bundesbank: The Bank that Rules Europe*, Heinemann, New York, p. 11.
235) Die Zeit, 8 November, 1996. 3.
236) EMU(Economic and Monetary Union)는 유럽연합(European Union, EU) 회원국의 '단계적 경제통합'을 목표로 하는 정책그룹을 의미한다. 2019년 말 현재 EMU에는 19개의 유로존 (Eurozone) 국가 이외에 8개 비유로존(non-Eurozone) 국가가 포함되어 있다. EMU의 각 단계는 점진적이고 긴밀한 경제통합 형태로 구성되어 있다. 한 국가가 세 번째 단계에 참여한 후에만 유로(euro)를 공식통화로 채택할 수 있다. [https://www.ecb.europa.eu/ecb/history/emu- /html/index.en.html] [최종검색 2020-10-19 22:02]
237) 유럽중앙은행시스템(European System of Central Banks, ESCB)은 유럽중앙은행(European Central Bank, ECB)과 유럽연합(EU) 27개 회원국 모두의 국가중앙은행(European Union, NCB) 으로 구성된다. 모든 EU회원국이 유로(euro)에 가입한 것은 아니기 때문에 ESCB는 유로존 (Eurozone)의 통화당국이 아니다. ESCB의 운영은 유로를 채택한 19개 회원국의 중앙은행을 포 함하는 유로시스템(Eurosystem)이 수행한다. ESCB의 목표는 (i) 유럽연합 전체의 물가안정 (price stability)과 (ii) 유로시스템과 유로존 외부회원국 간의 통화 및 금융 협력을 개선하는 것 이다. [https://web.archive.org/web/20080914031229/http://www.ecb.int/ecb/educational/facts/ orga/html/or_002.en.html] [최종검색 2020-10-19 22:17]
238) ECB의 주요목표는 유로존(Eurozone)의 물가안정이다. ECB의 기본임무는 유로존에 대한 통화정 책을 수립·집행하고, 외환정책을 수행하며, ESCB의 외환준비금을 관리하는 것이다. ECB의 주 요기구로는 집행위원회(Executive Board), 지배위원회(Governing Council), 일반위원회(General Council), 감사위원회(Supervisory Board)가 있다. 집행위원회는 ECB은행장(president), 부행장 및 4명의 기타위원으로 구성된다. 모든 집행위원은 (i) 유럽의회(European Parliament)와 ECB 지배위원회의 자문을 받아 (ii) EU각료이사회(EU Council)가 추천하면 (iii) EU회원국 정부수반 들(Heads of State or Government)이 임명한다. 지배위원회는 유로시스템(Eurosystem, 유로시 스템은 ECB와 유로를 채택한 NCB로 구성된다. EU 회원국 중에서 비유로존 국가들이 존재하 는 한 Eurosystem과 ESCB가 병존하게 된다.)의 주요 의사결정기관이다. 지배위원회는 집행위원 (6명)과 유로지역의 국가중앙은행(National Central Banks) 총재들(21명)로 구성된다. 일반위원 회는 유로로 대체되는 통화의 환율을 고정하는 등 유로화 도입의 과도기적 문제를 다루는 기관

성원이고, ECB 집행위원회(Executive Board)의 집행위원이며, 유로지역(Euro area) 19개국 중앙은행총재단239)의 일원이다.

1) 독일연방은행의 기원

(1) 제국은행(Reichsbank)

1871년 보불전쟁(Franösisch−preußischer Krieg, 1870−1871)의 승리와 함께 독일제국(Deutsches Kaiserreich)이 탄생했다. 새로운 제국은 중앙은행을 가지고 있지 않았다. 당시 독일은 여러 개의 주화제도와 발권은행을 보유하고 있었다. 화폐제도와 은행제도 모두 매우 혼란스러웠다.240) 1872년에만 33개의 발권은행이 있었고 이들 모두 민간기업이었다. 이들 중 몇몇은 가능한 한 많은 은행권을 찍어내어 유통하는 것을 영업방침으로 삼고 있었다.241) 공황이 발생할 경우 이러한 은행들은 지급불능 상태에 빠질 것이 분명했다. 제국의회(Reichstag)가 주도하여 프러시아은행(Preußische Bank)을 제국은행(Rechsbank)으로 변경하고 화폐발행권을 부여했다.242) 하지만 독점적 권한은 아니었다. 1904년까지 4개의 다른 발권은행이 남아 있었다. 독일의 경제적 통일은 정치적 통일보다 훨씬 더디었다. 1909년에야 제국은행 은행권에게만 법화의 지위가 부여되었다.243)

당시 독일에는 또 다른 문제가 있었다. 독일은 1873년부터 금본위제를 채택하고 있었는데, 대량의 금이 국외로 유출되고 있었다. 의회에서는 새로운 중앙은행을 설립하면 금손실을 방지하고 추가적인 금유출을 방지할 수 있을 것으로 기대했다. 의회는 중앙은행을 귀금속의 유출입에 가장 적절하게 대응할 수 있는 메커니즘으로 생각했다. 이때 통화의 수호자(guardian of the currency)라는 중앙은행의 별명이 생겨났는데 이는 금의 국외유출을 막는다는 의미였다.244) 제국은행은

이다. 따라서 모든 EU회원국이 유로화를 채택하게 되면 해체된다. 일반위원회는 ECB은행장, 부행장 및 EU의 모든 중앙은행 총재들로 구성된다. 감사위원회는 ECB의 업무일반을 감사한다. [https://web.archive.org/web/20120614132953/http://www.ecb.int/ecb/educational/facts/orga/html/or_019.en.html] [최종검색 2020−10−19 22:33]

239) 2020. 3월 말 현재 NCB는 벨기에, 독일, 에스토니아, 아일랜드, 그리스, 스페인, 프랑스, 이탈리아, 사이프러스, 라트비아, 리투아니아, 룩셈부르크, 몰타, 네덜란드, 오스트리아, 포르투갈, 슬로베니아, 슬로바키아, 필란드 중앙은행으로서 총 19개이다. [https://www.ecb.europa.eu/ecb/orga/capital/ html/index.en.html] [최종검색 2020−10−19 22:55]

240) Flink, S., 1930, *The German Reichsbank and Economic Germany*, Greenwood Press, New York, pp. 9−15.

241) NMC, 1910. 12.

242) Bankgesetz vom 14. März 1875.

243) Flink, 1930, op.cit., pp. 21−23.

244) James, H., 1999, "The Reichsbank 1876−1945," In: Deutsche Bundesbank (Ed.), *Fifty Years of the Deutsche Mark*, Oxford University Press, London, p. 7.

재할인과 어음매매 등을 통해서 금보유고를 유지했다. 제국은행은 상업은행에 대한 최종대부자의 임무도 담당했다. 의회의 통제를 받는 제국은행은 국내의 신용규제를 통해서 금본위제를 운용하는 도구였다.[245]

1920년대 초인플레이션(hyperinflation)을 발생시킨 근본적인 원인은 제1차 세계대전(1914–1918)이었다.[246] 개전 초기 독일정부는 보불전쟁(1870–1871)처럼 단기전을 예상했다. 따라서 독일정부는 세금증액 없이 전쟁을 시작했고, 전쟁에서 승리한 다음 패전국으로부터 전쟁비용을 보상받을 계획이었다.[247] 그러나 예상과 달리 전쟁이 장기화되었다. 독일정부는 의회의 반대에 부딪혀 세금을 충분하게 증액할 수 없었다.[248] 그리고 1916년 이후에는 국채발행을 통한 전비조달이 불가능해졌고 재정적자는 누적되었다. 제국은행을 통해서 자금을 조달하는 수밖에 없었다.

제1차 세계대전이 끝나자 연합국들은 독일에게 과중한 금융제재를 부과하였다. 전쟁의 폐허 속에서 공화국이 수립되었지만,[249] 공화국정부는 충분한 세금을 거둘 수 없었다. 따라서 전쟁으로 인한 사회적 비용을 보상할 수도 없었고 베르사이유 조약에 따른 전쟁보상금을 지급할 수도 없었다.[250] 전쟁으로 남겨진 공공부문 적자는 중앙은행이 국채를 할인하여 충당했다. 계속된 통화증발로 인해 1922년에만 인플레이션이 1,300%에 달했다.[251] 설상가상으로 프랑스는 1923년 1월에 독일의 공업지역인 루르를 점령함으로써 보복했다. 프랑스의 지배에 항거하기 위해 루르의 독일 노동자들은 파업을 강행했다. 이 사태는 독일정부의 재정과 함께 독일경제를 무기력하게 만들어 버렸다. 경제상황이 악화됨에 따라 독일정부는 정부재정의 8%만을 세금으로 충당할 수 있었다. 나머지는 민간으로부터 차입하거나 지폐를 인쇄하여 지불하였다. 실질GDP가 동시에 증가하지 않는 상태에서 독일의 통화량이 폭발적으로 증가하자 격렬한 인플레이션이 발생했다.[252]

1922~1923년의 하이퍼인플레이션이 끝난 후에도 독일의 경제적 악몽은 6년이나 지속되었다. 1929년에는 대공황이 독일경제를 황폐화시켜 심각한 디플레이션과 실업을 초래했다. 독일은 10년 남짓한 기간 동안 세 차례의 경제적 파국을

245) James, 1999, ibid., p. 11.
246) James, 1999, ibid., pp. 3–53.
247) Marsh, 1992, op.cit., pp. 77–78.
248) Holtfrerich, C. L., 1986, *The German Inflation 1914–1923: Causes and Effects in International Perspective*, Walter de Gruyter, New York, pp. 33–37.
249) 1918년 11월 9일 독일제국 황제가 퇴위하고 독일공화국이 수립되었다.
250) Webb, S. B., 1984, "The Supply of Money and Reichsbank Financing of Government and Corporate Debt in Germany, 1919–1923", *Journal of Economic History* 44(2), pp. 499–507.
251) Marsh, 1992, op.cit, pp. 80–82.
252) Acemoglu, Laibson, List, 2019, ibid., p. 656.

경험했다. 1918년의 패전, 1922~1923년의 하이퍼인플레이션, 1929년의 불황과 디플레이션, 대공황(Great Depression, 1929-1939)은 경제적 빈곤화 과정을 완성함으로써 그 이전에는 인기가 없었던 나치(Nazi)가 집권할 수 있게 만들었다. 1933년 히틀러는 독일의 수상이 되었다. 1933년 3월 히틀러가 총리가 되면서 제국은행은 독일의 재무장에 필요한 자금을 제공하게 되었다. 예를 들어, 제국은행은 아우토반(Autobahn) 사업에 우회적 대출을 해주었고, MEFO와 같은 무기제조회사의 어음을 할인해 주었다.253) 1939년 6월 제국은행법이 개정되고 독일제국은행(Deutsche Reichsbank)이 설립되었다. 독일제국은행은 히틀러의 완전한 통제 하에 놓였다.254) 제국은행은 화폐의 수호자의 역할을 박탈당하고 전시경제 운용의 도구가 되었다.255) 정부가 국채를 끊임없이 발행함에 따라, 통화량은 전쟁 초기 110억 마르크에서 항복 당시 730억 마르크까지 증가하였다.256) 전쟁이 끝나고 다시 인플레이션이 몰려왔다. 정부는 가격통제와 물자배급으로 물가상승에 대응하려고 했으나 끝내 실패하고 말았다.

(2) 독일연방은행

승전국은 패전국의 헌법제정권력까지 제한할 수 있다.257) 경제학자들은 독일 국민들의 인플레이션에 대한 지독한 반감이 분데스방크를 독립적인 중앙은행으로 만들었다고 생각한다. 하지만 독일 중앙은행의 독립성은 독일국민이 아니라 승전국이 부여한 것이다. 특히 미국은 독일의 전쟁재발을 방지하기 위해서는 독일정부와 중앙은행을 반드시 분리해야 한다고 생각했다.258)

독일헌법이 제정되기 1년 전인 1948년 3월 1일 연합국은 중앙은행에 해당하는 BdL(Bank deutsche Länder)을 설립하였다. 사실 연합국은 BdL 설립 이전부터 자신의 점령지역 내에서 란트중앙은행(Land Central Bank, 이하 "LCB")을 설립하여 운영하고 있었다. BdL은 LCB의 연합체이자 연방차원의 중앙은행이다. 연합국은 BdL에게는 화폐발행, 정책금리결정, 최소지급준비금 결정 권한을 부여했다. 1948년 3월 1일 BdL 설립에 관한 연합군 포고령에 의하면 BdL은 화폐와 통화제도 및 신용제도의 안정을 임무로 하고 있다.259) BdL은 '이사회(board of directors)'와 '연

---

253) Schacht, H., 1967, *The Magic of Money*, Oldbourne, London, p. 113.
254) Marsh, 1992, op.cit., pp. 93-95.
255) James, 1999, op.cit., p. 41.
256) James, 1999, ibid., pp. 3-53.
257) 허영, 2017, 앞의 책, 59면.
258) Neumann, M. J. M., 1999, "Monetary Stability: Threat and Proven Response", In: Deutsche Bundesbank (Ed.), *Fifty Years of the Deutsche Mark*, Oxford University Press, London, pp. 269-306.
259) Holtfrerich, 1999, op.cit., p. 318.

합군은행위원회(Allied Bank Commision, 이하 "ABC")'라는 이원적 조직구조를 지니고 있었다. BdL이사회는 LCB은행장과 기타 이사들로 구성되었다. 연합군은행위원회(ABC)에게는 BdL의 경영과 통화정책을 감시하는 임무가 부여되었다. BdL 지배구조의 정점에는 연합군이 있었다.

1951년 8월 10일 과도정부법(Transition Law) 하에서 독일연방정부는 ABC에 참여할 수 있었다. 하지만 독일정부에게는 8영업일 동안만 BdL의 결정을 지연시키는 연기적 항변권만이 부여되었다.[260] 독일정부는 BdL에 대한 관할권은 자신이 갖고 있으므로 독일정부가 ABC를 대신해야 한다고 주장했지만, 연합군이 선출한 BdL의 은행장과 이사들은 이러한 제안을 거절했다. 전쟁에 지친 일부 지방정부들도 중앙정부의 힘이 커지는 것에 반대했다.[261]

1950년대 내내 중앙은행에 대한 지루한 논쟁이 이어졌고 마침내 1957년 7월 26일 독일연방은행법(Gesetz über die Deutsche Bundesbank 1957)이 만들어졌다. 중앙은행 논쟁에서는 중앙은행의 독립성과 조직구조(분권화된 이원적 구조 대 집중화된 일원적 구조)가 주요한 논쟁의 대상이었다.[262] 의회 내 논쟁이 지연되는 동안, BdL은 언론을 이용하여 물가안정에 대한 자신의 입지를 굳혀나갔다. 1948년부터 BdL은 대중을 자기편으로 만들기 위해 매우 교묘한 정책을 실시했다. 각종 출판물과 연설을 통해 중앙은행의 정책을 대중들에게 설명하고 이들을 설득해나갔다. 매우 세심하게 공을 들여 대중들이 궁금해하는 것들을 상세히 설명함으로써 마침내 의회 다수당이 건드릴 수 없는 자치권을 얻게 되었다.[263]

건국 초기부터 연방정부와 중앙은행 간에는 '중앙은행의 독립성'과 '통화정책'의 의미에 대해 커다란 의견 차이가 존재했다. 중앙정부가 확장적 재정정책을 펼치면 중앙은행은 이를 비난하면서 긴축적 통화정책을 실시했다. 1956년 3월 중앙은행이 정책금리의 인상을 발표하자, 연방정부는 중앙은행의 정책결정에 대한 8일간의 연기적 항변권을 행사했다.[264] 기민당(CDU)의 아데나워(Konrad Adenauer) 총리는 '중앙은행이 연방정부 총리가 정해놓은 정책 가이드라인을 무시할 경우,

260) Burger, H., 1997, "The Bundesbank's Path to Independence: Evidence from the 1950s", *Public Choice*, 93, pp. 427−453.
261) Berger, H., de Hann, J., 1999, "A State Within the State? An Event Study on the Bundesbank (1948−1973)", *Scottish Journal of Political Economy*, 46(1), pp. 17−39.; Stern, K., 1999, "The Note−issuing Bank Within the State Structure," In: Deutsche Bundesbank (Ed.), *Fifty Years of the Deutsche Mark*, Oxford University Press, London, pp. 103−164.
262) Stern, 1999, ibid., pp. 103−164.
263) Goodman, J. B., 1989, "Monetary Politics in France, Italy, and Germany," In: Guerrieri, P., Padoan, P. C. (Ed.), *The Political Economy of European Western Europe*, Cornell University Press, New York, pp. 196−197.
264) Berger, H., 1997, *Konjunkturpolitik im Wirtscahftswunder*, Mohr, Heidelberg, SS. 53−60.

중앙은행의 중립성에 제한을 가하겠다'는 입장을 발표했다. 하지만 이 사건은 사실상 총리의 패배로 끝났다. 독일의 모든 신문과 금융산업 종사자들, 그리고 심지어 중소상인연합이 중앙은행을 편들고 나선 것이다. 1956년 5월 말 총리는 중앙은행의 독립성을 인정하게 되었다.[265] 아데나워 이후 독일의 어느 총리도 중앙은행의 독립성에 대해 의문을 표시하지 않게 되었다.[266] 선출되지 않은 기술관료들이 선출된 의회와 정부를 구속하는 기현상이 벌어진 것이다.

1960년대 초 독일은 국내부문과 해외부문의 균형을 유지하기 위해 쩔쩔매고 있었다. 경상수지 흑자가 증가하는 가운데, 국내물가가 상승하고 있었다. 마르크화의 완전태환(금과의 교환)을 보장하면서, 두 가지 문제를 동시에 해결하는 것은 매우 힘든 일이었다. 환율변경이나 자본통제 이외에는 다른 방법이 없었다.[267] 분데스방크는 1959~1960년[268]의 긴축적 통화정책 이후 마르크화에 대한 절상압력을 완화하고자 확장적 통화정책으로 정책전환을 모색하고 있었다. 하지만 경제장관 에르하르트(L. Erhard)는 마르크화의 평가절상을 지지하였다.[269] 분데스방크는 꿈쩍도 하지 않았다.[270] 결국 아데나워 총리가 나서자 독일정부는 1961년 3월 3일 마르크화의 5% 평가절상을 결정하게 되고, 이후 분데스방크도 이러한 결정을 따르게 된다.[271][272]

1968~1969년에도 이와 비슷한 갈등이 발생했다.[273] 이번에는 국내외 물가상승 압력의 차이, 자본수지 등을 이유로 분데스방크가 평가절상을 주장했다. 하지만 키싱어(K. G. Kiesinger) 총리와 스트라우스(F. J. Strauß) 재무장관은 환율재조정에 적극 반대했다. 분데스방크는 연방정부를 압박하여 환율을 조정하기 위해 1969년 6월 19일과 9월 10일 재할인율을 각각 5%, 6%나 인상하였다. 이것은 9월 28일 총선거 직전의 일이었다. 국내외 경제상황이 혼란스러운 가운데, 사실상 중앙은행이 집권 기민·기사연합(CDU/CSU)에 반대하여 정치적 결단을 내린 것이

---

265) Berger, de Hann, 1999, ibid., p. 27.
266) Neumann, 1999, op.cit., pp. 269 – 306.
267) Berger, de Hann, 1999, op.cit., pp. 17 – 39.
268) 당시 경기가 과열되면서 인플레이션 압력이 가중되고 있었다. 분데스방크는 1959년 10월과 1960년 6월 두 차례 정책금리를 인상한다. 그 결과 독일과 미국의 금리차가 크게 벌어지고 자본유입이 발생한다(Burger, 1997, ibid., pp. 427 – 453.). 그러자 1960년 11월 분데스방크는 자멸적 결과를 인정하고 긴축적 통화정책을 포기하게 된다(Bundesbank, Monthly Report, 1960. 11.).
269) Marsh, 1992, op.cit., p. 182.
270) Holtfrerich, 1999, ibid., pp. 50 – 100.
271) Berger, 1997, a.a.O., SS. 81 – 93.
272) Bundesbank, Monthly Report, 1961. 3.
273) Holtfrerich, 1999, op.cit., pp. 50 – 100.

다.[274) 중앙은행의 극단적 독립성은 중앙은행을 정치화(Politisierung)한다.

2002년 4월 30일 독일연방은행법의 일곱 번째 개정안이 발효되었다. 그리고 중앙은행의 구조가 획기적으로 변경되었다. 분데스방크가 통화정책 임무를 유럽중앙은행(ECB)에 넘겨준 당연한 결과였다. 종전의 내부기구들은 집행위원회(Vorstand)로 대체되었다.[275) 집행위원회는 은행장, 부행장 및 4명의 위원으로 구성된다. 9개의 란트중앙은행(Landeszentralbank)은 분데스방크의 지역사무소(Hauptverwaltung für den Bereich)로 바뀌었다.[276) 집행위원회의 구성원은 연방대통령이 임명한다. 은행장, 부행장 및 1명의 위원은 연방정부가 추천하고, 나머지 3명의 위원은 연방정부의 동의 하에 연방참사원(Bundesrat)이 추천한다.[277) 집행위원회는 은행장이 주재한다.

2) 독일연방은행의 헌법상 지위

독일기본법은 제8장 '연방법률의 집행과 연방행정(Ⅷ. Die Ausführung der Bundesgesetze und die Bundesverwaltung)' 속에 독일연방은행에 관한 규정을 두고 있다. 즉 독일기본법 제88조는 "연방은 연방은행으로서 통화−발권은행을 설치한다."[278)라고 규정하고 있다. 대부분의 독일헌법학자들은 독일기본법 제88조를 '의회의 입법재량 사항'으로 해석하고 있다. 즉, 기본법은 연방은행의 조직형태를 직접적인 연방행정(unmittelbaren Bundesverwaltung)에 의할 것인지, 간접적인 연방행정(mittelbaren Bundesverwaltung)에 의할 것인지에 대해 전혀 규정하지 않고 있다.[279) 따라서 연방은행의 조직형태는 연방의회의 입법재량 사항이라는 것이다.

그러나 이러한 해석은 1949년 독일기본법 제정 당시의 역사적 맥락을 간과한 것으로 보인다. 왜냐하면 1945년 5월 독일의 패망 이후 연합국, 특히 미국은 독일의 전쟁재발을 방지하기 위해 독일정부와 독일중앙은행을 반드시 분리해야 한다고 생각했고, 이미 1946년부터 자신의 점령지역 내에 법적 근거 없이 란트중앙은행(Landzentralbank, "LCB")을 설립하여 운용하고 있었다.[280) 연합국이 설립한 LCB는 독일 중앙은행인 제국은행과 법적 관련성이 없다. 하지만 LCB는 제국은행 지점의 인력, 건물, 집기를 그대로 사용했을 뿐만 아니라 제국은행의 자산과 부

---

274) Holtfrerich, 1999, ibid., p. 88.
275) BBkG §3, §5, §6, §7.
276) BBkG §8.
277) BBkG §7(3).
278) GG Art. 88. Der Bund errichtet eine Währungs−und Notenbank als Bundesbank.
279) Hesse, K., 1999, *Grundzüge des Verfassungsrechts der Bundesrepublik Deutschland* (Neudruck der 20. Aufl.), C.F. Müller, Heidelberg, SS. 109−110.
280) Neumann, 1999, op.cit., pp. 269−306.

채, 제국은행권까지 그대로 사용했다.[281] 미국이 압력을 가함에 따라 프랑스는 1947년, 영국은 1948년 제국은행을 청산하고 자신의 점령지역 내에 LCB를 설립하였다. LCB의 주된 임무가 유통화폐의 총량을 관리하는 것이었지만 이들에게 화폐발행권이 주어지지는 않았다.[282] 이후 연방기본법(1949년 5월 23일)이 제정되기 1년 전인 1948년 3월 1일 이미 연합국은 사실상 독일의 중앙은행인 BdL(Bank deutsche Länder)을 설립하고, 이 은행에게는 화폐발행권과, 정책금리와 최소지급준비금을 설정할 수 있는 권한이 부여했다. 그리고 1948년 새로운 중앙은행(BdL)은 화폐개혁을 단행하여 독일마르크(Deutsche Mark)를 유통시켰다. 헌법제정권자의 정치적 결단 이전에 승전국들이 독일의 경제질서를 형성해버린 것이다. 1957년 7월 26일 독일연방은행법(Gesetz über die Deutsche Bundesbank)이 제정되지만 "BdL을 독일연방으로 한다."고 규정하고 있을 뿐이다. 독일연방은행법은 사실상 점령군이 '완성한 사실(fait accompli)'을 승인한 것에 불과하다. 독일기본법[283]과 독일연방은행법[284]을 조합해보면, "연합국이 세운 BdL은 통화－발권은행으로서 독일연방은행이 된다."

결국 독일헌법에는 연방은행을 중앙은행으로 한다는 조항만을 두고 있고 구체적인 내용은 연방의회가 정하도록 하고 있다. 연방의회가 제정한 독일은행법에서는 이미 연합국이 형성한 중앙은행(BdL)을 그대로 수용하고 있다. 승전국인 미국의 의사에 따라 독일중앙은행에게는 전 세계에서 가장 강력한 독립성이 부여되었다.

2002년 4월 30일 독일연방은행의 통화정책 임무는 공식적으로 유럽중앙은행(ECB)에 넘겨졌다. 2021년 현재 독일연방은행은 중앙은행의 기능을 상실한 채 ECB의 구성원 지위만 유지하고 있다. 따라서 이 책에서는 독일연방은행이 ECB에 통합되기 이전에 온전한 통화정책 담당자로 존재했던 시절의 설립근거법인 "Gesetz über Deutsche Bundesbank 1957"을 검토의 대상으로 삼도록 하겠다.

---

281) Buchheim, C., 1999, "The Establishment of the Bank deutscher Läder and the west German Currency Rerofm." In: Deutsche Bundesbank (Ed.), *Fifty Years of the Deutsche Mark*, Oxford University Press, London, p. 69.

282) Buchheim, 1999, ibid., pp. 55－100.

283) GG Art. 88 Der Bund errichtet eine Währungs－und Notenbank als Bundesbank.

284) Das Gesetz über Deutsche Bundesbank 1957 (Sonderabdruck aus: Bundesgesetzblatt, Teil I 1957 Nr. 33, vom 30. Juli 1957, s. 745ff.), §1. Erridttung der Deutschen Bundesbank Die Landeszentralbanken und die Berliner Zentralbank werden mit der Bank deutscher Länder verschmolzen. Die Bank deutscher Länder wird Deutsche Bundesbank.

(1) 임 무

독일연방은행의 임무는 통화가치의 안정이며, 독일연방은행은 통화정책수단을 사용하여 통화유통과 신용공급을 규제하며 지급결제를 원할하게 한다.[285] 미국은 미 연준법을 토대로 독일연방은행법을 기초하였으나, 물가안정과 완전고용이라는 이중책무를 보유하고 있는 미 연준과 달리 독일연방은행에게는 '물가안정'의 단일책무만을 부여하고 있다. '완전고용' 목표를 배제한 것은 확장적 통화정책(통화증발)을 통한 중앙은행의 정부지원을 원천적으로 차단하기 위해서였다.

(2) 지배구조

독일연방은행은 (i) 중앙은행위원회(Zentralbankrat), (ii) 이사회(Direktorium) 및 (iii) 란트중앙은행위원회(Vorständer der Landeszentralbanken)라는 3개의 주요기구로 구성된다.[286]

(i) 중앙은행위원회(Zentralbankrat)는 통화정책을 결정하며, 이사회와 란트중앙은행위원회에 지시할 권한을 갖는다. 중앙은행위원회는 독일연방은행장(Präsident), 부은행장(Vizepräsident), 이사 및 란트중앙은행장으로 구성된다. 중앙은행위원회 의장은 독일연방은행장이 겸한다.[287]

(ii) 이사회(Direktorium)는 중앙은행위원회의 의결사항을 집행한다. 이사회는 공개시장조작 업무를 담당한다. 이사회는 연방은행장, 부은행장 및 8인 이내의 이사로 구성된다. 은행장, 부은행장과 이사는 연방정부의 제청을 거쳐 연방대통령이 임명한다. 연방정부는 연방은행이사 제청 시 중앙은행위원회의 의견을 들어야 한다. 이사회 구성원들은 공법상 근무관계에 있으며 연방은행과의 법률관계는 중앙은행위원회와의 계약으로 정하되 연방정부의 승인을 얻어야 한다. 이사회 의장은 연방은행장이 겸한다.[288]

(iii) 란트중앙은행위원회(Vorständer der Landeszentralbanken)는 관할구역 내의 업무를 수행하며 특히, 주정부와의 거래, 지역은행과의 거래를 관장한다. 란트중앙은행위원회는 란트중앙은행의 은행장, 부행장, 기타위원으로 구성된다. 란트중앙은행장은 연방참사원(Bundesrat)의 제청에 따라 연방대통령이 임명한다. 이 경우 연방참사원은 사전에 란트당국(Landesrecht zuständigen Stelle)의 제청을 받고 중앙은행위원회의 의견을 들어야 한다. 란트중앙은행위원은 공법상 근무관계

---

285) Das Gesetz über Deutsche Bundesbank 1957, §3.
286) 이러한 지배구조는 2002년 4월 30일 연방은행법을 개정하여 통화정책에 관한 권한을 ECB에게 이전할 때까지 유지된다.
287) Das Gesetz über Deutsche Bundesbank 1957, §6.
288) Das Gesetz über Deutsche Bundesbank 1957, §7.

(öffentlichrechtlichen Amtsverhältnis)에 있다.[289]

(3) 연방정부와의 관계

독일연방은행은 자신의 임무를 저해하지 아니하는 범위 내에서 연방정부의 일반적 경제정책(allgemeine Wirtschaftspolitik)을 지원해야 한다.[290] 연합군은 연방은행의 지원임무가 정부의 개별적 경제정책을 지원하는 것이 아니라 일반적 경제정책을 지원하는 것이라고 규정하고 있다.[291] 연방은행 본연의 임무인 통화보호 임무를 저해하지 않는 범위 내에서의 조력의무로 보는 것이다.

독일연방은행은 이 법에 의해 부여된 권한을 행사함에 있어 연방정부의 지시를 받지 아니한다.[292] 승전국들은 독일정부와 중앙은행을 차단하기 위해 영국은행의 경우와 달리 연방정부의 지시권을 박탈하고 있다. 독일연방은행은 통화정책상 중요한 사항에 관하여 연방정부에게 조언하며 연방정부의 요청에 따라 정보를 제공할 수 있다. 연방정부 관료는 중앙은행위원회의 회의에 참석할 수 있다. 이들은 의안을 제안할 수 있으나 표결권은 없다. 이들의 요구가 있는 경우 중앙은행위원회의 의결을 최장 2주간 연장한다.[293] 연방정부는 통화정책에 영향을 미치는 사항에 관한 회의 시 독일연방은행장의 참석을 요청하여야 한다.[294]

연방정부의 국채발행은 연방은행을 통해서만 하되, 연방은행의 대정부업무는 예금업무, 보호예수업무, 추심업무, 지급업무, 매매업무로 제한한다.[295] 제1·2차 세계대전의 원인이 된 독일중앙은행의 정부대출을 원천적으로 봉쇄하고 있다.

(4) 연방은행의 특수지위

독일연방은행은 연방소속 공법인(bundesunmittelbare juristische Person des öffentlichen Recht)이며, 자본금은 전액 연방이 소유한다.[296] 연방은행의 순이익이

---

289) Das Gesetz über Deutsche Bundesbank 1957, §8.
290) Das Gesetz über Deutsche Bundesbank 1957, §12.
291) Stern, 1999, op.cit., pp. 103 – 164.
292) Das Gesetz über Deutsche Bundesbank 1957, §12. Verhältnis der Bank zur Bundesregierung Die Deutsche Bundesbank ist verpflidttet, unter Wahrung ihrer Aufgabe die allgemeine Wirtschaftspolitik der Bundesregierung zu unterstützen. Sie ist bei der Ausübung der Befugnisse, die ihr nadt diesem Gesetz zustehen, von Weisungen der Bundesregierung unabhängig.
293) Das Gesetz über Deutsche Bundesbank 1957, §13(2) Die Mitglieder der Bundesregierung haben das Redtt, an den Beratungen des Zentralbankrats teilzunehmen. Sie haben kein Stimmrecht, können aber Anträge stellen. Auf ihr Verlangen ist die Beschlußfassung bis zu zwei Wodten auszusetzen.
294) Das Gesetz über Deutsche Bundesbank 1957, §13.
295) Das Gesetz über Deutsche Bundesbank 1957, §20.
296) Das Gesetz über Deutsche Bundesbank 1957, §2.

발생한 경우 법정준비금을 적립한 잔여이익금은 연방정부에 귀속된다.[297]

연방은행의 중앙위원회와 이사회는 연방최고 행정관청(oberste Bundeshörde)의 지위를 갖고, 란트중앙은행은 연방관청(Bundeshörde)의 지위를 갖는다.[298] 연방은행의 직원은 공무원(Beamte), 일반직원(Angestellte), 노무원(Arbeiter)으로 구분된다. 연방은행장은 최고 고용관청(oberste Dienstbehörde)으로서 연방은행의 공무원을 임명한다. 연방은행장은 연방징계법상 징계개시관청이다. 연방은행이 공무원 및 일반직원에 대한 인사규정를 정하는 경우 연방정부의 동의를 얻어야 한다.[299]

독일연방은행은 회사법적으로는 연방정부의 완전자회사이면서, 헌법적으로는 연방정부에 소속된 연방관청(Bundeshörde)이라는 이중적 지위를 갖게 된다.

3) 시사점

독일연방은행의 독립성은 연합군이 부여한 것임에도 불구하고 독일 내에서 광범위한 지지를 얻었다. 한 세대에 두 번이나 엄청난 통화붕괴를 경험했던 과거의 경험이 크게 작용한 것이다. 그러나 민주적 정당성이 취약한 중앙은행이 정치적 공백을 메울 수는 없다. 알고 보면 독일중앙은행은 항상 자신의 독립성을 유지하기 위해 끊임없이 독일이 처한 정치적 현실을 고려해왔다. 실제로 분데스방크는 독일 내 주류세력과의 연대를 끊임없이 모색해왔고 야당과의 제휴를 기피해왔다.[300] 이러한 분데스방크의 정치적 판단이 물가안정과 관련된 높은 명성을 만든 것이다.

독일연방은행법이 만들어질 무렵에는 정부로부터 독립적인 중앙은행은 전 세계적으로 존재하지 않았다. 그 당시에는 경제학자들도 중앙은행의 조직구조에 대해 거의 관심을 두지 않았다. 1970년대 거대한 인플레이션(Great Inflation)이 전 세계를 휩쓸고 지나갔지만 독일이 상대적으로 양호한 물가수준을 유지하였다. 이후 분데스방크가 중앙은행의 롤 모델이 될 수 있는지에 대해 학계의 관심이 집중되었다.

분데스방크는 연방행정관청이다. 따라서 법리상으로는 총리나 내각에 의한 행정적 통제가 가능하다. 다만, 지난 수십년 동안 독일정부는 중앙은행에 대한 적극적인 통제를 자제하고 있을 뿐이다. 연방은행법은 의회 다수파가 단순다수결로

---

297) Das Gesetz über Deutsche Bundesbank 1957, §28.
298) Das Gesetz über Deutsche Bundesbank 1957, §31.
299) Das Gesetz über Deutsche Bundesbank 1957, §31.
300) Goodman, J. B., 1992, *Monetary Sovereignty: The Politics of Central Banking in Western Europe*, Cornell University Press, New york, pp. 100 − 101.

언제든지 개정할 수 있다. 하지만, 독일의회는 1990년 독일통일과 1992년 EMU 출범 이전에는 연방은행법에 대한 개정을 삼가왔다. 독일의회는 적극적 입법권의 행사보다는 임명권, 청문권, 질문권 등 소극적인 통제방법을 선호하고 있다.

분데스방크에 대한 사법적 통제는 이론적으로는 가능하다. 하지만, 현대적 통화정책수단이 주로 사법(私法)상 계약형식에 의하기 때문에 이에 대한 사법(司法)적 통제가 이루어질 가능성은 매우 작다.[301] 다만 비교적 최근인 2020년 5월 5일 독일헌법재판소가 ECB의 비전통적 통화정책을 방지하지 아니한 연방의회와 연방정부의 부작위가 국민의 기본권을 침해하였다는 내용의 헌법소원 인용결정[302]을 내림으로써 향후 중앙은행의 통화정책에 대한 헌법소원의 길을 열어 놓았다.

5. 한국은행

1) 한국은행의 형성과정

(1) 구한말

러·일전쟁(1904. 2.–1905. 9.)에서 승기를 굳힌 일본은 1904년 8월 제1차 한일협약을 체결하고 1905년 1월 메카다 다테타로(目賀田種太郎)로 하여금 조선의 '화폐정리'를 강행시켰다. 이것은 한국과 일본의 화폐제도를 동일한 것으로 만들고, 한국화폐를 일본화폐로 대체시킴으로써 한국의 금융·재정을 장악하려는 시도였다. 일본 제일은행(第一銀行, 다이이치 깅쿄)[303] 한국지점이 구체적인 실무를 담당했다. 일본의 '화폐정리' 사업은 제일은행권을 발행하여 한국의 법화로 만들고 이를 조선화폐와 교환하여 대신 유통시키는 것이었다. 일제는 '화폐정리'사업을 통해 일본상품의 유통과 일본자본의 수출을 보증·강화함으로써 조선을 일제의 경제권으로 편입시키는 기초를 닦았다.[304]

(2) 식민지 시대

그러나 조선인들이 일본 제일은행권을 배척하자, 일제는 1909년 10월 '한국은행(韓國銀行, 간코쿠깅쿄)'을 설립하여 중앙은행으로 만들고, 제일은행을 대신하여 한국은행권을 발행하도록 했다. 일제는 조선강점 직후인 1911년 「조선은행법」

---

301) 중앙은행에 대한 사법적 통제가능성에 대해서는 이 책 "제5장. 제4절. 2. 법원의 통제" 참조.
302) 2 BvR 859/15 (2020. 5. 5.).
303) 1873년 일본 국립은행조례에 따라 민간 은행인 제일국립은행(第一国立銀行)이 설립되었다. 이는 일본 최초의 은행이자 최초의 주식회사였다. 현재는 미즈호(みずほ)은행의 일부이다.
304) 정재정, 2013, "식민지 수탈구조의 구축", 〈한국사〉 (47권), 국사편찬위원회, 79면.

을 공포하여, 한국은행을 '조선은행(朝鮮銀行 조센깅꼬)'으로 개칭하고, 조선은행권 발행과 금융통제 등 중앙은행의 역할을 부여했다. 일본의 대장대신이 조선은행의 중역 임명권과 업무상 감독권을 장악하였다. 조선은행은 보통예금도 취급했으며, 그 영업지역도 일본·중국에까지 미쳐, 일제의 중국침략을 금융적 측면에서 지원하는 역할을 담당하였다. 조선은행은 대부·담보의 범위가 넓고, 국채·증권·상품을 담보로 한 대부가 가능했으며, 조선총독의 인가를 얻어 공공단체에 대한 무담보대부가 가능했다. 이것은 일본인 거류민의 경제활동과 생활기반을 보장하기 위한 방편이었다.305) 일제의 금융은 조선은행 → 식산은행 → 각 지방의 금융조합연합회 → 금융조합의 체계를 갖추고306) 조선 농민에게는 고리대 조직으로서 군림했다.

일제는 식민지 조선의 중앙은행인 조선은행을 비롯하여 특수은행, 보통은행, 금융조합에 이르는 식민지 금융기구를 확립한 뒤, 1920년대에는 농업개발을 위주로 한 산업금융의 확장에 주력하였다. 대규모 자본을 필요로 하는 농업개발정책으로서 산미증식계획이 실시되었으며, 조선식산은행(朝鮮殖産銀行),307) 동양척식회사(東洋拓殖會社),308) 금융조합 같은 식민지 정책금융기관을 통하여 과잉자본을 공급하였다.

이후 조선은행의 역할은 일본정부의 공식적 개입 없이 조선총독부의 식민통치와 일본 관동군의 중국침략을 지원하는 것으로 바뀌었다. 조선은행은 일본의 대륙진출을 위한 금융적 도구가 된 것이다. 1914년 시작된 제1차 세계대전은 조선은행 영업의 전환점이 되었다. 서구열강이 잠시 한눈을 파는 사이 일본은 만주와 시베리아로 세력을 넓혔다. 일본은 그 지역에 조선은행이 일본 경제권을 확장

---

305) 오두환, 1988, "조선은행의 발권과 산업금융," 〈성균관논총〉 (제36집), 136–138면.
306) 中野正剛, 1915, 〈我が觀たる滿鮮〉, 政教社, 大正4, 23–26면.
307) 정병욱, 1998, 〈일제하 조선식산은행의 산업금융에 관한 연구〉 (고려대 박사학위 논문), 112–170면: "일제는 제1차 세계대전을 계기로 일본의 금융자본이 확립됨에 따라 1918년 6월 조선식산은행령을 공포하여 조선식산은행을 수립하였다. 조선식산은행은 지주·자본가의 농민수탈, 식민지적 공업에 대한 자금지원을 담당했다. 특히 조선식산은행은 채권을 발행하여 조달한 자금으로 대주주·농업경영회사, 산미증식계획의 토지개발·수리조합, 금융조합 등에게 대부하여 막대한 이익을 거두었다."
308) 김삼웅, 1995, 〈친일정치 100년사〉, 동풍, 146면: "동양척식주식회사(東洋拓殖株式會社, 도요타쿠쇼쿠카부시키가이샤)는 대영제국의 동인도 회사를 본뜬 식민지 수탈기관으로, 1908년 제정한 동양척식회사법에 의해 세워졌다. 자본금 1,000만원 중 30%는 조선정부가 국유지로 현물출자했다. 하지만 주식은 일본국적자만이 소유할 수 있었다. 설립목적은 일본이 식민지로부터 경제적 이익을 획득하기 위해 토지와 금융을 장악하고 일본인들의 식민지 개척 및 활동을 돕는 것이었다. 즉 동척은 일본제국의 식민지착취를 위한 기관이었다. 동척은 1909년 1월부터 대한제국에서 활동을 개시하였지만, 이후 활동지역을 만주까지 확대하였고 1938년에는 다른 식민지인 타이완, 사할린, 남양군도 등으로 영업지역이 확대되었다. 1938년에는 9개 지점과 831명의 직원을 두었다. 조선인 간부로는 부총재 민영기와 이사 한상룡이 있었다."

하도록 주문한다. 일본은 중국, 만주의 군벌 위안스카이(袁世凱), 돤치루이(段祺瑞) 등의 군비확충을 위해 차관(借款)을 제공하고 이들을 친일정부로 만들었다. 당시 조선총독부와 일본군부는 의회의 감시와 견제를 받지 않는 발권력이 필요했다. 따라서 일제는 1918년 조선은행법을 개정하여 조선은행이 중국, 만주, 시베리아 등지에 차관을 제공할 수 있는 기반을 제공했다. 조선은행은 한반도 안에서 돈을 찍어 한반도 밖에 투자하는 일종의 국제적 투자은행의 역할을 하였다.[309]

(3) 민족의 해방

1945년 8월 15일 해방으로부터 1948년 8월 15일 정부수립에 이르기까지 3년에 걸쳐 미군정이 실시되었다. 일제의 식민통치가 갑작스럽게 단절된 가운데 격렬한 좌우 갈등이 전개되다가 전후의 새로운 체제가 구축되는 과정이었다. 대부분의 금융기관은 미군정에 귀속되었고 은행들은 단기금융에 치중하고 중장기 산업금융은 미미한 상태였다. 중앙은행인 조선은행은 통화신용에 대한 자주적인 통제권을 부여받지 못하고, 정부대여금을 준비금으로 하는 사실상 무제한 발권제도를 채택하였다. 미군정은 은행대출에 대해 여신한도제를 실시하여 일정액 이상의 대출은 재무부장관의 허가를 받도록 하였다. 미군정의 금융정책은 금융통화체제를 체계적으로 정비하지 않았고, 막대한 재정수요를 통화남발에 의해 조달하는 한편 인플레이션을 진정시키기 위해 여신한도제나 여신금리 인상과 같은 조치를 이용하였다.[310]

미군정의 재정은 총독부의 재정회계를 봉쇄하면서 시작되었으나, 항상 세출이 세입을 초과하는 적자재정이었고, 그것은 전적으로 조선은행 차입금에 의해 보전되었다.[311] 이 기간 동안에는 통화팽창, 생산·무역의 감소, 매점매석 등으로 초인플레이션(hyper-inflation)이 발생하였다.[312] 당시 조선은행 총재는 미군장교가 겸임하였으나 조선은행의 경영에는 관심이 없었다. 따라서 조선은행의 경영은 일제 하 조선은행의 말단직원 출신 조선인들로 구성된 '조선은행 자치위원회'가 이끌고 있었다.[313]

미군정은 1948년 5월 10일 총선거를 통해 제헌국회를 구성하였다. 이후 제헌국회는 헌법을 제정하고(1948. 7. 17., 대통령 중심제) 대통령을 선출하였다. 대한

---

309) 차현진, 2016, 〈중앙은행 별곡〉, 인물과사상사, 87–95면.
310) 김기원, 2013, "미군정기의 경제", 〈한국사〉(52권), 국사편찬위원회, 288–290면.
311) 김기원, 2013, 위의 논문, 288–290면.
312) 조선은행 조사부, 1949, 〈조선경제연감〉(1949), Ⅳ, 159면: "1936년의 서울시 도매물가지수를 100으로 보았을 때, 1945년(8~12월) 2,817, 1946년에는 13,478, 1947년 40,203, 1948년에는 72,516(720배)나 물가가 상승하였다."
313) 차현진, 2016, 앞의 책, 248–253면.

민국의 초대 대통령으로는 이승만, 부통령에 이시영이 선출되었다. 이어 이승만 대통령은 정부를 구성하고 대한민국 수립을 선포하였다(1948. 8. 15.). 그리고 유엔 총회는 대한민국 정부를 한반도 내 유일한 합법 정부임을 승인하였다(1948. 12.). 이후 신생정부의 중앙은행 설립에 대한 주도권을 두고 조선은행 출신들과 조선식산은행 출신들의 헤게모니 쟁탈전이 벌어졌다. 미군정 하에서는 일본유학파들이 주축인 조선은행 출신들보다는, 영어에 능통한 연희전문출신들이 주축을 이룬 조선식산은행 출신들이 유리했다. 하지만, 이승만 정부가 들어서면서 절치부심하며 재기를 노리던 조선은행 출신들이 최종적 승리를 거둔다.314)

(4) 한국은행의 설립

한국은행법은 제헌국회가 해산되기 직전인 1950년 5월 5일 우여곡절 끝에 국회의 의결을 거쳐 1950년 5일 26일 시행되었다. 이렇게 설립된 한국은행은 (i) 일본은행의 예에 따라 의회제정 법률에 의한 특허법인315)으로 설립되었다. (ii) 자본금은 15억원으로 하고 전액 정부가 출자했으며,316) 법정준비금 적립 후 잔여순이익금은 정부의 일반수입으로 납부되었다.317) (iii) 한국은행에는 통화·신용·외환정책을 수립하기 위해 금융통화위원회를 두었다. 금융통화위원회는 당연위원(2인)과 추천위원(5인)으로 구성되었다. 당연위원은 재무부장관과 한국은행총재가 겸했으며, 추천위원은 금융기관, 대한상공회의소, 농림부장관, 기획처경제위원회가 추천하였다. 추천위원은 국무회의 의결을 거쳐 대통령이 임명하였고, 국가공무원의 신분을 부여하였다.318) (iv) 재무부장관이 금융통화위원회 의장직을 겸임하도록 하였다.319) (v) 총재는 전쟁 기타 긴급한 사태에 제하여 즉시적 행위를 필요로 하며 금융통화위원회를 소집할 수 없을 때에는 정부의 동의를 얻어 금융통화위원회의 권한 내에서 필요한 조치를 취할 수 있었다. 다만, 총재는 지체없이 금융통화위원회 회의를 소집하고 그 긴급조치를 보고하여야 하며, 금융통화위원회는 그 조치를 확인, 수정 또는 정지할 수 있었다.320) (vi) 금융기관의 감독과 정기검사업무를 수행하기 위해 한국은행에 은행감독부를 두되, 은행감독부장은 금융통화위원회의 추천에 의하여 대통령이 임면하며 국가공무원의 신분을 가졌다.321)

---

314) 차현진, 2016, 앞의 책, 283 - 285면.
315) 한국은행법 [법률 제138호] 제1조.
316) 한국은행법 [법률 제138호] 제4조.
317) 한국은행법 [법률 제138호] 제5조.
318) 한국은행법 [법률 제138호] 제8조.
319) 한국은행법 [법률 제138호] 제9조.
320) 한국은행법 [법률 제138호] 제26조.
321) 한국은행법 [법률 제138호] 제28조.

(5) 외환위기

1997년 외환위기(1997. 12. 3. – 2001. 8. 23.)의 와중에 한국은행법상 중대한 변화가 찾아온다. (i) 한국은행이 통화신용정책을 수립·집행함에 있어 독립성과 중립성이 보장될 수 있도록 통화신용정책의 중립적 수립과 자율적 집행을 법률로써 보장하고[322] (ii) 재정경제원장관이 겸임하던 금융통화위원회 의장은 한국은행 총재가 겸임하도록 하였으며, 재정경제원장관의 금융통화위원회 회의소집권 및 의안제안권을 폐지하였다.[323] (iii) 한국은행은 통화신용정책의 수행을 위하여 필요하다고 인정되는 경우 금융기관에 대하여 자료제출을 요구할 수 있고, 금융감독원에 대하여 금융기관에 대한 검사 및 공동검사를 요구하고 검사결과의 송부를 요청하거나 필요한 시정조치를 요구할 수 있도록 하였다.[324] (iv) 한국은행 총재는 금융통화에 관한 사항에 대하여 국무회의에 출석하여 발언할 수 있도록 하였다.[325] (v) 한국은행의 요구에 따라 공권력 작용인 금융감독 기능을 분리하여 신설 금융감독위원회 및 금융감독원에 통합시켰다.[326]

---

322) 한국은행법 [법률 제5491호] 제1조.
323) 한국은행법 [법률 제5491호] 제13조 및 제17조.
324) 한국은행법 [법률 제5491호] 제87조 및 제88조.
325) 한국은행법 [법률 제5491호] 제90조.
326) 한국은행법 [법률 제5491호] 부칙 제18조.

제4장 경제질서와 한국은행

제1절 서 론

중앙은행에 대한 헌법적 근거는 국가마다 상이하다. 독일의 경우 기본법에서 중앙은행에 대한 근거규정[1]을 마련하고 있다. 즉, 기본법 제88조에서 "독일연방은 통화－발권은행으로 연방은행을 설치한다."고 규정하고 있다. 이러한 기본법 제88조는 독일기본법 제8장 '연방법률의 집행과 연방행정[2]'에 속해 있다. 하지만 기본법에서는 독일연방은행이 직접적 연방행정에 속하는지, 간접적 연방행정에 속하는지에 대해서는 전혀 규정한 바가 없다. 따라서 독일연방은행이 독립된 헌법기관인지, 연방행정관청인지, 제3의 기관인지 등에 대한 다양한 논쟁이 존재한다.

미국 연방헌법에서는 화폐에 대한 규제권한을 연방의회에게 부여하고 있다.[3] 즉 미국연방헌법 제1조 제8항 제5호에서는 "연방의회는 화폐를 주조하고, 미국화폐 및 외국화폐의 가치를 규정할 권한을 갖는다."고 규정하고 있다. 이 조항은 미 헌법상 중앙은행의 설립근거에 해당한다.[4] 미국은 중앙은행의 제도적 설계에 있어서 미국헌법의 기본원리인 연방주의(federalism) 원리 및 견제와 균형(checks and balances)의 원리를 철저히 적용하고 있다. 미국의 중앙은행인 연방준비제도는 미국의 헌법원리에 따라 설계되었다. 이러한 접근법은 (i) 금전적 이해관계에 대한 미국인들의 뿌리 깊은 혐오감 (ii) 북부와 남부의 지역적 적대감 그리고 (iii) 연방에 대한 지방의 우위를 강조하는 구성주의자(constructionist)들의 엄격한 헌법해석의 결과였다.[5]

영국의회는 1970년대부터 최근까지 모두 8차례에 걸쳐 성문헌법 제정을 시도하였다.[6] 가장 최근인 2015년 하원의 '정치·헌법개혁위원회'는 영국 내의 모든

---

1) GG Art. 88. "Der Bund errichtet eine Währungs－und Notenbank als Bundesbank."
2) GG. Ⅷ. Die Ausführung der Bundesgesetze und die Bundesverwaltung.
3) U.S. Constitution(이하 "U.S. Const."). Art. I Sec. 8 [5]. The Congress shall have Power To coin Money, regulate the Value thereof, and of foreign Coin, and fix the Standard of Weights and Measures.
4) Lovett, 2009, op.cit., p. 30.
5) Eichengreen, 2018, op.cit., pp. 361－362.
6) UK Parliament, 2011, *Mapping the Path to Codifying－or not Codifying－the UK's Constitution*,

헌법적 관습과 헌법적 법률을 조사하고 성문헌법의 초안을 작성한 바 있다.[7) 영국의회는 영국은행의 업무가 행정부의 국가재정업무에 속한다고 보고 있다. 또 영국의회는 재무장관이 국가재정업무, 즉 영국의 재정정책과 경제정책를 형성하고 실행할 책임이 있으며,[8) 영국은행은 재무장관이 통할하는 국가재정업무를 수행하는 기구 중 하나로 보고 있다. 그리고 현행 영국은행법 중에서 '총재, 부총재, 이사회의 구성과 기능', '영국은행과 재무부와의 관계' 등을 헌법적 사항으로 판단하고 있다.[9)

독일기본법과 달리 우리 헌법에는 중앙은행의 설치에 관한 명시적 근거 규정이 없다. 다만, 우리 헌법은 독일기본법과 달리 제9장에서 경제에 관한 별도의 장을 마련하고 있다. 우리나라의 중앙은행인 한국은행은 우리 헌법상 경제에 대한 기본조항인 제119조[10)에 근거하여 설립되었다. 우리 헌법 제119조 제1항에서는 "대한민국의 경제질서는 개인과 기업의 경제상의 자유와 창의를 존중함을 기본으로 한다."라고 규정하고 있고, 제2항에서는 "국가는 균형있는 국민경제의 성장 및 안정과 적정한 소득의 분배를 유지하고, 시장의 지배와 경제력의 남용을 방지하며, 경제주체간의 조화를 통한 경제의 민주화를 위하여 경제에 관한 규제와 조정을 할 수 있다."고 규정하고 있다. 한국은행의 헌법적 지위를 이해를 위해서는 우리 헌법 제119조를 포함한 경제헌법 전체에 대한 이해가 선행되어야 한다.

CDE01, 2011. 2. [https://publications.parliament.uk/] [최종검색 2020-10-11 23:07]

7) UK Parliament, 2015, *Consultation on A new Magna Carta*, HC599, UK Parliament, 2015. 3. [https://publications.parliament.uk/] [최종검색 2020-10-11 23:23]

8) UK Treasury, 2009, *HM Treasury Group Demartmental Strategic Objectives 2008-2011*, UK Government, 2009, para. 1.1.

9) UK Parliament, 2014, *A new Magna Carta*, HC463, UK Parliament, 2014. 6., pp. 76-78.

10) 대한민국헌법 제119조. ① 대한민국의 경제질서는 개인과 기업의 경제상의 자유와 창의를 존중함을 기본으로 한다.
② 국가는 균형있는 국민경제의 성장 및 안정과 적정한 소득의 분배를 유지하고, 시장의 지배와 경제력의 남용을 방지하며, 경제주체간의 조화를 통한 경제의 민주화를 위하여 경제에 관한 규제와 조정을 할 수 있다.

제2절 경제헌법

1. 서 론

경제에 관한 헌법조항 전체를 경제헌법(Wirtschaftsverfassung)이라 하고, 일국의 기본적인 경제구조를 경제질서(Wirtschaftsordnung)라고 한다. 경제질서는 그 기준에 따라 자유시장경제질서, 사회적 시장경제질서, 사회주의적 계획경제질서 등 여러 가지 모델로 유형화할 수 있다.[11] 경제헌법이라는 개념은 시대에 따라 다른 의미를 지닌다. 과거에는 경제질서를 규율하는 공법과 사법의 총체를 의미하기도 했지만,[12] 현재에는 헌법상 규정된 경제에 관한 규정의 총체를 의미한다.[13]

1950~1960년대 독일에서는 뵘(Franz Böhm), 오이켄(Walter Eucken) 등 프라이브르크 학파를 중심으로 경제헌법 논쟁이 시작되었고, 니퍼다이(Hans Carl Nipperdey), 후버(Ernst Rudolf Huber) 등이 가세하면서 경제헌법 논쟁은 절정에 이르렀다. 이러한 논쟁은 (i) 동서 냉전을 시대적 배경으로 (ii) 국가와 사회의 관계를 어떻게 볼 것인지 (iii) 정치헌법과 경제헌법을 구별할 것인지 (iv) 경제헌법을 이념적, 원리적 성격을 지닌 특정한 경제체제 또는 경제질서로 볼 것인지 (v) 바이마르헌법[14]과 달리 경제생활에 관한 규정을 두지 않고 직업의 자유, 재산권의 보장, 일반적 행동의 자유 등만을 규정하고 있는 독일기본법을 어떻게 해석할 하는지 등의 문제와 맞물려 복잡하게 전개되었다.

하지만 1990년대 소비에트연방의 붕괴를 계기로 전 세계 거의 모든 나라들이 자유시장경제질서에 편입되었다. 따라서 현재는 경제헌법을 이념적·원리적 의미로 이해하려는 시도는 존재하지 않는다.[15] 현재는 경제헌법이라는 용어를 사

---

11) Nipperdey, H. C., 1954, *Die Soziale Marktwirtschaft in der Verfassung der Bundesrepublik*, Müller, Karlsruhe, S. 10ff.

12) 권영성, 2010, 앞의 책, 160면.

13) Badura, P. , 2011, *Wirtschaftsverfassung und Wirtschaftsverwaltung* (4., neubearbeitete Auf.), Mohr Siebeck, Tübingen, S. 10.

14) Weimarer Reichsverfassung(이하 "WRV"), Art. 151-166.

15) 전학선, 2016, "인간안보를 통한 인권보장 강화"「서울법학」(서울시립대학교 법학연구소) 24(1), 2016. 5., 67-106면: "1990년대는 국제사회에서 냉전시대가 끝나고 국가간 협력을 바탕으로 세계화가 추진되기 시작한 시기라 할 수 있다. 국제사회에서 동서의 이념적 대립보다는 인간(국민)의 삶의 질을 향상시키는 문제가 더 중요한 과제가 되기 시작한 것이다. 그 이전에는 이념적 대립을 통하여 국가의 존립이 중요한 문제가 되어 국가안보가 국제사회의 중요한 화두였으나 국가의 안전이 결국 국가의 구성원인 국민의 안전을 보장하기 위한 것이 되고, 인간(국민)의 안전이 국가의 존립의 기초가 된다는 인식 하에 국가 안보와 더불어 새롭게 인간안보(La Séuritéhumaine)의 개념이 등장하게 되었다. 인간안보는 1994년 국제연합개발계획(Programme des Nations

용하지 않거나, 사용하더라도 이념적·체계적 색깔을 배제하고 헌법전에 명시된 경제에 관한 규정의 의미로 사용하고 있다.[16][17] 특히 EU 통합 이후의 독일에서는 독일기본법과 유럽연합법에서 규정하고 있는 경제질서에 관한 기본적 규정을 경제헌법이라고 부르는 경향이 있다.

2. 경제헌법 논쟁

1) 독일의 논의

(1) 배 경

바이마르헌법[18]과 달리 독일기본법에서는 경제생활을 규제하는 별도의 장을 마련하고 있지 않다. 독일기본법은 직업의 자유,[19] 재산권의 보장,[20] 일반적 행

Unies pour le développement, PNUD)이 새로운 안보개념을 제시한 것으로 국제사회의 중요한 주제가 되었다. 인권보장은 우리 사회에서 가장 중요한 문제이고 현대 민주주의의 목표라 할 수 있다. 과거에는 국가안보를 중요시하고 이와는 별도로 국가 내에서의 기본권 보장을 논의하였으나, 현재는 인간안보의 개념에 대해서도 고찰을 할 필요가 있다. 인권의 개념이 국가 내의 문제에서 이제는 국제적인 문제로 다루어져야 하는 시대에서 인간안보는 인권보장의 국제적 개념이라 할 수도 있다. 환경문제라든가 난민, 기근, 자연재난 등의 문제는 이제 한 국가 내의 문제에 한정되는 것이 아니라 국제적인 문제가 되고 있다. 단지 인간이 무엇이든지 자유로이 할 수 있다는 자유권의 개념에서 확장하여 국제사회가 인간의 안보를 보장하고 이를 위하여 국제 협력을 강화하여야 할 필요가 있는 것이다."

16) Badura, 2011, a.a.O., S. 10.
17) 권영성, 2010, 앞의 책, 160면.
18) 김철수, 2008a, 〈헌법학(상)〉 (전면개정신판), 박영사, 서울, 308면: "... 바이마르헌법의 경제질서는 제2편(기본권)의 제5장(경제생활)에서 비교적 상세하게 규정하고 있는데 그 내용은 다음과 같다.
    1) 혼합경제제도: 바이마르의 경제헌법 규정은 절충적 경제질서를 채택하고 있다. 전통적인 자유경제체제를 유지하면서 사회적이고 국가적인 경제정책을 수행하려 하였다.
    2) 자유경제적 측면: 바이마르헌법은 한편으로는 개인의 경제적 자유권, 상공업의 자유, 소유권의 자유, 계약의 자유, 정신적 노동의 보장 및 발명가와 저작자의 권리를 보장하고 또 중산계급의 보존을 규정하고 있다(바이마르헌법 제151조 제2항·제3항, 제152조, 제153조, 제158조).
    3) 사회적 유보: 그러나 이러한 자유경제의 보장은 사회적 유보와 법률의 유보에 의하여 상대화되었다. 경제생활의 질서는 모든 사람에게 인간다운 생활을 보장하는 것을 목적으로 하는 정의의 원칙에 적합하여야 한다(제151조 제1항). 뿐만 아니라 공공복리의 보다 큰 요청을 보호하기 위하여 국가가 강제적으로 개입할 수 있었으며, 그 외에도 소유권은 의무를 지며, 소유권행사는 동시에 공공복리에 적합하여야 했다(제53조 제3항).
    4) 사회화규정: 그 외에도 토지개혁이나 사기업의 사회화, 공공경제의 원칙 및 노동자의 단결권을 인정하고 노동조합의 권리를 보장함으로써 사회적인 국가경제, 공공경제에의 길을 열어놓았다(제155조, 제156조).
    5) 국가경제평의회: 그 외에도 국가경제평의회는 모든 중요한 직업집단의 그 경제적, 사회적 지위에 상응하는 대표로서 구성되어 사회정책과 경제정책에 관한 법률안으로서 기본적 결정을 내리는 경우에는 의견을 제출할 수 있었으며, 또 이러한 법률안을 스스로 건의할 권한을 가지고 있었다."
19) 독일기본법 제12조. ① 모든 독일인은 직업, 작업장 및 교육장을 자유로이 선택할 권리를 가진

동의 자유(Allgemeinen Handlungsfreiheit)[21] 등 경제와 관련된 기본권을 규정하고는 있지만 경제질서에 관한 규정은 두고 있지 않다. 독일헌법평의회(Parlamentarische Rat)는 경제생활에 대해서는 장래에 유보하기를 원했던 것이다. 다만, 독일기본법에서는 사회국가의 원리[22]를 선언하고 있는데다 바이마르 헌법과 마찬가지로 사회화(Sozialisierung)[23]에 관한 규정을 그대로 존치하고 있다. 따라서 제2차 세계대전 이후부터 비교적 최근까지 독일기본법이 경제헌법을 포함하고 있는지에 대한 논쟁이 계속되었다.

(2) 학설의 전개

경제헌법에 대한 논의는 국가와 사회의 구별을 전제로, 정치헌법에는 정치적 원리가 적용되고 경제적 영역에는 경제적 원리가 적용된다는 구상에서 출발하였다. 따라서 국가와 사회의 구별을 전적으로 부정하는 입장에서는 정치헌법과 구별되는 별개의 경제헌법을 인정하지 않는다. 엠케(Horst Ehmke)는 오늘날과 같은 민주주의 사회에서는 국가와 사회의 구별이 현실적 이유를 상실하였기 때문에(국가와 사회의 자동성) 정치헌법과 구별되는 경제헌법의 개념자체가 불필요하다는 입장이다.[24] 이와 반대로 국가와 사회를 구별하는 입장은 다시 두 가지 견해로 나누어 볼 수 있다. 하나의 견해[25]는 국가와 사회의 완전한 독립성을 강조하면서 정치헌법과 다른 경제헌법의 필요성을 주장한다. 또 다른 견해[26]는 국가와 사회의 구별은 인정하지만 양자 간의 상호교차관계의 필연성을 인정하는 입장으로서 정치헌법과 일체성을 갖는 경제헌법의 개념을 주장한다.

다. 직업의 행사는 법률에 의하거나 법률에 근거하여 제한될 수 있다.

20) 독일기본법 제14조. ① 재산권과 상속권은 보장된다. 그 내용과 한계는 법률로 정한다.

21) 독일기본법 제2조. ① 누구든지 다른 사람의 권리를 침해하거나 헌법질서 또는 도덕률에 반하지 않는 한 자기의 인격을 자유로이 실현할 권리를 가진다.

22) 독일기본법 제20조. ① 독일연방공화국은 민주적이고 사회적 연방 국가이다.

23) 독일기본법 제15조. 토지, 천연자원 및 생산수단은 사회화를 목적으로 보상의 종류와 정도를 규정하는 법률에 의하여 공유재산 또는 공동관리경제의 다른 형태로 전환될 수 있다. 그 보상에는 제14조 제3항 제3문 및 제4문을 준용한다.

24) Ehmke, H., 1961, *Wirtschaft und Verfassung*, C. F. Müller, Karlsruhe, S. 7ff.

25) Ballerstedt, K., 1958, "Wirtschaftsverfassungsrecht," In: Neumann, F. L. (hrsg.) *Die Grundrechte* (Bd. Ⅲ/Ⅰ), Duncker & Humblot, Berlin, S. 11: "경제헌법의 개념은 사회적 법치국가에서만 가능한 개념이다. 자유주의 국가에서 '경제'는 헌법에서 소외된 헌법외적 요소를 의미하고, 전체주의 국가에서 '경제'는 다른 모든 생활영역과 함께 통일적인 국가적 의사에 종속되기 때문이다. 하지만 사회적 법치국가에서 정서된 경제질서는 하나의 기본적 법가치를 의미하게 된다. 따라서 경제헌법은 단순히 경제에 관한 헌법규정을 의미하는 것이 아니라, 시장에 의해 매개되고, 기업, 노동, 가계를 서로 결합시키는 경제공동체의 기본적 질서를 의미하게 된다. 따라서 경제헌법은 국가적 헌법과 동등한 입장에 서있는 사회적 헌법을 의미한다. 경제헌법은 전체헌법의 일부분을 구성한다."

26) Nipperdey, H. C., 1950, "Die Grundprinzipien des Wirtschaftsverfassungsrechts," *Deutsche Rechtszeitschrift*, S. 193ff.; Huber, 1953, a.a.O, S. 23ff.

니퍼다이(Hans Carl Nipperdey)는 독일기본법이 사회적 시장경제(Sozialen Marktwirtschaft)를 내용으로 하는 경제헌법을 기초로 만들어졌다고 주장했다. 그는 독일기본법 제2조 제1항[27])이 규정하고 있는 일반적 행동의 자유를 시장경제의 마그나 카르타로 보았고, 시장경제원리는 사회국가원리(Sozialstaatsprinzip)를 통해서 보완된다고 생각했다.[28]) 니퍼다이에 따르면 사회적 시장경제질서는 헌법이 보장하는 기본질서이기 때문에 입법자가 입법과제를 수행하면서 반드시 고려해야 하고, 개별법률은 사회적 시장경제질서에 위반되어서는 안 되는 규범적 한계를 부담하게 된다.

후버(Ernst Rudolf Huber)는 니퍼다이의 견해에 반대하며, 독일기본법은 혼합적 경제헌법(gemischten Wirtschaftsverfassung)을 기반으로 하고 있다고 주장했다.[29]) 혼합적 경제헌법은 한편으로는 기본권을 통해 개방성을 보장하고 다른 한편으로는 국가적 규제를 통해 시스템적 폐쇄성을 유지하는 것이라고 했다.

한편 아벤트로트(Wolfgang Abendroth)는 독일기본법의 사회국가적 요소를 강조하면서, 기본법상 사회국가 조항[30])은 사회가 스스로 자신의 경제적 토대를 재구성할 수 있는 헌법적 가능성을 부여한 것이라고 보았다. 따라서 그에 의하면 자유민주적 기본질서를 침해하지 않는 범위 내에서는 사회주의(Sozialismus) 원리도 실현가능하게 된다.[31])

결국 국가와 사회의 이분법적 사고를 토대로 정치헌법과 경제헌법의 분리하고 경제헌법을 사회적 영역으로 귀속시키려고 했던 경제헌법의 논의는 실패하고 만다. 왜냐하면 '국가와 사회'의 이분법적 분리와 '정치와 경제'의 일도양단적 구별이 불가능할 뿐더러, 헌법의 이념성 때문에 경제헌법의 해석을 두고 이념적 대립과 투쟁이 격화됨으로써 경제헌법의 수단적 성격이 반감되고 국가적 통일성이 훼손될 위험성도 존재하기 때문이다. 이미 언급했듯이 1990년대 공산권의 붕괴와 함께 경제헌법에 대한 논쟁은 자연스럽게 사라지게 되었다.

(3) 독일연방헌법재판소의 정리

1954년 독일연방헌법재판소는 유명한 투자지원 판결(InvestitionshilfeEntscheidung)[32][33])을 통해 "독일기본법은 행정권과 입법권의 경제정책적 중립성(wirtschafts

---

27) 독일기본법 제2조 ① 누구든지 다른 사람의 권리를 침해하거나 헌법질서 또는 도덕률에 반하지 않는 한 자기의 인격을 자유로 이 실현할 권리를 가진다.
28) Nipperdey, 1950, a.a.O., S. 193ff.
29) Huber, 1953, a.a.O, S. 23ff.
30) 독일기본법 제20조 제1항. 독일연방공화국은 민주적, 사회적 연방국가이다.
31) Abendroth, W., 1975, "Begriff und Wesen des sozialen Rechtsstaats," In: Perels, J. (hrgs.), *Arbeiterklasse, Staat und Verfassung*, Europäische Verlagsanstalt, Frankfurt (Main)/Köln, S. 67
32) Entscheidungen des Bundesverfassungsgerichts(이하 "BverfGE") 4, 7.

politische Neutralität)을 보장하지 않을 뿐더러 시장조화적 수단으로만 통제되는 (국가가 아닌) 사회의 시장경제(soziale Marktwirtschaft)를 보장하고 있지도 않다."고 판결하였다.34) 독일연방헌법재판소는 독일기본법이 어떠한 경제체제를 채택하고 있는지는 명시하지 않고, '기본법이 경제정책에 대해 중립적이지 않다'라는 사실만을 인정하였다.

이후 독일연방헌법재판소는 이와 유사한 논지의 헌법판례를 형성해왔고, 1972년 노사공동결정 판결(Mitbestimmungsentscheidung)35)36)에서도 동일한 논지를 통해 동법의 합헌성을 확인한 바 있다. 다만, 이 판결에서 독일연방헌법재판소는 의회가 기본권 형성적 입법을 하는 경우에는 일정한 한계가 있음을 강조하고 있다. 즉, "의회가 경제질서를 형성함에 있어서는 '다른 모든 것이 변하더라도 결코 변하지 않기를 기본법이 의도하고 있는 것', 즉 각각의 기본권이 보장하는 개별적 자유가 침해되지 않도록 해야 할 의무가 있다. 기본법의 취지를 종합해 보건대 이러한 의무가 지켜지지 않는다면 인간의 존엄성 유지가 불가능해지기 때문이다. 의회는 기본권과 경제정책을 조화롭게 형성할 임무가 있다."37)

이후 이와 유사한 판례의 태도를 유지하는 가운데, 독일연방헌법재판소는 다음과 같은 판례이론을 정립하였다. 즉 독일기본법상 사회국가원리38)를 바탕으로 인간의 존엄,39) 일반적 행동의 자유40)가 결합하여 "헌법국가라는 형태 안에 사회민주주의(soziale Demokratie)라는 객관적 가치질서"가 형성되었다고 판단한 것이다. 그리고 이러한 사회민주주의의 객관적 가치질서로부터 국가의 임무 특히, 생존배려 영역에 대한 국가의 임무가 도출되며, 국가는 '기본법의 영속보장(Ewigkeitsgarantie) 원칙'41)을 준수해야 한다고 판시하고 있다.

---

33) 기간산업 육성자금을 마련하기 위해 일반기업에게 부담금을 부과하도록 한 투자지원법(Gesetz über die Investitionshilfe der gewerblichen Wirtschaft)의 위헌여부에 대한 판결.

34) 동 판결에서 독일연방헌법재판소는 "기본법이 상정하는 인간상(Menschenbild)은 고립적이고 주권적인 개체로서의 인간상(isolierten souveränen Individuum)이 아니다. 기본법이 상정하는 인간상은 자신의 고유한 가치(Eigenwert)를 침해받지 않으면서도 공동체와 연관성(Gemeinschaftsb−ezogenheit)을 맺고 공동체에 구속(Gemeinschaftsgebundenheit)된다는 의미에서 공동체와 긴장관계를 지닌 인간상을 의미한다."고 판시한 바 있다.

35) BVerfGE 50, 290.

36) 기업이 2천명 이상의 노동자를 고용하는 경우, 감사이사회(Aufsichtsrat)의 절반을 근로자대표로 구성하도록 강제하고 있는 노사공동결정법(Mitbestimmungsgesetz)의 위헌여부가 문제된 판결.

37) BVerfGE 7, 377 (400).

38) 독일기본법 제20조 제1항. 독일연방공화국은 민주적, 사회적 연방국가이다.

39) 독일기본법 제1조 제1항. 인간의 존엄은 불가침이다. 이를 존중하고 보호하는 것은 모든 국가권력의 의무이다.

40) 독일기본법 제2조 제1항. 누구든지 타인의 권리를 침해하지 않고 헌법질서나 도덕률에 반하지 않는 한, 자신의 인격을 자유로이 발현할 권리를 가진다.

41) 독일기본법 제79조 제3항. 연방을 각 지방으로 분할 편성하는 것, 입법에 있어서 지방의 원칙적

이러한 연방재판소의 판례[42]는 기본법이 사회국가 형성을 위해 의회에게 부여한 광범위한 입법재량권의 범위와 형태를 비교적 간명하게 정리해준 데 의미가 있다.

2) 국내적 논의

(1) 배 경

한국헌법은 바이마르헌법의 예에 따라 경제에 대한 별도의 장(제9장, 제119조 – 제127조)을 두고 있다. 우리나라의 경제헌법 문제를 이해하기 위해서는 우리 헌법 제9장의 핵심조항인 제119조를 이해해야 하며, 우리 헌법 제119조를 이해하기 위해서는 우리 헌법의 기본원리와 기본질서가 무엇인지에 대한 이해가 선행되어야 한다.

헌법의 기본원리(verfassungsrechtliche Leitprinzip)란 그 명칭과 관계없이 헌법질서의 전체적 형성에 있어서 그 기초나 지주가 되는 원리를 의미한다. 즉, 헌법의 기본원리란 정치적 통일과 정의로운 경제질서를 형성하고 국가의 과제를 수행하는 데 준거가 되는 지도적 원리를 의미한다.[43] 학자에 따라서 헌법원리(Verfassungsprinzip), 헌법원칙(Verfassungsgrundsatz), 국가목적규정(Staatszielbestimmung) 등과 같이 다양한 명칭을 사용한다. 헌법의 기본원리는 법적으로 직접적 구속력을 갖는다. 헌법의 기본원리는 헌법과 모든 법령해석의 척도가 되며, 입법과 정책결정에 방향을 제시하며, 모든 국가기관과 공직자, 그리고 모든 국민의 행동지침이 되며 헌법개정의 한계가 된다.[44]

헌법의 기본원리는 헌법전에 명확하게 규정하는 경우도 있고, 그렇지 않은 경우도 있다. 독일기본법[45]이 전자에 속하고, 우리 헌법은 후자에 속한다. 따라서 우리의 경우에는 헌법전문과 전체 헌법규정들을 통해서 기본원리를 추론해 내야 하는 문제가 있다. 따라서 한국헌법의 기본원리가 무엇인지에 대해서는 국내의 학설이 일치되어 있지 않다. 이에 더해서 원리(Prinzip)를 구체화한 것이 질서(Ordnung)이기 때문에 헌법원리와 헌법질서는 구분해서 보아야 한다는 견해[46]

인 협력 또는 제1조와 제20조에 규정된 원칙들에 저촉되는 기본법의 개정은 허용되지 아니한다.

42) Vgl. BVerfGE 38, 258 (270 f.); BVerfGE 66, 248 (258); BVerfGE 45, 63 (78 f.).

43) Scheuner, U., 1952c, *Die Auslegung verfassungsrechtlicher Leitgrundsätze*, Beck, München, S. 39.

44) 김철수, 2008a, 앞의 책, 137면; 권영성, 2010, 앞의 책, 125 – 126면.

45) 독일기본법 제20조 제1항. 독일연방공화국은 민주적, 사회적 연방국가이다.
제28조 제1항 제1문. 지방의 헌법질서는 이 기본법에서 의미하는 공화적, 민주적 및 사회적 법치국가의 제 원칙에 부합하여야 한다.

46) 허영, 2020, 앞의 책, 171면.

까지 반영하게 되면 전체 학설은 정리하기 곤란할 정도로 복잡한 양태를 지니게 된다.

국내의 다수견해는 니퍼다이(Hans Carl Nipperdey)를 직접 인용하고 있지는 않지만 내용적으로는 그가 주장하는 사회적 시장경제(Sozialen Marktwirtschaft) 이론을 수용하고 있다. 다만, 독일기본법과 우리 헌법의 규범구조적 차이를 반영하여 사회국가원리로부터 사회적 시장경제질서를 직접 도출해내기보다는 우리 헌법 제119조를 통해서 사회적 시장경제질서를 이끌어내려고 한다. 따라서 경제헌법에 대한 국내적 논의는 주로 '헌법 제119조의 체계적 지위', '헌법 제119조 제1항과 제2항의 규범구조'를 중심으로 이루어진다.

(2) 헌법 제119조의 체계적 지위
① 학설의 전개

헌법 제119조의 헌법체계적 지위와 그 성격은 한국헌법의 기본원리에 대한 학자들의 견해에 따라 달라진다.

제1설[47]은 '근본이념 → 기본원리'의 체계로 헌법의 기본원리를 설명한다. 우선, (i) 헌법의 근본이념에는 헌법전문, 국민주권 이념, 정의사회 이념, 문화민족 이념, 평화추구 이념이 있다. 그리고 이러한 근본이념 중에서 (ii) '국민주권 이념'의 실현원리로는 자유민주주의 원리와 법치주의 원리가 있고, '정의사회 이념'의 실현원리로는 사회적 기본권의 보장, 사회국가원리, 수정자본주의원리(사회적 시장경제질서)가 있고, '문화민족 이념'의 실현원리로는 문화국가원리, 혼인가족제도가 있고, '평화추구 이념'의 실현원리로는 평화통일의 원칙과 국제법존중주의 원칙이 있다. (iii) 따라서 우리 헌법 제119조는 '정의사회 이념'의 실현을 위한 '수정자본주의원리(사회적 시장경제질서)'와 관련된다.

제2설[48]도 제1설과 마찬가지로 '근본이념 → 기본원리'의 체계로 헌법의 기본원리를 설명한다. 다만, (i) 우리 헌법의 근본이념을 국민주권, 입헌주의, 기본권의 보장, 공동체의 보장으로 보고 있고 (ii) 기본원리를 국가구조의 기본원리(민주공화국가, 법치국가, 단일국가), 경제영역의 기본원리(시장경제, 경제에 관한 헌법규정), 사회영역의 기본원리(사회정의, 복지국가), 문화영역의 기본원리(문화공동체), 국제영역의 기본원리(평화주의, 국제법존중, 외국인 지위보장)로 구분하고 있다. (iii) 따라서 우리 헌법 제119조는 경제영역의 기본원리로 자리잡게 된다. 다만, 이 견해는 우리 헌법이 '시장경제체제'를 정하고 있을 뿐 '사회적 시장경제질서'를 채택

---

47) 허영, 2020, 앞의 책, 143-191면.
48) 정종섭, 2018, 〈헌법학원론〉, 박영사, 서울, 222-272면.

한 것은 아니라고 보고 있다.

제3설[49)은 '기본원리 → 기본질서'의 체계로 헌법의 기본원리를 설명한다. 우선, (i) 헌법의 기본원리에는 국민주권주의, 자유민주주의, 권력분립주의, 평화통일주의, 문화국가주의, 국제평화주의, 군의 정치적 중립성 보장, 기본권존중주의, 복지국가주의, 사회적 시장경제주의가 있다. (ii) 그리고 이러한 기본원리가 구현된 기본질서에는 민주질서(국민주권주의, 민주적 기본질서), 정치질서(정당제도, 선거제도), 행정질서(법치주의, 직업공무원제도), 사회경제질서(사회복지주의, 사회적 시장경제주의), 국제질서(국제평화주의, 평화통일주의, 국제법존중주의)가 있다. (iii) 따라서 우리헌법 제119조는 '사회적 시장경제주의(기본원리)'가 구체적으로 구현된 '사회경제질서(기본질서)'와 관련된다.

제4설[50)도 '기본원리 → 기본질서'의 체계로 헌법의 기본원리를 설명한다. 다만, (i) 우리헌법의 기본원리를 국민주권의 원리, 자유민주주의, 사회국가의 원리, 문화국가의 원리, 법치국가의 원리, 평화국가의 원리로 구분한다. (ii) 이러한 기본원리가 구현된 기본질서로는 정치적 기본질서(민주적 기본질서), 경제적 기본질서(사회적 시장경제질서), 평화주의적 국제질서(국제평화주의, 평화통일의 원칙)를 들고 있다. (iii) 이에 따르면 우리 헌법 제119조는 '경제적 기본질서'로서의 '사회적 시장경제질서'와 관련된다.

제5설[51)은 '기본원리'만 설명하고 있다. (i) 우리 헌법의 기본원리는 ㉠ 이념적 법적 기초로서의 국민주권주의, ㉡ 정치적 기본원리로서의 자유민주주의(민주적 기본질서, 대의제와 직접민주주의의 조화, 민주적 선거제도, 민주적 정당제도, 법치주의), ㉢ 경제, 사회, 문화의 기본원리로서의 사회복지국가(사회복지국가원리, 사회적 시장경제주의, 문화국가 원리), ㉣ 국제질서의 기본원리로서의 국제평화주의(국제평화주의, 평화통일주의, 국제법존중주의)가 있다. (ii) 따라서 우리헌법 제119조는 '경제, 사회, 문화의 기본원리로서의 사회복지국가' 중에서 '사회적 시장경제주의'와 관련된다.

② 검 토

학계의 다수견해와 헌법재판소의 일부판례[52)는 한국헌법상의 경제질서를 사

---

49) 김철수, 2008a, 앞의 책, 137-142면, 183-352면.
50) 권영성, 2010, 앞의 책, 125-182면.
51) 성낙인, 2020, 앞의 책, 131-330면.
52) 예컨대, 헌재 2001. 6. 28. 2001헌마132, 판례집 13-1, 1441; 헌재 1996. 4. 25. 92헌바47, 판례집 8-1, 370; 헌재 1998. 5. 28. 96헌가4 등, 판례집 10-1, 533-534면: "헌법 제119조는 제1항에서 대한민국의 경제질서는 개인과 기업의 경제상의 자유와 창의를 존중함을 기본으로 한다고 규정하여 사유재산제도, 사적 자치의 원칙, 과실책임의 원칙을 기초로 하는 자유시장 경제질서를 기본으로 하고 있음을 선언하면서, 한편 그 제2항에서 국가는 …… 경제주체간의 조화를 통한 경제의 민

회적 시장경제로 파악하고 있다. 그리고 사회적 시장경제는 '사유재산제를 바탕으로 자유경쟁을 존중하는 자유시장경제질서를 기본으로 하면서도 이에 수반되는 갖가지 모순을 제거하고 사회복지, 사회정의를 실현하기 위하여 국가적 규제와 조정을 용인하는 경제질서'라고 정의하고 있다.[53] 이렇듯 한국의 '사회적 시장경제'는 혼합경제질서 또는 수정자본주의적 경제질서[54]와 같은 의미로서 이해되고 있다.

그러나 사회적 시장경제질서를 사회현상으로서 파악하는 것이 아니라 헌법적으로 보장되는 규범적 원칙에 근거하여 '규범적 의미'로 파악하는 경우 여러 가지 문제가 발생한다. 시장경제를 헌법상 보장된 원리나 질서로 파악하게 되면, 시장경제는 민주주의 원리, 법치국가 원리, 사회국가 원리처럼 헌법의 기본원리가 되어 객관적 원칙으로서 국가기관을 구속하는 헌법규범적 성격을 갖게 된다. 헌법상 기본원리로서 사회적 시장경제질서는 국가에게 사회적 시장경제질서를 유지하고 실현해야 할 의무를 부과한다.

사회적 시장경제질서를 헌법의 질서로 인정하면, 시장경제체제에 반하는 것은 곧 헌법위반을 의미하게 된다. 국가의 경제정책은 법치국가 원리라는 척도 이외에도 시장경제 원리를 기준으로 심사되어야 한다. 그러나 무엇이 시장경제체제에 합치하는 것인지에 대해서는 시장경제를 전문적으로 다루고 있는 학문분야인 경제학 자체에서도 명확한 기준이 존재하지 않는다.[55] 따라서 이러한 접근방법은 문제를 해결하는 것이 아니라 새로운 문제를 야기한다. 명확한 기준 없는 사회현상에게 헌법이 맡겨지게 되는 것이다. 규범이 사실을 규율하는 것이 아니라, 사실이 규범을 선도하게 되는 것이다.

보다 근본적인 문제는 사회적 시장경제질서가 국가경제정책의 위헌여부를 판단할 수 있는 독자적인 규범적 기준을 제공할 수 없다는 점이다. 시장경제기능에 대한 보호의 요청은 결국 기본권 보호를 위한 과잉금지원칙과 규범적 의미가 같아진다. 사회적 시장경제질서를 존중하는 국가경제정책이란 경제적 자유를 존중하는 국가경제정책일 뿐이다. 사회적 시장경제질서에 부합하는 국가경제정책을

주화를 위하여 경제에 관한 규제와 조정을 할 수 있다고 규정하고, 헌법 제34조는 모든 국민은 인간다운 생활을 할 권리를 가진다(제1항), 신체장애자 및 질병·노령 기타의 사유로 생활능력이 없는 국민은 법률이 정하는 바에 의하여 국가의 보호를 받는다(제5항)고 규정하여 사회국가원리를 수용하고 있다. 결국 우리 헌법은 자유시장 경제질서를 기본으로 하면서 사회국가원리를 수용하여 실질적인 자유와 평등을 아울러 달성하려는 것을 근본이념으로 하고 있는 것이다."

53) 헌재 1996. 4. 25. 92헌바47, 판례집 8-1, 379-380면.
54) 허영, 2020, 앞의 책, 170면.
55) Schmidt, R., 1971, *Wirtschaftspolitik und Verfassung*, Nomos Verlagsgesellschaft, Baden-Baden, S. 66.

요구하는 것은 결국 경제적 자유라는 기본권에 부합(Grundrechtskonformität)[56]하는 국가경제정책을 요구하는 것을 의미한다. 이러한 요청은 경제적 자유를 보장하는 기본권과 과잉금지원칙에 의하여 이미 충분히 고려되고 있기 때문에, 기본권의 헌법적 보장 외에 별도로 시장경제질서를 헌법적으로 보장하는 것은 불필요하다.

헌법으로부터 '사회적 시장경제질서'의 헌법적 보장을 도출한다 하더라도, 규범성이 결여되어 있기 때문에[57] 국가경제정책의 위헌성을 판단하는 규범적 심사 기준을 제공할 수 없다. 시장경제질서는 기본권과 법치국가적 과잉금지원칙을 통하여 비로소 헌법적으로 구체화되고, 기본권과 경제적 자유로의 개념적 전환을 통해서만 비로소 규범의 영역에 들어오고 규범적 효력을 가지기 때문이다.

(3) 헌법 제119조의 규범구조
① 학설의 전개

우리 헌법은 제119조 제1항에서 "대한민국의 경제질서는 개인과 기업의 경제상의 자유와 창의를 존중함을 기본으로 한다."고 규정하고 있고, 제2항에서 "국가는 균형있는 국민경제의 성장 및 안정과 적정한 소득의 분배를 유지하고, 시장의 지배와 경제력의 남용을 방지하며, 경제주체간의 조화를 통한 경제의 민주화를 위하여 경제에 관한 규제와 조정을 할 수 있다."고 규정하고 있다.

국내의 다수견해[58]는 우리헌법 제119조 제1항은 자유시장경제를 규정한 원칙적 규정이고, 헌법 제119조 제2항은 그에 대한 예외로서 국가의 경제에 관한 규제 가능성을 규정한 예외적 규정이며, 제1항과 제2항의 관계를 종합해 보면 결국 헌법 제119조는 사회적 시장경제질서(수정자본주의)를 채택한 것이라고 보고 있다.

② 검 토

헌법 제119조의 제1항과 제2항의 관계를 '경제적 자유'가 원칙이고 국가의 간섭이 '예외'라는 '원칙과 예외의 관계'로 설명하기에는 곤란한 문제들이 있다.[59] 물론 경제에 대한 국가의 간섭이 공익실현의 사유로 특별히 정당화되어야 한다는 의미에서, 원칙과 예외의 관계로 표현될 수는 있다. 하지만 이러한 형식적 의미를

---

56) Kloepfer, M., 2010, *Verfassungsrecht*. Bd. Ⅱ, C. H. Beck, München, S. 36ff.
57) Schmölders, G., 1946, "Die Bedeutung der Wirtschaftsordnung für die politische Verfassung," *SJZ*, 1, S. 142ff.
58) 김철수, 2008a, 앞의 책, 309-314면; 권영성, 2010, 앞의 책, 167-169면; 허영, 2020, 앞의 책, 172-173면; 성낙인, 2020, 앞의 책, 287-288면.
59) 정종섭, 2016, 앞의 책, 230-231면.

넘어서 헌법 제119조로부터 '국가경제정책을 제한하는 또 하나의 헌법적 기준'을 도출하려는 시도는 아무런 실효성이 없다.

뿐만 아니라 헌법 제119조를 원칙과 예외의 관계로 해석하려는 견해는 국가와 자유의 관계를 고전적 의미에서 '국가와 자유의 대립관계'로만 이해하고, 국가의 간섭이 자유의 실현에 기여한다는 측면을 간과하고 있다. 이러한 견해는 국가와 사회의 구별에서 출발하여 '현존하는 통일체로서의 국가'를 '현존하는 다원적 존재로서의 사회'와 별개의 것으로 대립시키고 있다. 이 같은 이원주의는 제1차 세계대전 이전의 자유주의적 관념에 뿌리를 두고 있다. 이 같은 이원주의는 군주와 관료로 대표되는 '국가권력'과 정치적 형성으로부터 배제된 '사회'와의 관계를 표현하고 있다. 이 이론에 따르면 '사회'는 원칙적으로 자율에 맡겨져 있고, '국가'는 사회의 고유법칙적 진행에 장애가 생긴 경우에만 개입하게 된다.[60]

그러나 현대적 민주국가에서는 이러한 이원주의의 전제조건들이 사라졌다. 국가의 조직적, 계획적인 형성작용이 없이는 현대적 사회생활이 불가능하다. 이와 반대로 민주적 '국가'는 '사회'와 협동작업을 하는 가운데 만들어진다. 사회적 생활은 정치적 통일형성의 과정에서 국가적 생활과 상당히 밀접한 관계를 가진다. 오늘날 경제적·사회적 생활에 있어서는 국가작용의 사회적 영향, 국가작용에 대한 사회적 참여가 중요하다. 따라서 국가와 사회를 상호무관하게 대립시키는 것은 의미가 없다.[61] 국가는 일부 국민의 자유에 대한 제한을 통하여 다수 국민의 자유를 실현하고자 한다. 원칙과 예외의 관계를 통한 '개인과 국가'의 평면적 대립관계의 설정은 오늘날 사회적 법치국가에서 실질적 자유의 보장 문제와 다수의 자유를 실현하고 보장하기 위한 국가활동의 필요성에 대한 시야를 가리게 할 위험이 있다. 공익실현을 위한 국가의 간섭이 다수의 경제적 자유의 실현에 기여한다는 의미에서 '경제적 자유'와 '국가적 간섭' 사이에는 필연적 연관관계가 존재한다.

관념적으로는 헌법 제119조 제1항과 제2항의 관계를 경제적 자유가 원칙이고 국가의 간섭이 예외라는 원칙과 예외의 관계로 이해할 수도 있다. 하지만 실제적으로는 원칙과 예외의 정확한 경계선을 획정하고, 국가정책의 위헌성을 판단할 수 있는 헌법적 기준을 도출할 수 없다. 왜냐하면 다수견해와 같이 헌법 제119조 제1항은 자유시장경제원리를 규정하고 있고 제2항은 자유시장경제의 모순을 시정하기 위한 국가적 규제와 간섭을 허용한 규정이라고 보게 되면 제2항에 따른 국가적 규제와 간섭의 한계는 다시 제1항의 자유시장경제원리에서 찾게 된

---

60) Hesse, 1999, a.a.O., S. 8.
61) 장영철, 2020, 앞의 책, 17 – 20면.

다. 무한반복의 순환논법에 빠질 뿐이다. 이러한 원칙과 예외의 관계는 지극히 모호하고 추상적이며 경제상황에 따라 유동적이기 때문에 명확한 규범적 기준을 도출해낼 수 없다.

3. 소 결

'헌법이란 무엇인가'라는 질문에 대한 해답은 헌법이 해결해야 할 '과제가 무엇인가'에 달려 있다.[62] 시간적, 공간적인 특성을 고려하지 않고 헌법의 공통점을 파악하는 추상적 헌법개념도 이론적으로는 의미가 있을 수 있다. 그러나 이 같은 개념은 실제로 '지금 그리고 여기에서(hic et nunc) 제기된 헌법적 문제'를 해결할 수 있는 이론을 제공하지 못한다. 헌법이 규범성을 갖는다는 것은 하나의 역사적, 구체적 질서가 규범성을 갖는다는 것을 의미한다. 그리고 그 질서가 규율해야 할 생활은 역사적, 구체적 생활이기 때문에 '지금 그리고 여기에' 존재하는 구체적 헌법만이 문제될 수 있다.

따라서 경제헌법은 '사회적 시장경제질서'와 같이 아무런 규범적 가치가 없는 특정한 경제이념·경제체제에 기초하여 파악되어서는 안 된다. 기본권이나 국가의 기본원리, 목표조항 등으로 표현되는 헌법적 기본결정에 입각하여 형성되고 이해되어야 한다. 근대헌법에서 경제의 문제를 헌법화한 것은 특정 경제체제를 헌법적으로 보장하고자 한 것이 아니라 경제적 자유주의에 대한 반성을 계기로 사회정의의 개념을 헌법에 수용하고자 한 것이다.

현대 국가의 헌법은 경제문제에 대하여 자유로운 논쟁, 결정, 형성의 여지를 주기 위하여 의식적으로 개방해 두고 있다.[63] 헌법이 규율하고자 하는 생활은 역사적 생활이고, 헌법의 규율대상은 시간에 따라 변화할 수밖에 없기 때문에 헌법은 본질적으로 불완전하다. 가변성은 헌법이 규율하는 생활관계의 특징이다. 그런 의미에서 실정헌법이 갖는 특정성, 명확성, 예측가능성은 매우 제한적이다. 헌법은 역사적으로 변화하는 다양한 문제를 극복하기 위해 반드시 미래를 향해 자신을 개방하고 있어야 한다.[64]

따라서 헌법 제119조는 제1항 및 제2항을 분리하여 제1항에서 '시장경제질

---

62) Löwenstein, K., 2000, *Verfassungslehre* (Unveränderter Nachdruck der 3. Aufl.), Mohr Siebeck, Berlin S. 127ff.
63) BVerfGE 50, 290 (336ff.).
64) Bäumlin, 1961, a.a.O., S. 15.

서', 제2항에서 '사회적'이라는 명제를 각각 도출해낼 수는 없다. 헌법 제119조 제1항과 제2항은 서로 내적 연관관계를 맺으며 개인의 경제적 자유를 보장하면서 사회정의를 실현하는 경제질서라는 경제헌법의 지도원리로 이해하여야 한다.[65] 헌법 제119조는 경제헌법의 지도원리로서, 국가와 경제의 관계, 개인의 경제적 자유와 경제에 대한 국가의 책임의 관계를 제시하고 있다. 우리 헌법이 자유와 사회적 기속이라는 두 개의 기본원리에 기초하고 있듯이, 경제헌법도 위 두 가지 기본결정에 의하여 형성된다. 이러한 관점에서 보면 헌법 제119조는 자유와 사회적 기속이라는 두 가지 가치질서 사이의 밀접한 연관성과 상호영향관계를 보여주는 대표적인 헌법규범이다. 한국헌법상의 경제질서는 경제영역의 형성을 사회와 국가로부터 동시에 기대하는 자유적 경제질서이자 사회적 경제질서인 것이다.

우리 헌법은 특정 경제체제나 특정 경제이론을 근거로 경제 관련 입법이나 경제정책의 허용 여부를 판단하고 있지 않다. 헌법은 경제정책에 대하여 개방적이고 중립적이다. 입법자는 헌법이 허용하는 범위 내에서 합리적이라고 판단되는 모든 경제정책을 추구할 수 있다. 입법자의 경제정책이 허용되는지 여부를 헌법적으로 판단하는 기준은 '기본권', '법치국가원리', '사회국가원리', 그리고 '헌법 제9장'의 경제에 관한 규정뿐이다.

오늘날과 같은 사회적 법치국가에서는 국가가 사회와 경제의 전반적인 현상에 대하여 포괄적인 책임을 진다. 경제질서의 형성은 국가와 사회의 공동과제가 되었다. 헌법상의 경제질서에 관한 규정(경제헌법)은 (i) 경제적 기본권과 (ii) 경제에 대한 간섭과 조정에 관한 규정으로 구성되어 있다. 전자는 국가행위의 한계를 설정함으로써 경제질서의 형성에 개인과 사회의 자율적인 참여를 보장하는 반면, 후자는 국가활동의 경제적 기본방향과 과제를 제시하고 국가에게 적극적인 경제정책을 추진할 수 있는 권한을 부여하고 있다.

경제영역에 대한 사회국가의 요청은 경제정책을 통해 정의로운 사회를 구현하는 것이다. 국민경제에 대한 국가의 책임은 (i) 경제안정화의 임무와 (ii) 경제성장의 의무로 대별된다.[66] 사회국가는 이외에도 경제영역에서 발생하는 부정적 현상에 적절하게 대처해야 할 포괄적인 의무를 부담하고 있다.[67] 사회국가는 자본주의경제에 내재된 위험인 빈부격차의 심화, 독과점 등으로 인한 시장기능의 마

---

65) 정종섭, 2016, 앞의 책, 230-231면.
66) Badura, P., 1977, "Wachstumsvorsorge und Wirtschaftsfreiheit," In: Stödter, R., Thieme, W. (Hrsg.), *Festschrift für H.P. Ipsen*, Mohl Siebeck, Hamburg, S. 367ff.; Starck, C., 1978, "Gesetzgeber und Richter im Sozialstaat," *DVBl*, 1978, S. 939f.
67) Böckenförde, E.-W., 1974, "Grundrechtstheorie und Grundrechtsinterpretation," *NJW*, S. 1538.

비, 소비자 보호문제 등 사회가 스스로 해결할 수 없는 부정적인 경제현상을 통제하고 다양한 경제정책을 통하여 정의로운 경제질서를 형성해야 한다.

경제에 대한 상세한 규정을 두고 있지 않은 독일기본법에서는 사회국가원리로부터 국가 경제정책의 근거를 이끌어내야 한다. 하지만 우리 헌법은 제9장에서 국가가 경제에 대해 규제와 간섭을 할 수 있는 상세한 규정을 두고 있는데다 제37조 제2항을 통해 국회의 광범위한 법률유보를 허용하고 있다.

제3절 국가 경제정책의 헌법상 근거

1. 서 론

우리 헌법은 경제정책적 국가목표에 대해 세계에서 유래없는 수준의 풍부하고 체계적인 목록을 갖추고 있다. 헌법 제119조 제2항은 국가는 균형있는 (i) 국민경제의 성장 및 (ii) 국민경제의 안정과 (iii) 적정한 소득의 분배를 유지하고, (iv) 시장의 지배와 경제력이 남용을 방지하며, (v) 경제주체간의 조화를 통한 경제의 민주화를 위하여 경제에 관한 규제와 조정을 할 수 있다."고 규정하고 있다. 이 조항에서 언급된 일반적 목표의 확정은 특히 중요한 의미를 지닌다. 시장경제가 올바른 궤도를 유지하기 위해서는 경제과정에 대한 국가의 적극적인 영향력의 행사가 불가피하기 때문이다.[68] 헌법 제119조 제2항에 언급된 경제정책적 목표는 개인의 경제적 자유에 기초한 분권적인 경제질서에 대한 헌법적 선택의 필연적인 결과이다. 헌법이 이 조항을 통해 국가에게 경제정책을 위임한 것은 가격기능의 불완전성, 경제위기에 대한 국민경제의 취약성, 불균형적인 소득분배 등 자본주의 경제로 인해 발생하는 부작용에 대한 헌법적 대응을 의미한다.

헌법 제119조 제2항은 '균형있는 국민경제의 성장 및 안정'의 목표를 통하여 국가에게 '안정화정책'과 '성장정책'을 추진할 수 있는 권한을 부여하고 있다. '안정화정책'의 목표는 국민경제 전체의 수요와 공급 간에 균형을 유지하는 것이고, '성장정책'은 실질국민총생산의 지속적인 증가를 목표로 한다. 헌법은 제119조 제2항에서 "국민경제의 안정"과 "균형있는 국민경제의 성장"을 서로 대비시킴으

---

68) Bockenforde, 1974, a.a.O., S. 1538.

써 양 경제정책이 서로 조화를 이루면서 달성되기를 희망한다. 현대의 주류경제학이 인정하고 있듯이 경제성장은 어느 정도 물가안정을 희생시켜야만 달성될 수 있다. 경제성장과 경제안정은 서로 상충관계(trade-off)에 있다. 따라서 경제성장과 경제안정을 서로 분리하여 이해해서는 안 되고 상호연관적인 관계로서 고찰해야만 한다.[69]

2. 단기 안정화 정책

경제안정의 의미가 무엇일까? 헌법에 경제에 관한 조항이 없는 독일의 경우 경제안정법[70]에서 우리 헌법 제119조 제2항과 유사한 규정을 두고 있다. 즉 동법 제1조에서는 국가가 (i) 높은 고용상태, (ii) 대외경제의 균형, 그리고 (iii) 지속적이고 적정한 경제의 성장과 동시에 (iv) 물가수준의 안정을 위해 노력해야 한다고 규정하고 있다. 그리고 이와 같은 4가지 경제목표는 서로 상충관계에 있고 동시에 모두를 달성할 수 없기 때문에 '마의 사각형(magischen Vierrecks)'이라고 부른다.[71] 따라서 경제안정이란 '불변', '영원'과 같이 환경적 제약조건을 무시한 추상적 관념이 아니라 그때 그때의 상황변화에 따라 달성가능한 경제정책의 최적조합(Policy Mix)을 찾아내는 것을 의미한다.

1) 안정화정책의 목표

(1) 물가안정과 경기안정

'국민경제의 안정'이란 무엇보다도 물가안정(화폐)과 경기안정(실물)을 의미한다. '물가안정'이란 지나친 물가상승의 방지를 의미한다. 물가안정은 '통화안정' 또는 '화폐가치의 안정'으로 바꾸어 표현할 수도 있다. 물가상승으로 인하여 화폐가치가 하락하는 경우, 채무자 특히 기업이 수혜자로서 이득을 보는 반면, 예금자 특히 가계가 손해를 보게 된다. 따라서 물가안정은 경제정의의 실현에 기여한다.[72] 화폐가치의 하락은 국민경제 전체의 균형있는 발전 목표에도 배치된다. 화폐가치가 하락하면 국민들이 애써 형성한 자본(저축)이 생산성이 높은 곳에 투자

---

69) Badura, 2011, a.a.O., S. 45f.
70) Stabilitätsgesetzes vom 8. 6. 1967. (BGBI, I, S. 582).
71) Hesse, 1999, a.a.O., SS. 113-114.
72) Jarras, H. D., Locher, M., Reidt, O., Tünnesen-Harmes, C., 1997, *Wirtschaftsverwaltungsrecht und Wirtschaftsverfassungsrecht* (3., neubearb. Aufl.), Hermann Luchterhand Verlag, Neuwied/-Kriftel/Berlin/Luchterhand, S. 110.

되는 것이 아니라 가격이 더 빨리 상승하는 곳에 투자되기 때문에 국민경제 전체의 자원배분을 왜곡하고 생산성의 하락을 초래한다.

(2) 완전고용

국민경제가 성장하면 고용이 증가한다. 따라서 '높은 고용수준의 유지' 또는 '상대적 완전고용'은 안정화정책의 또 다른 목표가 된다. 완전고용의 목표는 헌법 제32조 제1항73)에서 '근로자의 권리'라는 사회적 기본권의 형태로도 고려되고 있다. '물가안정'이 금전적 형태의 재산권을 보호하는 수단인 반면, '완전고용'은 헌법상 보장된 직업선택의 자유를 뒷받침한다. 직업선택의 자유는 선택할 수 있는 직업이 존재하는 경우에만 실현이 가능하기 때문에 불황의 여파로 직장을 구할 수 없는 상황에서는 무의미해진다.74)

2) 안정화정책의 수단

(1) 재정정책

안정화정책의 주된 수단으로는 재정정책과 통화정책이 있다. 재정정책은 국가가 국민경제 전체의 총수요에 영향을 미칠 수 있다는 가능성을 전제로, 국가재정을 경기조정적으로 활용하는 정책을 의미한다. 국가는 공공예산의 지출부문뿐만 아니라 수입부문을 통해서도 국민경제 전체의 수요에 영향을 미치게 되므로, 재정정책의 수단은 2가지 유형으로 구분된다. 하나는 국가의 지출행위를 경기상황에 맞추어 조정함으로써 국민경제 전체의 총수요에 영향을 미치는 것이고, 또 다른 하나는 조세의 인상이나 인하를 통해 국민경제 전체에 영향을 미치는 것이다.75)

① 재정정책의 메커니즘

재정정책은 경제를 안정시키기 위해 정부지출76)과 조세를 사용하는 정책이다. 실제로 경기후퇴가 발생하는 경우 각국 정부는 지출증가나 조세감면 또는 두 가지 모두를 이용하여 경기후퇴에 대응한다. 또 경기과열이 발생하는 경우 인플레이션을 억제하기 위해서 지출을 줄이거나 세금을 늘리기도 한다.77)

---

73) 대한민국헌법 제32조. ① 모든 국민은 근로의 권리를 가진다. 국가는 사회적·경제적 방법으로 근로자의 고용의 증진과 적정임금의 보장에 노력하여야 하며, 법률이 정하는 바에 의하여 최저임금제를 시행하여야 한다.

74) Kaiser, J. H., 1973, "Markt ist nicht mehr gleich Markt," In: Forsthoff/ Weber/Wieacker (Hrsg.), *Festschrift fur E. R. Huber*, O. Schwartz, Heidelberg, S. 246ff.

75) Maurer, H., 2011, *Allgemeines Verwaltungsrecht* (18. Aufl.), C. H. Beck, München, §8, Rn. 76.

76) 정부지출(government spending)은 재화와 서비스 구매(government purchases)와 이전지출 (government transfer) 등으로 구성된다.

77) Mankiw, 2018, op.cit., p. 747.

정부의 재화와 서비스 구매는 총수요에 직접적인 영향을 미치는데 그 이유는 정부구매 자체가 총수요의 일부이기 때문이다.[78] 정부구매의 증가는 국민경제 전체의 총수요를 증가시키고 정부구매의 감소는 총수요를 감소시킨다.[79] 이와 대조적으로 조세나 이전지출의 변화는 가처분소득(disposible income)에 대한 영향을 미침으로써 간접적으로 경제에 영향을 미친다. 세율이 낮아지면 소비자들은 소득 중 더 많은 부분을 보유할 수 있다. 즉, 가처분소득이 증가한다. 정부 이전지출의 증가도 소비자의 가처분소득을 증가시킨다. 두 경우 모두 소비지출을 증가시키고 국민경제 전체의 총수요를 증가시킨다. 세율이 높아지거나 정부 이전지출이 감소하면 소비자들이 수령하는 가처분소득이 감소한다. 그 결과 소비지출이 감소하고 총수요는 감소한다.[80]

② 재정정책의 구체적인 내용

정부는 국가의 운영자금 마련, 공공재원의 확보, 소득의 재분배, 시장실패 및 외부효과의 교정 등을 위해 조세를 부과하고 정부지출을 결정한다. (i) 국가의 운영자금 마련: 정부는 국가 활동에 대한 비용을 지불하기 위해 세금을 부과한다. 여기에는 정부, 국회, 법원, 헌법재판소, 감사원 등과 같은 헌법기관의 유지, 지방자치제도의 운영, 직업공무원에 대한 보수지급 등이 포함된다. (ii) 공공재원의 확보: 대부분의 조세부과는 국방, 공교육, 치안, 그리고 사회기반시설 사업 등과 같은 공공재 제공을 위한 세입확보를 목적으로 한다. 헌법상 청구권적 기본권, 사회적 기본권의 실현을 위해서도 정부의 세입확충이 필요하다. (ii) 소득 재분배: 조

---

[78] Krugman, Wells, 2018, op.cit., pp. 346－347: "경제학에서는 총수요곡선(aggregate demand curve)을 이용하여 물가와 총수요량 간의 관계를 보여준다. 여기서 총수요량은 가계, 기업, 정부, 해외부문의 총생산물에 대한 수요량을 의미한다. 총수요곡선은 우하향하는 기울기를 갖고 있는데 이는 물가와 총수요량 간에 부의 관계(negative relationship)가 있음을 의미한다. 즉 물가가 상승할 경우 같은 다른 조건이 같다면 총생산물의 수요량이 감소한다. 총수요곡선은 다음과 같은 간단한 수식으로 표현될 수 있다.

GDP ＝ C ＋ I ＋ G ＋ X － IM

C : 가계 소비지출(consumer spending)
I : 투자지출(investment spending)
G : 정부지출(government purchases of goods and services)
X : 수출(exports to other countries)
M : 수입(imports)."

[79] Krugman, Wells, 2018, ibid., p. 353: "정부구매의 증가가 총수요에 어떻게 영향을 미치는가를 보여주는 가장 극적인 예는 제2차 세계대전 중의 전비 지출에서 찾을 수 있다. 전쟁으로 인해 미국 연방정부의 구매액은 400% 급증했다. 이와 같은 정부구매의 증가는 대공황을 종식시키는 데 큰 기여를 한 것으로 평가된다. 1990년대에 들어서 일본이 경기침체로부터 벗어나기 위해 도로건설, 교량건설 등과 같은 대규모 공공사업을 통해 총수요를 증가시켰다. 이와 마찬가지로 2009년에는 미국이 고속도로, 교량, 대중교통 등을 개선하는 사회간접자본 사업에 1,000억 달러 이상을 지출한 바 있다."

[80] Blanchard, 2017, op.cit., pp. 110－114.

세부과 및 정부지출의 또 다른 중요한 목적은 소득 재분배이다. 시장은 매우 효율적인 자원배분기구이지만, 높은 수준의 불평등을 초래하기도 한다. 선진국 정부들은 일반적으로 이전지출과 조세제도를 이용하여 경제적 불평등을 줄이려고 노력한다.[81] 이전지출(transfer payments)은 노인 혹은 실업자 등과 같은 특정집단에 대한 정부의 무상지출을 말한다. 국민연금, 건강보험, 고용보험, 산재보험도 정부의 재정지원을 통해 유지된다. (iv) 시장실패(market failure) 및 외부효과(externality)의 교정: 정부는 종종 시장실패 혹은 외부효과를 교정하기 위해 세금 또는 각종 부담금을 부과하기도 한다.[82]

(2) 통화정책

국가가 경제정책을 수행하기 위한 또 다른 방법으로는 중앙은행의 통화정책이 있다. 통화정책은 국민경제에 대한 자금조달을 조정함으로써 국민경제 전체에 영향을 미치고자 하는 것이다. 중앙은행의 통화정책은 통화량 조절(통화량정책) 및 금리 조절(금리정책)을 통해 이루어진다. 기업의 투자와 가계의 소비는 이윤과 소득을 통해서도 이루어지지만, 타인으로부터 조달한 부채를 통해서도 이루어지기 때문에 통화량과 금리수준은 국민경제의 전체수요에 커다란 영향을 미친다.[83]

① 통화정책의 메커니즘

통화정책이란 경제를 안정시키기 위해 화폐량과 이자율을 변화시키는 정책을 말한다. 물가가 상승하면 가계와 기업이 보유하고 있는 화폐의 구매력(purchasing power of money)이 감소하고 이자율이 상승하여 투자지출과 소비지출이 감소하게 된다.[84] 현대국가에서는 정부에 의해 설립된 중앙은행이 국민경제에 유통 중인 현금의 양을 결정한다. 중앙은행이 유통 중인 현금의 양을 증가시키면 가계와 기업이 보유한 화폐의 양이 증가하므로 이를 다른 가계와 기업에게 빌려주려 할 것이다. 그 결과 각 물가수준에서 이자율이 하락하고 투자지출과 소비지출이 증가하게 된다.[85] 즉, 화폐량의 증가는 국민경제 전체의 총수요를 증가시킨

---

81) Acemoglu, Laibson, List, 2019, op.cit., p. 277.
82) Acemoglu, Laibson, List, 2019, ibid., pp. 243-153: "외부효과는 한 사람의 행동으로 인한 여파가 제3자에게 영향을 줄 때 발생한다. 외부효과(externality)는 한 사람의 경제행위가 제3자에게까지 추가비용(spillover cost) 혹은 추가편익(spillover benefit)을 줄 때 발생한다. 예를 들어, 자동차의 사용은 교통혼잡, 대기오염, 지구온난화라는 외부효과를 발생시킨다. 이러한 외부효과에 대한 공적 해결방법으로는 (i) 정부가 자원의 배분을 직접적으로 규제하는 명령과 통제정책(command-and-control policies), (ii) 정부가 사조직들의 외부효과를 내부화하도록 유인을 제공하는 시장기반정책(market-based policies) 등이 있다."
83) von Arnim, H. H., 1984, *Staatslehre der Bundesrepublik Deutschland*, Vahlen, München, S. 293ff.
84) Mankiw, 2018, op.cit., p. 610.
85) Krugman, Wells, 2018, op.cit., p. 353.

다. 이와 반대로 중앙은행이 화폐의 양을 줄이면 정반대의 효과가 발생한다. 가계와 기업은 자신이 보유한 화폐의 양이 줄어듦에 따라 차입을 늘리고 대출을 줄이려 할 것이다. 그 결과 이자율이 상승하고 투자지출과 소비지출이 감소하며 총수요가 감소한다.[86]

② 통화정책의 구체적인 내용

중앙은행은 금융기관들을 모니터링하고, 통화량과 이자율을 관리한다. 중앙은행의 이러한 활동들을 묶어서 통화정책이라고 부른다. 정부의 재정정책은 모든 국민을 대상으로 대가 없이 소득의 일부를 강제로 징수하기 때문에 가시적이고 체감적이지만, 통화정책은 일부 금융기관만을 대상으로 매매나 대차방식을 취하기 때문에 은밀하고 신비스러워 보인다. 하지만 그 효과는 결코 그렇지 않다.

중앙은행이 매매나 대차를 하는 것은 일반은행의 지급준비금 총량을 조작하기 위해서다. 이러한 정책수단은 이자율, 인플레이션, 실업에 영향을 준다. 중앙은행이 일반은행의 지급준비금 총량을 증가시키면 이자율이 하락하고 인플레이션율을 상승시키며 실업을 감소시킨다. 마찬가지로 중앙은행이 일반은행의 지급준비금의 총량을 감소시키면 반대 결과를 낳아 이자율을 상승시키고 인플레이션을 완화하며 실업을 증가시킨다. 따라서 중앙은행은 일반은행의 지급준비금 규모를 조작함으로써 총체적인 국민경제 활동에 영향을 준다.[87]

우리나라에는 미국의 연방자금시장(federal funds market)에 대응하는 콜시장이 존재한다. 콜시장은 은행들이 서로 지급준비금(중앙은행 예치금)을 빌려주는 시장이다. 이 시장에서 은행들은 통상적으로 1일(24시간) 대출을 주고 받기 때문에, 콜시장을 1일물(overnight)시장이라고 부른다. 이 시장에서의 이자율을 콜금리라고 부른다. 중앙은행은 콜금리가 기준금리 수준에서 움직이도록 환매조건부증권 매매 등 다양한 공개시장운영 수단을 활용한다. 중앙은행은 이자율이라는 가격을 조작하여 국민들의 경제활동에 영향을 미친다.

중앙은행이 콜시장의 공급측면을 제어하고 싶다면 자신이 발행하는 통화량의 변동을 통해서 일반은행 지급준비금의 변동을 초래한다. 즉 중앙은행이 일반은행이 보유하는 지급준비금 수준을 증가시키고 싶다면, 일반은행들로부터 국공채를 매입하고 그 대가로 일반은행에게 더 많은 지급준비금을 넘겨준다. 중앙은행이 지급준비금 수준을 감소시키고 싶다면, 중앙은행은 일반은행들에게 국공채를 매각하고 그 대가로 일반은행들은 지급준비금 가운데 일부를 중앙은행에게 돌

---

86) Blanchard, 2017, op.cit., pp. 114−118.
87) Acemoglu, Laibson, List, 2019, op.cit., p. 643.

려준다. 중앙은행은 국공채를 매입하거나 매각함으로써 화폐공급 총량을 변동시키고, 이를 통해 일반은행이 중앙은행에 보유한 지급준비금의 수준을 관리한다. 공개시장조작(open market operations)이라고 부르는 이러한 거래는 중앙은행의 가장 중요한 통화정책수단이다.[88]

중앙은행이 콜시장의 수요측면을 제어하고 싶다면, (i) 법정지급준비금을 변화시키거나 (ii) 지급준비금에 대한 지급이자를 변경하면 된다. 중앙은행은 (i) 법정지급준비금을 올림으로써 일반은행의 지급준비금에 대한 수요를 증가시킬 수 있고, 법정지급준비금을 낮춤으로서 지급준비금에 대한 수요를 감소시킬 수 있다. (ii) 일반은행이 중앙은행에 지급준비금을 보유하면 중앙은행은 적당한 이자율을 지급한다. 중앙은행이 이 이자율을 올리면, 지급준비금은 일반은행에게 더욱 이득이 되기 때문에 지급준비금에 대한 수요가 커지고, 중앙은행이 이 이자율을 내리면, 지급준비금은 더욱 가치가 감소하기 때문에 지급준비금에 대한 수요가 줄어든다.[89]

3. 장기 성장정책

경제성장은 사회국가 실현을 위한 전제조건이다. 우리 헌법 제119조 제2항에서는 경제성장의 중요성을 다시 한번 강조하고 있다. 경제성장은 국민의 복지를 향상시킨다. 경제성장은 개인의 경제적 제약을 감소시킴으로써 기본권 보장의 실효성을 높인다. 국민경제가 성장하면 국가, 기업, 가계는 자신의 소득이나 재산의 감소 없이도 잉여생산물을 공동체에 분배할 수 있게 된다. 경제가 성장하면 법적 안정성의 포기 없이 사회적 정의의 실현이 가능해지는 것이다.[90] 물론 경제성장의 목표는 환경보전, 균형발전, 인류공영 등 우리 헌법이 추구하는 다른 목표들과 적절한 조화를 이루어야 한다.

재정정책, 통화정책 등의 안정화정책은 경기변동의 단기적 해소를 위한 조정적 정책수단인데 비해, 성장정책은 장기계획을 전제로 한 산업적·구조적 정책수단이다.[91] 성장정책의 수단으로는 농업·어업등 기간산업의 육성, 지역경제의 육성, 중소기업의 보호·육성, 농수산물의 유통구조 개선,[92] 대외무역의 육성,[93] 과

---

88) Frank, Bernanke, Antonovics, Heffetz, 2019, op.cit., pp. 593−594.
89) Acemoglu, Laibson, List, 2019, op.cit., pp. 661−662.
90) von Arnim, 1998, a.a.O., S. 174f.
91) Schmidt, 1971, a.a.O., S. 153f.

학기술의 혁신과 정보·인력의 개발[94] 등이 있다.

1) 경제성장의 원천

장기적 경제성장은 거의 전적으로 생산성 향상이라는 한 가지 요인에 의해 결정된다. 지속적인 경제성장은 각 노동자가 생산하는 평균적 생산물의 양이 꾸준히 증가할 때에만 가능하다.[95] 노동생산성(labour productivity) 또는 단순히 생산성(productivity)은 노동자 1인당 생산량 또는 시간당 생산량을 의미한다.

2) 성장정책의 수단

2020년 우리나라의 평균적인 노동자는 1960년대의 노동자에 비해 훨씬 더 많은 양을 생산할 수 있다. 그리고 그 이유는 세 가지를 들 수 있다. (i) 오늘날의 노동자는 기계와 사무실을 포함하여 훨씬 많은 실물자본을 가지고 일한다. (ii) 오늘날의 노동자는 더 많은 교육을 받은 결과 더 많은 인적자본을 갖고 있다. (ii) 오늘날의 기업들은 기술진보의 결과 더 높은 수준의 기술을 갖고 있다.

(i) 실물자본(physical capital): 경제학에서는 건물이나 기계처럼 인간이 만든 자원을 실물자본이라고 부른다. 실물자본은 노동자의 생산성을 향상시킨다.[96] 예를 들어 굴삭기를 조작하는 노동자는 삽만 가지고 작업하는 노동자에 비해 하루

---

92) 대한민국헌법 제123조. ①국가는 농업 및 어업을 보호·육성하기 위하여 농·어촌종합개발과 그 지원등 필요한 계획을 수립·시행하여야 한다.
② 국가는 지역간의 균형있는 발전을 위하여 지역경제를 육성할 의무를 진다.
③ 국가는 중소기업을 보호·육성하여야 한다.
④ 국가는 농수산물의 수급균형과 유통구조의 개선에 노력하여 가격안정을 도모함으로써 농·어민의 이익을 보호한다.
⑤ 국가는 농·어민과 중소기업의 자조조직을 육성하여야 하며, 그 자율적 활동과 발전을 보장한다.
93) 대한민국헌법 제125조. 국가는 대외무역을 육성하며, 이를 규제·조정할 수 있다.
94) 대한민국헌법 제127조. ① 국가는 과학기술의 혁신과 정보 및 인력의 개발을 통하여 국민경제의 발전에 노력하여야 한다.
② 국가는 국가표준제도를 확립한다.
③ 대통령은 제1항의 목적을 달성하기 위하여 필요한 자문기구를 둘 수 있다.
95) Krugman, Wells, 2018, op.cit., p. 242: "짧은 기간 동안에는 전체 인구 중에서 노동인구의 비중을 높임으로써 총생산의 증가율을 폭발적으로 늘릴 수 있다. 제2차 세계대전 중 미국에서 수백만 명의 여성을 유급 경제활동인구에 가담시킴으로써 발생한 일이다. 이로 인해 성인 민간인 중 피고용자의 비중이 1941년의 50%에서 1944년에는 58%로 증가했다. 그 결과 이 기간 중 1인당 실질총생산이 크게 증가했다. 하지만 보다 장기적으로는 고용의 증가율이 인구의 증가율과 크게 달라지기 어렵다. 20세기 중 미국의 인구는 연간 1.3% 증가했고 취업인구는 연간 1.5% 증가했다. 1인당 실질 국내총생산은 연평균 1.9% 증가했는데, 이 중 거의 90%에 해당하는 1.7%가 생산성 향상으로 인한 것이었다. 전체적으로 실질 국내총생산은 인구증가로 인해 늘어날 수 있지만 1인당 실질 국내총생산이 크게 증가하기 위해서는 노동자 1인당 생산량이 증가해야 한다."
96) Frank, Bernanke, Antonovics, Heffetz, 2019, op.cit., p. 507−509.

동안 훨씬 더 깊은 구덩이를 팔 수 있다.

(ii) 인적자본(human capital): 노동자가 좋은 장비를 갖는 것만으로는 충분치 않으며 그 장비로 무엇을 할 것인지를 알고 있어야 한다. 인적자본은 교육에 의한 노동의 질적 개선과 노동력에 체화된 지식을 말한다.[97]

(iii) 기술진보(technical progress): 아마도 생산성을 결정하는 가장 중요한 요인은 기술진보일 것이다. 기술진보는 광범위하게 재화와 서비스를 생산하기 위한 방법의 진보라고 정의될 수 있다.[98] 경제적으로 중요한 기술진보가 반드시 첨단 과학일 필요는 없다. 역사학자들은 철도나 반도체와 같은 주요한 발명뿐만 아니라 수천 건의 사소한 기술혁신도 과거의 경제성장에 기여했다고 주장한다. 예를 들어 1981년에 발명된 포스트잇(Post-It)은 사무능률을 획기적으로 개선시켰다.

우리 헌법은 성장정책과 관련된 많은 조항을 담고 있다. (i) 실물자본의 확충과 관련된 조항으로는, 주요자원의 채취, 개발, 이용(제120조 제1항), 국토의 효율적인 이용과 개발(제122조), 지역경제의 육성, 중소기업의 보호·육성(제123조 제2항·제3항), 대외무역의 육성(제125조) 등이 있다. (ii) 인적자본의 확보와 관련된 조항으로는, 학문의 자유(제22조 제1항), 균등한 교육을 받을 권리, 의무교육의 무상실시, 평생교육의 진흥(제31조 제1항·제3항·제5항), 국가의 재해예방의무(제34조 제6항) 국민보건의 국가보호의무(제36조 제3항) 등이 있다. (iii) 기술 진보와 관련된 조항으로는, 농업생산성의 제고(제121조 제2항), 농수산물의 유통구조 개선(제123조 제4항), 생산품의 품질향상(제124조), 과학기술의 혁신과 국가표준제도의 확립(제127조 제1항·제2항), 저작자, 발명가, 과학기술자의 권리 보호(제22조 제2항) 등이 있다.

제4절 통화정책권한의 헌법적 특수성

1. 서 론

위에서 살펴본 바와 같이 중앙은행은 국가의 안정화정책 중 통화정책을 담당한다. 중앙은행의 통화정책권한의 법적 성격을 결정하기 위해서는 고권적 행위

---

97) Blanchard, 2017, op.cit., p. 254-256.
98) Acemoglu, Laibson, List, 2019, op.cit., p. 546-548.

(Hoheitsakt)의 결정기준이 적용되어야 한다. 즉, (i) 기본적 수권규범이 구체적으로 형성되고, (ii) 입법자의 의지가 법적 요건을 통해 나타나야 하며, (iii) 개별적 수단의 실체적 특징을 알 수 있어야 한다. 합법적 행정의 원칙(Grundsatz der Gesetzmäßigkeit der Verwaltung)[99])에 따르면, 법의 임무는 공권력의 개입을 예측가능하게 만드는 것이기 때문이다.[100]) 국민에 대한 법적 보호를 위해서는 고권적 행위의 실체적 내용이 법률에 근거해야 하며, 위임입법의 형태로 위임해서는 안 된다. 그리고 선택된 수단의 법적 성격은 법적 표현을 통해 명료하게 기술되어야 한다.

한국은행법은 한국은행이 재할인정책과 공개시장정책을 할 수 있다고만 규정하고 있을 뿐 재할인율 설정기준 및 공개시장정책의 결정기준에 대해서는 규정하고 있지 않다. 한국은행법은 "금통위가 정하는 대로"[101]) 재할인정책과 공개시장정책을 실시할 수 있다고 규정함으로써 합법적 행정의 원칙에 비추어 볼 때 문제가 있다. 법률의 모든 내용을 사실상 금통위에게 백지위임하고 있기 때문이다.

최저지급준비금의 설정과 관련해서는 한국은행이 상업은행에 대하여 특정한 비율의 예금을 중앙은행의 당좌계정에 유치해야 한다고 규정하고 있다.[102]) 독일의 지배적 견해에 의하면 이러한 용어들은 법적으로 중립적[103])이기 때문에 이로부터 법규범을 도출해낼 수는 있지만 법률요건을 도출할 수는 없다고 한다. 왜냐하면 고권적 수단의 법적 성질을 결정할 수 있는 기준을 법률해석을 통해 법적·논리적으로 도출해낼 수는 없기 때문이라고 한다.[104]) 입법자들이 정치적 감성에 따라 이것을 결정할 수는 있겠지만, 이러한 용어의 의미는 법적 논리적으로 판단할 사항은 아니라는 것이다.[105]) 따라서 고권적 행위의 법적 성격을 결정하기 위해서는 오로지 그 실체적 내용에 집중해야 한다는 것이다.[106])

---

99) Maurer, 2011, a.a.O., S. 123.
100) BVerfGE 8,274ff. (325).
101) 한국은행법 제64조. ① 한국은행은 금융통화위원회가 정하는 바에 따라 금융기관에 대하여 다음 각 호의 여신업무를 할 수 있다.
한국은행법 제68조. ① 한국은행은 금융통화위원회가 정하는 바에 따라 통화신용정책을 수행하기 위하여 자기계산으로 다음 각 호의 증권을 공개시장에서 매매하거나 대차할 수 있다.
102) 한국은행법 제55조. ② 제1항에 따른 지급준비금에 대해서는 금융통화위원회가 정하는 바에 따라 이자를 지급할 수 있다.
한국은행법 제56조. ① 금융통화위원회는 각 금융기관이 보유하여야 할 지급준비금의 최저율(이하 "지급준비율"이라 한다)을 정하며, 필요하다고 인정할 때에는 이를 변경할 수 있다.
103) Forsthoff, E., 1961, *Lehrbuch des Verwaltungsrechts* (8. Aufl.), Beck, München/Berlin, S. 180.
104) Spindler/Becker/Starke, 1969, a.a.O., S. 311.
105) Schweiger, K., 1955, "Rechtsverordnungen im formellen Sinn?," *DÖV*, S. 360ff.
106) Forsthoff, E., 1957, "Norm und Verwaltungsakt im geltenden und künftigen Baurecht," *DVBl (Deutsches Verwaltungsblatt)*, S. 113ff. (115).

2. 통화정책권한의 경제적 중요성

1) 서 론

통화정책권한의 법적 성질을 논의하기 위해서는 통화신용정책의 수단과 이에 대한 법적 보호의 가능성과 범위가 학립되어야 한다. 따라서 통화정책 수단의 경제적 중요성에 대한 간략한 설명이 필요하다.

일반적으로 중앙은행이 화폐와 신용에 영향력을 행사할 수 있는 이유는 국민경제 전체 내에서 화폐가 중요한 기능을 수행하기 때문이다. 화폐경제 하에서는 재화의 유통과 화폐가치의 안정이 심각하게 교란될 수 있다. 왜냐하면 인플레이션이 발생하면, 소득수령자는 자신의 소득을 소비와 투자 활동에 완전히 사용할 수 없게 되고, 물가상승을 따라잡기 위해 금전소득을 지속적으로 늘려야 하는 문제가 발생한다. 현대경제에서 은행의 신용(Bankkredit)은 통화의 원천으로서 매우 중요하다. 경제정책 목적을 달성하기 위한 중앙은행의 임무는 국민경제 전체의 총수요를 고려하여 통화공급량을 최적수준으로 규제하는 것이다. 즉 화폐적 불균형(Ungleichgewichte)(물가변동, 경상수지 교란, 노동시장의 불안)이 발생하지 않도록 하는 것이다.

상업은행 대출과 중앙은행의 비은행대출로 구성되는 신용총량(Kreditvolumen)은 총수요와 관련하여 매우 중요하다. 과거의 경제이론은 화폐총량(Geldvolumen)을 고려하는 것만으로 충분했지만(양적 고려), 현대에 들어서면서 국민경제 전체에 대한 유동성공급(Liquiditätsversorgung)이 중요해졌다. 즉, 화폐량과 화폐의 유통속도(Umlaufsgeschwindigkeit)를 함께 고려하는 것이다.

중앙은행이 국민의 대출수요를 직접 규제할 수는 없다. 중앙은행은 오직 장기적으로만 대출수요에 영향을 미칠 뿐이다. 따라서 두 가지 가능성이 열리게 된다. 한편으로 중앙은행은 '중앙은행－은행' 간 대출을 규제함으로써 '은행－차주' 간 대출조건에 영향을 미칠 수 있다. 또 한편으로 중앙은행은 '중앙은행－차주' 간 직접대출을 실행함으로써 국민경제에 직접 영향을 미칠 수 있다. 다만, 한국은행법에 의하면 특정한 공공부문에 대해서는 후자의 방법을 적용할 수 없다. 과거에는 중앙은행이 직접대출을 하지 않는 것이 국제적인 추세였지만, 2008년 글로벌 금융위기, 2019년 코로나 팬데믹 발생 이후에는 사정이 많이 달라졌다.

중앙은행은 최종대부자(letzte Refinanzierungsquelle)의 기능을 수행하기 때문에 상업은행들과 경쟁해서는 안 된다. 즉, 중앙은행은 자신의 권한 일부를 포기한 것이다. 중앙은행이 국민경제 내의 총수요를 움직이기 위해 일반적 대출조건에 영향을 미치려면, 상업은행을 도구로 삼아서 이들의 신용창조 가능성(Kreditsc－

höpfungsmöglichkeit)에 영향을 미칠 수 있어야 한다.

이 과정에서 중앙은행이 추구하는 정책방향은 (i) 대출수요에 영향을 미치는 것(금리정책, Zinspolitik)[107]과 (ii) 대출공급에 영향을 미치는 것(유동성정책, Liquiditätspolitik)[108]의 두 가지로 나누어 볼 수 있다.

2) 금리정책[109]

중앙은행은 대출수요에 영향을 미치기 위해 이자율에 영향을 미치고자 한다. 일반적으로 이자율이 상승하면 대출에 소요되는 비용이 커지기 때문에 대출수요가 감소하고, 이자율 하락의 경우 그 반대가 된다.

개별 경제부문 사이에는 이러한 대출수요에 대한 이자율 민감도(Zinsempfindlichkeit)에 있어 차이가 존재한다. 건설업처럼 자본집약적 산업의 경우 다른 산업에 비해 상대적으로 이자율 민감도가 크고, 공공부문의 경우 상대적으로 이자율 민감도가 낮다. 왜냐하면 국가는 이자율 수준과 상관 없이 고권적인 조세부과를 통해 재원을 조달할 수 있고, 민간부분보다 이자부담능력이 크기 때문이다.

공공부문은 총수요의 구성부분이다. 따라서 총수요에서 공공부문 비중이 커지면, 국민경제 전체의 이자율 민감도는 낮아진다. 또한 공공부문은 시장여건에 구애받지 않고 자체적으로 대출을 실행할 수 있기 때문에 시장이자율의 영향력을 부분적으로 중화시킨다.

또한 국민경제 내의 조세부담이 커지면 이자율 민감도가 낮아진다. 왜냐하면 부채에 대한 이자는 비용에 해당하므로, 조세부담이 커지면 세금부과대상 이익이 감소하기 때문이다. 세율이 인상되면, 차입자들은 이자부담을 조세당국으로 더 많이 전가시킬 수 있다. 이런 식으로 중앙은행의 금리정책은 정부의 조세정책의 영향을 받게 된다. 현대국가에서는 국민경제의 금리민감도가 예전처럼 크지는 않지만, 여전히 상당한 영향력은 유지하고 있다. 중앙은행이 금리를 변경하면 경제가 반응한다는 사실은 분명하다. 또한 중앙은행의 금리정책이 경제주체들에게 미치는 심리적 효과도 무시할 수 없다. 중앙은행이 이자율 수준을 규제하는 전통적 도구는 재할인정책(Diskontpolitik)이다.[110] 재할인율이란 중앙은행이 어음을 매입

---

107) 여기서 금리정책은 재할인정책(Diskontpolitik)을 의미한다.
108) 여기서 유동성정책은 공개시장조작정책(Offenmarktpolitik)과 지급준비금정책(Mindestreservenpolitik)을 의미한다.
109) Rittershausen, H., 1962, *Die Zentralnotenbank*, F. Knapp, Frankfurt (Main), S. 58ff.; Schmölders,, G., 1968, *Geldpolitik*, Mohr, Tübingen/Zürich, S. 197ff.; Veit, 1961, a.a.O., S. 308ff.
110) Prost, G., 1966, "Die Diskontfestsetzung der Deutschen Bundesbank," *NJW (Neue juristische*

할 때 적용하는 할인율을 의미한다. 재할인율은 만기까지 계산된 이자를 공제하는 데 사용한다. 중앙은행이 설정한 재할인율은 '중앙은행–은행' 간 거래에만 적용되고, '은행–고객' 간 대출에는 적용되지 않지만, 최종적으로는 국민경제 전체의 총수요에 결정적 영향을 미친다.

중앙은행이 최종차주의 대출조건에 영향력을 행사하기를 원하는 경우, 중앙은행은 재할인율을 변경하면 된다. 상업은행이 대출채권, 어음할인, 어음인수 등을 통해 수취하는 차변 이자(Sollzinsen)는 중앙은행의 재할인율을 기초로 형성된다. 중앙은행이 재할인율을 변경하면, 마치 새로운 규제가 발효된 것처럼 차변 이자율이 변하게 된다.

3) 유동성정책

자본주의경제와 금융시장이 발달함에 따라 중앙은행의 정책수단은 점차 상업은행의 유동성(Liquidität)에 영향을 미치는 쪽으로 전환하게 되었다. 이러한 정책을 유동성정책이라고 한다. 유동성정책에는 공개시장정책(Offenmarktspolitik)과 지급준비정책(Mindestreservenpolitik)이 포함된다.

(1) 공개시장정책[111]

공개시장정책이란 중앙은행이 금융시장을 통해서 유가증권(Geldmarktpapier)을 매매하는 것을 말한다. 공개시장정책은 금융시장의 유동성에 영향을 미쳐 결국 신용제도에 영향을 미친다. 공개시장조작업무는 중앙은행이 미리 정한 이자율에 맞추어 특정한 유가증권을 매수 또는 매도할 것을 공표하는 방식으로 수행한다. 이때 다른 시장참가자들의 자발적 참여를 통해 이루어지지만, 중앙은행이 미리 거래조건을 결정함으로써 시장참가자들의 의사결정에 영향을 미치게 된다. 한국은행법에서는 국채, 정부보증채 및 금통위가 정하는 유가증권을 공개시장조작 대상증권으로 하고 있다.[112]

(2) 지급준비금정책[113]

지급준비정책은 매우 강력한 유동성정책 수단이다. 왜냐하면 그 효과가 분명하고 통제가능하기 때문이다. 최저지급준비금(Mindestreserve)은 상업은행의 장기

Wochenschrift), S. 806ff. (807).

111) Rittershausen, 1962, a.a.O., S. 98ff.; Schmölders, 1968, a.a.O., S. 205ff.; Veit, 1961, a.a.O., S. 262ff.

112) 한국은행법 제68조.

113) Rittershausen, 1962, a.a.O., S. 106ff.; Schmölders, 1968, a.a.O., S. 220ff.; Veit, 1961, a.a.O., S. 271ff.

약정(längerfristig Bindung)에 해당한다. 중앙은행은 지급준비정책을 통해 상업은행의 유동성 보유고를 폭넓게 규제할 수 있다. 중앙은행은 지급준비정책을 통해서 상업은행에게 부채(Verbindlichkeiten)의 일정비율을 최저지급준비금으로 설정할 것을 요구할 수 있다. 지급준비대상 부채에는 상업은행의 요구불예금, 정기예금, 저축예금 등이 포함된다. 지급준비금은 중앙은행 당좌예금계좌(Girokonto)에 예치해야 한다.

3. 통화정책 권한의 법적 중요성

통화정책 권한의 법적 성질은 중앙은행의 통화정책수행으로 인한 타인의 권리침해 시 사법적(司法的) 권리수단을 결정하는 데 있어 매우 중요하다.

1) 공개시장정책의 법적 의미

재할인정책, 지급준비정책에 비하여 공개시장정책은 특별한 법적 의미를 갖는다. 공개시장정책이 경제를 조정하는 성격(wirtschaftslenkende Charakter)을 지닌 것은 분명하지만, 공개시장정책은 명백하게 계약적 차원을 갖는다. 따라서 공법상 계약인지 사법상 계약인지가 문제된다. 공법상 계약과 사법상 계약을 구분하는 명료한 이론적 기준이 존재하는 것은 아니다.

일반적으로 공법상 계약은 공법적 대상과 관련된다.[114] 따라서 계약의 내용이 문제될 뿐 계약의 당사자는 중요하지 않다. 그러나 내용과 대상을 인식기준으로 삼더라도 그 의미가 넓고 복잡하기 때문에 사법상 계약과의 구별이 반드시 용이한 것은 아니다.

볼프(H. J. Wolff)는 이와 관련하여 종속이론(Subjektionstheorie)[115]을 발전시켰고, 슈테른(K. Stern)[116]은 볼프의 견해에 따라 공법상 계약과 사법상 계약의 명확한 구별기준은 계약이 성립시키고자 하는 법률관계(Rechtsverhältnis)를 기준으로 해야 한다고 주장했다. 그 법률관계가 사법상 개인 사이의 관계인지, 아니면 그 법률관계의 귀속주체 중 하나가 고권적 주체인지, 공법상 권리와 의무를 형성·

114) Forsthoff, E., 1961, *Lehrbuch des Verwaltungsrechts* (8. Aufl.), Beck, München/Berlin, S. 255.
115) Wolff, H. J., 1950, "Der Unterschied zwischen öffentlichem und privatem Recht," *AöR*, Bd. 76, S. 205ff.
116) Stern, K., 1959, "Zur Problematik des energiewirtschaftlichen Konzessionsvertrages," *AöR*, Bd. 84, S. 138ff.

변경·폐지하고 있는지가 기준이 되어야 한다는 것이다. 즉, 계약 자체가 공법적 분야의 배타적 효과를 의욕하고 있는지 여부를 기준으로 판단해야 한다는 것이다.[117]

이러한 구별기준에 의하면, 공개시장정책은 명백하게 사법의 영역에 속한다. 공개시장정책은 공개된 금융시장에서의 거래를 의미한다. 공개시장정책의 경제적 의도는 상업은행의 행동을 통해 달성된다. 공개시장정책을 통한 유가증권의 매매는 공법상 권리, 의무를 형성·폐지하고자 하는 법률관계가 아니다. 공개시장정책의 경제유도적 성격(wirtschaftslenkende Charakter)이 사법적 접근방법과 충돌하지도 않는다. 공행정주체가 자신의 임무를 달성하기 위해서 사법적 수단을 사용할 수 있다는 데 대해서는 이론이 없다.[118]

2) 재할인정책과 지급준비금정책의 법적 성격

재할인정책과 지급준비정책의 법적 성격에 대해서는 의견이 다양하다. 베커(E. Becker)[119]는 중앙은행의 재할인율 설정행위를 행정행위라고 보았다. 트비하우스(U. Twiehaus)는 중앙은행의 기본적 결정은 정부의 자유재량행위에 상응하는 것이라고 보았다.[120] 독일연방참사원(Bundesrat)에서는 최저지급준비율의 결정행위는 일반명령이지만 재할인정책과 공개시장정책 결정행위는 일반약관 제정행위로 보았다.[121] 슈테른(K. Stern)[122]은 이 두 가지 통화정책수단을 법규명령으로 보았다. 특히 중앙은행은 관보를 통한 공포의무를 부담했기 때문에 법규로 보아야 한다는 것이다. 예흐트(H. Jecht)[123]는 특별한 설명없이 통화정책결정권한을 고권의 성격을 지닌 규제적 기능의 집행행위로서 처분적 명령이라고 말한다. 또 일부 견해는 금융제도라는 특별권력관계 내에서 중앙은행이 자치입법권(autonome Rechtsetzung)을 행사하는 것이라고 보았다.[124]

---

117) Stern, 1959, a.a.O., S. 320ff.

118) Siebert, W., 1953, "Privatrecht im Bereich öffentlicher Verwaltung," In: Niedermeyer, H., *Festschrift für Hans Niedermeyer*, O. Schwartz, Göttingen, S. 215ff.

119) Becker, E., 1956, "Verwantung und Verwaltungsrechtsprechung," *VVDStRL (Veröffentlichungen der Vereinigung Deutscher Staatsrechtslehrer)*, Heft 14, S. 96ff.

120) Twiehaus, U., 1965, *Die öffentlich−rechtlichen Kreditinstitute*, Otto Schwarz, Göttingen, S. 107.

121) Schneider, H., 1965, "Autonome Satzung und Rechsverordnung," In: P. Möhring, *Festschrift für Philipp Möhring*, Beck, München, S. 521ff. (526).

122) Stern, K., 1963, "Umstrittene Maßnahmen der Bundesbank," *JuS (Juristische Schulung)*, S. 68ff.

123) Jecht, H., 1963, *Die öffentliche Anstalt*, Duncker & Humblot, Berlin, S. 96.

124) Spindler/Becker/Starke, 1969, a.a.O., S. 119.

이 책에서는 재할인정책과 지급준비정책의 결정은 법규명령 또는 법규명령적 행정규칙이라는 입장을 취하고자 한다. 왜냐하면 재할인율 결정행위는 통화정책 상황에 대응하여 대출의 가격을 결정하는 경제적 유도행위[125]이면서 일반성과 추상성을 가지기 때문이다.[126] 법규란 추상적이고 일반적인 법적 규율을 의미한다.[127] 추상성(Abstraktheit)이란 규율되는 사안(Sachverhalte, Fälle)이 불특정 다수인 경우를 말하고, 일반성(Generalität)이란 관련 당사자가 불특정다수인 경우를 말한다.[128] 우리 대법원은 수권 여부를 기준으로 법규명령과 행정규칙을 구분하고 있다. 고시나 지침의 형식으로 제정되었지만 상위법령의 수권을 받아 제정되어 국민의 권리·의무를 규율하는 이른바 법령보충규칙은 법규명령의 효력을 갖는다[129]고 보고 있으며, 법률의 수권을 받아 제정된 대통령령의 형식으로 정한 제재처분기준도 법규명령으로 보고 있다.[130] 또한 법령의 위임이 없음에도 법령에 규정된 처분요건에 해당하는 사항을 부령 등에서 규정한 경우에는 그 부령의 규정은 행정청 내부의 사무처리 기준을 정한 것으로서 행정규칙의 성격을 가질 뿐

---

125) Stern, K., 1961, "Gedanken über den wirtschaftslenkenden Staat aus verfassungsrechtlicher Sicht," *DÖV*, S. 325ff. (329).

126) Jecht, 1963, a.a.O., S. 13.

127) Forsthoff, 1961, a.a.O., S. 9.

128) Jecht, 1963, a.a.O., S. 13.

129) 대법원 2012. 7. 5. 선고 2010다72076 판결: "법령의 규정이 특정 행정기관에게 법령 내용의 구체적 사항을 정할 수 있는 권한을 부여하면서 권한행사의 절차나 방법을 특정하지 아니한 경우에는 수임 행정기관은 행정규칙이나 규정 형식으로 법령 내용이 될 사항을 구체적으로 정할 수 있다. 이 경우 행정규칙 등은 당해 법령의 위임한계를 벗어나지 않는 한 대외적 구속력이 있는 법규명령으로서 효력을 가지게 되지만, 이는 행정규칙이 갖는 일반적 효력이 아니라 행정기관에 법령의 구체적 내용을 보충할 권한을 부여한 법령 규정의 효력에 근거하여 예외적으로 인정되는 것이다. 따라서 그 행정규칙이나 규정이 상위법령의 위임범위를 벗어난 경우에는 법규명령으로서 대외적 구속력을 인정할 여지는 없다. 이는 행정규칙이나 규정 '내용'이 위임범위를 벗어난 경우뿐 아니라 상위법령의 위임규정에서 특정하여 정한 권한행사의 '절차'나 '방식'에 위배되는 경우도 마찬가지이므로, 상위법령에서 세부사항 등을 시행규칙으로 정하도록 위임하였음에도 이를 고시 등 행정규칙으로 정하였다면 그 역시 대외적 구속력을 가지는 법규명령으로서 효력이 인정될 수 없다."

130) 대법원 2001. 3. 9. 선고 99두5207 판결: "구 청소년보호법(1999. 2. 5. 법률 제5817호로 개정되기 전의 것, 이하 '법'이라고 한다) 제49조 제1항, 제2항에 따른 법시행령(1999. 6. 30. 대통령령 제16461호로 개정되기 전의 것, 이하 '시행령'이라고 한다) 제40조 [별표 6]의 위반행위의종별에 따른과징금처분기준은 법규명령이기는 하나 모법의 위임규정의 내용과 취지 및 헌법상의 과잉금지의 원칙과 평등의 원칙 등에 비추어 같은 유형의 위반행위라 하더라도 그 규모나 기간·사회적 비난 정도·위반행위로 인하여 다른 법률에 의하여 처벌받은 다른 사정·행위자의 개인적 사정 및 위반행위로 얻은 불법이익의 규모 등 여러 요소를 종합적으로 고려하여 사안에 따라 적정한 과징금의 액수를 정하여야 할 것이므로 그 수액은 정액이 아니라 최고한도액이라고 할 것이다. 또한 제재적 행정처분이 사회통념상 재량권의 범위를 일탈하였거나 남용하였는지 여부는 처분사유로 된 위반행위의 내용과 당해 처분행위에 의하여 달성하려는 공익목적 및 이에 따르는 제반 사정 등을 객관적으로 심리하여 공익침해의 정도와 그 처분으로 인하여 개인이 입게 될 불이익을 비교 교량하여 판단하여야 한다(대법원 2000. 4. 7. 선고 98두11779 판결 참조)."

국민에 대한 대외적 구속력은 인정되지 않는다131)고 보고 있다. 다만 대법원은 법률의 수권을 받아 제정된 부령의 형식으로 정한 제재처분기준에 대해서는 행정규칙으로 보기도 한다.132)

제5절 중앙은행과 제도적 보장

1. 서 론

중앙은행의 통화정책 결정은 고권적 행위이고 통화정책의 집행은 행정적 행위이다. 중앙은행은 자본주의와 시장경제의 산물이다. 중앙은행은 자본주의의 역

---

131) 대법원 2013. 9. 12. 선고 2011두10584 판결: "법령에서 행정처분의 요건 중 일부 사항을 부령으로 정할 것을 위임한 데 따라 시행규칙 등 부령에서 이를 정한 경우에 그 부령의 규정은 국민에 대해서도 구속력이 있는 법규명령에 해당한다고 할 것이지만, 법령의 위임이 없음에도 법령에 규정된 처분 요건에 해당하는 사항을 부령에서 변경하여 규정한 경우에는 그 부령의 규정은 행정청 내부의 사무처리 기준 등을 정한 것으로서 행정조직 내에서 적용되는 행정명령의 성격을 지닐 뿐 국민에 대한 대외적 구속력은 없다고 보아야 한다. 따라서 어떤 행정처분이 그와 같이 법규성이 없는 시행규칙 등의 규정에 위배된다고 하더라도 그 이유만으로 처분이 위법하게 되는 것은 아니라 할 것이고, 또 그 규칙 등에서 정한 요건에 부합한다고 하여 반드시 그 처분이 적법한 것이라고 할 수도 없다. 이 경우 처분의 적법 여부는 그러한 규칙 등에서 정한 요건에 합치하는지 여부가 아니라 일반 국민에 대하여 구속력을 가지는 법률 등 법규성이 있는 관계 법령의 규정을 기준으로 판단하여야 한다. 공공기관의 운영에 관한 법률(이하 '공공기관법'이라 한다) 제39조 제2항, 제3항 및 그 위임에 따라 기획재정부령으로 제정된 '공기업·준정부기관 계약사무규칙' 제15조 제1항(이하 '이 사건 규칙 조항'이라 한다)의 내용을 대비해 보면, 입찰참가자격 제한의 요건을 공공기관법에서는 '공정한 경쟁이나 계약의 적정한 이행을 해칠 것이 명백할 것'을 규정하고 있는 반면, 이 사건 규칙 조항에서는 '경쟁의 공정한 집행이나 계약의 적정한 이행을 해칠 우려가 있거나 입찰에 참가시키는 것이 부적합하다고 인정되는 자'라고 규정함으로써, 이 사건 규칙 조항이 법률에 규정된 것보다 한층 완화된 처분요건을 규정하여 그 처분 대상을 확대하고 있다. 그러나 공공기관법 제39조 제3항에서 부령에 위임한 것은 '입찰참가자격의 제한기준 등에 관하여 필요한 사항'일 뿐이고, 이는 그 규정의 문언상 입찰참가자격을 제한하면서 그 기간의 정도와 가중·감경 등에 관한 사항을 의미하는 것이지 처분의 요건까지를 위임한 것이라고 볼 수는 없다. 따라서 이 사건 규칙 조항에서 위와 같이 처분의 요건을 완화하여 정한 것은 상위법령의 위임 없이 규정한 것이므로 이는 행정기관 내부의 사무처리준칙을 정한 것에 지나지 않는다."

132) 대법원 1997. 5. 30. 선고 96누5773 판결: "도로교통법시행규칙 제53조 제1항이 정한 [별표 16]의 운전면허행정처분기준은 부령의 형식으로 되어 있으나, 그 규정의 성질과 내용이 운전면허의 취소처분 등에 관한 사무처리기준과 처분절차 등 행정청 내부의 사무처리준칙을 규정한 것에 지나지 아니하므로 대외적으로 국민이나 법원을 기속하는 효력이 없다는 것이 대법원의 확립된 판례이므로(대법원 1991. 6. 11. 선고 91누2083 판결, 1993. 2. 9. 선고 92누15253 판결, 1995. 4. 7. 선고 94누14360 판결 등 참조), 이 사건 자동차운전면허취소처분의 적법 여부는 위 운전면허행정처분기준만에 의하여 판단할 것이 아니라 도로교통법의 규정 내용과 취지에 따라 판단되어야 할 것이다(대법원 1995. 4. 7. 선고 94누14360 판결, 1996. 4. 12. 선고 95누10396 판결 등 참조)."

사적 발전과정 속에서 형성된 제도로서 통화의 안정이라는 공익을 담당해왔고 상존하는 국가적 침해의 위험 속에서 존속해왔다. 역사적으로 형성된 중앙은행의 독립성이라는 것도 알고 보면 행정의 분권화를 통한 효율적 국가과제 수행을 위한 도구적 개념 또는 자치의 개념이다.[133] 중앙은행은 제도적 보장의 대상성을 갖추고 있다. 물론 제도적 보장과 제도적 보장의 대상성은 구분하여 살펴볼 필요가 있다.

우리 헌법재판소는 공법적 영역에서 직업공무원제도[134]나 지방자치제도[135]의 보장 등 일련의 제도가 헌법적으로 보장된다는 입장이다. 이러한 견해는 독일 바이마르헌법 하에서 형성된 '제도보장이론'을 수용한 결과이다. 제도보장이란 역사적으로 장기간에 걸쳐 형성되어 사회의 의식에 뿌리내림으로써 공동체에 있어서 중요한 의미와 고유한 가치를 가지며 장래에도 계속 존속해야 하는 특정 제도의 헌법적 보장을 의미한다.[136] 물론 어떠한 제도가 헌법적으로 보장되어야 하는지에 대해서는 헌법제정권자의 결단이 필요하다.

---

133) 중앙은행의 독립성과 자치의 관계에 대해서는 이 책 "제2장. 제5절. 4. 소결" 참조.
134) 헌재 1997. 4. 24. 95헌바48, 판례집 9-1, 435-436면: "제도적 보장은 객관적 제도를 헌법에 규정하여 당해 제도의 본질을 유지하려는 것으로서 헌법제정권자가 특히 중요하고도 가치가 있다고 인정되고 헌법적으로도 보장할 필요가 있다고 생각하는 국가제도를 헌법에 규정함으로써 장래의 법발전, 법형성의 방침과 범주를 미리 규율하려는데 있다. 이러한 제도적 보장은 주관적 권리가 아닌 객관적 법규범이라는 점에서 기본권과 구별되기는 하지만 헌법에 의하여 일정한 제도가 보장되면 입법자는 그 제도를 설정하고 유지할 입법의무를 지게될 뿐만 아니라 헌법에 규정되어 있기 때문에 법률로써 이를 폐지할 수 없고, 비록 내용을 제한하더라도 그 본질적 내용을 침해할 수 없다. 그러나 기본권 보장은 "최대한 보장의 원칙"이 적용됨에 반하여, 제도적 보장은 그 본질적 내용을 침해하지 아니하는 범위 안에서 입법자에게 제도의 구체적 내용과 형태의 형성권을 폭넓게 인정한다는 의미에서 "최소한 보장의 원칙"이 적용될 뿐이다. 직업공무원제도는 헌법이 보장하는 제도적 보장중의 하나임이 분명하므로 입법자는 직업공무원제도에 관하여 '최소한 보장'의 원칙의 한계안에서 폭넓은 입법형성의 자유를 가진다. 따라서 입법자가 동장의 임용의 방법이나 직무의 특성 등을 고려하여 이 사건 법률조항에서 동장의 공직상의 신분을 지방공무원법상 신분보장의 적용을 받지 아니하는 별정직공무원의 범주에 넣었다 하여 바로 그 법률조항부분을 위헌이라고 할 수는 없다."
135) 헌재 2006. 2. 23. 2005헌마403, 판례집 18-1상, 334-335면: "지방자치제도는 제도적 보장의 하나로서(헌재 1994. 4. 28. 91헌바15등, 판례집 6-1, 317, 339; 헌재 1998. 4. 30. 96헌바62, 판례집 10-1, 380, 384), 「제도적 보장은 객관적 제도를 헌법에 규정하여 당해 제도의 본질을 유지하려는 것으로서, 헌법제정권자가 특히 중요하고도 가치가 있다고 인정되고 헌법적으로 보장할 필요가 있다고 생각하는 국가제도를 헌법에 규정함으로써 장래의 법발전, 법형성의 방침과 범주를 미리 규율하려는 데 있다. 다시 말하면 이러한 제도적 보장은 주관적 권리가 아닌 객관적 법규범이라는 점에서 기본권과 구별되기는 하지만 헌법에 의하여 일정한 제도가 보장되면 입법자는 그 제도를 설정하고 유지할 입법의무를 지게 될 뿐만 아니라 헌법에 규정되어 있기 때문에 법률로써 이를 폐지할 수 없고, 비록 내용을 제한한다고 하더라도 그 본질적 내용을 침해할 수는 없다. 그러나 기본권의 보장은 … (중략) … '최대한 보장의 원칙'이 적용되는 것임에 반하여, 제도적 보장은 기본권 보장의 경우와는 달리 그 본질적 내용을 침해하지 아니하는 범위 안에서 입법자에게 제도의 구체적인 내용과 형태의 형성권을 폭넓게 인정한다는 의미에서 '최소한 보장의 원칙'이 적용」된다(헌재 1997. 4. 24. 95헌바48, 판례집 9-1, 435, 444-445)."
136) Schmitt, C., 2010, Verfassungslehre (10. Aufl.), Duncker & Humblot, SS. 170-173.

특정 제도가 헌법적 보장을 필요로 하는지의 여부는 보호필요성의 여부, 즉 '특정 제도의 배후에 존재하는 중요한 공적 이익이 잠재적으로 국가에 의하여 위협받을 개연성이 존재하는지'의 관점에서 판단되어야 한다. 보호필요성의 판단은 과거의 역사적 경험과 장래에 대한 예측판단에 달려 있다. 제도보장의 대상은 공동체의 장래에 중요한 의미와 고유한 가치를 가지는 특정 제도로서 국가에 의한 침해의 우려가 있는 제도이다.

2. 전통적 제도보장

제도적 보장 이론은 마르틴 볼프(Martin Wolff)[137]가 단초를 열었고, 칼 슈미트(Carl Schmitt)[138]가 도그마를 완성하였다. 독일연방헌법재판소[139]는 입법자가 일정한 제도를 폐지하거나 근본적으로 변경하지 못하도록 '금지(Verbot)'시키는 것을 제도적 보장의 이론적 핵심으로 보았다. 제도적 보장의 대상인 '제도'는 본질적으로 '규범복합체(Normenkomplex)'이다. 만약 이러한 금지(Verbot)에 상응하는 국민적 권리가 존재한다면 제도적 보장은 '주관적(subjektiv)' 성격을 띠게 되고, 이러한 금지에 상응하는 국민의 권리가 존재하지 않는다면 이러한 보장은 '객관적(objectiv)' 성격을 가질 뿐이다.[140] 제도적 보장이론은 객관적 보장이 존재하는 경우 적용된다.

바이마르헌법은 기본권편 경제생활에 관한 장에서 계약자유를 규정하였다. 즉, "계약자유는 경제거래에서 법률의 범위 내에서 보장된다. 폭리는 금지된다. 공서양속에 반하는 법률행위는 무효이다(제152조)." 바이마르헌법은 인민혁명 이후 경제질서를 수용하면서 민법상 계약자유를 헌법적 효력으로 고양하였다. 하지만 계약자유를 경제거래의 분야에 한정함으로써 학설상 채권법 분야 이외에 물권법 분야는 제외된다는 해석이 일반적이었다. 또한 계약자유를 법률유보에 의해 형성되는 자유로 규정하여 진정한 자유권으로 볼 수 없었다. 하지만 법률유보된 계약자유의 헌법적 효력으로 인해 입법자는 계약자유를 폐지할 수 없는 최소한의

---

137) Wolff, M., 1923, "Reichsverfassung und Eigentum," In: Festgabe Der Berliner Juristischen Fakultat Fur Wilhelm Kahl Zum Doktorjubilaum, Mohr, Tübingen, S. 5ff.
138) Schmitt, C., 1931, "Freiheitsrechte und institutionelle Garantien der Reichsverfassung," In: C. Schmitt, *Verfassungsrechtliche Aufsätze aus den jahren 1924－1954* (4. Aufl. 2003), Duncker & Humblot, Berlin, S. 160ff.
139) BVerfGE 6, 55 (72).
140) Alexy, R., 2015, *Theorie der Grundrechte : STW 582* (7. Aufl.), Nomos Verlaggesellschaft,, Baden－Baden, S. 221.

의무를 부담하였다. 바이마르헌법 제152조의 계약자유는 제도보장(제도보장) 이외에 입법과 그 해석방법을 제시하는 원칙으로서의 성격(입법과 해석원칙)과 계약체결자유의 성격(주관적 공권적)을 모두 포함하고 있었다.[141]

바이마르 공화국의 헌법학에서는 입법자가 헌법의 구속을 받지 않는 것으로 간주되었고, 헌법제정권력과 입법권이 일치하는 것으로 이해되었기 때문에 법률에 대한 헌법의 우위가 인정되지 아니하였다.[142] 따라서 칼 슈미트(Carl Schmitt)[143]는 제도보장이론을 도입함으로써 입법자의 형성권을 제한하고자 하였다. 그는 헌법적으로 보장되는 제도를 사법영역의 제도보장(Institutsgarantie)과 공법영역의 제도적 보장(institutionelle Garantie)으로 구분하였다. 전자의 예로는 사유재산제, 혼인제도, 가족제도가 있고 후자의 예로는 선거제도, 정당제도, 지방자치제도, 교육제도 등이 있다. 입법자는 제도를 제한하고 형성할 수는 있지만 제거할 수는 없다. 제도의 존속만 보장되는 것이 아니라, 역사적 발전과정에서 형성된 전형적이고 본질적인 제도적 특징도 유지되어야 한다. 바이마르헌법 하에서 제도적 보장이론이 의도한 바는 "한편으로는 밀려오는 무의미함(Bedeutungslosigkeit)과 다른 한편으로 부딪히는 공허함(Leerlauf)[144]"의 딜레마를 극복하기 위해 기본권의 헌법적 우월성[145]을 조금이라도 더 보장하려는 것이었다.

제도적 보장[146]의 일차적 효력은 이미 존재하는 제도를 입법자가 입법을 통해서 근본적으로 변화시키는 것을 방지하는 데 있다. 다만 제도는 사회현상의 변화에 따라 부단히 변화하는 것이기 때문에, 제도적 보장은 현재의 법적 상태(status quo) 그 자체를 보호하고자 하는 것은 아니다. 법규범이 변화하는 사회현상에 적응해야 하는 것처럼 제도를 구성하는 규범체계도 사회현상의 변화에 적응해야 한다. 따라서 입법자에게는 제도의 본질을 훼손하지 않는 범위 내에서 광범위한 입법 형성권이 인정된다. 제도보장은 모든 변경을 금지하는 것이 아니라 제도를 구성하는 특징적이고 핵심적인 영역을 보호하는 것이다.[147] 따라서 제도보장의 보장내용은 전통적으로 형성된 '제도의 핵심적 영역'에 국한되고, 보호의 효과는 '최소한의 보장'에 그친다.

---

141) 장영철, 2020, 〈기본권론〉, 화산미디어, 서울, 118-119면.
142) 한수웅, 2020, 〈헌법학〉 (제10판), 법문사, 서울, 430면.
143) Schmitt, 2017, a.a.O., SS. 170-173.
144) Schmitt, 1931, a.a.O., S. 141: "...Bedeutungslosigkeit auf der einen, Leerlauf auf der andern Seite..."
145) Schmidt, W., 1983, "Grundrechtstheorie im Wandel der Verfassungsgeschichte," *Jura*, S. 174ff.
146) 이하에서는 '제도보장'과 '제도적 보장'을 명확하게 구분하지 않고 양자를 혼용하기로 한다.
147) Schmitt, 2017, a.a.O., SS. 170-173.

3. 제도적 보장의 현대적 의미

제도적 보장의 사고는 입법자가 헌법의 구속을 받지 않는다는 바이마르헌법학의 산물이다. 그러나 오늘날의 헌법국가에서는 모든 헌법규범이 국가기관을 구속하는 규범적 효력을 지니며, 국가기관은 헌법규범의 실체적 내용을 실현해야할 의무를 부담한다. 따라서 현대국가에서는 제도보장에 대한 이해도 달라져야하고, 제도보장과 입법자의 관계도 변화해야 한다. 현대적 헌법의 모든 규정은 인간의 존엄성 실현을 위하여 존재한다.148) 바이마르공화국에서 제도보장의 의미가 '전통적으로 형성된 규범체계의 핵심을 유지'하고자 한 것이었다면, 현대적 헌법국가에서 제도보장의 의미는 헌법적 가치결정의 실현, 개인의 자유로운 인격발현에 봉사하는 것으로 변화하였다. 국가의 가장 중요한 과제는 인간의 존엄성 보장을 중심으로 한 기본권적 가치의 실현이다. 인간의 존엄성 보장을 중심으로 한 기본권적 가치는 모든 국가권력과 국가목적에 우선한다. "국가는 인간을 위해서 존재하는 것이지, 인간이 국가를 위해서 존재하는 것은 아니기149)" 때문이다.

바이마르 시대의 제도적 보장의 내용이 역사적·전통적으로 확정되었다면, 오늘날의 제도적 보장은 헌법적 가치결정과 기능적이고 목적적인 헌법해석을 통해서 밝혀지고 확정되어야 한다. 오늘날 입법자에게 주어진 지침은 '전통적으로 형성된 제도의 규율'이 아니라 '헌법이 부여한 목적과 기능'으로부터 나온다. 제도적 보장의 보장내용은 한편으로는 역사적 전통에 의해, 또 한편으로는 헌법의 가치결정에 의해 확정되어야 한다.

4. 제도적 보장으로서의 중앙은행

분데스방크의 근거조항인 독일기본법 제88조는 제도적 보장의 성격을 가진다. 제2차 세계대전의 패전 이후 독일 사회는 중앙은행이 군국주의의 도구로 악용되고 그로 인한 악성 인플레이션을 경험하면서 중앙은행제도를 국가로부터 보호할 필요가 있었다. 독일기본법 제88조에서는 "연방은 통화·발권은행으로서 연

---

148) Degenhart, C., 2016, *Staatsrecht I: Staatsorganisationsrecht* (32. Aufl.), C.F. Müller, Heidelberg, SS 4–6.

149) BVerfGE 7, 198, 208: "Der Staat ist um des Menshen willen da, nicht der Mensch um des Staates willen."

방은행을 설립한다."고 규정되어 있다. 여기서 '연방'은 연방의회를 의미하고, '통화·발권은행'은 중앙은행제도의 최소한의 보장내용을 의미하며, '연방은행'은 특정한 행정기관으로서의 중앙은행을 의미한다.

미국의 경우 건국 이후 200년 동안 중앙은행제도에 대해 고민한 끝에 연방주의 헌법원리에 따라 '연방준비제도(Federal Reserve System)'를 만들었다. 미국은 헌법개정이 매우 어려운 국가이다.[150] 따라서 헌법개정보다는 헌법적 관행의 형성을 통해서 정치적·경제적 환경변화에 대응한다. 미국 중앙은행은 연방준비법에 의해 설립되었지만 단순한 법률기관이 아니라 헌법상 제도적 보장으로서의 성격이 강하다.

영국은 의회주의 국가로서 국제환경, 정치환경, 경제환경의 변화를 반영하면서 끊임없이 의회와 중앙은행의 유연한 관계를 유지하기 위해 노력해왔다. 영국의회는 1970년대부터 최근까지 모두 8차례에 걸쳐 성문헌법 제정을 시도하였다.[151] 가장 최근인 2015년 하원의 '정치·헌법개혁위원회'는 영국 내의 모든 헌법적 관습과 헌법적 법률을 조사하고 성문헌법의 초안을 작성한 바 있다.[152] 그리고 영국의회는 현행 영국은행법 중에서 '총재, 부총재, 이사회의 구성과 기능', '영국은행과 재무부와의 관계'는 헌법적 사항으로 판단하고 있다.[153] 영국의회는 중앙은행을 헌법상 제도로 인정하고 있다.

우리 헌법은 독일과 달리 중앙은행제도에 대한 헌법적 규정을 두고 있지 않다. 중앙은행제도를 헌법에 규정할 경우 헌법의 항구성과 고정성을 이용하여 입법권의 침해로부터 제도의 핵심적 내용을 보호할 수는 있겠지만, 우리와 같은 소규모 개방경제가 마주쳐야 하는 급변하는 국제적 경제환경의 변화위험에 그대로 노출되기 때문이다. 따라서 우리는 중앙은행제도를 헌법에 규정하기 않고 입법

---

150) U.S. Const. Art. 5. The Congress, whenever two thirds of both Houses shall deem it nec-essary, shall propose Amendments to this Constitution, or, on the Application of the Legislatures of two thirds of the several States, shall call a Convention for proposing Amendments, which, in either Case, shall be valid to all Intents and Purposes, as part of this Constitution, when ratified by the Legislatures of three fourths of the several States, or by Conventions in three fourths thereof, as the one or the other Mode of Ratification may be proposed by the Congress; Provided that no Amendment which may be made prior to the Year One thousand eight hundred and eight shall in any Manner affect the first and fourth Clauses in the Ninth Section of the first Article; and that no State, without its Consent, shall be deprived of its equal Suffrage in the Senate.

151) UK Parliament, 2011, *Mapping the Path to Codifying—or not Codifying—the UK's Constitution*, CDE01, 2011. 2. [https://publications.parliament.uk/] [최종검색 2020-10-11 23:07]

152) UK Parliament, 2015, *Consultation on A new Magna Carta*, HC599, UK Parliament, 2015. 3. [https://publications.parliament.uk/] [최종검색 2020-10-11 23:23]

153) UK Parliament, 2014, *A new Magna Carta*, HC463, UK Parliament, 2014. 6., pp. 76-78.

형성권에 맡겨 두고 있다. 한국은행은 우리 헌법 제119조 제2항에 근거하여 설립되고 보장되는 중요한 경제적 제도이다. 한국은행은 헌법 제119조 제2항의 "균형 있는 국민경제의 성장 및 안정"을 위하여 국가에게 부여된 경제에 관한 규제와 조정의 권한에 근거하여 만들어졌다. 즉, 한국은행은 우리 헌법 전문과 각종 기본권이 정하고 있는 국가적 과제(Staatsaufgabe)를 수행하기 위해 국회가 제정한 법률에 근거하여 만들어졌다. 헌법에서 직접 규정하지 않더라도 자본주의체제 내에서 중앙은행은 제도적 보장의 성격을 갖는다.

제5장 권력분립과 중앙은행

    중앙은행이 자신의 정책목표를 효율적으로 수행하기 위해서는 중앙은행의 조직과 구조가 헌법상 과제와 합치되어야 한다. 중앙은행의 기능은 중앙은행이라는 조직을 통해서 실현되고, 중앙은행의 조직은 국가기관의 구성원리인 권력분립의 원리를 통해 만들어진다.

    국가질서는 국가적 기능(staatliche Funktion)의 수행을 통해 현실성(Wirklichkeit)을 획득한다. 이러한 (i) 국가기능과 (ii) 그 기능을 위임받은 기관들 그리고 (iii) 이 기관들의 권한을 규율하는 헌법상의 기본원리가 바로 권력분립의 원리이다.[1]

제1절 전통적 권력분립

1. 독일의 논의

1) 학설의 전개

    권력분립의 원리는 오늘날 헌법적 질서의 중심적 원리[2]에 해당한다. 권력분립의 원리에 대한 전통적이고 지배적인 견해[3]는 (i) 권력의 분리(Gewaltentren-nung)와 (ii) 권력의 균형(Gewaltenbalancierung)이라는 도그마에 기초한다. 즉 국가권력을 (i) 입법, 집행 및 사법이라는 여러 기능으로 구별한 뒤, 이들 기능을 특별한 권력에 배정하여 다른 권력이 수행하지 못하도록 금지하는 것(권력분립)과 (ii) 이들 권력들이 서로 통제하고 억제하도록 하는 것(권력균형)이라고 설명한다. 독일연방헌법재판소[4]의 기본적 견해도 이와 마찬가지이다. 권력분립의 원리는 국

---

1) Hesse, 1999, a.a.O., S. 207.
2) BVerfGE 2, 1 (13).
3) 대표적인 경우로는 Degenhart, C., 2016, *Staatsrecht I: Staatsorganisationsrecht* (32. Aufl.), C. F. Müller, Heidelberg, SS. 115−116.
4) BVerfGE 5, 85 (199).

가권력을 분할하고, 이를 통해 국가권력을 완화시킴으로써, 개인의 자유를 보호하는 데 기여하는 수단이 된다. 그리고 이러한 견해는 독일기본법 제20조 제2항 제2문[5])에 대한 엄격한 문리해석에 근거한다.

2) 검 토

하지만 독일기본법 제20조 제2항 제2문에서는 단지 세 가지 국가기능을 구별하고, 이러한 기능을 특정기관들이 수행한다는 내용을 정하고 있을 뿐이다. 지배적 견해는 기본법의 이 같은 결함을 간과하고 있다. 지배적 견해는 기본법 제20조 제2항 제2문을 단지 권력의 분리와 균형이라는 초실정법적 도그마(überpositiven Dogma)를 실정법적으로 고정시킨 것으로 보기 때문이다. 따라서 이 견해는 권력분립 원리의 명확한 윤곽을 제시하지 못하고, 권력분립 원리가 자유민주적 기본질서를 지탱하는 조직원리로서의 효과와 기능을 저해한다는 비판[6])을 받을 수 있다.

즉, 기본법 제20조 제2항 제2문에 표현되어 있지 않은 '권력분리'와 '권력균형'이라는 두 가지 요소가 어느 정도 기본법에서 구현되고는 있지만, 독일과 같은 의원내각제 정부형태의 경우 그 같은 도그마에 완전히 부합하지는 않는다. 이 때문에 지배적 견해는 권력분립의 원리가 (i) 권력의 분리(Gewaltentrennung)라는 측면에서 순수한 형태로 실현되지 못하고 있으며[7]) 기본법의 많은 곳에서 침해[8])되고 있다는 결론에 도달하기도 하고, 권력분립 원리를 침해하는 헌법규정의 규범적 효력을 문제삼기도 한다.[9]) 또한 하나의 권력에게 유리하고 다른 권력에게 불리한 경우 권력분립의 원칙이 훼손된다는 오해를 받을 수도 있다. 독일연방헌법재판소는 이 경우 '핵심영역(Kernbereich)'[10])이 침해되었는지를 기준으로 권력분립 원리의 침해 여부를 판단하고 있다. 하지만 이 경우에도 '핵심영역'이 무엇인지를 확정해야 하는 또 다른 문제가 남게 된다.

이러한 견해에 따르면 독일기본법상의 헌법질서는 권력의 균형(Gewaltenbalancierung)이라는 측면에서도 문제가 있다는 의심을 하게 된다. 왜냐하면 입법, 행정, 사법기관이 상호 통제하고 제한한다[11])고는 하지만 서로 제한적으로만 영향

---

5) 독일기본법 제20조 제2항. 모든 국가권력(Alle Staatsgewalt)은 국민으로부터 나온다. 그것은 국민에 의하여 선거와 투표를 통해서 행사되고 입법(Gesetzgebung), 집행(vollziehenden Gewalt) 및 사법(Rechtsprechung)의 특별기관(besondere Organe)에 의해서 행사된다.
6) Hesse, 1999, a.a.O., S. 207.
7) BVerfGE 3, 225 (247).
8) BVerfGE 18, 52 (59).
9) BVerfGE 3, 225 (247).
10) BVerfGE 9, 268 (280).

을 미치기 때문이다. 특히 사법권이 입법과 행정을 통제하는 기능을 수행할 수는 있지만 지극히 제한적인 범위 내에서만 가능하다. 왜냐하면 사법권은 정치적 권력이 아니기 때문이다. 그리고 고전적 권력분립 이론에 의할 경우 오늘날 가장 중요한 정치권력인 정당(politischen Parteien)을 제대로 파악할 수 없고[12] 자본주의사회의 가장 중요한 정책도구인 중앙은행을 설명하지 못하게 된다.

2. 국내적 논의

1) 학설의 전개

권력분립의 원리[13]에 대한 국내적 논의는 예상외로 다양한 양상을 보이고 있다. (i) 권력분립의 원리가 갖는 헌법상 '지위'와 관련해서는 대부분의 견해가 독자적인 '통치구조(또는 통치기관)의 구성원리'[14]로 보는 반면, 일부견해는 '정치제도의 일반이론'[15]으로 보기도 하고, 또 다른 견해는 '법치국가 원리의 하부원리'[16]로 보기도 한다. (ii) 권력분립 원리의 '정의'와 관련해서는 국내의 다수학자들[17]이 독일의 지배적 견해[18]와 의견을 같이 하고 있다. 다만, 일부견해[19]는 다

---

11) BVerfGE 9, 268 (279).

12) Hesse, 1999, a.a.O., S. 208.

13) 헌재 2008. 1. 10. 2007헌마1468, 판례집 20−1상, 3−4면: "대법원장은 법관의 임명권자이지만(헌법 제104조 제3항) 대법원장이 각급 법원의 직원에 대하여 지휘·감독할 수 있는 사항은 사법행정에 관한 사무에 한정되므로(법원조직법 제13조 제2항) 구체적 사건의 재판에 대하여는 어떠한 영향도 미칠 수 없고, 나아가 이 사건 법률 제3조에 의하면 대법원장은 변호사 중에서 2인의 특별검사후보자를 대통령에게 추천하는 것에 불과하고 특별검사의 임명은 대통령이 하도록 되어 있으므로 소추기관과 심판기관이 분리되지 않았다거나, 자기 자신의 사건을 스스로 심판하는 구조라고 볼 수는 없다. 결국 이 사건 법률 제3조에 의한 특별검사의 임명절차가 소추기관과 심판기관의 분리라는 근대 형사법의 대원칙이나 적법절차원칙 등을 위반하였다고 볼 수 없다. 본질적으로 권력통제의 기능을 가진 특별검사제도의 취지와 기능에 비추어 볼 때, 특별검사제도의 도입 여부를 입법부가 독자적으로 결정하고 특별검사 임명에 관한 권한을 헌법기관 간에 분산시키는 것이 권력분립원칙에 반한다고 볼 수 없다. 한편 정치적 중립성을 엄격하게 지켜야 할 대법원장의 지위에 비추어 볼 때 정치적 사건을 담당하게 될 특별검사의 임명에 대법원장을 관여시키는 것이 과연 바람직한 것인지에 대하여 논란이 있을 수 있으나, 그렇다고 국회의 이러한 정치적·정책적 판단이 헌법상 권력분립원칙에 어긋난다거나 입법재량의 범위에 속하지 않는다고는 할 수 없다."

14) 김철수, 2008b, 〈헌법학(하)〉(전면개정신판), 박영사, 서울, 1473−1487면; 권영성, 2010, 앞의 책, 745면; 허영, 2020, 앞의 책, 718면; 정종섭, 2018, 앞의 책, 958−972면.

15) 성낙인, 2020, 앞의 책, 343−353면.

16) 한수웅, 2020, 앞의 책, 242−250면.

17) 김철수, 2008b, 앞의 책, 1473면; 권영성, 2010, 앞의 책, 167−169면; 성낙인, 2020, 앞의 책, 287−288면; 한수웅, 2020, 앞의 책, 242−243면.

18) Löwenstein, K., 2000, *Verfassungslehre* (Unveränderter Nachdruck der 3. Aufl.), Mohr Siebeck, Berlin, S. 69ff: "권력분립의 원리란 국민의 자유와 권리를 보장하기 위하여 국가권력을 입법권,

수견해와 유사한 개념정의를 하면서도 권력분립의 원리를 "정치적 기술" 또는 "정치적 지혜의 원리"로 보고 있다. 이 견해는 권력분립 원리를 "대의제와 직접 관련된 이론"으로 보면서, "상호분립된 권력 사이의 공화를 통한 균형을 이룸으로써 정치적 자유의 원동력으로서 기능하고 대의제 원리에 따라 의회 등에 의한 국민의 자유와 권리의 침해가능성을 방지하는 원리"라고 보고 있다.

그러나 (iii) 권력분립 원리의 '기능'[20]에 대해서는 학자들마다 주장하는 견해가 다르다. 제1설[21]은 '권력의 분립 – 권력의 분리 – 억제와 균형'으로 보는 반면, 제2설[22]은 '권력의 분할 - 억제와 균형 - 공화와 협조 - 권력의 통제'를 들고 있고, 제3설[23]은 '국가권력의 통제(자유보장적 기능) - 국가기능의 효과적 이행(기능적 측면)'을 들고 있다.

2) 검 토

현대적 민주국가에서는 권력분립을 단순히 초국가적 자유의 보호수단으로서가 아니라 민주적 통치구조의 근본이념과 기본이념을 실현하기 위한 통치기구의 조직원리로 모색해야 한다. 따라서 국가권력 행사의 절차적 정당성을 보장할 수 있는 실효성 있는 권력통제의 메커니즘을 마련할 필요가 있다. 현대 자유민주국가의 통치구조에서는 국가권력의 엄격하고 기계적인 분리보다는 입법, 행정, 사법의 세 가지 기본적인 국가기능이 기본권적 가치실현을 위하여 서로 '기능적 협력관계'[24]를 유지하면서 서로의 기능을 적절히 통제함으로써 국가의 통치권 행사

집행권, 사법권으로 분할하고, 이들 권력을 각각 분리·독립된 별개의 국가기관들에게 분산시킴으로써, 특정의 개인이나 집단에게 국가권력이 집중되지 아니하도록 함은 물론 권력상호간에 권력적 균형관계가 유지되도록 하는 통치구조의 구성원리를 말한다."

19) 성낙인, 2020, 앞의 책, 343면.

20) 헌재 2007. 7. 26. 2005헌라8, 판례집 19-2, 26면: "[재판관 송두환의 반대의견] 정부와 의회가 다수당에 의해 지배되어 의회의 헌법상 권한이 행정부에 의해 침해되었거나 침해될 위험에 처하였음에도 불구하고 의회의 다수파 또는 특정 안건에 관한 다수세력이 의회의 권한을 수호하기 위한 권한쟁의심판 등 견제수단을 취하지 않음으로써 의회의 헌법적 권한이 제대로 수호되지 못하고 헌법의 권력분립 질서가 왜곡되는 상황하에서는, 의회 내 소수파 의원들의 권능을 보호하는 것을 통하여 궁극적으로는 의회의 헌법적 권한을 수호하기 위하여, 그들에게 일정한 요건하에 국회를 대신하여 국회의 권한침해를 다룰 수 있도록 하는 법적 지위를 인정할 필요가 있고, 그 구체적 방안으로서 이른바 '제3자 소송담당'을 인정할 필요가 있다."

21) 김철수, 2008b, 앞의 책, 1477-1478면.

22) 권영성, 2010, 앞의 책, 757-760면.

23) 한수웅, 2020, 앞의 책, 243-244면.

24) 헌재 2008. 1. 10. 2007헌마1468, 판례집 20-1상, 3-4면: "대법원장은 법관의 임명권자이지만 (헌법 제104조 제3항) 대법원장이 각급 법원의 직원에 대하여 지휘·감독할 수 있는 사항은 사법행정에 관한 사무에 한정되므로(법원조직법 제13조 제2항) 구체적 사건의 재판에 대하여는 어떠한 영향도 미칠 수 없고, 나아가 이 사건 법률 제3조에 의하면 대법원장은 변호사 중에서 2인의 특별검사후보자를 대통령에게 추천하는 것에 불과하고 특별검사의 임명은 대통령이 하도록 되어

가 언제나 '협동'과 '통제' 아래에서 조화될 수 있어야 한다. 우리 헌법상 권력분립은 기계적이고 획일적인 '권력분리'가 아니라 목적지향적이고 유동적인 '기능분리'로, 그리고 권력 간의 '대립적 제한관계'가 아니라 '기관 간의 협동적 통제관계'로 이행해야 한다. 권력분립의 주안점을 '형식적 권력분립'에서 '실질적 기능통제'로 이행해야 하는 것이다.[25]

즉, 오늘날에는 실질적인 기능통제의 관점에서 새로운 권력분립의 모델을 모색할 필요가 있다. 입법, 행정, 사법간의 전통적이고 수평적인 권력분립 이외에도, 입법부 내의 권력분립과 행정부 내의 권력분립뿐만 아니라 교차임기제 등 시간적 권력분립의 중요성이 더욱 커지고 있고, 연방제와 분권제, 지방자치, 국제법질서가 수행하는 수직적 권력분립의 의미가 더 커지고 있다. 복수정당제, 국가권력의 기본권기속, 군의 정치개입금지, 국가와 사회의 교차관계적 이원론이 갖는 기능적 권력분립의 의미도 과소평가해서는 안 된다.[26]

3. 소 결

현대적 권력분립의 과제는 현실적 권력요소들을 통제하고 균형을 잡는 것뿐만 아니라, (i) 여러 가지 국가기능, (ii) 이러한 기능의 행사를 위임받을 국가기관, (iii) 이들 기관 내에 형성될 실제세력을 적절하게 결정하고 이들에게 질서를 부여(Zuordnung)하는 것이다. 이러한 '질서부여(整序)'야말로 헌법질서 내에서 권력분립의 원리가 다루어야 할 기본주제이다.[27]

있으므로 소추기관과 심판기관이 분리되지 않았다거나, 자기 자신의 사건을 스스로 심판하는 구조라고 볼 수는 없다. 결국 이 사건 법률 제3조에 의한 특별검사의 임명절차가 소추기관과 심판기관의 분리라는 근대 형사법의 대원칙이나 적법절차원칙 등을 위반하였다고 볼 수 없다. 본질적으로 권력통제의 기능을 가진 특별검사제도의 취지와 기능에 비추어 볼 때, 특별검사제도의 도입 여부를 입법부가 독자적으로 결정하고 특별검사 임명에 관한 권한을 헌법기관 간에 분산시키는 것이 권력분립원칙에 반한다고 볼 수 없다."

25) 허영, 2020, 앞의 책, 731면.
26) 장영철, 2020, 앞의 책, 166-169면.
27) Hesse, K., 1999, *Grundzüge des Verfassungsrechts der Bundesrepublik Deutschland* (Neudruck der 20. Aufl.), C. F. Müller, Heidelberg, S. 209.

제2절 현대적 · 협력적 권력분립

1. 서 론

우리는 권력분립의 원리를 자연법적, 초시간적 효력을 갖는 도그마가 아니라, 하나의 역사적 원리로 보아야 한다. 이 원칙을 형성한 로크(John Locke), 몽테스큐(Montesquieu) 혹은 연방주의자(Federalist)[28]들은 권력분립이론을 도식적으로 파악하지 않았다. 후세의 도그마는 권력분립을 '입법 = 규범정립', '행정 = 규범집행', '사법 = 규범의 기계적, 논리적 적용'이라는 방식으로 도식화하고 있지만, 초기 계몽주의자들은 이러한 주장을 하지 않았다. 그들의 권력분립론은 특정한 역사적 상황 속에서 정치적 자유를 보장하기 위해 실재하는 정치적 세력들을 구체적 질서 안으로 끌어들이려고 한 실천적 이론들이다.

오늘날의 권력분립 원리도 역사적이고 구체적인 국가질서에서 분리될 수 없다. 추상적 도그마로서의 권력분립 원리가 헌법 속에 순수한 형태로 실현되었는가는 결코 중요하지 않다. 오히려 권력분립 원리의 실현을 가늠하는 척도는 헌법이 실재하는 역사적 세력들의 활동을 끌어들여 구체적 질서를 형성하고 있는지 여부를 기준으로 판단해야 한다.[29] 따라서 우리 헌법상 권력분립 원리는 전체 헌법을 통해 파악되어야 한다.

고전적 도그마는 권력분립 원리를 개인의 자유를 위해 국가권력을 분할, 분리하고 분리된 권력에 대한 억제와 통제의 체계를 통하여 시원적으로 선재하는 통일적인 국가권력을 완화하는 수단이라고 보고 있다. 하지만 현대적 헌법원리로서의 권력분립 원리는 이와 다른 방식으로 이해하고 접근하여야 한다. 국가권력

---

28) Lupu, I. C., 1997, "The Most−Cited Federalist Papers," *Constitutional Commentary* 418, University of Minnesota Law School, pp. 403−410: "미국 헌법제정자들의 권력분립에 대한 생각은 페더럴리스트 페이퍼 제51권(Federallist No. 51)에 잘 나타나 있다. 이 논문은 1788년 위대한 법률가 메디슨(James Madison)이 작성한 것으로서, '정부구조는 각 부서 간에 적절한 견제와 균형을 이루어야 한다(The Structure of the Government Must Furnish the Proper Checks and Balances Between the Different Departments)'라는 다소 긴 제목을 보유하고 있다. 메디슨은 소수의 당파적 개인들에 의해 법률이 제정되거나 국가가 운영되는 것을 막기 위한 논리적 해결책으로 권력분립의 원리를 고안해 내었다. 특히 연방제도는 연방과 주 차원에서 서로 다른 권력기관을 마련하고 있기 때문에 권력분립에 효과적이라고 생각했다. 하지만 메디슨은 권력분립을 자기목적적 제도로 생각하지 않고 기능적으로 생각했다. 메디슨은 국가권력이 서로 독립적인 경우에만 자신의 기능을 최대한 발휘할 수 있다는 점을 강조하고 있다. 각각의 국가권력들이 서로 독립함으로써 자신의 목적에 초점을 맞출 수 있게 되고, 견제와 균형의 시스템은 세 개의 국가권력 내에서 불일치와 문제가 발생했을 때만 실제로 작동하게 된다."

29) Hesse, 1999, a.a.O., S. 209.

과 정치적 통일은 시원적으로 실재하는 것이 아니라, '조직화된 인간의 협동작용'을 통해서 항상 새롭게 창조되고 유지되어야 하기 때문이다. 따라서 권력분립의 과제는 국가권력의 소극적이고 사후적인 제한에 그치는 것이 아니라, 적극적으로 '권력을 구성'하고 '권한을 확정'하는 것에 이르러야 한다. 현대적 권력분립은 개별적 '권력을 형성'하고, 그 권한의 '한계를 설정'하며, 권력 상호 간의 '관계를 규율'함으로써 국가권력의 통일에 이르기 위한 인간의 협력질서(eine Ordnung menschlichen Zusammenwirken)를 의미해야 한다.[30]

2. 협력적 권력분립의 원리

1) 권력의 구성

권력분립은 상이한 권력들을 구성(Konstitutierung)하는 것이다. 국가권력은 국가가 수행하는 과제를 중심으로 분류하되 민주주의적, 법치주의적 방법으로 구성해야 한다. '국가적 과제'를 중심으로 권력을 구성할 때만 '공동체의 존속과 번영'에 기여할 수 있고, 민주주의적, 법치주의적 방법으로 구성해야만 공동체의 생활질서가 '헌법의 기본원리'에 부합하기 때문이다. 우리 헌법은 다양한 국가적 과제의 수행을 위해 국가권력을 입법,[31] 집행,[32] 사법[33]의 세 가지 기본기능으로 구별하고 있다. 하지만 이러한 구별은 국가적 과제수행을 위한 기본유형을 의미할 뿐 독점적, 배타적 성격을 갖는 것은 아니다. 또 이렇게 구별된 기능은 별개의 특별한 기관[34]에 의해 수행되어야 한다.

권력분립은 그 자체 자기목적적인 것이 아니라 공동체의 존속과 발전에 이바지하는 것이어야 한다. 기관의 구조와 기능은 실질적 상호관련성이 있어야 한다. 권력분립 원리는 기관의 설립목적, 기본구조에 상응하지 않는 '기능의 수행', '기능의 배정'을 원칙적으로 금지하고 있다. 따라서 기관의 기능과 기관의 구조는 물적으로(sachlich) 상호연계되어 있어야 한다. 기관구조에 맞지 않는 기능의 부

---

30) Bäumlin, R., 1965, "Der schweizerische Recht Staatsgedanke," *Zeitschrift des Bernischen Juristenvereins*, 101, Bern, S. 94ff.
31) 대한민국헌법 제40조. 입법권은 국회에 속한다.
32) 대한민국헌법 제66조. ④ 행정권은 대통령을 수반으로 하는 정부에 속한다.
33) 대한민국헌법 제101조. ① 사법권은 법관으로 구성된 법원에 속한다.
34) 대한민국헌법 제40조. 입법권은 국회에 속한다.
    대한민국헌법 제66조. ④ 행정권은 대통령을 수반으로 하는 정부에 속한다.
    대한민국헌법 제101조. ① 사법권은 법관으로 구성된 법원에 속한다.

여, 기관의 목적에 부합하지 않는 기능의 위임은 금지된다.[35][36] 이러한 의미에서 권력분립의 원리는 양립불가능성(Inkompatibilität)[37]의 원리를 의미한다. 그리고 이러한 양립불가능성의 원리는 우리 헌법상 대통령[38]과 국회의원[39]에 대해 특별히 엄격하게 강조되고 있다.

모든 국가기관에게는 이들이 수행하는 기능의 범위 내에서 고유한 과제영역이 배정된다. 모든 기관의 기능범위와 과제영역은 관할(Zuständigkeit)의 설정을 통해 마련된다. 권력분립의 원리에 따라 관할을 설정하고 권한이 확정됨으로써, 입법권은 구속력 있는 규정을 만들고, 집행권은 구속적으로 명령이나 금지를 행하며, 사법권은 권위를 가지고 판결을 할 수 있게 된다. 우리 헌법은 국가적 과제영역을 세분하여 특정한 기관에게 기능적으로 적정하게 위임하는 고권적 행위(Hoheitsbefugnis)를 통해서 헌법에 적합하도록 국가권력을 구성하고 있다.

2) 질서의 부여

국가권력의 '구성'과 국가기관의 '권한 설정'만으로는 국가권력의 통일과 국가권력의 협동을 기대할 수 없다. 이를 위해서는 여러 가지 국가기능과 국가기관에게 질서를 부여(Zuordnung)하는 작업이 필요하다. 국가기능과 국가기관에게 질서를 부여하기 위해서는 (i) 권한의 설정과 함께 (ii) 이들의 그물 같은 결합이 필요하다. 즉 협력할 권한, 참여하여 발언할 권한, 이의를 제기할 권한 및 통제할

---

35) Küster, O., 1949, "Das Gewaltenproblem im modernen Staat," *AöR*, 75, S. 492f.

36) BVerfGE 68, 1 (86).

37) 헌재 2012. 4. 24. 2010헌마605, 판례집 24-1하, 1200-201면: "지방공사의 직원은 유기적 통일체로서 기능하는 공기업조직 내의 위계질서와 인간관계로 인하여 임원이나 간부직원의 경영방침에 따라 그 기관의 이익을 위해 업무수행을 하는 경우가 일반적이다. 만일 지방공사의 직원이 지방공사의 업무 및 운영에 관한 기본적인 사항을 정하는 조례의 제·개정 및 지방공사에 출자하는 지방자치단체의 예산에 대한 의결권과 지방공사의 업무를 감독하고, 업무·회계 및 재산에 관한 사항을 검사할 권한을 가지는 지방자치단체장에 대한 자료제출요구권 등을 보유하고 있는 지방의회의원직을 겸직할 수 있다면, 지방공사가 공기업이익의 증진이라는 목표를 위하여 그 직원인 지방의회의원을 통하여 지역주민의 이익을 도외시한 채 해당 지방공사의 경제적·행정적 편의만을 도모하는 방향으로 자치입법과 행정에 부당한 영향력을 가할 수 있는 위험성이 적지 않을 것이라는 점이 충분히 예측되는바(헌재 2004. 12. 16. 2002헌마333등, 판례집 16-2하, 515, 540 참조), 헌법상 권력분립의 원칙이 흔들리게 될 우려가 있다. 또한 지방공사에 강한 공법적 특수성이 인정되는 이상, 지방공사의 직원 역시 정치적 중립성이 보장되어야 함에 있어서는 지방공무원과 차이가 없다. 따라서 지방공사의 직원이 지방의회의원직을 겸할 수 있도록 하는 것은 정치적 중립성 보장의 원칙에도 위배된다. 따라서 이 사건 법률조항은 지방의회의원으로 하여금 지방공사 직원의 직을 겸하지 못하도록 규정함으로써, 입법과 행정간의 권력 분립이라는 헌법상 원칙을 유지하고 실현하며, 공직자의 정치적 중립성을 보장하고자 한다(헌재 2004. 12. 16. 2002헌마333등, 판례집 16-2하, 515, 537 참조)."

38) 대한민국헌법 제83조. 대통령은 국무총리·국무위원·행정각부의 장 기타 법률이 정하는 공사의 직을 겸할 수 없다.

39) 대한민국헌법 제43조. 국회의원은 법률이 정하는 직을 겸할 수 없다.

권한의 결합을 통해 수많은 복합적 관계를 만들어낼 필요가 있다. 바로 이러한 그물 같이 얽힌 결합[40]이 우리 헌법의 조직적 형태를 이루는 특징이다.

3) 균형의 달성

권력에 '질서'를 부여하는 것은 이미 '권력균형'의 요소들을 포함하고 있다. 국가 내에 실재하는 서로 다른 세력들이 다양한 통제와 협력의 관계로 나타나는 경우에만 실질적인 권력의 균형이 가능해진다. 이러한 권력의 균형은 민주주의, 법치주의의 실현에 의해 이루어진다. 우리 헌법은 민주주의 원리의 실현을 위해 균등한 기회보장[41]을 통해서 정치세력들을 민주적 질서의 테두리 내로 끌어들임으로써 권력의 억제, 권력의 통제를 이루고자 한다. 또한 우리 헌법은 집행권에 대한 사법적 통제[42]를 통해 법치국가적 권력균형의 요소를 실현하려고 한다. 특히 헌법재판[43]에 의한 국가권력의 통제가 실현하려고 하는 바가 그러하다.

4) 소 결

권력분립의 원리는 여러 국가권력을 구성하고, 이들 국가권력을 하나로 묶어서 질서를 부여하며, 헌법생활에 실재하는 권력적 요소들을 제한하고 통제하는 헌법전체를 관통하는 원리이다. 권력분립의 원리는 사실상 헌법의 중추적 조직원리[44]이다. 권력분립의 원리의 중요성은 초실정법적 도그마이기 때문이 아니라, 이 원리가 국가생활의 현실 속에서 발휘하는 구체적 작용 때문이다.

권력분립의 원리를 통해 상이한 여러 가지 국가권력을 구성하고, 이들에게 질서를 부여한다. 권력분립의 원리는 국가권력의 통일적인 협동을 목표로 세분화된 국가조직을 만들고, 그 조직 속에서 국가가 행위할 수 있도록 한다. 권력분립

---

40) 대한민국헌법 제47조, 제52조, 제53조, 제54~63조, 제65조, 제67조, 제75~77조, 제79조, 제81~82조, 제86~88조, 제91~94조, 제97~99조, 제104조, 제107조, 제111조, 제114조, 제128~130조.

41) 대한민국헌법 제41조. ① 국회는 국민의 보통·평등·직접·비밀선거에 의하여 선출된 국회의원으로 구성한다.
대한민국헌법 제67조. ① 대통령은 국민의 보통·평등·직접·비밀선거에 의하여 선출한다.
대한민국헌법 제8조. ① 정당의 설립은 자유이며, 복수정당제는 보장된다.

42) 대한민국헌법 제101조. ① 사법권은 법관으로 구성된 법원에 속한다.
대한민국헌법 제107조. ② 명령·규칙 또는 처분이 헌법이나 법률에 위반되는 여부가 재판의 전제가 된 경우에는 대법원은 이를 최종적으로 심사할 권한을 가진다.

43) 대한민국헌법 제111조. ① 헌법재판소는 다음 사항을 관장한다.
1. 법원의 제청에 의한 법률의 위헌여부 심판
2. 탄핵의 심판
3. 정당의 해산 심판
4. 국가기관 상호간, 국가기관과 지방자치단체간 및 지방자치단체 상호간의 권한쟁의에 관한 심판
5. 법률이 정하는 헌법소원에 관한 심판

44) BVerGE 3, 225 (247).

의 원리는 국가기관들의 활동에 형태를 부여함으로써 국가조직의 책임성과 투명성(Verantwortungsklarheit)을 명확하게 해주고 국가기능을 합리화하는 작용을 한다. 또한 '정치적 지도와 결정'이라는 보다 동적인 요소들과 '전문적 행정활동 및 법의 유지'라는 보다 정적인 요소들의 작용을 가능하게 하며, 동적인 요소와 정적인 요소에 일정한 질서를 부여한다.

권력분립의 원리는 국가기능을 담당할 특정한 기관을 구체적으로 형성하고 이들에게 질서를 부여함에 있어서 상이한 구조적 원리를 결합한다. 이로서 권력분립은 권력분립론의 오래된 기본이념인 혼합헌법(gemischte Verfassung)에 연결된다.45) 이로써 권력분립 원리는 안정화 작용(stabilisierende Wirkung)을 한다. 왜냐하면 상이한 구조적 원리의 결합은 최적의 자기보장(Selbstgewährleistung) 기능을 내재하고 있으므로 역사적 발전과 변화에 손쉽게 적응할 수 있고, 시대의 흐름에 맞추어 상대적 계속성을 확보할 수 있기 때문이다. 국가권력을 구성하고, 합리화·안정화하며, 제한하는 원리로서의 권력분립은 헌법의 조직적 기본원리이다.

따라서 다수견해가 생각하는 것처럼 권력분립을 통치기관의 조직원리로서만 좁혀서 생각할 수는 없다. 왜냐하면 권력분립은 개인적 자유의 보장수단 이상의 것이며, 권력균형을 통한 개인적 자유의 보호는 국가권력의 분리와 통치기관의 조직만으로 실현되는 것이 아니기 때문이다. 오히려 모든 권력분립적 요소는 민주주의, 법치주의를 포함한 우리 헌법 전체질서의 본질적 구성부분을 이루고 있다.

제3절 협력적 권력분립의 구현

1. 서 론

입법, 집행, 사법은 국가작용의 수단에 불과하다. 그들의 특성을 이해하더라도 그 작용 자체에 대한 제한적 해명만이 가능하다. 국가는 자신의 기관을 통해 법률을 제정 또는 행정행위를 하거나 판결을 행한다. 하지만 국가가 이러한 작용을 한다는 사실 그 자체보다는 국가가 어떠한 과제를 이행하기 위해서 그러한 작

---

45) Imboden, M., 2017, *Montesquieu und die Lehre der Gewaltentrennung* (reprint), De Gruyter, Berlin. S. 14ff.

용을 하는지에 대해 밝히는 것이 더 중요하다. 오늘날 국가적 과제는 과거에 비해 훨씬 더 경제적 영역, 사회적 영역, 문화적 영역으로 이행하고 있다.[46] 국가는 이러한 영역에서 법적 질서를 창설하고 보장할 뿐만 아니라 광범위하고 계획적인 형성(Gestaltung)과 조종(Steuerung)을 행하고 있다.[47] 헌법은 국가의 기능, 국가조직, 국가의 권한을 규정함으로써 국가활동의 필수불가결한 전제조건을 마련할 임무가 있다.

2. 국가의 기능 정립

1) 입 법

(1) 입법의 개념과 특성

전통적이고 오늘날에도 지배적인 견해는 입법(Gesetzgebung)의 개념을 다음과 같이 규정하고 있다. 즉 형식적 의미의 입법은 입법기관에 의하여 입법절차[48]에 따라 법률형식으로 명령(Anordnung)을 정하는 것이고, 실질적 의미의 입법은 국가의 권위에 의하여 법규범(Rechtsnorm)을 정립하는 것을 말한다. 형식적 의미의 입법과 실질적 의미의 입법은 서로 일치할 수도 있고, 일치하지 않을 수도 있

---

46) Krüger, H., 1966, *Allgemeine Staatslehre*, Kohlhammer, Stuttgart, S. 572ff.; Steiner, U., Grimm, D., 1984, "Kulturauftrag im staatlichen Gemeinwessen," *VVDStRL*, 42, S. 46ff.

47) Böckenförde, E.‒W., 1972, "Planung zwischen Regierung und Parlament," *Der Staat*, 11, S. 429ff.; Scheuner, U., 1974, "Zur Entwicklung der politischen Planung in der Bundesrepublik," In: Schneider, H., Götz, V. (hrsg.), *Dienst an Recht und Staat. Festschrift für W. Weber*, Duncker & Humblot, Berlin, S. 369ff.

48) 헌재 2010. 12. 28. 2008헌라7 등, 판례집 22‒2하, 587면: "의회민주의원리는 국가의 정책결정에 참여할 권한을 국민의 대표기관인 의회에 유보하는 것에 그치지 않고 나아가 의사결정과정의 민주적 정당성까지 요구한다. 절차의 민주성과 공개성이 보장되어야만 민주적 정당성도 획득될 수 있다. 의회민주주의국가에서 의사절차는 공개와 이성적 토론의 원리, 합리적 결정, 다원적 개방성, 즉 토론과 다양한 고려를 통하여 의안의 내용이 변경될 가능성, 잠재적인 통제를 가능케 하는 절차의 개방성, 다수결의 원리에 따른 의결 등 여러 가지 요소에 의하여 이루어져야 하지만, 무엇보다도 중요한 요소는 헌법 제49조의 다수결의 원리와 제50조의 의사공개의 원칙이라 할 것이다. 의회민주주의의 기본원리의 하나인 다수결의 원리는 의사형성과정에서 소수파에게 토론에 참가하여 다수파의 견해를 비판하고 반대의견을 밝힐 수 있는 기회를 보장하여 다수파와 소수파가 공개적이고 합리적인 토론을 거쳐 다수의 의사로 결정한다는 데 그 정당성의 근거가 있는 것이다. 따라서 입법과정에서 소수파에게 출석할 기회조차 주지 않고 토론과정을 거치지 아니한 채 다수파만으로 단독 처리하는 것은 다수결의 원리에 의한 의사결정이라고 볼 수 없다. 헌법 제49조는 의회민주주의의 기본원리인 다수결의 원리를 선언한 것으로서 이는 단순히 재적의원 과반수의 출석과 출석의원 과반수에 의한 찬성을 형식적으로 요구하는 것에 그치지 않는다. 헌법 제49조는 국회의 의결은 통지가 가능한 국회의원 모두에게 회의에 출석할 기회가 부여된 바탕 위에 재적의원 과반수의 출석과 출석의원 과반수의 찬성으로 이루어져야 한다는 것으로 해석하여야 한다(헌재 1997. 7. 16. 96헌라2, 판례집 9‒2, 154, 174‒175 참조)."

다. 또 일치하지 않더라도 문제는 없다. 왜냐하면 행정부의 법규명령과 사법부의 자율적 내부규칙[49][50]은 입법기관에게 부여된 사항은 아니지만 실질적 입법에 해당하기 때문이다.[51]

그러나 민주주의 원리, 법치주의 원리, 사회국가 원리가 지배하는 국가적 질서 속에서 입법의 과제가 무엇인지를 고민할 때에만 헌법에 근거한 입법의 개념을 획득할 수 있다.[52] 입법은 민주적 질서의 테두리 안에서 '정치적 의사를 형성'하는 형식이다. 헌법은 공동체의 기본문제 중에서 많은 부분을 직접 확정하지 않고 개방해 두었다. 따라서 이러한 부분은 일반적 규정이나 구체적 명령을 통해 채워져야 한다. 그리고 이러한 규정은 민주적으로 정당화되어야 하며 민주적 절차 내에서 결정되어야 한다. 민주적으로 선출된 의회에 의한 결정이 민주적 정당성을 가장 잘 부여해 줄 수 있다. 의회의 결정은 민주적 절차와 완전한 공개[53]를

---

49) 민사소송규칙, 가사소송규칙 등 각종 소송규칙.

50) 헌재 2020. 1. 7. 2019헌마1413, 1면: "헌법재판소법 제68조 제1항에 의한 헌법소원심판을 청구하기 위해서는 공권력의 행사 또는 불행사가 있어야 한다. 헌법소원의 심판대상인 '공권력의 행사'는 국민의 권리와 의무에 대하여 직접적인 법률효과를 발생시켜야 하고 청구인의 법적 지위를 그에게 불리하게 변화시키기에 적합해야 한다(헌재 1994. 8. 31. 92헌마174; 헌재 2003. 7. 24. 2002헌마508 참조). 그러므로 법적 구속력이나 외부효과가 결여되어 있는 국가기관 간의 내부적 행위나 행정청의 지침, 행정규칙 등은 공권력의 행사에 해당하지 않는다(헌재 2003. 2. 27. 2002헌마106; 헌재 2018. 5. 31. 2016헌마191 등 참조). 그런데 이 사건 양형기준은 법원의 양형판단을 위한 내부기준에 불과하고 그로 인하여 청구인의 권리와 의무에 대하여 직접적인 법률효과를 발생시킨다고 할 수 없다. 따라서 이 사건 양형기준은 헌법소원심판의 대상이 되는 공권력 행사에 해당하지 아니한다."

51) Thoma, R., 1932, "Grundbegriffe und Grundsätze," HdBDRtR, Ⅱ, S. 124ff.

52) BVerfGE 33, 125 (158).; Scheuner, U., 1978b, "Das Gesetz als Auftrag der Verwaltung," In: Listl, J., Rüfner, W. (Hrsg.), Staatstheorie und Staatsrecht, Duncker&Humblot, Berlin, S. 545ff.; Stern, K., 1980, Das Staatsrecht der Bundesrepublik Deutschland Bd. Ⅱ, C. H. BECK, München, S. 557ff.

53) 헌재 2000. 6. 29. 98헌마443 등, 판례집 12−1, 896−897면: "헌법 제50조 제1항은 '국회의 회의는 공개한다'라고 하여 의사공개의 원칙을 규정하고 있다. 의사공개의 원칙은 의사진행의 내용과 의원의 활동을 국민에게 공개함으로써 민의에 따른 국회운영을 실천한다는 민주주의적 요청에서 유래하는 것으로서 국회에서의 토론 및 정책결정의 과정이 공개되어야 주권자인 국민의 정치적 의사형성과 참여, 의정활동에 대한 감시와 비판이 가능하게 될 뿐더러, 의사의 공개는 의사결정의 공정성을 담보하고 정치적 야합과 부패에 대한 방부제 역할을 하기도 하는 것이다. 의사공개의 원칙은 방청 및 보도의 자유와 회의록의 공표를 그 내용으로 하는데, 다만, 의사공개의 원칙은 절대적인 것이 아니므로, 출석의원 과반수의 찬성이 있거나 의장이 국가의 안전보장을 위하여 필요하다고 인정할 때에는 공개하지 아니할 수 있다(헌법 제50조 제1항 단서). 의사공개원칙의 헌법적 의미를 고려할 때, 위 헌법조항은 단순한 행정적 회의를 제외하고 국회의 헌법적 기능과 관련된 모든 회의는 원칙적으로 국민에게 공개되어야 함을 천명한 것이다. 오늘날 국회기능의 중점이 본회의에서 위원회로 옮겨져 위원회중심주의로 운영되고 있고, 법안 등의 의안에 대한 실질적인 심의가 위원회에서 이루어지고 있음은 주지의 사실인바, 헌법 제50조 제1항이 천명하고 있는 의사공개의 원칙은 위원회의 회의에도 당연히 적용되는 것으로 보아야 한다. 의사공개에 관한 국회법의 규정 또한 이러한 헌법원칙을 반영하고 있다. 국회법 제75조 제1항은 "본회의는 공개한다"하여 본회의공개원칙을, 동법 제65조 제4항은 "청문회는 공개한다"하여 위원회에서 개최하는 청문회공개원칙을 분명히 밝히고 있으며, 국회법 제71조는 본회의에 관한 규정을 위원회

통해서 이루어지고, 다양한 이익에 대한 '최적의 고려'와 '최적의 조정'이 보장되는 자유로운 정치적 의사형성과정이어야 한다. 구조상 이러한 요청에 부합하는 기관은 바로 의회다.

그러나 입법은 민주적 정당성을 바탕으로 민주적 방법으로 '무엇인가를 결정'하는 데 그치는 것이 아니다. 보다 중요한 것은 결정된 것이 명백하고 확정적이고 이해하기 쉬운 형식으로 나타나야 하며, 그것에 대한 지속성과 구속성이 확보되고, 헌법상 법치국가질서를 특징지우는 합리화, 안정화, 그리고 부담경감 작용을 해야 한다. 이러한 방식으로 부담적 국가행위의 요건과 한계를 확정하고, 사회적 부조54)와 생존배려에 형식과 기준이 주어짐으로써, 입법은 법치국가적 자유를 보장하는 형식이 된다. 개인적 자유의 기본적 전제가 국가의 급부적, 형성적 작용에 의존하는 현대적 사회국가에서는 개인의 법적 지위가 법률에 의해 창설되는 경우가 많기 때문에 입법의 중요성이 더욱 더 커진다.

(2) 중요성의 원리

헌법상 입법은 직접적인 민주적 정당성에 기초하고, 의회 내에서의 자유로운 의사 형성과 완전한 공개과정을 거쳐, 여러 가지 이익들에 대한 최적의 고려와 최적의 조정을 통하여, 또한 행정부의 광범위한 참여 아래 기본적인 문제를 결정하는 것이다. 그리고 이렇게 의회가 결정한 것은 합리화, 안정화 및 자유보장의 작용을 한다. 헌법이 전제하고 있는 입법기능은 이러한 민주주의적, 법치주의적 질서 안에서 그 윤곽을 얻는다.

에 대하여 준용하도록 규정하고 있다. 결국 본회의든 위원회의 회의든 국회의 회의는 원칙적으로 공개하여야 하고, 원하는 모든 국민은 원칙적으로 그 회의를 방청할 수 있는 것이다."

54) 헌재 2004. 10. 28. 2002헌마328, 판례집 16-2하, 195-196면: "국가가 행하는 국민기초생활보장법상의 "생활능력 없는 장애인에 대한 최저생활보장을 위한 생계급여 지급"이 헌법이 요구하는 객관적인 최소한도의 내용을 실현하고 있는지의 여부는 국가가 인간다운 생활을 보장함에 필요한 최소한도의 조치를 취하였는가의 여부에 달려있다고 할 것인바, "인간다운 생활"이란 그 자체가 추상적이고 상대적인 개념으로서 그 나라의 문화의 발달, 역사적·사회적·경제적 여건에 따라 어느 정도는 달라질 수 있는 것이고, "최소한도의 조치" 역시 국민의 사회의식의 변화, 사회·경제적 상황의 변화에 따라 가변적인 것이므로, 국가가 인간다운 생활을 보장하기 위한 생계급여의 수준을 구체적으로 결정함에 있어서는 국민 전체의 소득수준과 생활수준, 국가의 재정규모와 정책, 국민 각 계층의 상충하는 갖가지 이해관계 등 복잡 다양한 요소를 함께 고려해야 하므로, 생활이 어려운 장애인의 최저생활보장의 구체적 수준을 결정하는 것은 입법부 또는 입법에 의하여 다시 위임을 받은 행정부 등 해당기관의 광범위한 재량에 맡겨져 있다고 보아야 한다... 국가가 생활능력 없는 장애인의 인간다운 생활을 보장하기 위하여 행하는 사회부조에는 국민기초생활보장법에 의한 생계급여 지급을 통한 최저생활보장 외에 다른 법령에 의하여 행하여지는 것도 있으므로, 국가가 행하는 최저생활보장 수준이 그 재량의 범위를 명백히 일탈하였는지 여부, 즉 인간다운 생활을 보장하기 위한 객관적 내용의 최소한을 보장하고 있는지 여부는 보장법에 의한 생계급여만을 가지고 판단하여서는 아니되고, 그 외의 법령에 의거하여 국가가 최저생활보장을 위하여 지급하는 각종 급여나 각종 부담의 감면 등을 총괄한 수준으로 판단하여야 한다."

현대적 사회국가에서는 일반적 법률, 처분적 법률,[55] 계획적 법률, 한시적 법률[56] 등 법률의 구조가 다양하게 변화될 수 있기 때문에, 법률의 결정적이고 중요한 개념표지는 '의회의 참여와 결정'이 될 것이다. 따라서 법률은 입법기관이 입법절차를 통해, 법률의 형식으로 정립한 모든 명령을 의미한다. 헌법에서는 형식적 의미의 법률과 실질적 의미의 법률을 구분하지 않는다. 다만 근본적이고 중요한 문제는 의회가 직접 의결해야 하지만, 근본적이지 않은 문제는 행정부의 법규명령과 사법부의 자율적 내부규정을 통해 규율될 수 있다. 중요하지 않은 문제는 법률로 표현될 이유나 정당성을 갖지 못하기 때문이다.

(3) 본질성의 원리

헌법상 민주주의, 법치주의 질서 내에서 입법기능을 바라보면 법률의 우위(Vorrangs des Gesetzes)[57]와 법률의 유보(Vorbehalts der Gesetzes)[58]가 갖는 중요

---

55) 헌재 2005. 6. 30. 2003헌마841, 판례집 17−1, 1008면: "우리 헌법은 처분적 법률로서 개인대상 법률 또는 개별사건법률의 정의를 따로 두고 있지 않음은 물론, 이러한 처분적 법률의 제정을 금하는 명문의 규정도 두고 있지 않은바, 특정규범이 개인대상 또는 개별사건법률에 해당한다고 하여 그것만으로 바로 헌법에 위반되는 것은 아니라고 할 것이다(헌재 1996. 2. 16. 96헌가2등, 판례집 8−1, 51, 69; 2001. 2. 22. 99헌마613, 판례집 13−1, 367, 375 각 참조). 결국 심판대상조항이 일반 국민을 그 규율의 대상으로 하지 아니하고 특정 개인만을 그 대상으로 한다고 하더라도 이러한 차별적 규율이 합리적인 이유로 정당화되는 경우에는 허용된다고 할 것이다."

56) 헌재 2007. 11. 29. 2006헌바106, 판례집 19−2, 598면: "특례법상 분할신청권자에게 주어지는 지위는 어차피 시혜적인 법률에 의하여 인정되는 절차적·실체적인 편의성을 이용할 수 있는 사실상의 이익 내지 기회에 지나지 않고, 분할신청인이라 하더라도 그 요건을 갖추었는지 여부 및 공유의 현황 등에 따라 정황이 천차만별일 수 있어 모두 본질적으로 동일한 집단에 속한다 보기 어려우며, 분할조서의 확정을 계속 적용의 요건으로 하고 있더라도 이는 분할신청인이 누구인지를 불문하고 동일하게 적용되는 것이므로, 이와 관련하여 어떤 차별 취급이 존재한다 하기도 어렵다. 가사 어떠한 차별 취급이 있다 하더라도 분할신청인은 이미 처음부터 이를 예상하거나 할 수 있었고, 민법상의 공유물분할제도의 원칙과 건축법 등의 제한의 근거를 유지하고 공유토지분할위원회의 인적·물적 부담을 시간적으로 제한하려는 취지에서 특례법을 한시적으로 시행하면서 시행기간 내의 분할신청인 모두에게 특례법의 계속 적용을 인정한다면 한시법의 취지를 실현할 수 없게 될 것이므로, 그 시행기간 내에 분할조서의 확정에 이른 분할신청인에게만 법률을 계속 적용하도록 한 이 사건 심판대상 조항은 합리적인 근거가 있어 헌법상의 평등권을 침해하거나 평등원칙에 위반된다 할 수도 없다."

57) 헌재 1996. 6. 26. 93헌바2, 판례집 8−1, 531면: "조세는 국가 또는 지방자치단체가 재정수요의 충족을 위한 경비를 조달하기 위하여 일반 국민에게 반대급부없이 일방적·강제적으로 징수하는 것으로서 국민의 재산권을 침해하게 되므로 헌법은 국민주권주의, 권력분립주의 및 법치주의의 원리에 따라 모든 국민은 법률이 정하는 바에 의하여 납세의 의무를 지고 조세의 종목과 세율은 법률로 정하도록 규정함으로써(헌법 제38조, 제59조) 조세법률주의를 선언하고 있다. 즉, 국가는 주권자인 국민의 대표자로 구성되는 입법부가 제정한 법률의 근거없이 조세를 부과·징수할 수 없고 국민은 조세의 납부의무를 부담하지 아니하는 것이다. 그런데 이 사건 심판대상 조항은 부가가치세의 면제에 관한 사항으로서 조세의 부과·징수의 요건이나 절차와 직접 관련되는 것은 아니지만, 조세란 공공경비를 국민에게 강제적으로 배분하는 것으로서 납세의무자 상호간에는 조세의 전가관계가 있으므로 특정인이나 특정계층에 대하여 정당한 이유없이 조세감면의 우대조치를 하는 것은 특정한 납세자군이 조세의 부담을 다른 납세자군의 부담으로 떠맡기는 것에 지나지 않아 조세감면의 근거 역시 법률로 정하여야만 하는 것이 국민주권주의나 법치주의의 원리에 부

성과 근거가 보다 명확해진다. 우리 헌법은 독일기본법 제20조 제3항[59])에서처럼 법률이 행정 및 사법의 우위에 선다는 규정이 없다. 그러나 법률은 직접적인 민주적 정당성에 기초하고, 민주적 형식에 의해 성립된 정치적 의사형성의 결과이기 때문에 헌법상 그러한 규정이 없더라도 당연히 다른 모든 국가작용의 우위에 선다. 이러한 법률의 우위는 권력을 이성적으로 순화시키며 자유보장의 전제가 된다(법률의 우위). 또한 우리 헌법은 헌법생활의 기본적이고 중요한 많은 문제들을 직접 결정하지 않고 입법자의 결정에 유보하고 있다(법률의 유보).[60])

응하는 것이고, 조세감면규제법 제3조도 "이 법, 국세기본법 및 조약과 다음 각호의 법률에 의하지 아니하고는 조세특례를 정하거나 감면을 할 수 없다"라고 규정함으로서 조세의 감면은 법률의 근거에 의하여서만 할 수 있도록 하고 있다."

58) 헌재 2009. 4. 30. 2007헌마106, 공보 제151호, 978면: "헌법 제75조는 "대통령은 법률에서 구체적으로 범위를 정하여 위임받은 사항과 법률을 집행하기 위하여 필요한 사항에 관하여 대통령령을 발할 수 있다."고 규정하여 위임입법의 근거를 마련함과 아울러 위임입법의 범위와 한계를 명시하고 있다. 그리고 헌법 제75조는 대통령에 대한 입법권한의 위임에 관한 규정이지만, 국무총리나 행정각부의 장으로 하여금 법률의 위임에 따라 총리령 또는 부령을 발할 수 있도록 하고 있는 헌법 제95조의 취지에 비추어 볼 때, 입법자는 법률에서 구체적으로 범위를 정하기만 한다면 대통령령뿐만 아니라 부령에 입법사항을 위임할 수도 있음은 당연하다고 할 것이다. 위 헌법 규정에서 "법률에서 구체적으로 범위를 정하여 위임받은 사항"이라 함은 법률에 이미 대통령령으로 규정될 내용 및 범위의 기본사항이 구체적으로 규정되어 있어서 누구라도 당해 법률로부터 대통령령에 규정될 내용의 대강을 예측할 수 있어야 한다는 것을 의미한다. 위임입법의 위와 같은 구체성 내지 예측가능성의 요구정도는 규제대상의 종류와 성질에 따라 달라질 것인데 특히 국민의 기본권을 직접적으로 제한하거나 침해할 소지가 있는 처벌법규 등에서는 그 위임의 요건과 범위가 보다 엄격하게 제한적으로 규정되어야 할 것이나 그 예측가능성의 유무를 판단함에 있어서는 당해 특정조항 하나만을 가지고 판단할 것이 아니고 관련 법조항 전체를 유기적·체계적으로 종합판단하여야 하며, 각 대상법률의 성질에 따라 구체적·개별적으로 검토하여야 한다(헌재 1998. 2. 27. 97헌마64, 판례집 10-1, 187, 194-195 참조)."
59) 독일기본법 제20조 제3항. 입법은 헌법질서에, 행정 및 사법은 법률 및 권리에 구속된다.
60) 대한민국헌법 제2조. ① 대한민국의 국민이 되는 요건은 법률로 정한다.
② 국가는 법률이 정하는 바에 의하여 재외국민을 보호할 의무를 진다.
대한민국헌법 제7조. ② 공무원의 신분과 정치적 중립성은 법률이 정하는 바에 의하여 보장된다.
대한민국헌법 제8조. ③ 정당은 법률이 정하는 바에 의하여 국가의 보호를 받으며, 국가는 법률이 정하는 바에 의하여 정당운영에 필요한 자금을 보조할 수 있다.
대한민국헌법 제12조. ① 모든 국민은 신체의 자유를 가진다. 누구든지 법률에 의하지 아니하고는 체포·구속·압수·수색 또는 심문을 받지 아니하며, 법률과 적법한 절차에 의하지 아니하고는 처벌·보안처분 또는 강제노역을 받지 아니한다.
④ 누구든지 체포 또는 구속을 당한 때에는 즉시 변호인의 조력을 받을 권리를 가진다. 다만, 형사피고인이 스스로 변호인을 구할 수 없을 때에는 법률이 정하는 바에 의하여 국가가 변호인을 붙인다.
⑤ 누구든지 체포 또는 구속의 이유와 변호인의 조력을 받을 권리가 있음을 고지받지 아니하고는 체포 또는 구속을 당하지 아니한다. 체포 또는 구속을 당한 자의 가족등 법률이 정하는 자에게는 그 이유와 일시·장소가 지체없이 통지되어야 한다.
대한민국헌법 제21조. ③ 통신·방송의 시설기준과 신문의 기능을 보장하기 위하여 필요한 사항은 법률로 정한다.
대한민국헌법 제22조. ② 저작자·발명가·과학기술자와 예술가의 권리는 법률로써 보호한다.
대한민국헌법 제23조. ① 모든 국민의 재산권은 보장된다. 그 내용과 한계는 법률로 정한다.
③ 공공필요에 의한 재산권의 수용·사용 또는 제한 및 그에 대한 보상은 법률로써 하되, 정당한

대표적인 법률유보 사항은 '국민의 행동의 자유를 제약하고 국민에게 부담을 주는 국가행위를 허용할 수 있는가'에 관한 결정이다. 헌법재판소의 판례를 통해 법률유보는 '본질적인 사항'의 결정으로 확장되고 있다. 다만, 무엇이 '본질적'인 것인지, 입법자가 어디까지 행정에 위임할 수 있는지, 입법자의 규율은 어느 정도의 명확성을 지녀야 하는지 등이 다시 문제된다. 다만, 지나치게 엄격한 법률적 규율은 다양하고 특별한 요청을 고려하지 못함으로써 경직화를 초래할 위험이 있다. 기본권을 제한하거나, 기본권 상호 간의 한계를 설정하는 것은 '본질적'[61]이다. 결국 기본권 관련 영역에서 '본질적인' 것은 '기본권의 실현'에 있어 본질적인 것을 의미하게 된다.[62]

(4) 위임입법의 문제

헌법의 민주적 질서에 있어 입법기능이 의회와 불가분하게 결합되어 있다면, 권력분립원칙은 이 기능을 다른 기관, 특히 집행권을 담당하는 기관에게 이양하는 것을 금지한다. 국회는 헌법에 의해 자신에게 배정된 기능을 대통령에게 법률 혹은 '법률적 효력'을 가지는 법규명령 제정권한의 형태로 양도할 수 없다.

명령(Verordrungsrecht)은 법률보다 민주적 정당성의 정도가 약하고, 공개성이 결여되어 있으며, 야당의 비판이 작용할 여지가 적다. 또한 의회의 결정과 동일한

보상을 지급하여야 한다.

대한민국헌법 제24조. 모든 국민은 법률이 정하는 바에 의하여 선거권을 가진다.

대한민국헌법 제25조. 모든 국민은 법률이 정하는 바에 의하여 공무담임권을 가진다.

대한민국헌법 제26조. ① 모든 국민은 법률이 정하는 바에 의하여 국가기관에 문서로 청원할 권리를 가진다.

대한민국헌법 제27조. ① 모든 국민은 헌법과 법률이 정한 법관에 의하여 법률에 의한 재판을 받을 권리를 가진다.... 등 다수.

61) 헌재 1992. 2. 25. 89헌가104, 판례집 4, 90면: "국가의 안전보장을 위하여 국민의 기본권 제한이 가능하다고 할지라도 그 제한의 한계는 어디까지나 국민의 자유와 권리의 본질적인 내용을 침해하지 않는 한도내에서 행하여져야 할 것이며, 아울러 과잉금지의 원칙(그 중에서도 피해의 최소성·법익의 균형성)에 저촉되어서도 아니될 것이므로 국가기밀의 보호를 통한 국가의 안전보장이라는 공공의 이익이 국민의 "알 권리"라는 개인적 법익보호보다 명백히 우월한 경우에 한해야 한다고 할 것이다. 국가의 안전보장이라는 차원에서 국민의 "알 권리"의 대상에서 제외될 필요가 있는 군사기밀이 있다는 점에서는 이론이 있을 수 없으나 다만 국민의 "알 권리"와의 조화를 위하여 광범위한 군사기밀의 지정은 설사 각 기밀이 그 표지를 빠짐없이 갖추고 있다고 할지라도 문제될 수 있다고 할 것이다. 왜냐하면 군사기밀의 범위가 필요이상으로 광범위할 때 군사사항에 관한 한, 언론보도를 위한 취재는 물론 입법이나 학문연구를 위한 자료조사 활동과도 갈등 또는 마찰을 빚게 되어 표현의 자유(알 권리)나 학문의 자유가 위축되는 것은 물론 국민의 정당한 비판이나 감독도 현저히 곤란하거나 불가능하게 만들어 결국 국민주권주의 및 자유민주주의의 기본이념과도 배치되기 때문이다."

62) BVerfGE 47, 46 (79).; Böckenförde, E.－W., 1981, *Gesetz und gesetzgebende Gewalt* (2. Aufl.), Duncker & Humblot, Berlin, S. 375ff.; Umbach, D. C., 1984, "Das Wesentliche an der Wesentlichkeitstheorie," In: W. Zeidler (Hrsg.), *Festschrift Hans Joachim Faller*, C. H. Beck, München, S. 111ff.

정도의 최적의 이익조정을 보장하지 않는다. 그러나 법규명령 제정권한의 위임은 법정립이라는 기본문제를 의회가 결정한다는 원칙에 아무런 변경을 가져오지 않는다. 기본적인 것은 의회 스스로가 결정하고 세부적인 시행규정은 집행권에 위임하는 경우 의회는 헌법에 의해 부여받은 자신의 권한을 양도하는 것이 아니다. 의회는 언제든지 위임된 권한을 통제할 수 있으며, 언제라도 법률의 우위에 힘입어 기존 법률을 폐지할 수 있기 때문이다.[63]

법정립 권한을 입법권과 집행권 간에 분할하는 전제가 되는 것은 '기본적인 사항의 결정은 입법권의 수중에 남는다는 것', '집행권은 세부 시행규정에 국한된다는 것', 그리고 '집행권은 법률적 수권을 필요로 한다는 것' 등이다. 위임입법의 경우 입법자의 포괄적 수권[64]을 배제하기 위해서는 수권의 내용, 목적, 범위는 법률 가운데 확정되어야 한다.[65] 포괄적 수권의 배제는 법치국가적 명확성뿐만 아니라 권력분립의 테두리 내에서 기능들 간의 질서를 확보해주는 데에도 기여한다.[66]

2) 집 행

'집행(Vollziehung)'은 매우 다양한 사항영역에 속하며, 본질적인 차이를 보이는 여러 가지 과제를 수행한다. 집행은 단지 입법과 사법을 제외한 모든 것에 대한 단순한 집합개념만을 의미하는 것은 아니다. 오히려 집행은 직접적 국가활동의 여러 가지 기능을 가리킨다.[67] 입법이 국가생활의 현실에서 실효성을 가지려면 법률의 실천이 필요하다. 사법은 생활체계를 직접 형성할 수는 있지만 자신이 주도적으로 활동할 수는 없다. 집행권의 직접적 활동을 구성하는 본질적 요소는 '주도권(Initiative)'의 행사이다. 활동의 직접성(Unmittelbarkeit)은 집행권의 과제와 작용의 다양성과 결부된다. 다만, 직접성만으로는 집행의 과제와 그 해결방법의 특수성을 분명하게 제시할 수 없다. 따라서 보다 구체적인 세분화가 필요하다.

---

63) Hesse, K., 1999, *Grundzüge des Verfassungsrechts der Bundesrepublik Deutschland* (Neudruck der 20. Aufl.), C.F. Müller, Heidelberg, S. 224.
64) 헌재 2011. 9. 29. 2010헌가93, 판례집 23-2상, 501면: "업무정지기간은 국민의 직업의 자유와 관련된 중요한 사항으로서 업무정지의 사유 못지않게 업무정지처분의 핵심적·본질적 요소라 할 것이고, 비록 입법부가 복잡·다기한 행정영역에서 발생하는 상황의 변화에 따른 적절한 대처에 필요한 기술적·전문적 능력에 한계가 있어서 그 구체적 기준을 하위법령에 위임할 수밖에 없다 하더라도 최소한 그 상한만은 법률의 형식으로 이를 명확하게 규정하여야 할 것인데, 이 사건 법률조항은 업무정지기간의 범위에 관하여 아무런 규정을 두고 있지 아니하고, 나아가 의료기기법의 다른 규정이나 다른 관련 법률을 유기적·체계적으로 종합하여 보더라도 보건복지가족부령에 규정될 업무정지기간의 범위, 특히 상한이 어떠할지를 예측할 수 없으므로 헌법 제75조의 포괄위임금지원칙에 위배된다."
65) BVerfGE 33, 125 (157).
66) BVerfGE 1, 14 (60).
67) Hesse, 1999, a.a.O., S. 226.

(1) 통 치

집행에는 민주적 질서의 본질적 요소인 통치(Regierung) 기능이 존재한다. 이 기능은 독일헌법학에서도 비교적 최근에야 주목받게 되었다.[68] 이 기능은 국가활동의 총체를 가리키는 영미의 개념인 정부(government)와 다르다. 이 기능은 보다 좁은 의미에서 정치적 국가지도(politische Staatsführung)의 의미로 이해된다. 통치는 대내외 정책 전체의 책임있는 지도로서 경제과정의 조종(Steuerung des Wirtschaftsprozess)을 포함한다.[69] 통치는 입법과제와 결부되어 있으나 합리성, 안정성, 지속성과 같은 규범화 요소가 결여되어 있다. 창조적 결정, 정치적 주도, 국가전체의 총체적 지도, 집행활동에 대한 감독적 통제 등과 같은 통치과제는 능동성(Aktivität)과 역동성(Dynamik)이라는 요소를 통해 실행된다.[70]

통치영역은 국가의 정치적 기능에 속하고, 이 정치적 기능은 판결로 구체화된 법적 기능과 구별된다. 하지만 정치적 기능과 법적 기능은 상호 분리될 수 없고, 대부분의 국가행위는 이들 기능이 상호 결부되어 있다. 국가행위에게 부여된 과제를 통해서가 아니라, 권력조직, 권력분배와 권력행사의 수단을 통해서 양 기능을 대립시키고, 정치적인 것을 배제한 시각에서 법을 바라본다면 정치적 기능과 법적 기능의 상호관계가 보이지 않을 것이다. 또한 정치적인 것의 특성을 '불합리한 것'의 계기에 국한하고 정치는 '이성과 전혀 무관한 것'처럼 보면서, 합리성에 의해 구분하여 법과 대립시키는 태도도 문제를 해결하지 못할 것이다.[71]

통치에 대한 헌법상 구속의 테두리는 유동성과 역동성을 위하여 넓게 그어져 있다. 통치를 위임받은 특별기관에 관한 헌법규정도 광범위성과 개방성을 특징으로 한다. 그러나 통치의 헌법적 구속 범위는 그 정치적 형성의 자유의 한계와 동일하지는 않다. 이러한 한계는 고정되어 있지 않다. 통치가 추구하는 정치적 노선의 정당성을 국민 여론에게 납득시키고 야당의 비판에 효과적으로 대처할 수 있는가는 명확하고 강력한 정치적 지도력의 보유여하에 달려 있다. 따라서 자신의 과제를 지각하는 능동적인 의회와 활발한 여론만이 통치의 한계를 설정할 수 있다.[72]

---

68) Smend, R., 1923, "Die politische Gewalt im Verfassungsstaat und das Problem der Staatsform," In: R. Smend, *Staatsrechtliche Abhandlungen und andere Aufsätze* (4. Aufl., 2010), Duncker & Humblot, Berlin, S. 79f.

69) Scheuner, 1952a, a.a.O., S. 455ff.

70) Hesse, K., 1999, *Grundzüge des Verfassungsrechts der Bundesrepublik Deutschland* (Neudruck der 20. Aufl.), C. F. Müller, Heidelberg, S. 227.

71) Scheuner, 1978a, a.a.O., S. 45ff.

72) Hesse, 1999, a.a.O., S. 227.

(2) 행 정

'집행'은 '통치' 이외에도 '행정(Verwaltung)'의 기능을 포함한다. 행정은 국가적 과제를 법적 기준에 따라 개별적, 구체적, 활동적으로 실현하는 것이다. 지도적이고 방향제시적인 것이 '통치'에 속한다면, '행정'은 다분히 지도의 방향에 따른 활동이다. 행정은 기술적·반복적 과제와 세부적·부분적인 것의 수행에 기여한다.[73] 통치가 정치적 목적을 설정하고 관철하기 위해 정치적 지도를 행한다면, 행정은 범위가 확정된 전문적 분야의 임무수행, 조직적 문제의 처리, 여론이나 경향에 대한 객관성과 불편부당성을 본분으로 한다. 하지만 통치와 행정은 상호의존적이다. 행정은 통치의 연장된 팔(verlängerter Arm)로서 국가기능에 관한 헌법적 질서에 독자적 기능으로서 편입되어 있다.

3) 사 법

입법과 집행이 서로 다양한 방식으로 결합되어 있는 반면, 사법(Rechtsprechung)은 그 밖의 국가기능과 분리되어 있다.[74] 사법을 구체적 사태(사건)에 대한 '법적용'이라는 일반적 표지로만 구분할 수는 없다. 법적용은 법을 구체화하는 모든 국가기관, 특히 행정의 두드러진 특징이기 때문이다. '분쟁해결'이라는 표지도 사법의 특징을 나타내기 힘들다. 법적 분쟁의 해결에는 형사재판의 과제를 포함하기 어렵기 때문이다. 사법은 권리에 관한 다툼이 있거나 권리가 침해된 경우 특별한 절차에 따라 유권적, 구속적, 자주적 결정을 내리는 과제의 형태로 나타난다.[75] 사법은 오로지 '법의 유지' 및 '법의 구체화'와 '계속적 형성'에만 봉사한다. 사법은 정돈하고 합리화하며 안정화하는 작용을 한다.

3. 소결(중앙은행과 협력적 권력분립)

현대적 민주국가에서는 권력분립을 단순히 초국가적 자유의 보호수단으로서가 아니라 민주적 통치구조의 근본이념과 기본이념을 실현하기 위한 통치기구의 조직원리로 모색해야 한다. 따라서 국가권력 행사의 절차적 정당성을 보장할 수

---

73) Scheuner, 1952a, a.a.O., S. 478.

74) Heyde, W., 1994, "Die Rechtsprechung," In: Benda, E., Mailhofer, W., Vogel, H.-J, Hesse, K. (hrsg.), *Handbuch des Verfassungsrechts der Bundesrepublik Deutschland* (2019), Walter de Gruyter, Berlin, S. 1578ff.

75) Scheuner, 1952a, a.a.O., S. 478.; Roellecke, G., Starck, C., 1976, "Die Bindung ders Richters an Gesetz und Verfassung," *VVDStRL* 34, S. 7ff.

있는 실효성 있는 권력통제의 메커니즘을 마련할 필요가 있다. 현대 자유민주국가의 통치구조에서는 국가권력의 엄격하고 기계적인 분리보다는 입법, 행정, 사법의 세 가지 기본적인 국가기능이 기본권적 가치실현을 위하여 서로 '기능적 협력관계'를 유지하면서 서로의 기능을 적절히 통제함으로써 국가의 통치권 행사가 언제나 '협동'과 '통제' 아래에서 조화될 수 있어야 한다. 우리 헌법상 권력분립은 기계적이고 획일적인 '권력분리'가 아니라 목적지향적이고 유동적인 '기능분리'로, 그리고 권력 간의 '대립적 제한관계'가 아니라 '기관 간의 협동적 통제관계'로 이행해야 한다. 권력분립의 주안점이 '형식적 권력분립'에서 '실질적 기능통제'로 이행해야 하는 것이다.[76]

'현대적 권력분립', 즉, '기능적 권력분립', '협력적 권력분립', '실질적 기능통제'의 원리가 가장 잘 구현되고 있는 (광의의) 통치기구로는 '중앙은행'을 들 수 있다. 한국은행을 포함하여 전 세계의 거의 모든 중앙은행은 고전적 권력분립 원리가 아니라 협력적 권력분립의 원리에 따라 조직되고 운영된다.

우선, 중앙은행에는 기계적이고 획일적인 '권력분리'가 아니라 목적지향적이고 유동적인 '기능분리'의 원리가 적용된다. 현대국가에서는 목적지향적이고 유동적인 '기능분리'를 위하여 '재정정책권'과 '통화정책권'을 분리하고 재무부와 중앙은행이라는 별도의 특별한 기관이 운용하도록 하고 있다. 과거에는 제조업을 중심으로 한 산업정책이 국가 경제정책의 중심에 있었지만, 자본주의가 고도화되고 금융의 중요성이 커짐에 따라 국가 경제정책은 재정정책과 통화정책으로 분리되어 별개의 특별한 기관이 담당하게 되었다.

그리고 중앙은행은 권력 간의 '대립적 제한관계'가 아니라 '기관 간의 협동적 통제관계'를 지향한다. 국가에 따라서는 재정정책과 통화정책이라는 '기능의 분리'를 강조하는 국가(예, 독일)도 있지만,[77] 대부분의 국가에서 안정화정책이라는 국가목적의 효율적 달성을 위하여 '기능의 협조'를 강조하고 있다. 예를 들어, 영국은 재무부가 물가안정 목표를 설정하면, 영국은행이 그 목표를 집행하고, 의회가 통화정책 수립·집행의 타당성을 통제한다.[78] 한국은 한국은행이 정부와 협의하여 물가안정목표를 정하고 매년 통화신용정책 운영방향을 수립하여 공표한다.[79]

76) 허영, 2020, 앞의 책, 731면.
77) BBkG §12.
78) Bank of England Act 1998 c. 11 s. 12.
79) 한국은행법 제6조.

또한 중앙은행을 설계·운용함에 있어서는 '형식적 권력분립'이 아니라 '실질적 기능통제'의 원리가 적용된다. 예를 들어 중앙은행의 정책위원회는 의회의 승인을 얻어 대통령이 임명하고(미국),[80] 중앙은행과 정부는 각자 서로의 회의에 출석하여 의견을 교환할 수 있으며(독일, 한국),[81] 정부의 재정정책과 중앙은행의 통화정책이 상충하는 경우 정부에게 우선권을 준다든지(영국, 미국),[82] 연기적 항변권을 부여하는 방식(독일)[83]으로 정책갈등을 해소하고 있다. 모든 국가의 중앙은행은 감사원의 감사를 받는다. 중앙은행은 의회에 대한 충실의무를 다하기 위해 정례적으로 청문회에 출석하여 정책청문을 받거나(미국),[84] 보고서를 제출한다(한국).[85] 상당한 국가들이 '중앙은행 내부'의 기능적 권력통제를 위하여 '복수의 임무'를 부여하거나(미국, 영국)[86] '복수의 정책위원회'를 설치하고 있다(미국, 영국, 독일).[87] 중앙은행은 현대적·기능적·협력적 권력분립의 거미줄 같은 존재다.

이렇듯 오늘날에는 실질적인 기능통제의 관점에서 새로운 권력분립의 모델을 모색할 필요가 있다. 입법, 행정, 사법 간의 전통적이고 수평적인 권력분립 이외에도, 입법부 내의 권력분립과 행정부 내의 권력분립뿐만 아니라 교차임기제 등 시간적 권력분립의 중요성이 더욱 커지고 있고, 연방제와 분권제, 지방자치, 국제법질서가 수행하는 수직적 권력분립의 의미가 더 커지고 있다. 복수정당제, 국가권력의 기본권기속, 군의 정치개입금지, 국가와 사회의 교차관계적 이원론이 갖는 기능적 권력분립의 의미도 과소평가해서는 안 된다.[88] 다른 국가기관의 구성과 운영에 있어서도 중앙은행의 기능적, 협력적 권렵분립의 장치들을 벤치마킹할 필요가 있다.

---

80) Federal Reserve Act Sec. 10.
81) BBkG §13.; 한국은행법 제91조.
82) Bank of England Act 1998 c. 11 s. 19.; Federal Reserve Act Sec. 10.
83) BBkG §13.
84) Federal Reserve Act Sec. 2B.
85) 한국은행법 제96조.
86) Federal Reserve Act Sec. 2A.; Bank of England Act 1998 c. 11. s. 2.
87) Federal Reserve Act Sec. 4, Sec. 10 & Sec. 12A.; Bank of England Act 1998 c. 11. s. 1, s. 9B, s. 13 & s. 30A.; BBkG §6, §7 & §8.
88) 장영철, 2020, 앞의 책, 166－169면.

제4절 헌법적 통제가능성

1. 감사원의 통제

감사원은 국가의 결산 및 회계검사, 직무감찰을 소관사항으로 하는 대통령 소속 하의 헌법상[89] 필수적 합의제 독립기관[90]을 말한다.

1) 결산 및 회계검사권

감사원은 국가의 결산검사권, 국가 및 법률이 정한 단체의 회계검사권을 가진다.[91] 헌법은 국가의 세입·세출의 결산은 감사원이 매년 검사하여 대통령과 차년도 국회에 그 결과를 보고하도록 하고 있다.[92] 감사원의 회계검사 사항에는 '필요적 검사사항'[93]과 감사원이 필요하다고 인정하거나 국무총리의 요구가 있는 경우에 하는 '선택적 검사사항'[94]이 있다. 한국은행은 한국은행법과 감사원법상의 필요적 회계검사 대상기관이다. 한국은행은 매년 감사원의 감사를 받는다.[95]

---

89) 대한민국헌법 제97조.
90) 감사원법 제2조, 제11조.
91) 대한민국헌법 제97조.
92) 대한민국헌법 제99조.
93) 감사원법 제22조. ① 감사원은 다음 각 호의 사항을 검사한다.
　　1. 국가의 회계
　　2. 지방자치단체의 회계
　　3. 한국은행의 회계와 국가 또는 지방자치단체가 자본금의 2분의 1 이상을 출자한 법인의 회계
　　4. 다른 법률에 따라 감사원의 회계검사를 받도록 규정된 단체 등의 회계
　　② 제1항과 제23조에 따른 회계검사에는 수입과 지출, 재산(물품·유가증권·권리 등을 포함한다)의 취득·보관·관리 및 처분 등의 검사를 포함한다.
94) 감사원법 제23조. 감사원은 필요하다고 인정하거나 국무총리의 요구가 있는 경우에는 다음 각 호의 사항을 검사할 수 있다.
　　1. 국가기관 또는 지방자치단체 외의 자가 국가 또는 지방자치단체를 위하여 취급하는 국가 또는 지방자치단체의 현금·물품 또는 유가증권의 출납
　　2. 국가 또는 지방자치단체가 직접 또는 간접으로 보조금·장려금·조성금 및 출연금 등을 교부(交付)하거나 대부금 등 재정 원조를 제공한 자의 회계
　　3. 제2호에 규정된 자가 그 보조금·장려금·조성금 및 출연금 등을 다시 교부한 자의 회계
　　4. 국가 또는 지방자치단체가 자본금의 일부를 출자한 자의 회계
　　5. 제4호 또는 제22조 제1항 제3호에 규정된 자가 출자한 자의 회계
　　6. 국가 또는 지방자치단체가 채무를 보증한 자의 회계
　　7. 「민법」 또는 「상법」 외의 다른 법률에 따라 설립되고 그 임원의 전부 또는 일부나 대표자가 국가 또는 지방자치단체에 의하여 임명되거나 임명 승인되는 단체 등의 회계
　　8. 국가, 지방자치단체, 제2호부터 제6호까지 또는 제22조 제1항 제3호·제4호에 규정된 자와 계약을 체결한 자의 그 계약에 관련된 사항에 관한 회계
　　9. 「국가재정법」 제5조의 적용을 받는 기금을 관리하는 자의 회계
　　10. 제9호에 따른 자가 그 기금에서 다시 출연 및 보조한 단체 등의 회계

2) 직무감찰권

감사원은 직무감찰권을 가진다. 직무감찰권은 공무원의 비위적발을 위한 소극적 비위감찰(대인감찰)뿐만 아니라 행정관리의 개선을 도보하기 위한 적극적 행정감찰도 포함한다. 감사원의 직무감찰권은 직권, 국회의 감사요구[96] 또는 국민의 감사청구[97]에 의하여 행사된다.

한국은행은 감사원법[98]과 직무감찰규칙[99]에 의해 감사원의 직무감찰을 받는다. 다만 감사원은 각 중앙관서, 지방자치단체 및 정부투자기관의 장이 실시한 자체감사의 결과를 심사하여 자체감사가 적정하게 수행되고 있다고 인정될 때에는 감사의 일부 또는 전부를 생략할 수 있다.[100]

3) 한 계

한국은행에 대한 감사원 감사는 회계처리의 적정성을 통제하는 '회계감사'와 회계담당직원의 비위를 통제하는 '직무감찰'이 주를 이룬다. 물론 감사원의 직무

---

95) 한국은행법 제95조.
96) 국회법 제127조의 2.
97) 부패방지법 제72조.
98) 감사원법 제24조. ① 감사원은 다음 각 호의 사항을 감찰한다.
   1. 「정부조직법」 및 그 밖의 법률에 따라 설치된 행정기관의 사무와 그에 소속한 공무원의 직무
   2. 지방자치단체의 사무와 그에 소속한 지방공무원의 직무
   3. 제22조 제1항 제3호 및 제23조 제7호에 규정된 자의 사무와 그에 소속한 임원 및 감사원의 검사대상이 되는 회계사무와 직접 또는 간접으로 관련이 있는 직원의 직무
   4. 법령에 따라 국가 또는 지방자치단체가 위탁하거나 대행하게 한 사무와 그 밖의 법령에 따라 공무원의 신분을 가지거나 공무원에 준하는 자의 직무
   ② 제1항 제1호의 행정기관에는 군기관과 교육기관을 포함한다. 다만, 군기관에는 소장급 이하의 장교가 지휘하는 전투를 주된 임무로 하는 부대 및 중령급 이하의 장교가 지휘하는 부대는 제외한다.
   ③ 제1항의 공무원에는 국회·법원 및 헌법재판소에 소속한 공무원은 제외한다.
   ④ 제1항에 따라 감찰을 하려는 경우 다음 각 호의 어느 하나에 해당하는 사항은 감찰할 수 없다.
   1. 국무총리로부터 국가기밀에 속한다는 소명이 있는 사항
   2. 국방부장관으로부터 군기밀이거나 작전상 지장이 있다는 소명이 있는 사항
99) 직무감찰규칙 제4조. ① 직무감찰대상기관은 법 제24조의 규정에 따라 다음 각호의 1에 해당하는 행정기관 및 단체 등으로 한다.
   1. 정부조직법 기타 법률에 의하여 설치된 군기관과 교육기관을 포함한 행정기관. 다만, 군기관중 소장급이하의 장교가 지휘하는 전투를 주임무로 하는 부대 및 중령급이하의 장교가 지휘하는 부대는 제외한다
   2. 지방자치단체
   3. 한국은행과 국가 또는 지방자치단체가 자본금의 2분의 1 이상을 출자한 법인
   4. 민법 또는 상법이외의 다른 법률의 규정에 의하여 설립되고 그 임원의 전부 또는 일부나 대표자가 국가 또는 지방자치단체에 의하여 임명되거나 임명승인되는 단체
   5. 법령에 의하여 국가 또는 지방자치단체로부터 그 소관사무를 위탁받거나 대행하는 자(이하 "공무수탁인"이라 한다)
100) 감사원법 제28조 제1항.

감찰에는 행정관리의 개선을 위한 '적극적 감찰'이 포함되지만, 한국은행의 통화정책수행은 '관리행위'가 아니라 '정책수립 및 집행행위'이기 때문에 적극적 감찰대상에 포함되기 어렵다. 게다가 한국은행법상 '통화신용정책 수단'들은 한국은행법에 개념 정의가 되어 있지 않은 '불확정개념'으로 이루어져 있기 때문에 매우 광범위한 '판단여지'와 '자유재량'을 특징으로 한다. 또한 감사업무의 특성상 사전적인 통제보다는 사후적 통제가 대부분이다. 통화정책은 그 정책효과가 18개월[101]에서 2년[102]의 시차를 보이기 때문에 통화정책에 대한 사후적 통제는 거의 불가능하다.

이외에도 감사원의 통화정책에 대한 정책감사는 정보의 비대칭성과 업무의 기술성 등으로 인한 한계가 존재한다.

2. 법원의 통제

1) 민사소송

한국은행의 통화정책으로 인해 손해를 입을 수 있는 당사자는 상업은행과 일반국민이 있다.

(1) 상업은행

한국은행의 상업은행에 대한 대출(어음재할인, 롬바르드대출)은 민법상 소비대차에 해당한다. 이론상으로는 한국은행도 채무를 이행하지 않을 수 있고, 이 경우 계약상대방인 상업은행은 한국은행에 대해 이행소송을 제기할 수 있다. 하지만 현실 속에서 중앙은행이 채무를 불이행하는 경우가 발생하지 않는다. 왜냐하면 중앙은행은 무제한의 발권력을 가지고 있기 때문이다. 즉, 중앙은행은 종이와 잉크만 있으면 모든 채무를 이행할 수 있다. 한국은행의 공개시장조작은 민법상 매매 또는 담보부 소비대차에 해당한다. 이 경우에도 결과는 마찬가지이다.

(2) 일반국민

일반국민은 한국은행의 통화정책 실패로 인해 예측하지 못한 경제적 불이익을 입을 수 있다. 이 경우 이론적으로는 일반국민이 한국은행을 상대로 불법행위

---

101) Gerlach, S., Svensson, L. E. O., 2001, "Money and Inflation in the EuroArea: A Case for Monetary Indicators?," *BIS Working Paper* (No. 98). pp. 17–18.
102) Bernanke, B. S., Laubach, T., Mishkin, F. S., Posen, A., 1999, *Inflation Targeting: Lessons from the International Experience*, Princeton University Press, New York, pp. 315–220.

로 인한 손해배상을 청구할 수 있어야 한다. 그러나 현실적으로는 이러한 소송이 일어날 가능성은 거의 없다. 불법행위로 인한 손해배상청구가 가능하려면 원고는 피고의 (i) 고의 또는 과실 (ii) 위법행위 (iii) 손해 (iv) 인과관계를 입증해야 하기 때문이다.

(i) 고의 또는 과실: 우리 대법원은 행정기관의 부당한 법령해석이 있더라도 그 법령해석에 대해 평균적인 공무원에게 기대할 수 있는 정도를 기준으로 주의 의무 위반 여부를 판단하고 있고,[103] 구체적인 경우 어느 행정처분을 할 것인가에 관하여 행정청 내부에 일응의 기준을 정해둔 경우 그 기준에 따른 행정처분을 하였다면 이에 관여한 공무원에게 직무상의 과실이 있다고 할 수 없다[104]고 판단하고 있다. 따라서 사실상 한국은행 직원의 통화정책과 관련된 고의 또는 과실을 인정하려면 그 업무집행에 관한 법률지식을 갖추지 못함으로 인하여 법령해석을 잘못한 경우[105] 등으로 제한될 것이다.

(ii) 위법행위: 불법행위가 성립하기 위해서는 가해행위가 위법성을 띠어야 한다. 가해행위의 위법성은 침해행위의 태양과 침해된 법익의 성질을 상관적으로 검토하여 개별적으로 정한다. 위법성은 문제되는 행위마다 개별적, 상대적으로

---

103) 대법원 1997. 7. 11. 선고 97다7608 판결 [손해배상(기)] [공1997. 9. 1.(41), 2487] "행정청이 관계 법령의 해석이 확립되기 전에 어느 한 설을 취하여 업무를 처리한 것이 결과적으로 위법하게 되어 그 법령의 부당집행이라는 결과를 빚었다고 하더라도 처분 당시 그와 같은 처리 방법 이상의 것을 성실한 평균적 공무원에게 기대하기 어려웠던 경우라면 특별한 사정이 없는 한 이를 두고 공무원의 과실로 인한 것이라고는 할 수 없기 때문에, 그 행정처분이 후에 항고소송에서 취소되었다고 할지라도 당해 행정처분이 곧바로 공무원의 고의 또는 과실로 인한 불법행위를 구성한다고 단정할 수는 없다(자동차정비업에 대한 허가신청을 받은 행정관청이 주민들의 민원이 해소되지 않았다는 이유로 내린 허가거부처분이 후에 항고소송으로 취소된 경우, 그 거부처분을 행한 경위에 비추어 담당 공무원에게 직무상 과실이 없다)."
104) 대법원 2002. 5. 10. 선고 2001다62312 판결 [손해배상(기)] [공2002. 7. 1.(157), 1359] "행정법규가 행정청으로서 지켜야 할 일정한 준칙을 규정함에 불과하고 그 범위 안에서 행정청의 재량에 일임하여 그 법규가 정하는 행정목적의 달성을 위하여 객관적으로 구체적 타당성에 적합하도록 하는 이른바 편의재량(공익재량, 합목적재량)의 경우에는 공익상의 필요, 합목적성의 여부는 행정청의 자유재량에 따라 결정하고 그에 적합하다고 인정되는 처분을 선택하는 것이므로, 그 경우에 한 처분에 있어 관계공무원이 공익성, 합목적성의 인정·판단을 잘못하여 그 재량권의 범위를 넘어선 행정행위를 한 경우가 있다 하더라도 공익성 및 합목적성의 적절 여부의 판단 기준은 구체적 사안에 따라 각각 동일하다 할 수 없을 뿐만 아니라, 구체적인 경우 어느 행정처분을 할 것인가에 관하여 행정청 내부에 일응의 기준을 정해 둔 경우 그 기준에 따른 행정처분을 하였다면 이에 관여한 공무원에게 그 직무상의 과실이 있다고 할 수 없다."
105) 대법원 2001. 2. 9. 선고 98다52988 판결 [손해배상(기)][공2001. 4. 1.(127), 593] "법령에 대한 해석이 복잡, 미묘하여 워낙 어렵고, 이에 대한 학설, 판례조차 귀일되어 있지 않는 등의 특별한 사정이 없는 한 일반적으로 공무원이 관계 법규를 알지 못하거나 필요한 지식을 갖추지 못하고 법규의 해석을 그르쳐 행정처분을 하였다면 그가 법률전문가가 아닌 행정직 공무원이라고 하여 과실이 없다고는 할 수 없다."

판단해야 한다. 예를 들어 법관의 재판에 법령의 규정을 따르지 아니한 잘못이 있다 하더라도 국가배상책임이 인정되려면 당해 법관이 위법 또는 부당한 목적을 가지고 재판을 하였다거나 법이 법관의 직무수행상 준수할 것을 요구하고 있는 기준을 현저하게 위반하는 등의 특별한 사정이 있어야 한다.[106] 이러한 판례의 법리는 중앙은행의 통화정책과 같이 고도의 재량이 요구되는 행위에도 준용이 가능할 것이다.

(iii) 손해의 발생: 불법행위로 인한 손해배상청구권은 침해행위에 의하여 현실적으로 손해가 발생한 경우에 성립하는 것이다.[107] 불법행위책임은 손해의 전보를 목적으로 하므로 행위자가 가해행위를 하였더라도 손해가 발생하지 않으면 손해배상책임이 발생하지 않는다. 현실적으로 손해가 발생하였는지 여부는 사회통념에 의해 객관적이고 합리적으로 판단한다.

(iv) 인과관계: 불법행위가 성립하기 위해서는 가해행위와 손해발생 사이에 인과관계가 있어야 하므로 가해행위로 인하여 손해가 발생하였을 것을 요한다. 이때 책임성립요건으로서의 인과관계, 즉 어떠한 행위가 없었더라면 손해가 발생하지 않았을 것이라는 사실적 인과관계는 조건관계로 충분하지만, 손해배상의 범위 문제에 관한 인과관계는 규범적 판단을 요하며 이와 관련하여서는 상당성이 판단기준이 된다. 정보의 비대칭성, 통화정책의 시차, 경제적 조건의 변화 등

---

106) 대법원 2001. 4. 24. 선고 2000다16114 판결 [손해배상(기)][공2001. 6. 15.(132), 1196] "[1] 법관의 재판에 법령의 규정을 따르지 아니한 잘못이 있다 하더라도 이로써 바로 그 재판상 직무행위가 국가배상법 제2조 제1항에서 말하는 위법한 행위로 되어 국가의 손해배상책임이 발생하는 것은 아니고, 그 국가배상책임이 인정되려면 당해 법관이 위법 또는 부당한 목적을 가지고 재판을 하는 등 법관이 그에게 부여된 권한의 취지에 명백히 어긋나게 이를 행사하였다고 인정할 만한 특별한 사정이 있어야 한다고 해석함이 상당하다.
[2] 임의경매절차에서 경매담당 법관의 오인에 의해 배당표 원안이 잘못 작성되고 그에 대해 불복절차가 제기되지 않아 실체적 권리관계와 다른 배당표가 확정된 경우, 경매담당 법관이 위법·부당한 목적을 가지고 있었다거나 법이 법관의 직무수행상 준수할 것을 요구하고 있는 기준을 현저히 위반하였다는 등의 자료를 찾아볼 수 없어 국가배상법상의 위법한 행위가 아니다."
107) 대법원 1998. 8. 25. 선고 97다4760 판결 [소유권이전등기말소][공1998. 9. 15.(66), 2308] "불법행위로 인한 손해배상청구권은 현실적으로 손해가 발생한 때에 성립하는 것이고 이 때 현실적으로 손해가 발생하였는지 여부는 사회통념에 비추어 객관적이고 합리적으로 판단하여야 하는 것인바, 토지의 매매대금 중 일부에 갈음하여 대물변제된 아파트의 매도인이 매수인으로부터 매매대금을 전부 지급받은 후 매수인의 승낙 없이 임의로 이에 관하여 제3자에게 근저당권설정등기나 담보목적의 가등기 또는 전세권설정등기 등을 경료하였다면 특별한 사정이 없는 한 매수인은 그 피담보채무 또는 전세금 상당의 손해를 입었다고 할 수 있을지언정 곧바로 그 매매대금 상당액의 손해를 입었다고 단정할 수 없고, 또한 매도인이 제3자에게 가등기를 경료하였더라도 그것이 단순히 소유권이전등기청구권 보전을 위한 것이라면 그와 같은 가등기가 경료되었다는 사정만으로 곧바로 매수인이 매매대금 상당의 손해를 입었다고 볼 수는 없다고 할 것이며, 한편 매도인이 매매목적물에 관하여 제3자에게 근저당권설정등기, 가등기 등을 각 경료하였더라도 그 후 그 피담보채무가 존재하지 않는 것으로 밝혀지거나 등기 자체가 말소된 경우에는 매수인이 그 피담보채무 또는 매매대금 상당의 손해를 현실적으로 입었다고 볼 수 없다."

으로 일반국민이 통화정책과 손해 사이의 인과관계를 입증하는 것은 사실상 불가능하다.

2) 행정소송

상업은행이 아닌 일반국민이 한국은행의 통화정책과 관련하여 선택할 수 있는 행정소송 수단은 없다.[108] 왜냐하면 한국은행의 통화정책은 상업은행을 직접 상대방으로 하며 주로 매매(공개시장조작)나 대출(재할인)과 같은 계약적 수단을 사용하기 때문에 항고소송의 대상적격(처분성)을 인정하기 곤란하기 때문이다. 또한 한국은행과 상업은행은 사법상 매매나 대출을 목적으로 하는 것이자 공법상 법률관계의 형성을 목적으로 하지 않기 때문에 당사자소송의 대상적격도 인정하기 곤란하다. 또한 행정소송은 법률상 쟁송을 대상으로 하는데 여기서 법률상 쟁송이란 (i) 당사자 간의 구체적인 권리·의무에 관한 분쟁이어야 하고(구체적 사건성) (ii) 행정법령의 적용을 통해 해결할 수 있는 분쟁(법적해결 가능성)이어야 한다.

(i) 구체적 사건성: 행정소송은 법률상 이익을 구제하기 위한 것이므로 반사적이익에 대한 분쟁은 행정소송의 대상이 되지 않는다.

(ii) 법적 해결가능성: 재량행위는 재량권의 일탈·남용이 없는 한 사법심사의 대상이 되지 않는다.[109] 판단여지는 불확정개념과 관련하여 사법심사가 불가능하거나 가능하지만 행정청의 자유영역을 인정하는 것이 타당한 행정청의 평가·결정영역을 말한다. 판단여지 영역에 대해서는 사법심사가 불가능하다.

(iii) 원고적격의 문제: 행정소송에서 소송의 원고는 행정처분에 의하여 직접 권리를 침해당한 자임을 보통으로 하나 직접 권리의 침해를 받은 자가 아닐지라도 소송을 제기할 법률상의 이익을 가진 자는 그 행정처분의 효력을 다툴 수 있다.[110] 그러나 여기서 말하는 법률상 이익이란 당해 처분 등의 근거가 되는 법규

---

108) 행정소송법 제3조. 행정소송은 다음의 네 가지로 구분한다.
  1. 항고소송: 행정청의 처분등이나 부작위에 대하여 제기하는 소송
  2. 당사자소송: 행정청의 처분등을 원인으로 하는 법률관계에 관한 소송 그 밖에 공법상의 법률관계에 관한 소송으로서 그 법률관계의 한쪽 당사자를 피고로 하는 소송
  3. 민중소송: 국가 또는 공공단체의 기관이 법률에 위반되는 행위를 한 때에 직접 자기의 법률상 이익과 관계없이 그 시정을 구하기 위하여 제기하는 소송
  4. 기관소송: 국가 또는 공공단체의 기관상호간에 있어서의 권한의 존부 또는 그 행사에 관한 다툼이 있을 때에 이에 대하여 제기하는 소송. 다만, 헌법재판소법 제2조의 규정에 의하여 헌법재판소의 관장사항으로 되는 소송은 제외한다.
109) 행정소송법 제27조.
110) 대법원 1974. 4. 9. 선고 73누173 판결 [행정처분취소] [집22(1)행, 45; 공1974. 5. 15.(488),

에 의하여 보호되는 개별적·직접적이고 구체적인 이익을 말하고, 단지 간접적이 거나 사실적·경제적인 이해관계를 가지는 데 불과한 경우에는 행정소송을 제기할 법률상의 이익이 아니다.111)

3. 헌법재판소의 통제

1) 헌법소원

(1) 권리구제형 헌법소원의 요건

헌법재판소법 제68조 제1항112)의 권리구제형 헌법소원심판을 청구하기 위해서는 다음과 같은 소송요건을 갖추어야 한다. 즉, (i) 청구인의 기본권주체성이 인정되어야 하고(청구인능력) (ii) 공권력의 행사 또는 불행사가 있어야 하며(대상적

7843] "행정소송에서 소송의 원고는 행정처분에 의하여 직접 권리를 침해당한 자임을 보통으로 하나 직접 권리의 침해를 받은 자가 아닐지라도 소송을 제기할 법률상의 이익을 가진 자는 그 행정처분의 효력을 다툴 수 있다고 해석되는 바(1969. 12. 30 선고 69누106 판결 참조), 자동차 운수사업법 제6조 제1호에서 당해 사업계획이 당해 노선 또는 사업구역의 수송수요와 수송력 공급에 적합할 것을 면허의 기준으로 한 것은 주로 자동차 운수사업에 관한 질서를 확립하고 자동차운수의 종합적인 발달을 도모하여 공공복리의 증진을 목적으로 하고 있으며, 동시에, 한편으로는 업자간의 경쟁으로 인한 경영의 불합리를 미리 방지하는 것이 공공의 복리를 위하여 필요하므로 면허조건을 제한하여 기존업자의 경영의 합리화를 보호하자는 데도 그 목적이 있다 할 것이다. 따라서 이러한 기존업자의 이익은 단순한 사실상의 이익이 아니고, 법에 의하여 보호되는 이익이라고 해석된다. 원심이, 당해 노선에 관한 기존업자인 원고에게 본건 행정처분의 취소를 구할 법률상의 이익이 있다고 판단한 것은 정당하고, 이에 반사적 이익과 법률적 이익에 관한 법리오해의 위법이 있다할 수 없다."
111) 대법원 1992. 12. 8. 선고 91누13700 판결 [과징금부과처분취소재결처분취소] [공1993. 2. 1. (937), 466] "처분 등의 직접 상대방이 아닌 제3자라도 당해 처분 등의 취소를 구할 법률상의 이익이 있는 경우에는 취소소송의 원고적격이 인정된다고 할 것(행정소송법 제12조 참조)이나, 여기서 법률상의 이익이라 함은 당해 처분 등의 근거가 되는 법규에 의하여 보호되는 직접적이고 구체적인 이익을 말하므로, 단지 간접적이거나 사실적, 경제적 이해관계를 가지는데 불과한 경우에는 행정소송을 제기할 법률상의 이익이 없다고 할 것이다(당원 1991. 12. 13. 선고 90누10360 판결, 1989. 5. 23. 선고 88누8135 판결 등 참조). 원심판결 이유에 의하면, 원고들은 장의자동차운송사업자인 피고보조참가인이 원고들의 사업구역에 상주하여 영업함으로써 그 면허받은 사업구역에 위반하였음을 이유로 한 청도군수의 과징금부과처분을 취소하는 이 사건 재결은 피고보조참가인의 불법행위를 조장하는 것으로서 동종운송사업자인 원고들에게 막대한 손해를 주는 것이라는 이유로 그 취소를 구하나, 위 과징금부과처분의 근거가 된 자동차운수사업법 제4조 제2항, 같은법시행규칙(1991. 9. 27. 교통부령 제960호로 개정되기 전의 것) 제7조 제4항이 자동차운송사업면허를 함에 있어서 사업구역을 정하도록 하고, 그 운송사업자로 하여금 면허받은 사업구역외에 상주하여 영업할 수 없다고 규정한 것은 각 지역 국민의 편익을 위한 것이고, 사업구역 위반으로 인한 과징금부과처분에 의하여 다른 사업구역의 동종업자의 영업이 보호되는 결과가 되더라도 그것은 면허의 조건으로 부가되는 사업구역제도의 반사적 이익에 불과하며,..."
112) 헌법재판소법 제68조(청구사유). ① 공권력의 행사 또는 불행사(不行使)로 인하여 헌법상 보장된 기본권을 침해받은 자는 법원의 재판을 제외하고는 헌법재판소에 헌법소원심판을 청구할 수 있다. 다만, 다른 법률에 구제절차가 있는 경우에는 그 절차를 모두 거친 후에 청구할 수 있다.

격) (iii) 헌법상 보장된 기본권의 침해주장 및 침해가능성이 있어야 하고(청구의 이익) (iv) 기본권침해의 자기관련성, 현재성, 직접성이 인정되어야 한다(청구인적격). (v) 그리고 다른 법률의 구제절차를 모두 마친 후여야 하고(보충성) (vi) 권리보호의 필요성이 인정되어야 하며(청구의 필요성) (vii) 청구기간을 준수하면서[113] (viii) 변호사강제주의에 따라 변호사를 대리인으로 선임하여야 한다.[114]

다만, 이러한 심판요건 중에서 중앙은행과 관련하여서는 특히 대상적격, 청구인적격이 문제되므로 이하에서는 이를 중심으로 살펴보고자 한다.

(2) 대상적격

헌법소원심판은 '공권력의 행사 또는 불행사로 인하여' 기본권의 침해를 받은 경우에 청구할 수 있다. 여기서 '공권력'이란 입법권, 행정권, 사법권을 행사하는 모든 국가기관뿐만 아니라 공법인, 국립대학교 등의 간접적 국가작용도 포함된다.[115] 그리고 '공권력의 행사 또는 불행사'라 함은 공권력을 행사할 수 있는 지위에 있는 기관, 즉 공권력 주체에 의한 작위, 부작위로서 그로 인하여 국민의 권리, 의무 내지는 법적 지위에 직접적인 영향을 가져오는 행위이어야 한다.[116] 따라서 한국은행은 행정기관이고 한국은행이 행사하는 통화정책권한은

---

113) 헌법재판소법 제69조(청구기간). ① 제68조 제1항에 따른 헌법소원의 심판은 그 사유가 있음을 안 날부터 90일 이내에, 그 사유가 있는 날부터 1년 이내에 청구하여야 한다. 다만, 다른 법률에 따른 구제절차를 거친 헌법소원의 심판은 그 최종결정을 통지받은 날부터 30일 이내에 청구하여야 한다.
② 제68조 제2항에 따른 헌법소원심판은 위헌 여부 심판의 제청신청을 기각하는 결정을 통지받은 날부터 30일 이내에 청구하여야 한다.

114) 헌법재판소법 제25조(대표자·대리인). ① 각종 심판절차에서 정부가 당사자(참가인을 포함한다. 이하 같다)인 경우에는 법무부장관이 이를 대표한다.
② 각종 심판절차에서 당사자인 국가기관 또는 지방자치단체는 변호사 또는 변호사의 자격이 있는 소속 직원을 대리인으로 선임하여 심판을 수행하게 할 수 있다.
③ 각종 심판절차에서 당사자인 사인(私人)은 변호사를 대리인으로 선임하지 아니하면 심판청구를 하거나 심판 수행을 하지 못한다. 다만, 그가 변호사의 자격이 있는 경우에는 그러하지 아니하다.

115) 장영철, 2020, 앞의 책, 284-288면.

116) 헌재 1994. 8. 31. 92헌마174, 판례집 6-2, 263-264면: "공권력의 행사에 대하여 헌법소원심판을 청구하기 위하여는, 공권력의 주체에 의한 권력의 발동으로서 국민의 권리의무에 대하여 직접적인 법률효과를 발생시키는 행위가 있어야 한다. 이 사건에서 심판의 대상이 되는 공권력의 행사는 피청구인이 국무회의 의장의 자격으로 지방자치법 중 개정법률안을 국무회의에 상정하여 심의 의결하고, 대통령의 자격으로 이를 재가한 다음, 정부의 이름으로 이를 국회에 제출하였다고 하는 법률안 제출행위이다. 헌법 제89조 제3호의 규정에 의하면 법률안의 심의는 국무회의의 권한이고, 헌법 제52조의 규정에 의하면 정부는 법률안을 제출할 수 있다. 그러므로 이 사건 작위 부분은 헌법이 인정한 정부의 법률안 제출권을 행사한 것으로서 그 성격 자체는 공권력성을 갖추었다고 볼 수 있다. 그러나 그와 같이 제출된 법률안이 법률로써 확정되기 위하여서는 국회의 의결과 대통령의 공포절차를 거쳐야 하므로, 그러한 법률안의 제출은 국가기관간의 내부적 행위에 불과하고 국민에 대하여 직접적인 법률효과를 발생시키는 행위가 아니다. 그렇다면 피청구인의 이 사건 작위 부분에 관한 행위는 헌법재판소법 제68조에서 말하는

'공권력의 행사 또는 불행사'에 해당하므로 일응 헌법소원심판의 대상적격을 갖추게 된다.

(3) 청구인적격

① 기본권의 침해주장

헌법소원은 '헌법상 보장된 기본권의 침해를 받은 자'가 그 침해를 구제받기 위해 헌법재판소에 심판을 청구하는 제도이므로, 헌법소원심판을 청구하기 위해서는 침해되는 '기본권'이 있을 것을 전제로 한다. 그리고 헌법재판소는 헌법재판소법 제68조 제1항의 '헌법상 보장된 기본권을 침해받은 자'는 '헌법상 보장된 기본권을 침해받았다고 주장하는 자'로 해석하고 있다.117)

② 기본권침해의 법적 관련성

헌법소원심판청구의 요건으로서 법적 관련성은 (i) 기본권의 침해는 청구인 자신의 기본권이 침해당한 경우라야 한다(자기관련성). 제3자의 기본권침해에 대해서는 원칙적으로 헌법소원심판을 청구할 수 없다. (ii) 기본권침해는 그 침해를 야기한 공권력 행사 그 자체로 인해 바로 청구인에게 발생하는 침해이어야 한다(직접성). 심판대상인 공권력 작용 외에 다른 공권력 작용이 매개되어야만 기본권침해가 발생한다면 기본권침해의 직접성이 인정되지 않는다. 다만, 집행행위가 예상되어 있는 경우라도, 집행행위를 대상으로 하는 구제절차가 없거나 구제절차가 있더라도 권리구제의 가능성이 없는 경우, 그 집행행위에 대한 권리구제절차를 밟을 것을 요구할 수 없는 경우, 법령이 일의적이고 명백해서 재량의 여지가 없는 경우, 집행행위 이전에 이미 권리관계가 확정된 상태인 경우 등에는 예외적으로 기본권침해의 직접성이 인정된다. (iii) 청구인의 기본권이 현재로서 침해되고 있는 경우라야 한다(현재성). 다만, 기본권침해가 장래에 발생하더라도 그 침해가 틀림없을 것으로 현재 확실히 예측된다면 기본권 구제의 실효성을 위하여 침해의 현재성을 인정한다.

기본권침해란 심판청구인 자신의 기본권이 침해당한 경우를 말하므로 자기관련성이 인정되기 위해서는 원칙적으로 공권력 작용의 직접 상대방이어야 한다. 다만 공권력 작용의 직접 상대방이 아닌 제3자라도 공권력 작용으로 인해 직접적, 법률적 이해관계를 갖고 있으면 예외적으로 자기관련성이 인정된다. 그러나 간접적, 사실적, 경제적 이해관계가 있을 뿐인 제3자인 경우에는 자기관련성이 인정되지 않는다. 헌법재판소118)는 "어떠한 경우에 제3자의 자기관련성을 인정할

"공권력의 행사"에 해당하지 아니하므로, 청구인들의 이 사건 작위 부분에 대한 심판청구는 부적법하다고 할 것이다."

117) 헌재 2005. 2. 3. 2003헌마544 등, 판례집 17-1, 133면 이하.
118) 헌재 1997. 9. 25. 96헌마133, 판례집 9-2, 415-416면: "법률에 의하여 기본권을 침해받은 경

수 있는가의 문제는 무엇보다도 법의 목적 및 실질적인 규율대상, 법규정에서 제한이나 금지가 제3자에게 미치는 효과나 진지성의 정도, 규범의 직접적인 수규자에 의한 헌법소원 제기의 기대가능성 등을 종합적으로 고려하여 판단하여야 한다."고 판시하고 있다.

(4) 문제점

헌법재판소는 기본권침해의 직접성, 현재성, 자기관련성과 권리보호이익 등을 그 판단기준으로 사용하고 있다. 그러나 헌재는 이러한 기준을 엄격하게 적용하기보다는 사실관계에 따라 완화하여 해석·적용하고 있다. 기본권침해의 직접성, 자기관련성, 권리보호이익을 기본권침해의 위험성 내지 가능성으로 해석하거나, 현재성도 헌법소원청구시점에서 기본권침해의 가능성을 확실히 예측할 수 있는 경우 예외를 인정하고 있다. 이와 같이 기본권침해위험성(Grundrechtsgefährdung)이란 기본권침해의 충분한 개연성을 의미하는 것으로 헌법소원청구요건의 판단과정에서 나타난 실무상의 관점(Topos)이다. 이는 헌법소원의 주관적 권리구제와 객관적 헌법질서수호의 이중적 기능과 기본권의 양면성을 인정하는 것을 이론적 배경으로 하고 있다.[119]

다만, 헌법재판소의 청구인적격 인정기준은 헌법소원의 주관적 권리구제의 측면에 치우친 나머지 지나치게 협소한 감이 없지 않다. 따라서 헌법소원의 객관소송으로서의 측면을 고려한다면 기본권침해위험성을 '대량위험과 개별위험'으로 세분화한다든지, '기본권의 사실적 제한'을 기본권침해의 위험성에 포함시킴으로써 일반 국민의 본안판단의 기회를 확보해줄 필요가 있다. 다음에서 논의하는 바와 같이 '대량위험과 개별위험'을 세분화한다든지, '기본권의 사실적 제한'에 대해

우에는 법률에 의하여 직접 기본권을 침해당하고 있는 자만이 헌법소원심판청구를 할 수 있다고 할 것이고 제3자는 특별한 사정이 없는 한 기본권침해에 직접 관련되었다고 볼 수 없다. 청구인은 지방공사의 직원의 선거운동을 제한하는 것을 내용으로 하는 이 사건 법률조항이 공기업 직원들의 표현의 자유와 평등권을 침해함으로써 결국 청구인의 공무담임권을 침해한다고 주장하나, 이 사건 법률조항에 의하여 청구인의 기본권이 직접 침해될 여지는 거의 없다고 보여진다. 왜냐하면 지방공사 임·직원의 선거운동금지를 내용으로 하는 이 사건 법률조항은 지방공사의 임·직원을 수규자로 하는 금지규범으로서 입후보자가 선거운동원으로 활용할 수 있는 인적 범위를 간접적으로 제한함으로써 비록 입후보자의 선거운동을 제한하는 결과에 이르기는 하나 입후보자의 선거운동에 미치는 효과는 단순한 반사적 불이익을 넘어서지 않기 때문이다. 어떠한 경우에 제3자의 자기관련성을 인정할 수 있는가의 문제는 입법의 목적, 실질적인 규율대상, 법규정에서의 제한이나 금지가 제3자에게 미치는 효과나 진지성의 정도 및 규범의 직접적인 수규자에 의한 헌법소원제기의 기대가능성 등을 종합적으로 고려하여 판단해야 하는바, 이 사건 법률조항은 법의 목적 및 규율대상에 있어서나 제3자에 미치는 효과의 정도에 있어서 제3자인 청구인의 자기관련성을 인정할 수 있는 정도의 것에 이른다고 할 수 없다.

119) 장영철, 2007, "기본권침해위험성에 관한 소고 - 헌법소원청구요건과 관련하여", 「공법학연구」 (한국비교공법학회 8(3), 2007. 8., 285면.

서도 자기관련성을 인정하게 되면, 한국은행의 통화정책에 대한 헌법소원의 가능성도 그만큼 커지게 된다.

① '대량위험'과 '개별위험'의 구분과 심사척도

기본권침해위험성은 일반·추상적인 대량위험과 구체적인 개별위험으로 구분될 수 있다.[120] 헌재도 이러한 의미에서 "기본권침해위험성이란 단순히 추상적·이론적인 가능성이 아닌 구체적·실제적인 것이어야 한다. 이 점은 청구인이 입증할 책임이 있는 것이다."라고 판시하고 있는 것이다.

그렇다면 대량위험과 개별위험의 구별이 문제다. 대량위험이란 국회나 행정입법에 의해 초래된 위험을 말한다. 이에는 법률, 대통령령(시행령), 총리령 및 부령(시행규칙), 지방자치단체의 조례 및 규칙(보통고시의 형식), 중앙선관위원회 및 대법원규칙 및 법령상 위임에 의해 제정된 행정규칙 등이 속한다. 비법규로 분류하여 대외적인 기속력을 인정하지 않고 재판기준으로도 인정되지 않는 행정규칙은 여기서 제외된다. 따라서 일반·추상적인 대량위험이란 법령에 의한 간접적인 기본권침해위험을 말하고, 개별·구체적인 위험이란 비법규에 의한 기본권침해위험과 법령에 근거한 공권력 행사라도 재량권일탈·남용의 경우에 초래되는 위험을 말한다. 또한 이러한 구분이유는 전자의 대량위험의 경우 사회적 상당성 있는 위험으로 다양한 이해관계가 중첩되어 있으므로 공익의 관점을 고려하여야 하며, 개별위험의 경우는 다른 관점에서 판단하여야 한다는 데 의미가 있다. 따라서 대량위험에 대한 위헌판단은 과잉금지 내지 비례의 원칙을, 개별위험의 경우에는 평등의 원칙, 신뢰보호의 원칙 등을 심사척도로 해야 할 것이다.[121] 한국은행의 경우 행정행위, 법규명령, 법규명령적 행정규칙, 사법상 계약 등 다양한 행위형식을 통해서 통화정책을 실시하고 있다. 따라서 기본권침해위험성을 대량위험과 개별위험으로 세분할 경우 중앙은행의 통화정책이 갖는 기본권침해위험성을 보다 입체적으로 이해할 수 있게 된다.

② 기본권의 사실적 제한

기본권의 사실적 제한은 법적 기본권제한원칙에 대한 예외다. 말하자면 이미 정당하지 못한(illegitim) 것으로 추정받는 것이다. 따라서 사실적 제한에 대한 헌법소원청구가 있을 때 헌법재판소는 단순히 법적 제한이 아니기 때문에 형식요건을 불비하였다는 소극적인 자세로 임할 것이 아니라 적극적으로 임하여 본안판단을 하여야 한다. 그럼으로써 국민생활의 구석구석까지 헌법이 침투하게 되어 자

---

120) Ossenbühl, F., 1997, "Grundrechtsgefährdungen," In: Ziemske, B., Kriele, M. (hrgs.), *Staatsphilosophie und rechtspolitik: Festschrift für Martin Kriele*, München, S. 162f.
121) 장영철, "기본권의 사실적 제한", 「공법연구」(한국공법학회) 35(1), 2006. 10., 296면.

유가 보장되는 민주적 헌법국가의 기반을 마련하게 되는 것이다.[122]

기본권의 사실적 제한이란 기본권의 보호범위에 대한 법적 제한을 초과하여 규범수신인이나 제3자에게 부수적 효과로서 손해를 발생하게 하는 것 또는 명시적인 법적 근거없는 공권력 행사로 발생하는 기본권의 제약을 말한다. 즉 기본권의 사실적 제한이란 기본권의 법적 제한에 상반되는 것으로 실체법적으로는 기본권보호범위의 완전성에 대한 제한을, 절차법적으로는 헌법소원청구인적격과 권리보호필요성 판단기준과 관련된다. 따라서 기본권의 사실적 제한은 다양한 기본권이론과 관련된 복합적 개념임을 강조하기 위하여 사실상의 기본권제약 내지 기본권제약이라고도 한다.

기본권이론체계에서 기본권의 사실적 제한을 인정하게 된 배경은 다음과 같다. 우선 알권리, 인격권, 개인정보자기관리권 등 기본권목록의 확대와 기본권의 소극적 보호범위의 인정을 들 수 있다. 둘째, 기본권의 주관적 방어기능에 국한되었던 기본권기능변화를 들 수 있다. 기본권의 객관적 기능을 인정함으로써 국가 이외에 사인에 의한 기본권침해도 가능해져 기본권의 대사인적 효력 또는 기본권보호의무이론이 등장하게 되었다. 셋째, 국가의 역할이 소극적인 질서국가에서 적극적인 사회복지국가로 변모하였다. 따라서 행정주체가 사법관계의 한 당사자로서 활동하는 국고행정, 행정사법의 영역과 행정상의 경고, 행정지도 등의 행정상 사실행위에 대하여 기본권기속력을 인정하는 것을 들 수 있다.[123]

특히 효과제약(Folgebeeinträchtigung)은 결과발생에 대하여 다양한 기본권위험발생원인을 갖는 복잡한 기본권제약유형이다. 결과발생에 대한 위험원은 대부분은 규범에 근거하지만 사실적인 경우도 있을 수 있다. 예컨대, 규범에 근거한 것으로는 대도시 내에서 법인에 대한 중과세로 인한 거주이전의 자유제한,[124] 거주지를 중심으로 추첨에 의한 입학전형을 하여 종교의 자유·거주이전의 자유 등을 제한[125] 하는 것 등을 들 수 있다. 결국 효과제약은 규범이 직접의도한 제약이 아니라 간접적으로 나타난 기본권제약을 의미하는 것으로 간접제약이라고 할 수 있다. 이러한 의미에서 헌법소원의 형식심사기준으로 제시하는 기본권의 '간접적' 제한의 경우가 대부분 이에 속한다.[126]

기본권의 사실적 제한은 법적 기본권제한원칙에 대한 예외이다. 말하자면 이

---

122) 장영철, 2006, 앞의 논문, 339면.
123) 장영철, 2006, 앞의 논문, 441면.
124) 헌재 1998. 2. 27. 97헌바79, 판례집 10−1, 153면 이하.
125) 헌재 1995. 2. 23. 91헌마204, 판례집 7−1, 267면 이하.
126) 장영철, 2006, 앞의 논문, 452−453면.

미 정당하지 못한 것으로 추정받는 것이다. 따라서 사실적 제한에 대한 헌법소원 청구가 있을 때 헌법재판소는 단순히 법적 제한이 아니기 때문에 형식요건을 불비하였다는 소극적인 자세로 임할 것이 아니라 적극적으로 임하여 본안판단을 하여야 한다. 그럼으로써 국민생활의 구석구석까지 헌법이 침투하게 되어 자유가 보장되는 민주적 헌법국가의 기반을 마련하게 되는 것이다.127)

2) 권한쟁의

한국은행과 정부(기획재정부 또는 금융위원회) 사이에 권한의 다툼이 발생한 경우 권한쟁의심판을 통한 권한의 조정, 분쟁의 해결이 가능한지가 문제된다. 이 경우 한국은행에게 권한쟁의심판의 당사자능력을 인정할 수 있는지 여부가 주로 문제된다.

(1) 권한쟁의심판청구의 요건

권한쟁의심판을 청구하기 위해서는 헌법재판소법 제61조에 따라 (i) 당사자능력과 (ii) 당사자적격을 갖추어야 하고 (iii) 피청구인의 처분 또는 부작위가 있어야 하며 (iv) 그로 인해 헌법 또는 법률에 의해 부여받은 권한의 침해 또는 현저한 침해위험이 있어야 한다. 한편 (v) 권리보호이익을 요하는지 여부는 견해가 대립하는데, 헌법재판소는 이익을 요구하고 있다. 그리고 (vi) 청구기간을 준수해야 한다.

(2) 당사자능력
① 국가기관 상호 간

헌법재판소는 헌법 제111조 제1항 제4호에서 말하는 국가기관의 의미와 권한쟁의심판의 당사자가 될 수 있는 국가기관의 범위는 결국 헌법해석을 통하여 확정하여야 할 문제라고 보고, 헌법재판소법 제62조 제1항 제1호를 열거조항이 아니라 예시조항으로 보고 있다. 그리고 여기에 열거되지 않은 국가기관이더라도 (i) 그 국가기관이 헌법에 의해 설치되고 (ii) 헌법과 법률에 의해 독자적인 권한을 부여받고 있으며 (iii) 국가기관 상호 간의 권한쟁의를 해결할 수 있는 적당한 기관이나 방법이 없는 경우에는 권한쟁의심판의 당사자가 될 수 있다고 판시하고 있다.128)

---

127) 장영철, 2006, 앞의 논문, 339면.
128) 헌재 1997. 7. 16. 96헌라2, 판례집 9－2, 154－155면: "헌법재판소법 제62조 제1항 제1호가 국가기관 상호간의 권한쟁의심판을 "국회, 정부, 법원 및 중앙선거관리위원회 상호간의 권한쟁의 심판"이라고 규정하고 있더라도 이는 한정적, 열거적인 조항이 아니라 예시적인 조항이라고 해석하는 것이 헌법에 합치되므로 이들 기관외에는 권한쟁의심판의 당사자가 될 수 없다고 단정할 수 없다. 헌법 제111조 제1항 제4호 소정의 "국가기관"에 해당하는지 여부는 그 국가기관이

생각건대, 국가기관 간의 권한분쟁을 심판함으로써 각 기관에게 주어진 권한을 보호함과 동시에 객관적 권한질서를 유지함을 목적으로 하는 권한쟁의심판제도의 취지를 고려하고 헌법 제111조 제1항 제4호가 법률유보조항을 두고 있지 않은 점에 비추어 볼 때 다른 분쟁해결방법이 없는 이상 독립한 국가기관 간의 권한쟁의심판은 인정되어야 할 것이다. 따라서 헌법재판소법 제62조 제1항 제1호는 열거조항이라기보다는 예시조항으로 보는 것이 타당하다.

② 정부 내 부분기관

정부 내 부분기관인 대통령, 국무총리, 국무위원, 각부 장관이 독립한 헌법기관으로서 주로 국회 등 외부기관과의 관계에서 당사자능력을 가질 수 있다. 그러나 정부 내부기관 사이에서 권한에 관한 분쟁이 발생하는 경우에는 위계제적 행정조직의 상명하복 관계에 따라 상급기관에 의해 조정되게 되고, 최종적으로 국무회의의 조정[129][130]에 의하거나 대통령에 의해서 자체적으로 해결될 수 있으므로 권한쟁의가 허용될 수 없다고 할 것이다. 따라서 정부 내 부분기관 상호 간의 권한쟁의를 제기할 수 있는 경우란 대립적 이해관계를 가질 수 있고, 상호 간 독자적 지위가 인정되는 경우에 한한다고 할 것이다.

(3) 문제점
① 국가인권위원회[131]

헌법재판소의 '다수견해'는 국가인권위원회의 당사자능력에 대하여 "헌법상 국가에게 부여된 임무 또는 의무를 수행하고 그 독립성이 보장된 국가기관이라고 하더라도 오로지 법률에 설치근거를 둔 국가기관이라면 국회의 입법행위에 의하여 존폐 및 권한범위가 결정될 수 있으므로 이러한 국가기관은 헌법에 의하여 설치되고 헌법과 법률에 의하여 독자적인 권한을 부여받은 국가기관이라고 할 수 없으므로, 국회가 제정한 국가인권위원회법에 의하여 비로소 설립된 국가인권위원회는 헌법 제111조 제1항 제4호 소정의 헌법에 의하여 설치된 국가기관에 해

헌법에 의하여 설치되고 헌법과 법률에 의하여 독자적인 권한을 부여받고 있는지, 헌법에 의하여 설치된 국가기관 상호간의 권한쟁의를 해결할 수 있는 적당한 기관이나 방법이 있는지 등을 종합적으로 고려하여야 할 것인바, 이러한 의미에서 국회의원과 국회의장은 위 헌법조항 소정의 "국가기관"에 해당하므로 권한쟁의심판의 당사자가 될 수 있다. 우리 재판소가 종전에 이와 견해를 달리하여 국회의원은 권한쟁의심판의 청구인이 될 수 없다고 한 의견은 이를 변경한다."

129) 대한민국헌법 제88조. ① 국무회의는 정부의 권한에 속하는 중요한 정책을 심의한다.
130) 대한민국헌법 제89조. 다음 사항은 국무회의의 심의를 거쳐야 한다.
    10. 행정각부간의 권한의 획정
    11. 정부안의 권한의 위임 또는 배정에 관한 기본계획
    12. 국정처리상황의 평가·분석
    13. 행정각부의 중요한 정책의 수립과 조정
131) 헌재 2010. 10. 28. 2009헌라6, 판례집 22－2하, 1면 이하.

당한다고 할 수 없다."고 판시하면서 부정하고 있다.

다만, 유력한 소수견해(조대현, 김종대, 송두환)는 "권한쟁의심판에 관한 헌법 및 헌법재판소법의 관련 규정, 권한쟁의심판과 기관소송의 관계 등에 비추어, 비록 법률에 의해 설치된 국가기관이라고 할지라도 그 권한 및 존립의 근거가 헌법에서 유래하여 헌법적 위상을 가진다고 볼 수 있는 독립적 국가기관으로서 달리 권한침해를 다툴 방법이 없는 경우에는 헌법재판소에 의한 권한쟁의심판이 허용된다고 보아야 한다. 국가인권위원회는 바로 이 경우에 해당하므로 권한쟁의심판 청구의 당사자능력이 마땅히 인정되어야 한다."고 판단한 바 있다.

② 한국은행

헌법재판소의 다수의견에 의할 경우 한국은행에게 권한쟁의의 당사자능력이 인정되기 어렵다. 왜냐하면, 한국은행은 (i) 헌법상 국가에게 부여된 임무 또는 의무를 수행하고 그 독립성이 보장된 국가기관이지만 (ii) 오로지 법률에 설치근거를 둔 국가기관으로서 국회의 입법행위에 의하여 존폐 및 권한범위가 결정될 수 있으므로 (iii) 헌법에 의하여 설치되고 헌법과 법률에 의하여 독자적인 권한을 부여받은 국가기관이라고 할 수 없기 때문에 헌법 제111조 제1항 제4호 소정의 헌법에 의하여 설치된 국가기관에 해당한다고 할 수 없기 때문이다.

그러나 헌법재판소의 소수의견(조대현, 김종대, 송두환)에 의하면 한국은행에게도 권한쟁의심판의 당사자적격이 부여된다. 왜냐하면 한국은행은 (i) 비록 법률에 의해 설치된 국가기관이지만 그 권한 및 존립의 근거가 헌법에서 유래(헌법 제119조)하여 헌법적 위상을 가진다고 볼 수 있는 독립적 국가기관이고 (ii) 달리 권한침해를 다툴 방법이 없는 경우[132]에 해당하므로 헌법재판소에 의한 권한쟁의심판이 허용되기 때문이다.

---

132) 행정소송법은 행정소송의 한 종류로 '국가 또는 공공단체 상호간에 권한의 존부 또는 그 행사에 관한 다툼이 있을 때 제기하는' 기관소송을 규정하면서, 헌법재판소의 관장사항으로 되는 소송은 법원의 기관소송의 대상에서 제외한다고 규정함으로써(행정소송법 제3조 제4호) 헌법재판소의 원칙적·포괄적 관할권을 인정하여 권한쟁의심판에 우선권을 주고 있다. 나아가, 행정소송법 제45조는 '기관소송은 법률이 정한 경우에 법률이 정한 자에 한하여 제기할 수 있다'고 규정하는바, 기관소송으로 법률이 정한 경우는 '지방자치법'이 규정하고 있는 ① 지방자치단체장이 행정안전부장관의 결정에 대하여 제기하는 이의소송(지방자치법 제4조 제8항), ② 지방자치단체장 또는 주무장관이 지방의회를 상대로 제기하는 소송(지방자치법 제107조, 제172조), ③ 지방자치단체장에 대한 직무명령에 대한 이의소송(지방자치법 제169조 제2항) 및 '지방교육자치에 관한 법률'이 규정하고 있는 ④ 교육감(교육감이 제소하지 아니할 경우 교육부장관)이 시·도의회 또는 교육위원회를 상대로 제기하는 소송(지방교육자치에 관한 법률 제28조) 등에 국한되고, 국가기관 상호간의 기관소송은 별도로 법률이 정한 바 없다.

4. 최근 독일연방헌법재판소의 경향

비교적 최근인 2020년 5월 5일 독일연방헌법재판소는 ECB의 자산매입프로그램(PSPP)[133] 도입결정 관련 헌법소원판결[134]에서 다음과 같이 결정한 바 있다. 즉, (i) ECB의 PSPP 도입결정은 비례원칙(Verhältnismäßigkeit)에 위반한 권한남용행위(Ultra-vires-Akten)이다. (ii) 유럽통합에 책임이 있는 독일정부와 독일연방의회는 유럽연합의 기관(ECB)이 자신의 권한을 명백히 유월하는 경우 유럽통합 의제(Integrationsprogramm)에 포함되지 않는 행위를 무효화(Aufhebung)시키고 국내적 영향을 차단할 의무가 있다.[135] (iii) 본판결 이후 3개월 이내에 ECB가 정책목표와 정책효과 사이의 불균형을 해소한 납득할만한 조치를 취하지 않는 한 독일연방은행은 문제가 된 ECB 결정의 실행에 참여할 수 없으며, PSPP와 관련하여 이미 보유한 채권은 매각해야 한다.

독일연방헌법재판소는 이 사건에서 침해된 기본권을 기본법 제38조 제1항 제1문[136]의 연방의회의원에 대한 선거권(Wahlrecht)으로 보았다. 독일연방헌법재판소는 선거권의 의미를 투표권에 한정하지 않고 포괄적인 실체적 권리로 보고하고 있다. 즉, 선거권에는 국가권력의 형식적 정당성(formalen Legitimation)에 구속되지 않을 권리,[137] 인민주권(Volkssouveränität)을 실현할 권리,[138] 인민 스스로 정당성을 부여할 수 없고 영향력을 행사할 수 없는 공권력에 복종하지 않을 권리,[139] 민주적 자기결정권(demokratische Selbstbestimmung)[140] 등이 포함된다고 보고 있다.

독일연방헌법재판소는 통화정책의 비례원칙 준수 여부에 대한 구체적 판단기준도 제시했다. 즉, "(i) 유럽연합의 유지와 존속은 민주주의 원칙의 준수 여부

---

133) ECB 공공부문 매입프로그램(PSPP)은 (i) 물가하락 위험에 대처하고 기업·가계에 대한 신용여건을 개선하는 것을 목적으로 도입된 것으로서 CSPP(Corporate Sector Purchase Programme), ABSPP(Asset-Backed Securities Purchase Programme), CBPP(Covered Bond Purchase Programme) 등과 함께 ECB의 자산매입프로그램(APP; Asset Purchase Programme)을 구성하고 있다. (ii) PSPP에 따라 ECB와 회원국 중앙은행은 회원국 중앙정부, 정부기관, 지방정부 및 국제기구 등이 발행한 채권을 유통시장(secondary market)에서 매입하는 것을 내용으로 하는 양적완화 정책의 일종이다.

134) BVerfGE 2 BvR 859/15.

135) BVerfGE 2 BvR 859/15 (232).

136) GG Art. 38. (1) Die Abgeordneten des Deutschen Bundestages werden in allgemeiner, unmittelbarer, freier, gleicher und geheimer Wahl gewählt.

137) BVerfGE 89, 155 (171); 97, 350 (368); 123, 267 (330); 129, 124 (168).

138) BVerfGE 142, 123 (189 Rn. 123)

139) BVerfGE 83, 37 (50 f.)

140) BVerfGE 129, 124 (168)

에 달려 있다.[141] (ii) ECB가 비례원칙에 대한 충분한 고려 없이 정책결정을 내렸다면 그것은 ECB의 권한을 남용한 것이 된다. (iii) PSPP와 같은 국채매입 프로그램은 통화정책목표와 경제정책효과를 구분하고, 형량한 뒤, 목적과 효과 간의 균형을 맞출 것이 요구된다.[142] (iv) ECB는 경제정책 효과를 무시하고 물가안정목표(2%) 달성만을 위해 PSPP의 통화정책목표를 무조건 추구함으로써 비례원칙을 명백히 위반했다. (v) PSPP 프로그램은 대규모(2조 유로)인데다 실행기간도 장기(3년)이므로 그 경제적 효과를 측정하기 곤란하다. (vi) PSPP는 회원국이 자본시장에서 더 나은 조건으로 자금을 조달하게 함으로써 회원국의 차입조건을 개선시킨다. 따라서 PSPP는 회원국의 재정정책에도 중대한 영향을 미친다. (vii) PSPP는 많은 양의 고위험국채를 유로시스템의 대차대조표에 이전함으로써 상업은행 부문에 영향을 미친다. 이는 상업은행의 경제상황을 크게 개선시키고 신용등급을 높이게 된다. (viii) PSPP의 경제정책 효과는 특히 주주, 임차인, 부동산소유주, 저축자, 보험계약자 등 사실상 모든 국민들에게 사회적·경제적 영향을 미친다. 예를 들면, 개인저축에 상당한 손실이 발생할 수 있다. PSPP는 일반이자율을 낮추기 때문에 경제적으로 생존할 수 없는 한계기업이 시장에 계속 머물게 한다.[143] (ix) 프로그램이 장기화되고 규모가 커질수록 프로그램의 운영이 회원국의 정치(Politik der Mitgliedstaaten)에 의존할 위험이 커진다."

독일헌법재판소의 이번 판결은 중앙은행이 디플레이션 방지를 위한 확장적 통화정책에 제동을 건 판례이지만, 해당 판결이 제시한 비례원칙 판단기준은 인플레이션 억제를 위한 긴축적 통화정책에도 그대로 적용될 수 있다. 왜냐하면 앞서 설명한 대로 인플레이션과 디플레이션은 동전의 양면과 같은 것이기 때문이다. 이번 판결을 계기로 통화정책이 소수의 기술관료들의 자유재량이 아니라 헌법적 통제를 받는 기속재량으로 변형되고 있는 것이다.

---

141) BVerfGE 2 BvR 859/15 (Rn. 158).
142) BVerfGE 2 BvR 859/15 (Rn. 165).
143) BVerfGE 2 BvR 859/15 (Rn. 139).

제6장 결 론

중앙은행은 한 나라의 통화, 금융, 경제 여건에 중대한 영향을 미치는 기관임에도 한 마디로 정의하기가 매우 어렵다. 일상적인 거래행위는 중앙은행이 발행하는 은행권을 통해서 이루어진다. 하지만 IT기술의 발달로 점점 더 많은 경제적 거래가 전자적으로 결제되고 있다. 따라서 매우 정교한 지급결제제도를 구축할 필요가 있다. 중앙은행은 지급결제제도를 감독하고 부분적으로 운영하는 역할을 한다. 이외에도 중앙은행은 통화당국으로서 통화정책을 수립하고 집행할 책임이 있다.[1] 통화정책의 중요성은 평상시보다는 위기 시에 보다 두드러진다. 비정상적인 수준의 인플레이션이 발생하거나 은행제도의 안정성이 손상되는 위기가 발생한 경우 국민경제 전반에 걸쳐 매우 큰 충격을 받게 된다. 통화정책은 이러한 위기를 방지하거나 수습하는 데 도움을 줄 수도 있지만 이러한 위기의 주범이될 수도 있다.[2] 이러한 중앙은행의 영향력은 특정한 국가 내에서 공식적으로 인정받은 화폐[3], 즉 통화에 대한 독점적 발권력(Ausbagemonopol für eine Währung)에서 나온다.

중앙은행의 명칭은 국가에 따라 다르다. 유럽의 중앙은행(European Central Bank)은 중앙은행이라는 명칭을 그대로 사용한다. 미국의 중앙은행은 지급준비금을 예치하던 역사적 사실을 반영하여 연방준비제도(Federal Reserve System)라는 명칭을 사용한다. 독일은 통치구조의 특징을 반영하여 독일연방은행(Bundesbank)이라고 부른다. 영국, 프랑스, 한국은 국가명칭을 붙여서 영국은행(Bank of England), 프랑스은행(Banque de France), 한국은행(Bank of Korea)이라고 부른다.

이러한 명칭의 차이에도 불구하고 중앙은행이 하는 일은 유사하다. 대부분의 중앙은행은 공법에 근거하여 법인의 형태로 설립된다.[4] 중앙은행은 해당 통화권역(보통 하나의 국가) 내의 통화정책을 수립, 집행할 책임을 진다. 중앙은행은 금융

---

1) Frank, R. H., Bernanke, B. S., Antonovics, K., Heffetz, O., 2019, *Principles of Economics* (7. ed.), McGraw-Hill, New York, p. 592.
2) Herger, N., 2016, *Wie funktionieren Zentralbanken*, Springer, Wiesbaden, SS. 1−2.
3) 화폐(money)란 일상적 거래에 대한 지급수단으로서의 '돈'을 의미한다.
4) Herger, N., 2019, *Understanding Central Banks*, Springer, London, p. 3.

기관대출이나 공개시장조작(open market operation) 등 통화정책수단을 동원하여 자신의 부채를 관리함으로써 이자율 수준을 조정하고 경제 전체의 통화총량과 신용총량을 통제한다. 현대적 중앙은행은 물가를 안정시킴으로써 화폐의 구매력을 유지하고 경기변동을 완화하는 등 중요한 거시경제적 역할을 담당한다. 또한 중앙은행은 은행부분에 대한 최종대부자(最終貸付者, lender of last resort)의 역할을 수행함으로써 금융제도의 안정성 유지에 기여한다. 중앙은행은 은행권을 발행하는 발권은행, 정부의 재산을 관리하는 정부의 은행, 한 나라의 외환보유고를 관리하는 외환준비은행의 역할을 수행한다. 중앙은행은 지급결제제도와 금융시장의 인프라를 유지·관리하기도 한다. 또한 국가에 따라서는 상업은행을 감독하고 금융소비자를 보호하는 감독기관의 역할을 수행하기도 한다.

(1) 중앙은행의 헌법적 근거

중앙은행에 대한 헌법적 근거는 국가마다 상이하다. 독일의 경우 기본법에서 중앙은행에 대한 근거규정을 마련하고 있다. 즉, 기본법 제88조에서 "독일연방은 통화–발권은행으로 연방은행을 설치한다."[5]고 규정하고 있다. 이러한 기본법 제88조는 독일기본법 제8장 '연방법률의 집행과 연방행정'[6]에 속해 있다. 하지만 기본법에서는 독일연방은행이 직접적 연방행정에 속하는지, 간접적 연방행정에 속하는지에 대해서는 전혀 규정한 바가 없다. 따라서 독일연방은행이 독립된 헌법기관인지, 연방행정관청인지, 제3의 기관인지 등에 대한 다양한 논쟁이 존재한다.

미국연방헌법에서는 화폐에 대한 규제권한을 연방의회에게 부여하고 있다. 즉 미국연방헌법 제1조 제8항 제5호에서는 "연방의회는 화폐를 주조하고, 미국화폐 및 외국화폐의 가치를 규정할 권한을 갖는다."[7]고 규정하고 있다. 그리고 이 조항이 미 헌법상 중앙은행의 설립근거에 해당한다.[8] 미국은 중앙은행의 제도적 설계에 있어서 미국헌법의 기본원리인 연방주의(federalism) 원리와 견제와 균형(checks and balances)의 원리를 철저히 적용하고 있다. 미국의 중앙은행인 연방준비제도는 미국의 헌법원리에 따라 설계되었다.[9]

---

5) GG Art 88. Der Bund errichtet eine Währungs–und Notenbank als Bundesbank.

6) GG. Ⅷ. Die Ausführung der Bundesgesetze und die Bundesverwaltung

7) U.S. Constitution Art. I Sec. 8 [5]. The Congress shall have Power To coin Money, regulate the Value thereof, and of foreign Coin, and fix the Standard of Weights and Measures.

8) Lovett, W. A., 2009, *Banking and Financial Institutional Law* (7. ed.), West Publishing(Thomson Reuter), New York, p. 30.

9) Eichengreen, B., 2018, "The Two Eras of Central Banking in the United States," In: Edvinsson, R., Jcobson, T., Waldenström, D. (ed.), *Sveriges Riksbank and the History of Central Banking*, Cambridge University Press, London, pp. 361–362.

영국의회는 1970년대부터 최근까지 모두 8차례에 걸쳐 성문헌법(written constitution) 제정을 시도하였다.[10] 가장 최근인 2015년 하원의 '정치·헌법개혁위원회'는 영국 내의 모든 헌법적 관습과 헌법적 법률을 조사하고 성문헌법의 초안을 작성한 바 있다.[11] 영국의회는 영국은행을 재무장관이 통할하는 국가재정업무를 수행하는 기구 중 하나로 보고 있다.[12] 그리고 영국의회는 현행 영국은행법 중에서 '총재, 부총재, 이사회의 구성과 기능', '영국은행과 재무부와의 관계' 등을 헌법적 사항으로 판단하고 있다.[13]

독일기본법과 달리 우리 헌법에는 중앙은행의 설치에 관한 명시적 근거 규정이 없다. 다만, 우리 헌법은 독일기본법과 달리 제9장에서 경제에 관한 별도의 장을 마련하고 있다. 우리나라의 중앙은행인 한국은행은 우리 헌법상 경제에 대한 기본조항인 제119조 제2항[14]에 근거하여 설립되었다. 우리 헌법 제119조 제2항에서는 "국가는 균형있는 국민경제의 성장 및 안정과 적정한 소득의 분배를 유지하고, 시장의 지배와 경제력의 남용을 방지하며, 경제주체간의 조화를 통한 경제의 민주화를 위하여 경제에 관한 규제와 조정을 할 수 있다."고 규정하고 있다. 따라서 한국은행의 헌법적 지위를 이해를 위해서는 우리 헌법 제119조를 포함한 경제헌법 전체에 대한 이해가 선행되어야 한다.

(2) 우리 헌법 제119조의 규범체계

우리 헌법은 제119조 제1항에서 "대한민국의 경제질서는 개인과 기업의 경제상의 자유와 창의를 존중함을 기본으로 한다."고 규정하고 있고, 제2항에서 "국가는 균형있는 국민경제의 성장 및 안정과 적정한 소득의 분배를 유지하고, 시장의 지배와 경제력의 남용을 방지하며, 경제주체간의 조화를 통한 경제의 민주화를 위하여 경제에 관한 규제와 조정을 할 수 있다."고 규정하고 있다. 헌법 제119조의 제1항과 제2항의 관계를 경제적 자유가 '원칙'이고 국가의 간섭이 '예외'라는

---

10) UK Parliament, 2011, *Mapping the Path to Codifying—or not Codifying—the UK's Constitution*, CDE01, 2011.2. [https://publications.parliament.uk/] [최종검색 2020-10-11 23:07]

11) UK Parliament, 2015, *Consultation on A new Magna Carta*, HC599, UK Parliament, 2015. 3. [https://publications.parliament.uk/] [최종검색 2020-10-11 23:23]

12) UK Treasury, 2009, *HM Treasury Group Demartmental Strategic Objectives 2008–2011*, UK Government, 2009, para. 1.1.

13) UK Parliament, 2014, *A new Magna Carta*, HC463, UK Parliament, 2014. 6., pp. 76–78.

14) 대한민국헌법 제119조. ① 대한민국의 경제질서는 개인과 기업의 경제상의 자유와 창의를 존중함을 기본으로 한다.
② 국가는 균형있는 국민경제의 성장 및 안정과 적정한 소득의 분배를 유지하고, 시장의 지배와 경제력의 남용을 방지하며, 경제주체간의 조화를 통한 경제의 민주화를 위하여 경제에 관한 규제와 조정을 할 수 있다.

'원칙과 예외의 관계'로 설명하는 것이 국내 다수학자들의 견해15)이지만 본조를 이렇게 해석하기에는 곤란한 문제들이 있다.16) 관념적으로는 헌법 제119조 제1항과 제2항의 관계를 경제적 자유가 원칙이고 국가의 간섭이 예외라는 원칙과 예외의 관계로 이해할 수도 있다. 하지만 실제적으로는 원칙과 예외의 정확한 경계선을 획정하고, 국가정책의 위헌성을 판단할 수 있는 헌법적 기준을 도출할 수 없다. 왜냐하면 다수견해와 같이 헌법 제119조 제1항은 자유시장경제 원리를 규정하고 있고 제2항은 자유시장경제의 모순을 시정하기 위한 국가적 규제와 간섭을 허용한 규정이라고 보게 되면 제2항에 따른 국가적 규제와 간섭의 한계는 다시 제1항의 자유시장경제 원리에서 찾게 된다. 무한반복의 순환논법에 빠질 뿐이다. 이러한 원칙과 예외의 관계는 지극히 모호하고 추상적이며 경제상황에 따라 유동적이기 때문에 명확한 규범적 기준을 도출해낼 수 없다.

따라서 헌법 제119조는 제1항 및 제2항을 분리하여 제1항에서 '시장경제질서', 제2항에서 '사회적'이라는 명제를 각각 도출해내기보다는, 헌법 제119조 제1항과 제2항은 서로 내적 연관관계를 맺으면서 개인의 경제적 자유를 보장하면서 사회정의를 실현하는 경제질서라는 경제헌법의 지도원리로 이해할 필요가 있다.17) 헌법 제119조는 경제헌법의 지도원리로서, 국가와 경제의 관계, 개인의 경제적 자유와 경제에 대한 국가의 책임의 관계를 제시하고 있다. 우리 헌법이 자유와 사회적 기속이라는 두 개의 기본원리에 기초하고 있듯이, 경제헌법도 위 두가지 기본결정에 의하여 형성된다. 이러한 관점에서 보면 헌법 제119조는 자유와 사회적 기속이라는 두 가지 가치질서 사이의 밀접한 연관성과 상호영향관계를 보여주는 대표적인 헌법규범이다. 한국헌법상의 경제질서는 경제영역의 형성을 사회와 국가로부터 동시에 기대하는 자유적 경제질서이자 사회적 경제질서로 보아야 할 것이다.

(3) 제도적 보장으로서의 중앙은행

분데스방크의 근거조항인 독일기본법 제88조는 제도적 보장의 성격을 가진다. 제2차 세계대전의 패전 이후 독일 사회는 중앙은행이 군국주의의 도구로 악용되고 그로 인한 악성 인플레이션을 경험하면서 중앙은행제도를 국가로부터 보호할 필요가 있었다. 독일기본법 제88조에서는 "연방은 통화·발권은행으로서 연

---

15) 김철수, 2008a, 〈헌법학(상)〉(전면개정신판), 박영사, 서울, 309-314면; 권영성, 2010, 〈헌법학원론〉(개정판), 법문사, 서울, 167-169면; 허영, 2020, 〈한국헌법론〉(전정16판), 박영사, 서울, 172-173면; 성낙인, 2020, 〈헌법학〉(제20판), 법문사, 서울, 287-288면.
16) 정종섭, 2018, 〈헌법학원론〉, 박영사, 서울, 230-231면.
17) 정종섭, 2018, 앞의 책, 230-231면.

방은행을 설립한다."고 규정되어 있다. 여기서 '연방'은 연방의회를 의미하고, '통화·발권은행'은 중앙은행제도의 최소한의 보장내용을 의미하며, '연방은행'은 특정한 행정기관으로서의 중앙은행을 의미한다.

미국의 경우 건국 이후 200년 동안 중앙은행제도에 대해 고민한 끝에 연방주의 헌법원리에 따라 '연방준비제도(Federal Reserve System)'를 만들었다. 미국은 헌법개정이 매우 어려운 국가이다.[18] 따라서 헌법개정보다는 헌법적 관행의 형성을 통해서 정치적·경제적 환경변화에 대응한다. 미국 중앙은행은 연방준비법에 의해 설립되었지만 단순한 법률기관이 아니라 헌법상 제도적 보장으로서의 성격이 강하다.

영국은 의회주의 국가로서 국제환경, 정치환경, 경제환경의 변화를 반영하면서 끊임없이 의회와 중앙은행의 유연한 관계를 유지하기 위해 노력해왔다. 영국의회는 현행 영국은행법중에서 '총재, 부총재, 이사회의 구성과 기능', '영국은행과 재무부와의 관계'는 헌법적 사항으로 판단하고 있다.[19] 영국의회는 중앙은행을 헌법상 제도로 인정하고 있는 것이다.

우리 헌법은 독일과 달리 중앙은행제도에 대한 헌법적 규정을 두고 있지 않다. 중앙은행제도를 헌법에 규정할 경우 헌법의 항구성과 고정성을 이용하여 입법권의 침해로부터 제도의 핵심적 내용을 보호할 수는 있겠지만, 우리와 같은 소규모 개방경제가 마주쳐야 하는 급변하는 국제적 경제환경의 변화위험에 그대로 노출되기 때문이다. 따라서 우리는 중앙은행제도를 헌법에 규정하지 않고 입법형성권에 맡겨 두고 있다. 헌법에 직접 규정되어 있지 않더라도 자본주의 체제 내에서 중앙은행은 제도적 보장의 성격을 갖는다. 한국은행은 우리 헌법 제119조 제2항에 근거하여 설립되고 보장되는 중요한 경제적 제도이다.

---

18) U.S. Const. Art. 5. The Congress, whenever two thirds of both Houses shall deem it neces-sary, shall propose Amendments to this Constitution, or, on the Application of the Legislatures of two thirds of the several States, shall call a Convention for proposing Amendments, which, in either Case, shall be valid to all Intents and Purposes, as part of this Constitution, when ratified by the Legislatures of three fourths of the several States, or by Conventions in three fourths thereof, as the one or the other Mode of Ratification may be proposed by the Congress; Provided that no Amendment which may be made prior to the Year One thousand eight hundred and eight shall in any Manner affect the first and fourth Clauses in the Ninth Section of the first Article; and that no State, without its Consent, shall be deprived of its equal Suffrage in the Senate.
19) UK Parliament, 2014, *A new Magna Carta*, HC463, UK Parliament, 2014. 6., pp. 76−78.

(4) 협력적 권력분립과 중앙은행

중앙은행이 자신의 정책목표를 효율적으로 수행하기 위해서는 중앙은행의 조직과 구조가 헌법상 과제와 합치되어야 한다. 중앙은행의 기능은 중앙은행이라는 조직을 통해서 실현되고, 중앙은행의 조직은 국가기관의 구성원리인 권력분립의 원리를 통해 만들어진다. 국가질서는 국가적 기능의 수행을 통해 현실성을 획득한다. 이러한 국가기능과 그 기능을 위임받은 기관들, 그리고 이 기관들의 권한을 규율하는 헌법상의 기본원리가 바로 권력분립의 원리이다.[20]

현대적 민주국가에서는 권력분립을 단순히 초국가적 자유의 보호수단으로서가 아니라 민주적 통치구조의 근본이념과 기본이념을 실현하기 위한 통치기구의 조직원리로 모색해야 한다. 따라서 국가권력 행사의 절차적 정당성을 보장할 수 있는 실효성 있는 권력통제의 메커니즘을 마련할 필요가 있다. 현대 자유민주국가의 통치구조에서는 국가권력의 엄격하고 기계적인 분리보다는 입법, 행정, 사법의 세 가지 기본적인 국가기능이 기본권적 가치실현을 위하여 서로 '기능적 협력관계'를 유지하면서 서로의 기능을 적절히 통제함으로써 국가의 통치권 행사가 언제나 '협동'과 '통제' 아래에서 조화될 수 있어야 한다. 우리 헌법상 권력분립은 기계적이고 획일적인 '권력분리'가 아니라 목적지향적이고 유동적인 '기능분리'로, 그리고 권력 간의 '대립적 제한관계'가 아니라 '기관 간의 협동적 통제관계'로 이행해야 한다. 권력분립의 주안점이 '형식적 권력분립'에서 '실질적 기능통제'로 이행해야 하는 것이다.[21]

'현대적 권력분립', 즉 '기능적 권력분립', '협력적 권력분립', '실질적 기능통제'의 원리가 가장 잘 구현되고 있는 (광의의) 통치기구로는 '중앙은행'을 들 수 있다. 한국은행을 포함하여 전 세계의 거의 모든 중앙은행은 고전적 권력분립 원리가 아니라 협력적 권력분립의 원리에 따라 조직되고 운영된다.

우선, 중앙은행에는 기계적이고 획일적인 '권력분리'가 아니라 목적지향적이고 유동적인 '기능분리'의 원리가 적용된다. 현대 국가에서는 목적지향적이고 유동적인 '기능분리'를 위하여 '재정정책권'과 '통화정책권'을 분리하고 재무부와 중앙은행이라는 별도의 특별한 기관이 운용하도록 하고 있다. 과거에는 제조업을 중심으로 한 산업정책이 국가 경제정책의 중심에 있었지만, 자본주의의 고도화되고 금융의 중요성이 커짐에 따라 국가 경제정책은 재정정책과 통화정책으로 분리되어 별개의 특별한 기관이 담당하게 되었다.

---

20) Hesse, K., 1999, *Grundzüge des Verfassungsrechts der Bundesrepublik Deutschland* (Neudruck der 20. Aufl.), C.F. Müller, Heidelberg, S. 207.
21) 허영, 2020, 앞의 책, 731면.

그리고 중앙은행은 권력 간의 '대립적 제한관계'가 아니라 '기관 간의 협동적 통제관계'를 지향한다. 국가에 따라서는 재정정책과 통화정책이라는 '기능의 분리'를 강조하는 국가(예, 독일)도 있지만22), 대부분의 국가에서 안정화정책이라는 국가목적의 효율적 달성을 위하여 '기능의 협조'를 강조하고 있다. 예를 들어, 영국은 재무부가 물가안정 목표를 설정하면, 영국은행이 그 목표를 집행하고, 의회가 통화정책 수립·집행의 타당성을 통제한다.23) 한국은 한국은행이 정부와 협의하여 물가안정목표를 정하고 매년 통화신용정책 운영방향을 수립하여 공표한다.24)

또한 중앙은행을 설계·운용함에 있어서는 '형식적 권력분립'이 아니라 '실질적 기능통제'의 원리가 적용된다. 예를 들어 중앙은행의 정책위원회는 의회의 승인을 얻어 대통령이 임명하고(미국),25) 중앙은행과 정부는 각자 서로의 회의에 출석하여 의견을 교환할 수 있으며(독일, 한국),26) 정부의 재정정책과 중앙은행의 통화정책이 상충하는 경우 정부에게 우선권을 준다든지(영국, 미국),27) 연기적 항변권을 부여하는 방식(독일)28)으로 정책갈등을 해소하고 있다. 모든 국가의 중앙은행은 감사원의 감사를 받는다. 중앙은행은 의회에 대한 충실의무를 다하기 위해 정례적으로 청문회에 출석하여 정책청문을 받거나(미국),29) 보고서를 제출한다(한국).30) 상당한 국가들이 '중앙은행 내부'의 기능적 권력통제를 위하여 '복수의 임무'를 부여하거나(미국, 영국)31) '복수의 정책위원회'를 설치하고 있다(미국, 영국, 독일).32) 중앙은행은 현대적·기능적·협력적 권력분립의 거미줄 같은 존재다.

(5) 중앙은행의 자치

대부분의 경제학자들은 스스로 인식하건 인식하지 못하건 간에 '국가와 사회의 단절적 이원론'을 바탕으로 중앙은행의 독립성을 절대적 공리로 받아들이고 있다. 하지만 중앙은행의 설립근거법을 살펴보면 반드시 그러한 것도 아니다. 법적 측면에서 볼 때 중앙은행의 독립성은 정부에게 중앙은행의 통화정책에 대한 지시감독권한이 있는지 여부에 따라 결정되기 때문이다.

---

22) BBkG §12.
23) Bank of England Act 1998 c. 11 s. 12.
24) 한국은행법 제6조.
25) Federal Reserve Act Sec. 10.
26) BBkG §13.; 한국은행법 제91조.
27) Bank of England Act 1998 c. 11 s. 19.; Federal Reserve Act Sec. 10.
28) BBkG §13.
29) Federal Reserve Act Sec. 2B.
30) 한국은행법 제96조.
31) Federal Reserve Act Sec. 2A.; Bank of England Act 1998 c. 11. s. 2.
32) Federal Reserve Act Sec. 4, Sec. 10 & Sec. 12A.; Bank of England Act 1998 c. 11. s. 1, s. 9B, s. 13 & s. 30A.; BBkG §6, §7 & §8.

중앙은행의 독립성에 대한 '한국은행의 태도'와 '독일에서의 논쟁'은 모두 부분적 문제점을 안고 있다. 한국은행은 국가와 사회에 대한 단절적 이원론을 전제로 중앙은행을 사회에 위치시킴으로써 의회, 정부, 국민으로부터 중앙은행의 중립성을 획득하고자 한다. 독일에서의 논쟁은 국가·사회 일원론 또는 고전적 권력분립이론을 바탕으로 중앙은행의 독립성을 국가적 영역으로부터의 이탈현상으로 보고 이를 민주주의 원리, 의회주의 원리의 관점에서 제어하고자 한다. 하지만 중앙은행의 독립성은 '기능적·협력적 권력분립'과 '현대적 의미의 자치'의 관점에서 접근할 필요가 있다.

중앙은행의 독립성은 헌법상 자치의 개념과 유사한 것으로 이해해야 한다. 우리 헌법상 지방자치가 헌법 제117조에 근거한 제도적 보장에서 유래한 것처럼, 중앙은행의 독립성은 우리 헌법 제119조에 근거한 시장경제제도와 중앙은행제도에 대한 제도적 보장에서 유래한 것으로 해석해야 한다. 중앙은행의 독립성이란 중앙은행의 자치의 보장을 의미하고, 중앙은행의 자치에 대한 보장은 국가조직법상의 보장에 해당한다. 헌법 제119조에서 유래하는 중앙은행제도의 보장은 한국은행의 고유한 권리를 보장하는 '주관적 보장'이 아니라 중앙은행제도를 보장하는 '객관적 보장'이다. 오늘날의 주권국가에서 모든 공권력의 행사는 국가에 귀속되어야 하고, 국가에 그 근거를 두고 있어야 한다. 국가권력의 통일성과 일원성을 주권의 본질적 특징으로 이해하는 민주적 법치국가에서 정치적 공동체의 모든 규율권한이 통일적인 국가권력으로부터 유래해야 하고 국가권력의 통제 하에 있어야 한다. 민주적 법치국가에서 국가의 의사로부터 독립된 자치권이란 존재할 수 없다. 자치행정권은 오로지 국가의 위임에 근거하여 그리고 위임의 범위 내에서만 존재한다.[33] 중앙은행은 국가에 대립하는 사회에 귀속된 독립적 단체가 아니라, 국가적 행정과제를 이행하는 행정권한의 주체이다. 한국은행의 자치권은 중앙은행의 고유한 권리가 아니라 국가로부터 위임받은 전래된 권한이다.

(6) 독일헌법재판소의 최근 경향

비교적 최근인 2020년 5월 5일 독일연방헌법재판소는 ECB의 자산매입프로그램(PSPP)[34] 도입결정 관련 헌법소원판결[35]에서 "(i) ECB의 PSPP 도입결정은

---

33) 대표적인 학자로는 권영성, 2010, 앞의 책, 238면; 성낙인, 2020, 앞의 책, 1111면.

34) ECB 공공부문 매입프로그램(PSPP)은 (i) 물가하락 위험에 대처하고 기업·가계에 대한 신용여건을 개선하는 것을 목적으로 도입된 것으로서 CSPP(Corporate Sector Purchase Programme), ABSPP(Asset-Backed Securities Purchase Programme), CBPP(Covered Bond Purchase Programme) 등과 함께 ECB의 자산매입프로그램(APP; Asset Purchase Programme)을 구성하고 있다. (ii) PSPP에 따라 ECB와 회원 중앙은행은 회원국 중앙정부, 정부기관, 지방정부 및 국제기구 등이 발행한 채권을 유통시장(secondary market)에서 매입하는 것을 내용으로 하는 양적완

비례원칙(Verhältnismäßigkeit)에 위반한 권한남용행위이다. (ii) 유럽통합에 책임이 있는 독일정부와 독일연방의회는 유럽연합의 기관(ECB)이 자신의 권한을 명백히 유월하는 경우 유럽통합 의제에 포함되지 않는 행위를 무효화시키고 국내적 영향을 차단할 의무가 있다.[36) (iii) 본판결 이후 3개월 이내에 ECB가 정책목표와 정책효과 사이의 불균형을 해소한 납득할만한 조치를 취하지 않는 한 독일연방은행은 문제가 된 ECB 결정의 실행에 참여할 수 없으며, PSPP와 관련하여 이미 보유한 채권은 매각해야 한다."는 내용의 조건부 위헌결정을 내린 바 있다.

독일헌법재판소의 이번 판결은 중앙은행의 디플레이션 방지를 위한 확장적 통화정책에 제동을 건 판례이지만, 해당 판결이 제시한 비례원칙 판단기준은 인플레이션 억제를 위한 긴축적 통화정책에도 그대로 적용될 수 있다. 왜냐하면 앞서 설명한 대로 인플레이션과 디플레이션은 동전의 양면과 같은 것이기 때문이다. 이번 판결을 계기로 통화정책이 소수의 기술관료들의 자유재량이 아니라 헌법적 통제를 받는 기속재량으로 변형되고 있는 것이다.

(7) 나가며

화폐주조권(Münzrechts)은 국가권력의 공식적 투사물이다.[37) 동일한 화폐를 사용하는 지역적 특성은 국가를 집단적으로 통합시키는 중요한 요소(integriere-nder Faktor)이다.[38) 나라를 막론하고 국가적 통일 전후 또는 헌법제정 전후에는 반드시 화폐의 통일과 표준화가 뒤따른다. 우리나라의 경우에도 1948년 7월 17일 최초의 헌법이 만들어진 이후인 1950년 5월 5일 한국은행법이 만들어졌다. 또한 역사적으로 볼 때 화폐제도가 붕괴되면 정부가 무너지거나, 국가가 재편되거나 국가적 비상사태가 발생하는 등 국가적 해체과정[39)이 발생하기도 한다. 중앙은행은 거시경제 전체의 신용총량을 확장하거나 축소시킬 수 있다. 중앙은행은 상업은행에 대한 대출조건 변경이나 기준금리 조정 등을 통해서 상업은행은 물론이고 국민경제 전체의 신용조건에 중대한 영향을 미칠 수 있다.

화 정책의 일종이다.
35) BVerfGE 2 BvR 859/15.
36) BVerfGE 2 BvR 859/15 (232).
37) Helfferich, K., 2017, *Das Geld*, Fachbuchverlag-Dresden, Leipzig, S. 31.
38) Mommsen, T., 1976, *Reden und Aufsätze*, Georg Olms Verlag, Zürich, S. 246.
39) 바이마르 공화국의 해제과정에 대해서는 Schacht, H., 1927, *Die Stabilisierung der Mark*, Deutsche verlags-anstalt, Berlin/Leipzig, S. 53: "약탈과 폭동이 일상생활이 되었다. 따라서 제국(바이마르공화국)은 사회적 위험에 대처하기 위해 시장을 붕괴(Markverfall)시켜야 했다. 1923년 9월 27일 마침내 제국은 비상사태(Ausnahmezustand)를 선포했다."

중앙은행의 대출조건 변경은 직접 상대방인 상업은행의 자금조달에 영향을 미치고 궁극적으로는 최종차주인 국민들의 대출조건에 영향을 미친다. 따라서 기능적 관점에서 보면 중앙은행은 중요한 통합적 요소(Integrationsfaktor)에 해당한다. 모든 통화정책은 통화량의 변동을 초래하므로 '재화와 화폐교환의 등가성 (Konstanz der Austauschverhältnisse)'에 영향을 미치고, 모든 사회계층의 현재 소득 및 장래의 기대소득에 영향을 미친다. 경제생활에 참여하고자 하는 사람은 누구나 국가적 종속성을 인식하고 있는지 여부와 상관없이 반드시 국가적 통화경로를 따라가야만 한다.[40] 중앙은행은 자율적 가격형성기능을 담당하는 시장기구에 직접 개입하여 국민경제 전체의 신용총량, 대출비용, 가용성 등을 통제한다. 쇼이너는 통화정책은 국가의 직접적인 시장개입 수단(staatlichen Intervention) 중에서 가장 광범위하게 국민들의 권리에 영향을 미치는 치명적인 수단이라고 평가한 바 있다.[41]

결국 중앙은행의 문제는 헌법에 규정되어 있건 규정되어 있지 않건 간에 복잡한 헌법적 문제를 불러일으킨다. 중앙은행의 헌법적 위상과 기능에 대한 헌법적 해명이 없이는 중앙은행에 대한 입법적 문제도 해결할 수 없고, 결국 우리 헌법 전문이 밝히고 있는 "정치·경제·사회·문화의 모든 영역에 있어서 각인의 기회를 균등히 하고, 국민생활의 균등한 향상"을 기하고자 하는 우리 헌법의 기본 이념과 이를 실천하기 위한 국가적 과제도 실천하기 어렵다. 우리 헌법이 규정하고 있는 국가적 과제는 인간의 존엄을 최고의 가치로 하는 기본권의 보장이다. 이러한 국가적 과제를 실현하기 위한 경제적 조건의 형성을 위해 우리 헌법은 제119조[42] 이하에서 경제분야의 다양한 국가목적과 국가목적 달성을 위한 규제와 조정의 권한을 수권하고 있다. 한국은행은 이러한 헌법구조 속에서 국가적 과제 실현을 위한 경제분야의 국가목적을 달성하기 위해 통화량과 신용총량을 규제하고 조정할 수 있는 행정권한을 위임받았다.

한국은행은 헌법 제119조 제2항의 "균형있는 국민경제의 성장 및 안정"을 위하여 국가에게 부여된 경제에 관한 규제와 조정의 권한에 근거하여 만들어졌

---

40) Egner, E., 1928, *Versuch einer autonomen Lehre der Währungspolitik*, W. Scholl, Leipzig, S. 21.
41) Scheuner, U., 1957b, "Der Staat und die Verbände," In: U. Scheuner, *Der Staat und die Verbände*, Verlagsgesellschaft Recht und Wirtschaft, Heidelberg, S. 10ff. (18).
42) 대한민국헌법 제119조. ① 대한민국의 경제질서는 개인과 기업의 경제상의 자유와 창의를 존중함을 기본으로 한다.
② 국가는 균형있는 국민경제의 성장 및 안정과 적정한 소득의 분배를 유지하고, 시장의 지배와 경제력의 남용을 방지하며, 경제주체간의 조화를 통한 경제의 민주화를 위하여 경제에 관한 규제와 조정을 할 수 있다.

다. 즉, 한국은행은 우리 헌법 전문과 각종 기본권이 정하고 있는 국가적 과제 (Staatsaufgabe)를 수행하기 위해 국회가 제정한 법률에 근거하여 만들어졌다. 한국은행은 헌법 제119조 제2항이 정하고 있는 국민경제의 성장과 안정이라는 국가목적(Staatsziel)을 실현하기 위해 통화정책이라는 안정화 정책을 시행할 권한과 의무를 부여받았다. 한국은행은 높은 고용상태, 대외경제의 균형, 지속적이고 적정한 경제성장, 물가수준의 안정이라는 서로 상충관계에 있고 동시에 모두를 달성할 수 없는 마의 사각형(magischen Vierrecks)43) 사이에서 시대적 과제가 제시한 최적의 정책조합(policy-mix)을 찾아낼 임무가 있다.

---

43) Hesse, K., 1999, *Grundzüge des Verfassungsrechts der Bundesrepublik Deutschland* (Neudruck der 20. Aufl.), C.F. Müller, Heidelberg, SS. 113-114.

참고문헌

▼

❖ 국내문헌

1. 단행본

- 강만수, 2005, 〈현장에서 본 한국경제 30년〉, 삼성경제연구소, 서울.
- 권영성, 2010, 〈헌법학원론〉 (개정판), 법문사, 서울.
- 김철수, 2008a, 〈헌법학(상)〉 (전면개정신판), 박영사, 서울.
- 김철수, 2008b, 〈헌법학(하)〉 (전면개정신판), 박영사, 서울.
- 성낙인, 2020, 〈헌법학〉 (제20판), 법문사, 서울.
- 장영철, 2018, 〈기본권론〉, 화산미디어, 서울.
- 장영철, 2020, 〈국가조직론〉, 화산미디어, 서울.
- 정종섭, 2018, 〈헌법학원론〉, 박영사, 서울.
- 차현진, 2016, 〈중앙은행 별곡〉, 인물과사상사, 서울.
- 한수웅, 2020, 〈헌법학〉 (제10판), 법문사, 서울.
- 허 영, 2017, 〈헌법과 헌법이론〉 (신8판), 박영사, 서울.
- 허 영, 2020, 〈한국헌법론〉 (전정16판), 박영사, 서울.

2. 연구논문

- 김기원, 2013, "미군정기의 경제", 〈한국사〉 (52권), 국사편찬위원회.
- 김기환, 2019, "금융행정체계에 관한 행정조직법적 연구 : 중앙은행제도와 금융감독체계를 중심으로"(한국외국어대 박사학위 논문).
- 박선종·김용재, 2018, "중앙은행의 디지털화폐 발행 시 법률적 쟁점", 〈비교사법〉 (한국비교사법학회), 25(1), 2018. 2.
- 오두환, 1988, "조선은행의 발권과 산업금융", 〈성균관논총〉 제36집, 1988.
- 장영철, 2006, "기본권의 사실적 제한", 〈공법연구〉 (한국공법학회) 35(1), 2006. 10.
- 장영철, 2007, "기본권침해위험성에 관한 소고 - 헌법소원청구요건과 관련하여", 〈공법학연구〉 (한국비교공법학회) 8(3), 2007. 8.
- 전학선, 2016, "인간안보를 통한 인권보장 강화", 〈서울법학〉 (서울시립대학교 법학연구소) 24(1), 2016. 5.
- 정병욱, 1998, "일제하 조선식산은행의 산업금융에 관한 연구" (고려대 박사학위 논문), 1998.
- 정순훈, 1987, "국가의 경제간섭의 법적 한계에 관한 연구"(연세대 박사학위 논문).
- 정재정, 2013, "식민지 수탈구조의 구축", 〈한국사〉 (47권), 국사편찬위원회.
- 이용수·이명활, 2020, "중앙은행 디지털화폐의 이해", 〈국제금융연구〉 (한국국제금융학회) 10(1).

3. 공공기관

- 금융위원회 공적자금관리위원회, 〈공적자금 관리백서〉, 2020. 8.
- 조선은행 조사부, 〈조선경제연감〉, 1949.
- 한국은행, 〈한국은행 60〉, 2010. 6.
- 한국은행, 〈2019년 연차보고서〉, 2020.
- 한국은행, 〈한국은행법 해설〉, 2012. 4.

❖ 영미문헌

1. 단행본

- Acemoglu, D., Laibson, D., List, J. A., 2019, *Economics* (2. ed.), Pearson, New York.
- Bagehot, W., 1978, *Lombard Street*, Arno Press, New York.
- Bernanke, B. S., Laubach, T., Mishkin, F. S., Posen, A., 1999, *Inflation Targeting: Lessons from the International Experience*, Princeton University Press, New York.
- Bernanke, B. S., 2013, *The Federal Reserve and the Financial Crisis*, Princeton University Press, New York.
- Blackstone, W., 1979, *Commentaries on the Laws of England*, Vol. 4. (A facsimile of the First Edition of 1765−1769), University of Chicago Press, Chicago.
- Blanchard, O., 2017, *Macroeconomics* (7. ed), Peason, New York.
- Bruner, R. F., Carr, S. D., 2007, *The Panic of 1907: Lessons Learned from the Market's Perfect Storm*, John Wiley & Sons, New York.
- Bryce, J., 1921, *Modern Democracies*, Macmillan, London.
- Chernow, R., 1990, *The House of Morgan: An American Banking Dynasty and the Rise of Modern Finance*, Grove Press, New York.
- Clapham, J., 1970, *The Bank of England: A History, Vol.1, 1694−1797*, Cambridge University Press, London.
- Dahl, R. A., 2003, *How Democratic Is the American Constitution?* (2. ed.), Yale University Press, New York.
- Deane, M., Pringle, R., 1995, *The Central Banks*, Viking Penguin, London.
- Eichengreen, B. J., 1992, *Golden Fetters: The Gold Standard and the Great Depression, 1919−1939*, Oxford University press, New York.
- Eichengreen, B. J., Flandreau, M., 1999, *The Gold Standard in Theory and History* (2. ed.), Routledge, London.
- Edvinsson, R., Jacobson, T., Waldenström, D., 2018, *Sveriges Riksbank and the History of Central Banking*, Cambridge University Press, London.
- Feavearyar, A. E., 1931, *The Pound Sterling*, Clarendon Press, London.
- Fenstra, R. C., Taylor, A. M., 2012, *International Macroeconomics*, Worth, New York.

— Fetter, F. A., 1965, *Development of British Monetary Orthodoxy, 1797－1875*, Harvard University Press, New York.

— Flink, S., 1930, *The German Reichsbank and Economic Germany*, Greenwood Press, New York.

— Frank, R. H., Bernanke, B. S., Antonovics, K., Heffetz, O., 2019, *Principles of Economics* (7. ed.), McGraw－Hill, New York.

— Friedman, M., Schwartz, A. J., 1963, *A Monetary History of the United States, 1867－1960*, Princeton University Press, New York.

— Giannini, C., 2011, *The Age of Central Banks*, Edward Elgar, London.

— Goodhart, C., 1989, *Money Information and Uncertainty* (2. ed.) Macmillan, London.

— Goodman, J. B., 1992, *Monetary Sovereignty: The Politics of Central Banking in Western Europe*, Cornell University Press, New york.

— Hawtrey, R. G., 1938, *A Century of Bank Rate*, Longmans, London.

— Herger, N., 2019, *Understanding Central Banks*, Springer, London.

— Hofstadter, J. M. Jr., 1948, *The Age of Jackson*, Little Brown, New York.

— Holsworth, J., Dewey, D., 1910, *The First and Second Banks of the United States*, National Monetary Commission, Washington.

— Holtfrerich, C. L., 1986, *The German Inflation 1914－1923: Causes and Effects in International Perspective*, Walter de Gruyter, New York.

— Keynes, J. M., 1924, *A Tract on Monetary Reform* (reprinted), Macmillan & Co., London.

— Krooss, H. E., 1969, *Documentary History of Banking and Currency in the United States*, Chelsea House, New York.

— Krugman, P., Wells, R., 2018, *Macroeconomics* (5. ed.), Macmillan Education, New York.

— Krugman, P. R., Obstfeld, M., Melitz, M. J., 2018, *International Economics: Theory and Policy*, Pearson, New York.

— Lovett, W. A., 2009, *Banking and Financial Institutional Law* (7. ed.), West Publishing(Thomson Reuter), New York.

— Mankiw, N. G., 2018, *Principles of Economics* (8. ed.), Cengage, New York.

— Marsh, D., 1992, *The Bundesbank: The Bank that Rules Europe*, Heinemann, New York.

— McNelis, S., 1969, *Copper King at War* (2. ed.), University of Montana Press, New York.

— Roberts, J. M., Westad, O. A., 2013, *The History of the World* (6. ed), Oxford University Press, London.

— Sayers, R. S., 1976, *The Bank of England, 1891－1944*, Vol.1, Cambridge University Press, London.

— Schacht, H., 1967, *The Magic of Money*, Oldbourne, London.

— Temin, P., 1989, *Lesson from the Great Depression*, MIT Press, New York.

— Timberlake, R., 1978, *Monetary Policy in the United States: An Intellectual and Institutional History*, University of Chicago Press, Chicago.

— Wood, J. H., 2005, *A History of Central Banking in Great Britain and the United States*, Cambridge University Press, London.

- Wood, J. H., 2019, *Central Banking in a Democracy*, Routledge, London.

2. 연구논문

- Bernanke, B. S., Mishkin, F. S., 1997, "Inflation Targeting: A New Framework for Monetary Policy?," *Journal of Economic Perspectives* (11), 1997.
- Buchheim, C., 1999, "The Establishment of the Bank deutscher Läder and the west German Currency Rerofm." In: Deutsche Bundesbank (Ed.), *Fifty Years of the Deutsche Mark*, Oxford University Press, London, 1999.
- Burger, H., 1997, "The Bundesbank's Path to Independence: Evidence from the 1950s," *Public Choice*, 93, 1997.
- Berger, H., de Hann, J., 1999, "A State Within the State? An Event Study on the Bundesbank (1948–1973)", *Scottish Journal of Political Economy*, 46(1), 1999.
- Calomiris, C. W., Gorton, G., 1991, "The Origins of Banking Panics: Models, Facts, and Bank Regulation," In: Hubbard, R. G. (ed.), *Financial Markets and Financial Crises*, University of Chicago Press, London, 1991.
- Capie, F., Wood, G., 2015, "The development of the Bank of England's objectives: evolution, instruction, or reaction?," In: Gnan, E., Maschiandro, D. (ed.), *Central Banking and Monetary Policy: What will be the Post–crisis New Normal?*, Bocconi University and SUERF, London, 2015.
- Carare, A., Stone, M. R., 2003, "Inflation Targeting Regime," *IMF Working Paper* 03/9, 2003.
- Crabbe, L., 1989, "The International Gold Standard and U.S. Monetary Policy from World War I to the New Deal," *Federal Reserve Bulletin*, 1989. 6.
- de Vries, M. G., 1996, "The Bretton Woods Conference and the Birth of the International Monetary Fund," In: Kirshner, O. (ed.), *The Bretton Woods-GATT System: Retrospect and Prospect After Fifty Years*, M. E. Sharp, London, 1996.
- Dwyer, G., 1996, "Wildcat Banking, Banking Panics, and Free Banking in the United States," *Federal Reserve Bank of Atlanta Economic Review*, 1996. 12.
- Eichengreen, B., 2018, "The Two Eras of Central Banking in the United States," In: Edvinsson, R., Jcobson, T., Waldenström, D. (ed.), *Sveriges Riksbank and the History of Central Banking*, Cambridge University Press, London, 2018.
- Fregert, K., 2018, "Sveriges Riksbank: 350 Years in the Making," In: Edvinsson, R., Jacobson, T., Waldenström, D. (ed.), *Sveriges Riksbank and the History of Central Banking*, Cambridge University Press, London, 2018.
- Gerlach, S., Svensson, L. E.O., 2001, "Money and Inflation in the EuroArea: A Case for Monetary Indicators?," *BIS Working Paper* (No. 98), 2001.
- Goodhart, C. A. E., 2011, "The commissioned historians of the Bank of England," In: Wood, G., Mills, T. C., Crafts, N. (ed.), *Monetary and Banking History: Essays in Honour of Forrest Capie*, Routledge, London, 2011.

- Goodhart, C. A. E., 2018, "The Bank of England, 1694−2017", Edvinsson, R., Jcobson, T., Waldenström, D. (ed.), *Sveriges Riksbank and the History of Central Banking*, Cambridge University Press, London, 2018.
- Goodman, J. B., 1989, "Monetary Politics in France, Italy, and Germany," In: Guerrieri, P., Padoan, P. C. (Ed.), *The Political Economy of European Western Europe*, Cornell University Press, New York, 1989.
- Haldane, A. G., Qvigstad, J. F., 2020, "The Evolution of Central Banks: A Practitioner's Perspective,"In: Bordo, M. D., Eithreim, Ø., Flandreau, M., Qvigstad, J. F. (ed.), *Central Banks at a Crossroads: What Can We Learn from History?*, Cambridge University Press, London, 2020.
- Hall, M. J. B., 1987, "UK Banking Supervision and the Johnson Matthey Affair," In: C. Goodhart et al. (eds.), *The Operation and Regulation of Financial Markets*, The Money Study Group, London, 1987.
- Hamilton, E. J., 1945, "The foundation of the Bank of Spain," *Journal of Political Economy*, 53(2), 1945.
- Hecksher, E. F., 1964, "The Riksbank of Sweden in its connection with the Bank of Amsterdam," In: Dillen, J. G. van (ed.), *History of the Principal Public Banks*, A.M. Kelley, London, 1964.
- Holtfrerich, C., 1999, "Monetary Policy under Fixed Exchange Rates (1948−70)", In: Deutsche Bundesbank (Ed.), *Fifty Years of the Deutsche mark*, Oxford University Press, London, 1999.
- James, H., 1999, "The Reichsbank 1876−1945," In: Deutsche Bundesbank (Ed.), *Fifty Years of the Deutsche Mark*, Oxford University Press, London, 1999.
- Kydland, F. E., Prescott, E. C., 1977, "Rules rather than discretion: The inconsistency of optimal plans," *Journal of Political Economy*, 83, 1977.
- Laughlin, J. L., 1927, "The Gold−Exchange Standard," *The Quarterly Journal of Economics* 41(4), 1927. 8.
- Lupu, I. C., 1997, "The Most−Cited Federalist Papers," *Constitutional Commentary* 418, University of Minnesota Law School, 1997.
- Marín−Aceña, P., Pons, M. A., Betrán, C., 2014, "150 years of financial regulation in Spain. What can be learned?," *Journal of European Economic History*, Vol. 43. Iss. 1/2, 2014.
- Meissner, C. M., 2005, "A New World Order: Explaining the International Diffusion of the Gold Standard, 1870−1913," *Journal of International Economics*, 66(2), 2005.
- Mishikin, F. S., 1999, "International Experiences with Different Monetary Policy Regimes," *NBER Working Paper*, 1999. 2.
- Morató, X. C., 2000, "Fiat Money, Intrinsic Properties, and Government Transaction Policy," *UPF Economics & Business Working Paper*, 504, 2000.
- Neumann, M. J. M., 1999, "Monetary Stability: Threat and Proven Response, In: Deutsche Bundesbank (Ed.), *Fifty Years of the Deutsche Mark*, Oxford University

Press, London, 1999.

- Nichols, G. O., 1971, "English Government Borrowing, 1660－1688." *Journal of British Studies*   10(2), 1971. 5.
- Romer, C. D., Romer, D. H., 1994, "Monetary Policy Matters," *Journal of Monetary Economics* (34), 1994. 8.
- Selgin, G., White, L., 1994, "Monetary Reform and the Redemption of National Bank Notes, 1863－1913," *Business History Review*, 68, 1994.
- Stein, H., 1952, "Monetary Policy and the Management of the Public Debt," *American Economic Review* Vol.42 (No.5), 1952. 12.
- Stern, K., 1999, "The Note－issuing Bank Within the State Structure," In: Deutsche Bundesbank (Ed.), *Fifty Years of the Deutsche Mark*, Oxford University Press, London, 1999.
- Swanson, E. T., Williams, J. C., 2013, "Measuring the Effect of the Zero Lower Bound On Medium－ and Longer－Term Interest Rates," *FRB San Francisco WP*, 2013.01.
- Tallman, W. E., Moen, J., 1990, "Lesson from the Panic of 1907," *Federal Reserve Bank of Atlanta Economic Review*   75, 1990.
- Thornton, D. L., 1984, "Monetizing the Debt," *FRB St. Louis Review*, 1984. 12.
- Van Zanden, J. L., 2005, "What Happened to the Standard of Living before the Industrial Revolution?," In: Allen, R. C., Bengsston, T., Dribe, M. (ed.), *Living Standards in the Past*, Oxford University Press, London, 2005.
- Velde, F., 2009, "Chronicle of a Deflation Unforetold," *Journal of Political Economy* 117(4), 2009.
- Webb, S. B., 1984, "The Supply of Money and Reichsbank Financing of Government and Corporate Debt in Germany, 1919－1923", *Journal of Economic History* 44(2), 1984.
- Westerhuis, G., Zanden, J. L. van, 2018, "Four Hundred Years of Central Banking in the Netherlands, 1609－2016," In: Edvinsson, R., Jacobson, T., Waldenström, D., 2018, *Sveriges Riksbank and the History of Central Banking*, Cambridge University Press, London, 2018.
- White, E., 2001, "Making the French Pay: The Cost and Consequences of the Napoleonic Reparations," *European Review of Economic History*, 5(3), 2001.
- Williamson, P., 1984, "Financiers, The Gold Standard and British Politics, 1925－1931," In: Turner, J. (ed.), *Businessmen and Politics: Studies of business activity in British politics*, 1900－1945, Heinemann, London, 1984.

3. 공공기관

- UK Bank of England, 1970, *History and Functions of the Bank of England*, Bank of England Printing, 1970.
- UK Parliament, 2011, *Mapping the Path to Codifying－or not Codifying－the UK's*

Constitution, CDE01, 2011. 2.

- UK Parliament, 2014, *A new Magna Carta*, HC463, UK Parliament, 2014. 6.
- UK Parliament, 2015, *Consultation on A new Magna Carta*, HC599, UK Parliament, 2015. 3.
- UK Treasury, 2009, *HM Treasury Group Demartmental Strategic Objectives 2008–2011*, UK Government, 2009.
- UK Treasury, 2013, *Review of the monetary policy framework*, UK Government, 2013. 3.
- US Federal Reserve System, 2016, *The Federal Reserve System Purposes & Functions* (10. ed.), Federal Reserve System Publication, Washington.
- US GAO, 2011, "Federal Reserve System: Opportunities Exist to Strengthen Policies and Processes for Managing Emergency Assistance," GAO–11–696, General Accounting Office, 2011.
- US CBO, 2013, "Report on the Troubled Asset Relief Program–October 2012," 2013. 11.

❖ 독일문헌

1. 단행본

- Alexy, R., 2015, *Theorie der Grundrechte : STW 582* (7. Aufl.), Nomos Verlaggesellschaft,, Baden–Baden.
- Bachof, O., 1951, *Verfassungswidrige Verfassungsnormen?*, Mohr, Tübingen.
- Bachof, O., 1966, *Verfassung, Verwaltungsrecht, Verfahrensrecht in der Rechtsprechung des Bundesverwaltungsgerichts* (3. Aufl.), Mohr Siebeck, Tübingen.
- Badura, P., 1959, *Die Metoden der neueren Allgemeinen Staatslehre*, Palm & Enke, Erlangen.
- Badura, P. , 2011, *Wirtschaftsverfassung und Wirtschaftsverwaltung* (4., neubearbeitete Auf.), Mohr Siebeck, Tübingen.
- Bäumlin, R., 1954, *Die rechtsstaatliche Demokratie*, Polygraphischer Verlag, Zürich.
- Bäumlin, R., 1961, *Staat, Recht und Geschichte*, EVZ, Zürich.
- Berger, H., 1997, *Konjunkturpolitik im Wirtscahftswunder*, Mohr, Heidelberg.
- Blessing, K., 1960, *Die Defense des Geldwerte*, F.Knapp, Frankfurt (Main).
- Böckenförde, E.–W., 1981, *Gesetz und gesetzgebende Gewalt* (2. Aufl.), Duncker & Humblot, Berlin.
- Böckenförde, E.–W., 1998, *Die Organisationsgewalt im Bereich der Regierung* (2. Aufl.), Duncker & Humblot, Berlin.
- Breit, J., 1911, *Bankgesetz*, Decker, Berlin.
- Degenhart, C., 2016, *Staatsrecht I: Staatsorganisationsrecht* (32. Aufl.), C.F. Müller, Heidelberg.

- Egner, E., 1928, *Versuch einer autonomen Lehre der Währungspolitik*, W. Scholl, Leipzig.
- Ehmke, H., 1953 *Grenzen der Verfassungsänderung*, Duncker & Humblot, Berlin.
- Ehmke, H., 1961, *Wirtschaft und Verfassung*, C. F. Müller, Karlsruhe.
- Eschenburg, T., 1956, *Staat und Gesellschaft in Deutschland* (3. Aufl.) Curt E. Schwab, Stuttgart.
- Eynern, G. von, 1957, *Unabhängigkeit der Notenbank*, Colloquium Verlag, Berlin.
- Forsthoff, E., 1931, *Die öffentliche Körperschaft im Bundesstaat*, J.C.B. Mohr (Paul Siebeck), Tübingen.
- Forsthoff, E., 1950, *Die politischen Parteien im Verfassungsrecht*, Mohr, Tübingen.
- Forsthoff, E., 1959, *Rechtsfragen der leistenden Verwaltung*, Kohlhammer, Bonn.
- Forsthoff, E., 1961, *Lehrbuch des Verwaltungsrechts* (8. Aufl.), Beck, München/Berlin.
- Franzke, H.−U., 1964, *Geldhoheit und Währungssteuerung*, Fritz Knapp, Frankfurt (Main).
- Friedrich, C. J., 1953, *Der Verfassungsstaat der Neuzeit*, Springer, Berlin/Göttingen/Heidelberg.
- Geiger, T., 1987, *Vorstudien zu einer Soziologie des Rechts*, Duncker & Humblot, Berlin.
- Goessl, M., 1961, *Organstreitigkeiten innerhalb des Bundes*, Duncker & Humblot, Berlin.
- Hahn, L. A., 1929, *Geld und Kredit*, Mohr, Tübingen.
- Halm, G. N., 1966, *Geld, Außenhandel und Beschäftigung* (4. neubearb. Aufl.), Duncker & Humblot, Berlin.
- Hamann, A., 1970, *Das Grundgesetz für die Bundesrepublik Deutschland vom 23. Mai 1949* (3. Aufl.), Luchterhand Verlag, Berlin/Neuwied.
- Hartmann, N., 1966, *Teleologisches Denken*, Walter de Gruyter, Berlin.
- Heck, P., 1933, *Interessenjurisprudenz*, Mohr Siebeck, Tübingen.
- Helfferich, K., 2017, *Das Geld*, Fachbuchverlag−Dresden, Leipzig.
- Helfritz, H., 1949, *Allgemeine Staatsrecht*, Carl Heymanns, Erlangen.
- Heller, H., 1983, *Staatslehre* (6. Aufl.), Mohr Siebeg, Leiden.
- Hennis, W., 1957, *Meinungsforschung und repärentitive Demokratie*, J. C. B. Mohr, Tübingen.
- Herger, N., 2016, *Wie funktionieren Zentralbanken*, Springer, Wiesbaden.
- Hesse, K., 1999, *Grundzüge des Verfassungsrechts der Bundesrepublik Deutschland* (Neudruck der 20. Aufl.), C. F. Müller, Heidelberg.
- Hettlage, K. M., 1973, *Die Finanzverfassung im Rahmen der Staatsverfassung*, de Gruyte, München.
- Höpker−Aschoff, H., 1948, *Geld und Währungen*, W. Kohlhammer, Stuttgart.
- Huber, E. R., 1953, Wirtschaftsverwaltungsrecht (Bd. I), Mohr, Tübingen.
- Huber, E. R., 1958, *Selbstverwaltung der Wirtschaft*, Kohlhammer, Stuttgart.
- Imboden, M., 2017, *Montesquieu und die Lehre der Gewaltentrennung* (reprint), De Gruyter, Berlin.

- Ipsen, H. P., 1937, *Politik und Justiz*, Hanseatische verlagsanstalt, Hamburg.
- Ipsen, H. P., 1988, *Über das Grundgestz*, Mohr Siebeck, Hamburg.
- Jarras, H. D., Locher, M., Reidt, O., Tünnesen−Harmes, C., 1997, *Wirtschaftsverwaltungsrecht und Wirtschaftsverfassungsrecht* (3., neubearb. Aufl.), Hermann Luchterhand Verlag, Neuwied/Kriftel/Berlin/Luchterhand.
- Jecht, H., 1963, *Die öffentliche Anstalt*, Duncker & Humblot, Berlin.
- Jellinek, G., 2000, *System der subjektiven öffentlichen Rechte* (reprint), Adamant, Tübingen.
- Jellinek, G., 2016, *Allgemeine Staatslehre Und Politik*, Mohr Siebeck, Berlin.
- Jellinek, W., 1930, Verwaltungsrecht (e−book), Springer, Offenburg.
- Jesch, D., 1968, *Gesetz und Verwaltung* (2. Aufl.), Mohr, Tübingen.
- Kaiser, J. H., 1973, "Markt ist nicht mehr gleich Markt," In: Forsthoff/ Weber/Wieacker (Hrsg.), *Festschrift für E. R. Huber*, O. Schwartz, Heidelberg.
- Kaufmann, E., 1929, *Untersuchungsausschuß und Staatsgerichtsbarkeit*, Mohr, Berlin.
- Kägi, W., 1945, *Die Verfassung als rechtliche Grundordnung des Staates*, Villiger, Zürich.
- Keller, P., 1950, *Von den Aufgaben der Notenbank in der Gegenwart*, Gallen, Zürich.
- Kelsen, H., 1925, *Allgemeine Staatslehre*, Springer, Berlin.
- Klein, F., 1953, *Der Kampf um den Wehrbeitrag* (Bd. Ⅱ), Isar Verlag, München.
- Kloepfer, M., 2010, *Verfassungsrecht*. Bd. Ⅱ, C. H. Beck, München.
- Köttgen, A., 1944, *Deutsche Verwaltung*, Vahlen, Berlin
- Krüger, H., 1966, *Allgemeine Staatslehre*, Kohlhammer, Stuttgart.
- Leibholz, G., 1958, *Strukturprobleme der Modernen Demokratie*, Müller, Karlsruhe.
- Leibholz, G., 1960, *Das wesen der repräsentation unter besonderer berücksichtigung des repräsentativsystems* (2. Aufl.), W. de Gruyter, Berlin.
- Lerche, P., 1961, *Übermaß und Verfassungsrecht*, Heymann, Köln.
- Löwenstein, K., 1961, *Über Wesen, Technik und Grenzen der Verfassungsänderung*, De Gruyter, Tübingen.
- Löwenstein, K., 2000, *Verfassungslehre* (Unveränderter Nachdruck der 3. Aufl.), Mohr Siebeck, Berlin.
- Luther, H., 1964, *Vor dem Abgrund: 1930 − 1933; Reichsbankpräsident in Krisenzeiten*, Propyläen−Verlag, Berlin.
- Lutz, F. A., 1962, *Geld und Währung: Gesammeite Abhandlungen*, Mohr, Tübingen.
- Lübbe, H., 1962, *Zur politischen Theorie der Technokrate*, Duncker & Humblot, Berlin.
- Mangold / Klein, 1985, *Das Bonner Grundgesetz: Kommentar*, Vahlen, Berlin.
- Mann, F. A., 1960, *Das Recht des Geldes*, Metzner, Frankfurt (Main).
- Mannheim, K., 1995, *Ideologie und Utopie* (8. Aufl.), Vittorio Klostermann, Frankfurt (Main).
- Marcic, R., 1957, *Vom Rechtsstaat zum Richterstaat*, Springer, Wien.
- Maunz/Dürig, 2001, *Grundgesetz. Kommentar*, C. H. Beck, München/Berlin.

- Maunz, T., 1964, *Deutsches Staatsrecht*, Beck, München/Berlin.
- Maunz, T., Zippelius, R., 1998, *Deutsches Staatsrecht* (29. Aufl.), Beck, München.
- Maurer, H., 2011, *Allgemeines Verwaltungsrecht* (18. Aufl.), C. H. Beck, München.
- Mayer, O., 1961, *Verwaltungsrecht* (Bd. I), Duncker & Humblot, München.
- Mayer, O., 2004, *Verwaltungsrecht* (Bd. Ⅱ) (reprint), Duncker & Humblot, München.
- Menger, C. F., 1954, *System des verwaltungsgerichtlichen Rechtsschutzes*, Mohr, Tübingen.
- Mommsen, T., 1976, *Reden und Aufsätze*, Georg Olms Verlag, Zürich.
- Münch, F., 1954. *Die Bundesregierung*, A. Metzner, Frankfurt (Main).
- Nawiasky, H., 1948, *Allgemeine Staatslehre* (Ⅱ), Vico Verlag, Einsiedeln/Zürich.
- Nawiasky, H., 1956, *Allgemeine Staatslehre* (Ⅳ), Benziger, Einsiedeln/Zürich/ Köln.
- Nipperdey, H. C., 1954, *Die Soziale Marktwirtschaft in der Verfassung der Bundesrepublik*, Müller, Karlsruhe.
- Peters, H., 1949, *Lehrbuch der Verwaltung*, Springer, Berlin/Göttingen.
- Peters, H., 1954, *Die Gewaltentrennung in moderner Sicht*, Westdeutscher Verlag, Opladen.
- Piloty, R., 1920, *Politik als Wissenschaft, in: Handbuch der Politik* (Bd. I), Franz Steiner Verlag, Berlin.
- Preuß, H., 1889, *Gemeinde, Staat, Reich als Gebietskörperschaften*, Springe, Berlin.
- Richert, H., 2007, *Die Grenzen der naturwissenschaftlichen Begriffsbildung*, Georg Olms, Düseldorf.
- Rittershausen, H., 1962, *Die Zentralnotenbank*, F. Knapp, Frankfurt (Main).
- Salin, E., 1928, *Theorie und Praxis staatlicher Kreditpolitik der Gegenwart*, Siebeck, Tübingen.
- Schacht, H., 1927, *Die Stabilisierung der Mark*, Deutsche verlags—anstalt, Berlin/Leipzig.
- Schacht, H., 1953, *76 Jahre meines Lebens*, Kindler Und Schiermeyer Verlag, Berlin.
- Scheuner, U., 1952c, *Die Auslegung verfassungsrechtlicher Leitgrundsätze*, Beck, München.
- Scheuner, U., 1957, *Der Staat und die Verbände*, Verlagsgesellschaft Recht und Wirtschaft, Heidelberg.
- Schmidt, R., 1971, *Wirtschaftspolitik und Verfassung*, Nomos Verlagsgesellschaft, Baden—Baden.
- Schmitt, C., 2017, *Verfassungslehre* (11. Aufl.), Duncker & Humblot, Berlin.
- Schmitt, C., 2015, *Der Begriff des Politischen* (9., korrigierte Aufl.), Duncker & Humblot, Berlin.
- Schmitt, C., 2016, *Hüter der Verfassung* (5. Aufl.), Duncker & Humblot, Berlin.
- Schmölders,, G., 1968, *Geldpolitik*, Mohr, Tübingen/Zürich.
- Schneider, H., 1951, *Gerichtsfreie Hoheitsakte*, Mohr, Tübingen.
- Smend, R., 1923, *Die politische Gewalt im Verfassungsstaat und das Problem der Staatsform*, J. C. B. Mohr, Tübingen.
- Smend, R., 2014, *Verfassung und Verfassungsrecht* (reprint), Duncker & Humblot, Berlin.

- Smend, R., 2010, *Staatsrechtliche Abhandlungen* (Nachdruck der 4. Aufl.), Duncker & Humblot, Berlin.
- Spindler/Becker/Starke, 1969, *Die Deutsche Bundesbank* (3. Aufl.), Kohlhammer, Stuttgart.
- Stein, L. von, 1958, *Verwaltungslehre und Verwaltungsrecht*, Klostermann, Stuttgart.
- Stern, K., 1980, *Das Staatsrecht der Bundesrepublik Deutschland* Bd. Ⅱ, C. H. Beck, München.
- Struck, G., 1971, *Topische Jurisprudenz*, Athenäum, Frankfurt (Main).
- Thoma, R., 1930, *Das Reich als Demokratie*, Mohr Siebeck, Berlin.
- Thoma, R., 1948, *Grundriß der allgemeinen Staatslehre oder Politik*, Kohlhammer, Bonn.
- Triepel, H., 1975, *Wesen und Grenzen der Staatsgerichtsbarkeit*, Walter de Gruyter, Berlin.
- Twiehaus, U., 1965, *Die öffentlich−rechtlichen Kreditinstitute*, Otto Schwarz, Göttingen.
- Veit, O., 1961, *Grundriß der Währungspolitik* (2. Aufl.), Knapp, Frankfurt (Main).
- Viehweg, T., 1974, *Topik und Jurisprudenz* (5. Aufl.), C. H. Beck, München.
- Vocke, W., 1956, *Gesundes Geld: Gesammelte Reden und Aufsätze zur Währungspolitik*, F. Knap, Frankfurt (Main).
- von Arnim, H. H., 1984, *Staatslehre der Bundesrepublik Deutschland*, Vahlen, München.
- Wagenhöfer, C., 1973, *Notenbank und Kreditinstitute in unserer gegenwärtigen Geldordnung*, München Inst. für Bankwirtschaft, München.
- Weber, M., 1988, *Gesammelte Politische Schriften*, UTB, München.
- Weber, M., 2002, *Wirtschaft und Gesellschaft* (5., rev. Aufl.), Mohr Siebeck, Berlin.
- Weber, W., 1943, *Die Körperschaften, Anstalten und Stiftungen des öffentlichen Rechts* (2. Aufl.), C. H. Beck, München/Berlin.
- Wolff/Bachof/Stober/Kluth, 2007, *Verwaltungsrecht* (Bd. I) (12. neubearbeitete Aufl.), C. H. Beck, München.
- Wolff/Bachof/Stober/Kluth, 2010, Verwaltungsrecht (Bd. Ⅱ) (7. Aufl.), C. H. Beck, München.
- Worret, F., 1955, *Bankpolitik als Machtfrage*, Duncker & Humblot, Berlin.
- Zwoll, J. H. van, 1954, *Mindestreserven als Mittel der Geld− und Kreditpolitik*, Duncker & Humblot, Berlin.

2. 연구논문

- Abendroth, W., 1975, "Begriff und Wesen des sozialen Rechtsstaats," In: Perels, J. (hrgs.), *Arbeiterklasse, Staat und Verfassung*, Europäische Verlagsanstalt, Frankfurt (Main)/Köln, 1975.
- Badura, P., 1977, "Wachstumsvorsorge und Wirtschaftsfreiheit," In: Stödter, R., Thieme, W. (Hrsg.), *Festschrift für H.P. Ipsen*, Mohl Siebeck, Hamburg.
- Ballerstedt, K., 1958, "Wirtschaftsverfassungsrecht," In: Neumann, F. L. (hrsg.) *Die Grundrechte* (Bd. Ⅲ/1), Duncker & Humblot, Berlin, 1958.
- Bäumlin, 1965, R., "Der schweizerische Recht Staatsgedanke," *ZBJurV (Zeitschrift des Bernischen Juristenvereins)*, 101, Bern, 1965.
- Becker, E., 1956, "Verwaltung und Verwaltungsrechtsprechung," *VVDStRL (Veröffentlichu−*

ngen der Vereinigun Deutscher Staatsrechtlehrer) Heft14, 1956.

- Böckenförde, E.−W., 1972, "Planung zwischen Regierung und Parlament," *Der Staat*, 11, 1972.

- Döli, W., 1956, "Verfassungs−und verwaltungsrechtliche Fragen aus Anlaßder Errichtung der Bundesbank," *DVB1 (Deutsches Verwaltungsblatt)*, 1956.

- Ehmke, H., 1953, "Verfassungsänderung und Verfassungsdurchbrechung," *AöR (Archiv des öffentlichen Rechts)*, Bd. 79, 1953/54.

- Engish, K., 1984, "Sinn und Tragweite juristischer Systematik," In: v. P. Bockelmann, A. Kaufmann, U. Klug (hrsg.), *Beiträge zur Rechtstheorie*, Klostermann, 1984.

- Fichtmüller, C. P., 1966, "Zulässigkeit ministerialfreien Raums in der Bundesverwaltung," *AöR*, Bd. 91, 1966.

- Forsthoff, E., 1955, "Haben wir zuviel oder zu wenig Staat?," In: J. Winschuh & E. Forsthoff (hrsg.), *Selbständigsein und Staat*, Neue Wirtschaft, Bonn, 1955.

- Forsthoff, E., 1957, "Norm und Verwaltungsakt im geltenden und künftigen Baurecht," *DVB1*, 1957.

- Friesenhahn, E., 1950, "Über Begriff und Arten der Reghtsprechung unter besonderer Berücksichtgung der Staatsgerichtsbarkekt nach dem Grundgesetz und den west−deutschen Landesverfassungen," In: R. Thoma, *Festschrift für Richard Thoma*, Mohr, Tübingen, 1950.

- Geiger, W., 1957, "Ergänzende Bemerkungen zum "Statusbericht" des Bundesverfassungsgerichts," *JöR (Jarbuch des öffentlichen Rechts (neue Folge))*, Bd. 6, 1957.

- Grewe, W., 1950, "Zum Begriff der politischen Partei," In: Kaufmann, E., *Um Recht und Gerechtigkeit: Festgabe für Erich Kaufmann*, W. Kohlhammer, Stuttgart, 1950.

- Groeben, H. v. d., 1958, "Mitwirkung von Ausschüssen in der staatlichen Verwaltung−Möglishkeiten, Bewährung und Grenzen, *Verw.Arch (Verwantungsarchiv)*, Bd. 49, 1958.

- Haas, D., 1958, "Ausschüsse in der Verwaltung," *Verw.Arch.* Bd. 49, 1958.

- Heyde, W., 1994, "Die Rechtsprechung," In: Benda, E., Mailhofer, W., Vogel, H.−J, Hesse, K. (hrsg.), *Handbuch des Verfassungsrechts der Bundesrepublik Deutschland* (2019), Walter de Gruyter, Berlin

- Huber, H., 1953, "Niedergang des Rechts und Krise des Rechtsstaats," In: Giacometti, Z., *Festgabe für Zaccaria Giacometti*, Polygraphischer Verlag, Zürich.

- Jahrreiß, H., 1957, "Verfassungsrechtsprechung und Verfassungsgericht," In: H. Jahrreiß(hrsg.), *Mensch und Staat*, Heymann, 1957.

- Klein, F., 1952, "Verordnungsermächtigungen nach deutschem Verfassungsrecht," in: *Die Übertragung rechtsetzender Gewalt im Rechtsstaat*, Institut zur Förderung Öffentlicher Angelegenheiten, 1952.

- Köttgen, A., 1958, "Die Organisationsgewalt," *VVDStRL*, Heft16, 1958.

- Köttgen, A., 1962, "Der Einfluß des Bundes auf die deutsche Verwaltung und die Organisation der bundeseigenen Verwaltung," *JöR*. Bd. 11, 1962.

- Kraus, G., 1994, "Die Gewaltengliederung bei Montesquieu," In: H. Barion, E. Forsthoff

& W. Weber (hsrg.), *Festschrift für Carl Schmitt*, Duncker & Humblot, 1994.

- Leibholz, G., 1957, "Der Status des Bundesverfassungsgerichts : Gutachten, Denkschriften und Stellungnahmen mit einer Einleitung," *JöR*, Bd. 6, 1957.
- Leibholz, G., 1957, "Einleitung zum "Statusbericht" des Bundesverfassungsgerichts," *JöR*, Bd. 6, 1957.
- Loening, H., 1954, "Der ministerialfreie Raum in der Staatsverwaltung," *DVBl*, 1954.
- Lüke, R. E., 1957, "Bundesbank als vierte Gewalt," *VW (Der Volkswirt)*, 1957.
- Maier, H., 1990, "Der Föderalismus—Ursprünge und Wandlungen," *AöR*, 115, 1990.
- Menger, C.—F., 1959, "Höchstrichterliche Rechtsprechung zum Verwaltungsrecht," *Verw.Arch*, Bd. 50, 1959.
- Möller, A., 1956, "Bundesbank—Hüterin der Währung," *Vers.Wirtsch.* 1956.
- Nipperdey, H. C., 1950, "Die Grundprinzipien des Wirtschaftsverfassungsrechts," *Deutsche Rechtszeitschrift*, 1950.
- Ossenbühl, F., 1997, "Grundrechtsgefährdungen," In: Ziemske, B., Kriele, M. (hrgs.), *Staatsphilosophie und rechtspolitik : Festschrift für Martin Kriele*, München, 1997.
- Peters, H., 1952, "Der Kampf um den Verwaltungsstaat," In: W. Laforet, *Festschrift für Laforet*, Isar Verlag, München, 1952.
- Pfleiderer, O., 1957, "Unabhängigkeit der Notenbank," *Die Justiz*, 1957.
- Prost, G., 1966, "Die Diskontfestsetzung der Deutschen Bundesbank," *NJW (Neue juris—tische Wochenschrift)*, 1966.
- Rasch, H., 1950, "Grundfragen des Kartell—und Monopolrechts," *SJZ (Süddeutsche Juristenzeitung)*, 1950.
- Roellecke, G., Starck, C., 1976, "Die Bindung ders Richters an Gesetz und Verfassung," *VVDStRL*, 34, 1976.
- Rumpf, H., 1956, "Verwaltung und Verwaltungsrechtsprechung," *VVDStRL*, Heft14, 1956.
- Schaefer, C. A., 1950, "Referat," In: *Die Bundesbank: Aufbau und Aufgaben: Bericht über eine Aussprache führender Sachverständiger mit dem Entwurf eines Bundesgesetzes über die Errichtung einer Bundesbank*, Knapp, Frankfurt (Main), 1950.
- Schäfer, H., 1958, "Die bundeseigene Verwaltung," *DÖV (Die Öffentliche Verwaltung)*, 1958.
- Scheuner, U., 1952a, "Der Bereich der Regierung," In: R. Smend, *Rechtsprobleme in Staat und Kirche: Festschrift für Rudolf Smend*, Schwartz, Göttingen, 1952.
- Scheuner, U., 1952b, "Wirtschaftliche und soziale Selbstverwaltung," *DÖV*, 1952.
- Scheuner, U., 1953, "Die Selbständigkeit und Einheit der Rechtspflege," *DÖV*, 1953.
- Scheuner, U., 1957a, "Das parlamentarische Regierungssystem in der Bundesrepublik," *DÖV*, 1957.
- Scheuner, U., 1957b, "Der Staat und die Verbände," In: U. Scheuner, *Der Staat und die Verbände*, Verlagsgesellschaft Recht und Wirtschaft, Heidelberg, 1957.
- Scheuner, U., 1958, "Die Parteien und die Auswahl der politischen Leitung im de—mokratischen Staat," *DÖV*, 1958.

‒ Scheuner, U., 1974, "Zur Entwicklung der politischen Planung in der Bundesrepublik," In: Schneider, H., Götz, V. (hrsg.), *Dienst an Recht und Staat: Festschrift für W. Weber*, Duncker & Humblot, Berlin.

‒ Scheuner, U., 1978a, "Das Wesen des Staates und der Begriff des Politischen in der neueren Staatslehre," In: Listl, v. J., Rüfner, W. (hrsg.), *Staatstheorie und Staatsrecht*. Gesammelte Schriften, Duncker & Humblot, Berlin, 1978.

‒ Scheuner, U., 1978b, "Das Gesetz als Auftrag der Verwaltung," In: Listl, J., Rüfner, W. (Hrsg.), *Staatstheorie und Staatsrecht*, Duncker&Humblot, Berlin.

‒ Schmidt, W., 1963, "Deutsche Bundesbank," In: Bank für internationalen Zahlungsausgleich, *Acht Europäische Zentralbanken*, 1963.

‒ Schmidt, W., 1955, "Zum Problem der Unabhängigkeit der Notenbank," *Offene Welt*, 1955.

‒ Schmidt, W., 1983, "Grundrechtstheorie im Wandel der Verfassungsgeschichte," *Jura*, 1983.

‒ Schubert, W., 1957, "Das Gesetz über die Deutsche Bundesbank," *BB (Der Betriebs‒Berater)*, 1957.

‒ Schmitt, C., 1931, "Freiheitsrechte und institutionelle Garantien der Reichsverfassung (1931)," In: C. Schmitt, *Verfassungsrechtliche Aufsätze aus den jahren 1924‒1954* (4. Aufl.), Duncker & Humblot, Berlin, 2003.

‒ Schmitt, R., 1911, "Art. Politik," In: Stengel, K. v., Fleischmann, v. M. (hrsg.), *WBStVwR(Wörterbuch des Deutschen Staats‒und Verwaltungsrechts)* (Bd. Ⅲ), J. C. B. Mohr, 1911.

‒ Schmölders, G., 1946 "Die Bedeutung der Wirtschaftsordnung für die politische Verfassung," *SJZ*, 1, 1946.

‒ Schneider, H., 1965, "Autonome Satzung und Rechsverordnung," In: P. Möhring, *Festschrift für Philipp Möhring*, Beck, München.

‒ Schweiger, K., 1955, "Rechtsverordnungen im formellen Sinn?," *DÖV*, 1955.

‒ Siebert, W., 1953, "Privatrecht im Bereich öffentlicher Verwaltung," In: Niedermeyer, H., *Festschrift für Hans Niedermeyer*, O. Schwartz, Göttingen, 1953.

‒ Smend, R., 1923, "Die politische Gewalt im Verfassungsstaat und das Problem der Staatsform," In: Kahl, W., *Festgabe der Berliner Juristischen Fakultät für Wilhelm Kahl*, Scientia, Tübingen, 1923.

‒ Smend, R., 1923, "Die politische Gewalt im Verfassungsstaat und das Problem der Staatsform," In: R. Smend, *Staatsrechtliche Abhandlungen und andere Aufsätze* (4. Aufl. 2010), Duncker & Humblot, Berlin, 2010.

‒ Smend, R., 1956, "Integrationslehre," In: Beckerath, E. von, (hrsg.), *Handwörterbuch der Sozialwissenschaften* (Bd.V), G. Fischer, Stuttgart/Tübingen/Göttingen, 1956.

‒ Starck, C., 1978, "Gesetzgeber und Richter im Sozialstaat," *DVBl*, 1978.

‒ Starke, O.‒E., 1957, "Das Gesetz über die Deutsche Bundesbank und seine wichtigsten öffentlich‒rechtlichen Probleme," *DÖV*, 1957.

- Steiner, U., Grimm, D., 1984, "Kulturauftrag im staatlichen Gemeinwessen," *VVDStRL*, 42, 1984.
- Stern, K., 1959, "Zur Problematik des energiewirtschaftlichen Konzessionsvertrages," *AöR* Bd. 84, 1959.
- Stern, K., 1961, "Gedanken über den wirtschaftslenkenden Staat aus verfassungsrecht-licher Sicht," *DÖV*, 1961.
- Stern, K., 1963, "Umstrittene Maßnahmen der Bundesbank," *JuS (Juristische Schulung)*, 1963.
- Szagunn, V., 1957, "Notenbank und Staat," *Vers.Wirtsch*, 1957.
- Thoma, R., 1932, "Grundbegriffe und Grundsätze," *HdBDRtR*, Ⅱ, 1932.
- Triepel, H., 1923, "Streitigkeiten zwischen Reich und Ländern," In: W. Kahl, *Festgabe der Berliner Juristischen Fakultät für Wilhelm Kahl zum Doktorjubiläum*, Mohr, Tübingen.
- Umbach, D. C., 1984, "Das Wesentliche an der Wesentlichkeitstheorie," In: W. Zeidler (Hrsg.), *Festschrift Hans Joachim Faller*, C. H. Beck, München.
- Veit, O., 1952, "Die Verantwortung der Notenbank," *Weltw.Arch. (Weltwirtschaftliches Archiv, Zeitschrift des Institutis für Weltwirtschaft an der Universität Kiel)*, Bd. 68, 1952.
- Wangenheim, von, 1957, "Währung als vierte Gewalt ohne Vermittlung," *VW*, 1957.
- Wagenhöfer, C., 1957, "Der Föderalismus und die Notenbankverfassung," In: H. Seidel(hrsg.), *Festschrift zum 70. Geburtstag von Dr. Hans Ehard*, Pflaum, München, 1957.
- Weber, A., 1950, "Diskussionsbeitrag," In: *Die Bundesbank: Aufbau und Aufgaben: Bericht über eine Aussprache führender Sachverständiger mit dem Entwurf eines Bundesgesetzes über die Errichtung einer Bundesbank*, Knapp, Frankfurt (Main), 1950
- Weber, W., 1957, "Der Staat und die Verbände," In: Beutler, v. W., Stein, G., Wagner, H. (hrsg.), *Der Staat und die Verbände*, Verlagsgesellschaft "Recht und Wirtschaft", Köln/Mainz, 1957.
- Wolff, H. J., 1950, "Der Unterschied zwischen öffentlichem und privatem Recht," *AöR*, Bd. 76, 1950/51.
- Wolff, M., 1923, "Reichsverfassung und Eigentum ," In: Karl, W., *Festgabe Der Berliner Juristischen Fakultat Fur Wilhelm Kahl Zum Doktorjubilaum*, Mohr, Tübingen, 1923.

❖ 일본문헌

- 中野正剛, 1915,《我が觀たる滿鮮》, 政教社, 大正4.

❖ 관련판례

1. 헌법재판소

- 헌재 1989. 7. 21. 89헌마38, 판례집 1, 131.
- 헌재 1992. 2. 25. 89헌가104, 판례집 4, 64.
- 헌재 1992. 4. 28. 90헌바24, 판례집 4, 225.
- 헌재 1994. 8. 31. 92헌마174, 판례집 6-2, 249.
- 헌재 1995. 4. 20. 92헌마264 등, 판례집 7-1, 564.
- 헌재 1995. 10. 26. 94헌바12, 판례집 7-2, 447.
- 헌재 1996. 2. 16. 96헌가2 등, 판례집 8-1, 51.
- 헌재 1996. 4. 25. 92헌바47, 판례집 8-1, 370.
- 헌재 1996. 6. 26. 93헌바2, 판례집 8-1, 525.
- 헌재 1996. 8. 29. 95헌바41, 판례집 8-2, 107.
- 헌재 1997. 4. 24. 95헌바48, 판례집 9-1, 435.
- 헌재 1997. 7. 16. 96헌라2, 판례집 9-2, 154.
- 헌재 1997. 9. 25. 96헌마133, 판례집 9-2, 410.
- 헌재 1998. 2. 27. 95헌바5, 판례집 10-1, 49.
- 헌재 1998. 5. 28. 96헌가4 등, 판례집 10-1, 522.
- 헌재 1999. 11. 25. 98헌마55, 판례집 11-2, 593.
- 헌재 2000. 6. 29. 98헌마443 등, 판례집 12-1, 886.
- 헌재 2001. 2. 22. 99헌마613, 판례집 13-1, 367.
- 헌재 2001. 4. 26. 2000헌마122, 판례집 13-1, 962.
- 헌재 2001. 6. 28. 2001헌마132, 판례집 13-1, 1441.
- 헌재 2001. 11. 29. 2000헌바78, 판례집 13-2, 646.
- 헌재 2003. 2. 27. 2002헌마106, 판례집 15-1, 223.
- 헌재 2003. 5. 15. 2001헌바98, 판례집 15-1, 534.
- 헌재 2003. 7. 24. 2002헌마508, 판례집 15-2상, 158.
- 헌재 2004. 3. 25. 2001헌마882, 판례집 16-1, 441.
- 헌재 2004. 10. 28. 2002헌마328, 판례집 16-2하, 195.
- 헌재 2004. 12. 16. 2002헌마333 등, 판례집 16-2하, 151.
- 헌재 2005. 2. 3. 2003헌마544 등, 판례집 17-1, 133.
- 헌재 2005. 6. 30. 2004헌바40 등, 판례집 17-1, 946.
- 헌재 2006. 2. 23. 2005헌마403, 판례집 18-1상, 320.
- 헌재 2007. 4. 26. 2006헌바71, 판례집 19-1, 502.
- 헌재 2007. 7. 26. 2005헌라8, 판례집 19-2, 26.
- 헌재 2007. 11. 29. 2006헌바106, 판례집 19-2, 598.
- 헌재 2008. 1. 10. 2007헌마1468, 판례집 20-1상, 1.
- 헌재 2009. 4. 30. 2007헌마106, 공보 제151호, 966.
- 헌재 2010. 10. 28. 2009헌라6, 판례집 22-2하, 1.

- 헌재 2010. 12. 28. 2008헌라7 등, 판례집 22−2하, 567.
- 헌재 2011. 9. 29. 2010헌가93, 판례집 23−2상, 501.
- 헌재 2012. 4. 24. 2010헌마605, 판례집 24−1하, 192.
- 헌재 2018. 5. 31. 2016헌마191 등, 판례집 30−1하, 257.
- 헌재 2020. 1. 7. 2019헌마1413, 결정문.

2. 대법원

- 대법원 1969. 12. 30. 선고 69누106 판결.
- 대법원 1974. 4. 9. 선고 73누173 판결.
- 대법원 1989. 5. 23. 선고 88누8135 판결.
- 대법원 1991. 12. 13. 선고 90누10360 판결.
- 대법원 1992. 12. 8. 선고 91누13700 판결.
- 대법원 1997. 7. 11. 선고 97다7608 판결.
- 대법원 1998. 8. 25. 선고 97다4760 판결.
- 대법원 2001. 2. 9. 선고 98다52988 판결.
- 대법원 2001. 4. 24. 선고 2000다16114 판결.
- 대법원 2002. 5. 10. 선고 2001다62312 판결.
- 대법원 2012. 6. 28. 선고 2010다38007 판결.
- 대법원 2014. 12. 11. 선고 2012두28704 판결.

3. 해외

- BVerfGE 2 BvR 859/15.
- BVerwGE 2, 217.
- BVerfGE 2, 14.
- BVerfGE 5, 85.
- BVerfGE 6, 32.
- BVerfGE 7, 377.
- BVerfGE 8, 274.
- BVerwGE 8, 350.
- BVerfGE 9, 268.
- BVerfGE 38, 258.
- BVerfGE 45, 63.
- BverfGE 50, 290.
- BVerfGE 51, 386.
- BVerfGE 58, 257.
- BVerfGE 67, 157.
- BVerfGE 66, 248.
- BVerfGE 83, 37.

- BVerfGE 89, 155.
- BVerfGE 129, 124.
- BVerfGE 142, 123.

- Foley v Hill (1848) 2 HLC 28, 9 ER 1002.

❖ 인터넷정보원

- 고문서정보: https://web.archive.org/
- 독일금융감독청: https://www.bafin.de/
- 독일연방은행: https://www.bundesbank.de/
- 독일입법정보: http://www.rechtssetzung.de/
- 독일관보: https://www.bgbl.de/
- 독일 자이트: https://www.zeit.de/
- 로이터: https://www.reuters.com/
- 미국 클리블랜드 연준은행: https://www.clevelandfed.org/
- 미국 미니애폴리스 연준은행: https://www.minneapolisfed.org/
- 블룸버그: https://www.bloomberg.com/
- 영국 BBC방송: https://www.bbc.co.uk/
- 영국의회 자료실: https://publications.parliament.uk/
- 유럽중앙은행: https://www.ecb.europa.eu/
- 미국연방준비제도: https://www.federalreserve.gov/
- 금융위원회: https://www.fsc.go.kr/

❖ 신문기사

- 한겨레신문, "박상기 법무, 가상화폐는 도박…거래소 폐쇄 목표", 2008. 1. 11. [http://www.hani.co.kr/] [최종검색 2020－11－18. 21:03]
- 차현진, "美연준 평균물가목표방식은 낙제점", 연합인포맥스, 2020. 9. 9. [https://news.einfomax. co.kr/] [최종검색 2020－11－10 21:47]

찾아보기

약 력

신상준(申相俊)

연세대학교 법과대학(학사) 및 동대학원(석사) 졸업
서울시립대학교 박사학위 취득(헌법 전공)
바젤은행감독위원회(BCBS) 자본규제그룹
한국헌법판례연구학회 총무이사
현재, 한국은행 금융안정국 근무

「양심의 자유에 대한 헌법재판소 결정의 비판론적 검토」(서울법학, 2017.2월, KCI)
「평범한 주권자의 탄핵공부」(생각비행, 2017.3월)
「국회란 무엇인가」(생각의창, 2020.7월)
「중앙은행과 화폐의 헌법적 문제」(박영사, 2021.5월)

중앙은행과 화폐의 헌법적 문제

초판발행   2021년 5월 30일

지은이   신상준
펴낸이   안종만·안상준

편 집   박가온
기획/마케팅   손준호
표지디자인   BEN STORY
제 작   고철민·조영환

펴낸곳   (주) **박영사**
              서울특별시 금천구 가산디지털2로 53, 210호(가산동, 한라시그마밸리)
              등록 1959. 3. 11. 제300-1959-1호(倫)

전 화   02)733-6771
f a x   02)736-4818
e-mail   pys@pybook.co.kr
homepage   www.pybook.co.kr
ISBN   979-11-303-3912-2 93360

정 가   18,000원